新编21世纪社会学系列教材

体育社会学

Sociology of Sport

于显洋 主编

中国人民大学出版社
·北京·

内容简介

本书从社会学角度，运用社会学理论观点与方法，系统梳理体育与政治、经济、文化及科技的发展关系，体育制度与体育活动社会化、生活化对推动社会大众积极进取、公平正义、团结友爱的和谐社会关系发展的作用，对体育参与中的各种不平等现象及失范行为的社会学认识；并将体育作为推动社会发展不可或缺的组成部分，探讨其与网络社会、社会治理及全球化发展的密切关系。本书提供该领域研究的基本文献、分析框架，选择经典案例并提供分析路径。本书适合作为高等院校的本科生、研究生，以及对体育社会学研究和工作有兴趣的人员的参考书。

主编简介

于显洋　黑龙江密山人，中国人民大学社会与人口学院社会学教授，博士生导师；中国人民大学体育与社会发展研究中心主任。主要兼任民政部中国社会组织促进会专家委员会专家、国家体育总局全民健身研究专家。曾先后在莫斯科大学、香港中文大学、图宾根大学和杜伊斯堡大学等做访问学者。主要研究领域包括组织社会学、体育社会学、社区研究及特许经营模式研究等。曾主持的研究项目包括“健康重庆研究”“重庆市群众体育发展的理论与实践研究”“发展深圳健身休闲产业助力健康中国战略研究”“体育公共服务与社会和谐之研究——维护新疆稳定与长治久安之融合论”等等。

前言

体育社会学从社会学角度研究体育运动的社会功能、发展规律及其与社会现象的相互关系，是一门介于体育科学与社会学之间的综合性学科。它既是社会学的分支，又是体育科学的基础。因此，这门学科面临许多综合性学科都遇到过的问题，即它如何在学科之林中找到自己独特的位置。

若以实用主义来看体育社会学，当它把社会学的理论成果和实证的研究方法运用于研究体育现象时，它是社会学领域中的一门应用科学；当它从社会本质上把握体育的特征、功能、手段、途径时，它就是体育领域的基础学科。按照这种实用主义观点审视体育社会学，则该学科存在的理由在于其应用性，故其学科范围似乎并不重要。

但体育社会学并不是社会学和体育科学的简单重叠，它有自己独立的学科体系和研究视角，有更加具体的针对性和更加广泛的运用性。体育运动是人类有目的性的活动，因此成为人类社会中特殊的文化要素。毛泽东在 1917 年以“二十八画生”为笔名在《新青年》杂志第 3 卷第 2 号上发表的《体育之研究》一文中深刻分析指出：“人体之组成与群动无不同，而群动不能及人之寿，所以制其生者无节度也。人则以节度制其生，愈降于后而愈明，于是乎有体育。体育者，养生之道也。东西之所明者不一；庄子效法于庖丁，仲尼取资于射御。”法国社会学家布尔迪厄就注意到了体育运动的社会性，在其《体育社会学大纲》一文中提出，要将体育运动放在社会空间中予以研究。当下的体育社会学研究已经取得诸多进展，而关于这门学科的主要议题和研究视野，以及基本范式都尚不清晰。因此，本教材希望能在这方面做出一份努力，推动我国体育社会学学科的发展。

除此之外，体育社会学的学科发展也是现实社会的需要。国家体育总局前局长刘鹏 2008 年 10 月在国家体育总局深入学习实践科学发展观活动动员大会上的讲话中说过，我国处于改革开放的关键阶段，处在全面建设小康社会、构建社会主义和谐社会的重要历史时期。在这样的历史条件下，体育事业的发展要从我国当前的基本国情出发，从全面建设小康社会、构建社会主义和谐社会的需要出发，立足本职，服务社会。体育与和谐社会的理念有着天然而深刻的联系，应当在和谐社会构建中发挥更加重要的作用。要让体育不仅仅是一种身体运动，更成为一种教育手段、一种生活方式、一种精神载体，成为促进小康社会建设与和谐社会构建的推动力，也成为社会关系、人与自然关系的缓冲剂、减压阀，为经济发展和社会进步做出应有的贡献。

本教材主要从多个维度探讨体育与其他社会现象的关系，从社会学角度，运用社会学理论观点与方法，系统梳理体育与政治、经济、文化及科技的发展关系，体育制度与体育活动社会化、生活化对推动社会大众积极进取、公平正义、团结友爱的和谐社会关系发展的作用，对体育参与中的各种不平等现象及失范行为的社会学认识；并将体育作为推动社会发展不可或缺的组成部分，探讨其与网络社会、社会治理及全球化发展的密切关系。

本教材的定位为高等院校的本科生、研究生，以及对体育社会学研究和工作有兴趣的人员的参考书。体育社会学涉及内容广泛、领域众多，本教材与以往体育社会学教材的不同点在于，本书主要选择那些与体育有重大关联的社会现象，研究的热点、焦点和难点。为便于读者研究和理解章节内容，本教材在写作过程中提供了该领域研究的基本文献、分析框架，选择经典案例并提供分析路径，为读者领会体育社会学经典提供了有益的参考。

全书共分为十一章，参加本教材编写的人员有于显洋（第一章）、马江涛（第二章和第三章）、王勇（第四章）、张磊（第五章）、肖大恒（第六章）、林超（第七章）、王智慧（第八章）、徐有彬（第一章和第九章）、任丹怡（第十章）和吴广亮（第十一章）。本教材还存在很多不足和不完善的地方，恳请读者和专家批评与指正。

中国人民大学体育与社会发展研究中心　于显洋

2021 年 9 月 12 日

目录

第一章

体育社会学导论

本章要点

- 体育社会学是社会学的分支学科，用社会学的理论视角和研究方法对体育社会现象进行研究，解释体育社会现象的发展规律。体育社会学研究有助于增进人们对于体育社会现象的认识，为政府提供体育事业发展的政策建议，促进体育事业不断发展。
- 随着体育在人们的生活中越来越重要，其与政治、经济、文化、社会生活的关系也越来越紧密。进入新时期，全民健身上升为国家战略，体育成为“健康中国”战略的重要组成部分。
- 体育社会学的核心领域有竞技体育、群众体育和学校体育，体育与性别、体育与民族（种族）、体育与政策、体育与教育、体育与健康等是当前体育社会学的研究热点，未来体育社会学研究将走向多元化、专题化、科学化、本土化和国际化。

关键概念

体育社会学、健康中国、全民健身、竞技体育、群众体育、学校体育、体育制度

第一节　体育社会学简介

一、体育社会学的研究对象

体育社会学是体育学和社会学的交叉性学科。从字面上来看，体育社会学是用社会学的理论、视角、方法研究社会中的体育现象，研究目的是既强化本学科的合法性和科学性的理论目标，又有助于促进人们参与体育运动的实践目标。关于体育社会学，主要有分别从促进体育实践角度和推动学科建设角度出发的两类定义。从促进体育实践角度有两种观点：(1) 国际体育运动理事会体育社会学会会长安德鲁

斯把体育社会学视为研究与体育运动的社会功能相关联的社会现象的经验科学。它通过研究促进或妨碍体育运动发展的各种因素，阐明这种发展的法则，并且在我们所期望的范围内，通过这种研究推动体育运动的发展。（2）我国体育社会学学者卢元镇教授认为，体育社会学是一门把体育这种社会文化现象作为一个不断变化发展的整体，在外部研究体育与其他社会现象之间的相互关系，在内部研究体育与人的社会行为、社会观念的关系，以及体育运动的结构、功能、发展动力和制约因素，用以推动体育和社会合理发展的综合性科学①。从推动学科建设角度，日本学者菅原礼认为体育社会学是以社会学的观点研究体育事实以及与体育相关的一些文体，力图使体育合理化的学科②。相比于人文学科，社会学科与研究对象之间的关系更加紧密，实践意义更加突出、明显。社会学科不仅需要对某个社会领域的现象进行充分的理论解释，还需要提供使该研究领域发展完善的建议。就体育社会学来说，从学科的名称可以看出具体的研究对象——体育现象。体育作为人们日常生活中的重要组成部分，随着人们物质生活水平的提升而越来越重要。同时，体育社会学是一门研究学科，其研究意义必然也包括理论意义，强化学科自身的学理性地位，为整体的社会学科贡献独特的学术理论。综合以上两种观点，我们认为，体育社会学是通过社会学理论和方法对社会中的体育运动、体育运动中人与人之间的互动关系、体育运动制度等进行研究，发现体育运动发展的结构性因素和功能，以推动体育运动良性发展和学科自身不断完善的社会学科。

从整体上看，体育社会学的研究对象是社会中的体育现象，然而并不是所有的与体育相关的现象都是体育社会学的研究领域。社会学家关于研究对象主要有以下三种观点：一是以社会整体或社会现象为研究对象，比如孔德（A. Comte）、斯宾塞（Herbert Spencer）、涂尔干（Émile Durkheim）等人；二是以个人及其社会行动为研究对象，比如韦伯（Max Weber）、齐美尔（Georg Simmel）；三是马克思主义学派的观点，即研究对象是社会良性运行的条件和机制，研究重点是社会现象中所蕴含的社会结构及其对社会发展、其中的人际互动所产生的影响。社会学的研究对象具有两种特征——实证性和整体性。体育社会学用社会学的视角和方法来研究体育现象，以保证体育学科的科学性和作为学科的合法性。同时，它也强调体育现象的整体观：一是将体育现象视为一个整体，体育现象是由相互联系的体育要素构成的整体，比如体育文化中的体育运动员、体育赛事、体育产品、体育场所、体育迷等体育要素是相互联系的，共同构成了体育文化现象；二是主张体育作为社会文化整体的一部分，与其他社会要素是相互联系的，体育与政治、体育与经济、体育与大众传媒等都是不可分割的。因此，在体育社会学的研究过程中，我们不能仅看到体育现象本身，还要看到与之相关的其他领域，注意体育与其他社会领域的关系。

我们认为，如果以体育现象为边界，那么可将体育社会学的研究对象整合为以

---

① 卢元镇．中国体育社会学学科进展报告．北京体育大学学报，2003（1）．

② 同①．

下两类：一类是体育现象本身，或是体育现象内部的相关要素，包括体育赛事、体育运动员、体育场所、体育制度等。体育社会学研究的不是体育各要素的内部结构或关系，比如怎么组织一场体育赛事，或者怎样修建一个体育场馆，而是从社会学的角度去研究体育现象，比如体育赛事的社会功能、体育运动员在体育赛事中的互动过程、体育场所的社会功能等等，即强调从社会学的视角研究和理解体育现象。另一类是体育现象与相关社会领域，比如体育与政治、体育与经济、体育与大众传媒等。同样地，体育社会学强调从社会学的角度去研究体育与其他社会领域之间的联系和互动。

二、体育社会学的地位与作用

自 20 世纪以来，体育运动发展呈现扩大化和复杂化的趋势：一方面，体育运动本身的内容极大丰富，从历届奥运会的比赛项目的大量扩展就可以看出体育运动项目随着现代社会的发展在不断增多①。人们对体育运动的需求越来越多元，传统的田径运动和球类运动已满足不了人们对体育运动的需求。近年来，广场舞、极限运动、户外运动等新兴运动越来越受到欢迎，每个年龄段的人都可选择参加适合自身的体育运动。另一方面，体育运动与社会其他领域的关系变得更加密切。当前，体育运动在人们的生活中越来越重要，其所蕴含的经济价值吸引了市场力量的注意，体育经济成为当代社会重要的新兴产业。国家也开始重视体育运动的发展，将体育发展和全民健身上升到了国家战略的高度。因此，体育社会学的产生与发展是体育发展趋势的必然结果，体育社会学学科的确立也标志着一个国家的体育人文社会学科进入了成熟的阶段。

从学理上看，体育社会学是体育学和社会学的交叉性学科，体育学的实践性与社会学的实证性和整体性使得体育社会学在学科特点上更加具有实践性和综合性。作为社会学的分支学科，体育社会学将吸收社会学的实证研究传统。随着体育运动的快速发展，体育运动在人们的社会生活中越来越重要，体育社会学在社会学分支学科中的地位将日渐凸显。在体育人文社会学科体系中，体育社会学是其中的一门主干学科，为体育管理学、体育经济学、体育伦理学、体育法学、体育传播学的发展提供了大量理论研究成果。

从实践上看，发展至今，体育社会学已经形成了关于体育现象的基本观点，建立了对体育现象的整体性的认识。随着社会学研究方法在体育现象研究中的应用，人们对体育现象的认识将更加理性、全面。因此，体育社会学的发展对于体育事业有着不可替代的作用，具体表现为以下三点：

一是增进大众对体育现象的认识。体育运动在政治领域、经济领域、社会生活领域等方面扮演着越来越重要的角色，因此认清竞技体育、学校体育和社会体育发

---

① 李玲蔚．夏季奥运会项目设置演变过程与发展趋势．北京体育大学学报，2008（1）．

展的现状及过程就十分必要，社会学的理论基础和研究方法有助于全面深刻地回答这些问题，增进大众对体育现象的认识。

二是提高政府制定体育发展政策制度的科学性和可行性。我国在竞技体育领域长期采用举国体制，虽然取得了不少成就，但也存在一些弊端。在群众体育方面，历次《全民健身计划》的制定对提高体育公共设施的覆盖率都着实有所帮助，但群众体育场地设施供给还存在不均衡问题。这些问题是体育社会学研究的重要议题，通过实地研究考察可认清相关问题产生的原因，提供相关政策建议，提高政府制定体育政策制度的科学性。

三是促进体育事业健康发展。虽然体育已深入大众日常生活，但体育参与机会不平等、体育组织管理不完善等问题一直存在，认识和解决这些问题是体育事业健康发展的关键。体育社会学对认清体育现象中的诸多问题有很大助益，并有助于提高体育工作者的人文素质，明确体育事业的价值取向，促进体育行为的互动关系，增强体育群体的凝聚力，进一步促进体育事业的健康发展。

三、体育社会学的任务与特点

体育社会学通过社会学的理论视角和研究方法对体育现象进行分析和解释，描述体育运动的现状，进而为体育事业的发展提供理论支持和政策建议。因此，体育社会学的任务具体可以分为以下三点。

第一，以社会学的理论视角，对体育现象形成基本的认知和方向。社会学理论有四大经典范式：结构功能理论、冲突理论、符号互动论和社会交换理论。这四种社会学理论范式在体育社会学的研究中都有相关运用。其中，结构功能理论在体育社会学的研究中曾占据主导地位，至今依然是理解体育现象非常重要的理论视角。结构功能主义者将体育视为一个次文化体系，认为体育可以向人们传递基本的社会价值观与道德标准，体育实践可通过集体的展示将社会成员整合起来①。理论视角是理解体育现象的基本前提，对于认识和理解体育具有基础性的作用。

第二，以社会学的研究方法，形成对体育现象全面深刻的认识。日常生活中关于体育现象的认知往往较为片面、简单，人们会根据自己的某次体育经历或者社会中某个体育事件或新闻形成关于体育的认知。作为一门学科，体育社会学采用社会学的研究方法，如问卷调查法、参与观察法等，在翔实的数据基础上得出的关于体育现象的认知更为科学、准确。比如，我们一般认为年轻人会比年老者更多地参与体育运动，因为年轻人体力更充沛，对体育比赛也更感兴趣。然而，抽样调查数据显示，参与体育运动与年龄呈 U 形关系②。因为中年群体因忙于生活和工作而没有时间参与体育运动，所以参与体育运动与年龄的关系呈现出 U 形。可见，体育社

① 熊欢．论功能主义理论在体育社会学中的应用．武汉体育学院学报，2009，43（2）．

② 李骁天，邢晓燕．社会分层视角下中国城市社区居民体育锻炼行为分析：基于 CGSS 数据的实证研究．北京体育大学学报，2014，37（9）．

会学通过采用社会学研究方法，形成对体育现象的科学认知。

第三，在社会学理论指导和对体育科学认知的基础上，为体育事业发展提出具有可行性的政策建议。社会学科大多以真实的社会现象为研究对象，尤其是社会现象中的矛盾或者问题是社会学科研究的重点。社会学科通过科学的研究方法形成对这些问题的基本认知，进而提出相关的改进建议，促进对这些问题的解决。体育社会学是关于体育现象的社会学科，体育现象中的问题是其研究的重点内容。虽然当前人们参与体育运动越来越多，但还存在体育参与机会不平等现象，如城乡居民的体育参与差距明显，原因之一是城乡的体育基础设施建设存在较大差距，农村的体育基础设施建设严重不足，因此需要通过加强农村体育基础设施建设来增加农村居民的体育参与机会，缩小城乡居民体育参与的差距①。体育社会学基于真实且科学的研究所提出的政策建议，对于体育问题的解决更有助益。

根据体育社会学的来源和任务，其学科特点可以分为以下四点：一是理论性。体育社会学以社会学理论为指导，其研究必然具有一定的理论性，在研究中可证实、证伪或拓展社会学理论。二是实证性。体育社会学是社会学的分支学科之一，采用社会学的研究方法研究体育现象，其研究过程和研究结论具有实证性。三是应用性。体育社会学不仅提供关于体育现象的科学认识，还为解决体育现象中的问题和促进体育事业的发展提供政策建议，具有较强的应用性。四是实践性。这不仅指体育社会学研究的体育活动本身是具有实践性的，还指体育社会学的研究目的是通过研究促进体育运动更好地发展，吸引更多人参与体育运动。

四、体育社会学在中国的发展历程

体育社会学以社会学理论和研究方法为基础，其发展必然受到社会学发展的影响。虽然社会学以法国实证主义哲学家孔德在《实证哲学教程》第四卷中提出“社会学”为诞生标志，但以社会学观点研究体育现象的论文在 19 世纪末才出现，这些研究论文松散且随意，没有形成学科体系。直至 1921 年，德国 H. 里塞（H. Risse）在柏林出版专著《体育运动社会学》②，该书具体论述了古代社会和现代工业社会中竞技体育的社会功能，首次将体育运动作为一种社会生活方式，并运用社会学的理论与方法对体育运动进行了研究，因而成为体育社会学学科诞生的标志。

随后，欧美和日本等国家逐渐兴起体育社会学的研究，在大学里设立体育社会学相关课程，国际性的体育社会学会组织成立，体育社会学的相关刊物出版。比如，1950 年日本东京教育大学开设体育社会学讲座；1964 年，在联合国教科文组织（UNESCO）的倡导下，在日内瓦成立了国际体育社会学委员会（ICSS），并且为国际社会学会所接纳，成为国际社会学会的团体成员。国际体育社会学委员会编

① 彭大松．不平等视角下体育参与差异的经验研究．上海体育学院学报，2014，38（4）．

② 刘德佩．体育社会学的历史、现在与未来．社会学研究，1989（1）．

辑发行《国际体育社会学评论》（季刊）和《国际体育社会学公报》（半年刊）。随后，体育社会学的研究人员、机构和刊物大量增长，其涉及的研究议题也更加丰富，如体育理论、体育功能、体育群体、体育制度、体育社会问题等等，体育社会学在这些领域的研究中取得了丰硕的研究成果。

相对于国际体育社会学的发展，中国的体育社会学起步较晚。在改革开放以前，我国的体育学科一直以体育教育为主，而社会学也因为历史原因在新中国成立之后一度被取消。因此，除了中国台湾在 20 世纪 70 年代有体育社会学专著出版以外，大多数中国学者开始进入体育社会学研究领域是在 20 世纪 80 年代。当中国体育的社会背景和局面发生重大变化时，当社会学建设得以恢复时，相关学者才开始转向从社会学的角度研究体育现象。

从学术团体上看，1982 年在江苏省社会学学会和江苏省体育科学学会的支持下成立了中国第一个省级体育社会学学术团体，主要开展小城镇体育课题研究。1986 年，沈阳体育学院建立了我国第一个体育社会学教研室，开始使用社会学的方法来研究和解释体育现象。

随着学术团体组织的逐渐建立，大量的研究者把目光转向了体育社会学领域，由此产生了一系列体育社会学的教材和专著，比如刘德佩的《体育社会学》（1990 年 6 月），徐隆瑞、梁向阳的《体育社会学》（1990 年 7 月），黄捷荣、李泽润的《体育社会学》（1990 年 7 月），吕树庭、卢元镇的《体育社会学教程》（1995 年 4 月），卢元镇的《中国体育社会学》（1996 年 4 月），毛秀珠的《体育社会学》（1997 年 7 月），这些教材的编写为人们认识体育社会学和在高校中开展体育社会学课程的教学具有非常直接的现实意义。在此基础上，北京、天津、沈阳等地的体育院校开设体育社会学课程，北京体育大学招收体育理论、体育社会学方向的研究生，相关的学术研究论文发表在很多期刊上，研究领域的广度和深度大为扩展，极大地推动了体育社会学学科的发展和完善。21 世纪以来，关于体育社会学的教材更加丰富、完善，一是因为社会背景环境的快速变迁促进了体育事业的极大发展，二是因为体育社会学的国际交流增多，学界对于国外体育社会学教材和理论的引入充实了我国体育社会学领域的发展，比如 2003 年管兵等翻译的《体育社会学：议题与争议》（杰·科克利），2010 年仇军编写的《西方体育社会学：理论、视点、方法》，等等。体育依赖的社会背景不断发生变化，要求体育社会学不断更新对于体育现象的研究，并且新体育社会学教材的编写和翻译对于提升体育社会学研究具有非常重要的时代意义。体育社会学的课程不仅在体育院校开设，也在很多综合性大学开设，更多的研究主体进入体育社会学研究领域，充实着体育社会学研究成果。然而，进入 21 世纪以来，体育社会学在主流的社会学期刊中的论文数量有所下降，甚至在主流的社会学期刊中较少出现体育社会学的研究成果。一方面，这是因为体育社会学相关的期刊多了起来，如《体育科学》《中国体育科技》《体育文化导刊》等，这些期刊可刊发体育社会学的研究成果；另一方面，目前很多体育社会学研究成果的水平难以达到主流社会学期刊的标准，导致体育社会学成为社会学的边缘分支学科，其研究成果就难以发表在这类主流刊物上。因此，体育社会学的发展需要不断提高自身的研究水平，避免被主流社会学边缘化。

体育运动的发展和体育社会学研究的增多引起了国家对体育运动的重视。20世纪90年代，国家陆续颁布了相关法规和政策，带动了体育社会学相关领域的研究。1993年，国家体委出台《关于深化体育改革的意见》，明确指出“紧紧围绕体制和运行机制中的关键问题，加大体育改革力度，推动我国体育事业不断登上新台阶”。有不少学者开始用社会学的方法对体育体制改革开展相关研究，比如体育行政管理体制改革、体育协会实体化研究、体育产业与体育市场的研究。1995年8月，《中华人民共和国体育法》正式公布，其中第十一条以法律的形式提出了“国家推行全民健身计划”的要求，学者们开始了对体育人口、社区体育以及老龄体育、妇女体育、残疾人体育等相关课题的研究。21世纪以来，国家在体育运动政策法规方面更加完善与丰富，多次颁布《全民健身计划》，最新的为《全民健身计划（2021—2025年）》，从国家战略的高度对全民健身进行了详细论述。此外，国家高度重视举办国际性的体育赛事，2008年北京奥运会、2010年广州亚运会、2014年南京青奥会和2022年北京冬奥会，吸引了体育社会学者对这些体育赛事制度以及体育赛事对全民健身的影响开展研究。

第二节　体育与社会体系

一、体育在社会体系中的位置

体育产生于原始社会，具有服务生产劳动、教育和保健等功能。从纯粹意义上看，体育是以身体运动为主的活动，相对于思想性活动和生产性活动，体育是一种身体性活动。体育运动原本是一种教育性和休闲性的人类活动。但是，随着社会的发展，尤其是在现代社会中，体育不再仅仅是一种教育性和休闲性的身体活动，体育与社会的其他很多领域都产生了紧密的联系。

（一）体育与政治

体育与政治的关系是体育社会学研究的重要议题，主要有以下两个核心议题：一是体育与政治是否存在关系，二是体育与政治存在怎样的关系。

关于体育与政治是否存在关系，学界曾有两种截然相反的观点。20世纪五六十年代，有西方学者和政治学家认为体育与政治无关，提出“体育的超政治性”“体育的非政治性”[①] 等观点。国际奥委会第五任主席布伦戴奇（Arery Brundage）

---

① 潘绍伟．揭开历史迷障 开拓体育前程：体育与政治关系综述．体育学刊，2001（4）．

曾说："当你把一只脚跨进奥林匹克大门的时候，就把政治留在了门外。"[①] 这些观点否认体育与政治的关系，尤其是不愿将奥运会政治化，试图强调体育的纯洁性。

但是在20世纪七八十年代，西方体育社会学者面临体育与政治密切联系的种种现实，逐渐放弃了体育与政治无关的观点，认为体育与政治是密不可分的。相关研究不断涌现出来。比如理查德·埃斯皮（Richad Espy）的《奥运会政治》，艾利森（Allison）主编的《体育政治》《体育政治的变化》《体育的全球政治——全球机构在体育中的作用》等三本论文集，克里斯托弗·希尔（Christopher Hill）的《奥运政治（第二版）》。这些研究从整体上论述了体育与政治的关系[②]。体育与政治存在天然的关联性，比如体育与政治都有追求"平等、公正、正义"的内在目标，体育与政治都具有外在的竞争性[③]。

既然体育与政治在现实中联系紧密，二者的关系模式就成为进一步的研究议题，大部分学者认为体育与政治是互动关系。美国体育社会学家洛伊（J. W. Loy）和凯尼恩（G. S. Kenyon）认为，体育运动与政治的关系是系统互动关系，即体育运动与政治这两个系统之间相互影响，相互作用[④]。我国学者周西宽认为：从体育与政治的关系看，政治对体育的影响是同历史发展阶段相联系的，这种影响包括直接影响和间接影响。同时，体育也通过其特殊作用积极为一定的社会及政治服务。[⑤]

政治对体育的影响体现为以下三点：一是决定体育性质，二是制定体育制度，三是建设体育设施。在体育性质方面，政治决定体育运动的性质，掌握着体育的领导权，并根据统治阶级的意识形态制定体育发展的战略和方向。在体育制度方面，体育制度是国家制度的重要部分，体育赛事制度、体育组织管理制度等都由国家相关部门出台制定。在体育设施方面，体育设施是政府公共服务的内容之一。另外，从国际政治上看，以奥运会为代表的国际性体育赛事逐渐成为世界各国政治角逐的场域，其中有冲突、合作、服务、对抗等。竞技体育是一场没有军备竞赛和硝烟的战争，具有强烈的政治色彩。政治对体育的干预丰富了体育的内涵和意义，并成为体育广泛融入生活领域的重要动力。

政治对体育有决定性干预作用建立在体育能对政治产生影响的基础上，否则政治不会干预体育领域。那么体育对政治的作用体现为以下三点：一是体育对形成国家认同、弘扬民族精神具有直接效果。二是体育对于整合国家的区域和族群之间的关系具有重要作用。体育运动可以创造安定的社会环境、气氛，有利于社会的和谐发展和良性运行。三是体育服务于国家的外交政策，作为国与国之间的外交手段之一，充当国家之间的润滑剂和黏合剂。体育外交为我国在改革开放中的发展做出过

---

① 洪武．"奥运与政治分离"源于古希腊传统．(2008-04-01) [2020-08-13]. http://qnck.cyol.com/content/2008-04/01/content_2126736.htm.

② 温显娟．西方学者关于体育与政治关系研究述评．体育研究与教育，2019，34（4）．

③ 刘桂海．体育的内在政治向度．体育与科学，2013，34（1）．

④ 续大海．体育活动与政治．北京体育科技，1983（4）．

⑤ 周西宽．体育学．成都：四川教育出版社，1988：85，88，91.

重大贡献，是国家总体外交战略中的重要组成部分，是中国走向世界的重要途径。①

（二）体育与经济

传统社会中的体育是政治或者文化的产物，统治阶级为了对社会大众进行控制而开展体育运动，提高民众的身体素质或战斗力，以保障政权的稳定。现代社会的体育引入新的经济因素，尤其是在现代化的工业系统中，体育的发展深深地嵌入现代经济体系中。

首先，良好的经济条件是人们参加体育运动的基础，人们从体育运动中获取经济价值。在传统社会中，体育运动的参与者要么是统治阶级（他们参加休闲运动，并将此作为自己区别于其他阶层的方式之一），要么是社会底层人士（如奴隶参加的体育运动具有搏杀性，目的是让统治阶级欣赏娱乐）。随着现代化程度和民众生活水平的提高，社会中间阶层的数量越来越多，参与体育运动的群体越来越多来自中间阶层，其参与体育运动的动机由原来的统治阶级的区隔性和底层社会的被迫性转变为追求体育运动本身的意义。当物质生活条件改善时，越来越多的人会参与体育运动。同时，参与体育运动作为一种生活方式，反过来又会促进人们的身心健康与人力资本的改善，对经济发展产生积极作用，并且体育运动成为越来越多现代企业团队建设的户外活动项目。

其次，体育成为现代经济中的重要内容，不论是第二产业还是第三产业，围绕体育产生的经济价值在经济中所占的比例都越来越高。人们对各种体育产品的消费来源于体育生产。企业组织对社会需求反应敏感，只要捕捉到具有一定规模的社会需求，就很快集中相关资源投入生产，形成一定的产业经济，体育产业的发展正是如此。体育运动不仅能够满足精神需求，团队合作、寻求刺激的需求，还有利于身心健康，成为大众的新需求。因此，体育市场的巨大价值使其成为经济领域渗透的重点。当前，体育产业从体育产品制造业到体育场地服务再到体育教练指导服务，正逐渐形成完善的产业体系。人们对体育的任何需求都能从市场中的某个体育企业组织得到满足。2014 年 10 月 20 日，国务院颁发了《关于加快发展体育产业促进体育消费的若干意见》，这是新中国成立以来第一次以国家的名义颁发关于体育产业和体育消费的文件。如图 1－1 所示，2019 年，全国体育产业总规模（总产出）为 29 483 亿元（比 2018 年增长 10.9％），增加值为 11 248 亿元（比 2018 年增长 11.6％），达到目前有统计以来的我国体育产业规模的最高值。

最后，体育与经济的完美结合体现于体育赛事的商业化。各种体育赛事，尤其是国际性的大型赛事，让体育发挥出极大的经济价值。体育与经济的相互嵌入最明显的体现是体育赛事中的赞助商。体育赞助商源于 1984 年洛杉矶奥运会尤伯罗斯

① 刘桂海，汪婷，杨智国，等．改革开放 40 年中国特色体育外交：历程、经验与理论反思：基于“历史观、大局观、角色观”三重视角的考察．体育科学，2020，40（3）．

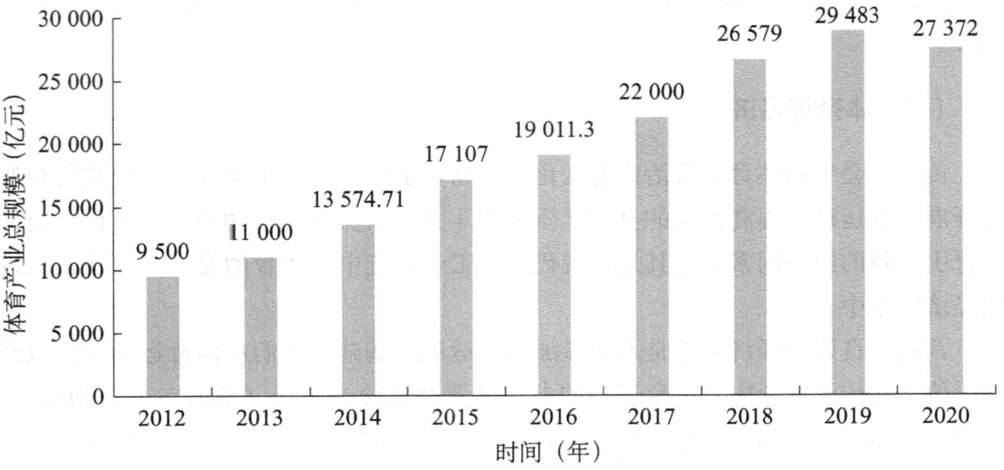

图 1-1　2012—2020 年体育产业总规模

(Peter Ueberoth）的 TOP 计划，在此之后的奥运会都以 TOP 计划来引入赞助商对奥运会进行赞助①。同时，这种模式向其他各种体育赛事扩展，赛事的级别越高，赞助商的级别也越高。企业为体育赛事提供经费和相关产品，解决体育赛事的经费物资问题，企业组织从体育赛事中获得巨大的经济收益。大部分赞助商能通过体育赛事的机会和平台，提高产品的知名度，进而扩大市场占有率。但并不是所有赞助商都能通过体育赛事营销模式盈利，有一些赞助商可能会面临“赔本赚吆喝”的情况，所以，要使这种营销模式取得成功，还需要运营者本身考虑更多。

（三）体育与文化

体育是一种身体生产性文化。文化一般以文化内容为分类标准，分为物质文化和精神文化。物质文化所产生的衣食住行等物质满足人们基本的物质生活需求，精神文化所产生的宗教信念情感满足人们的精神需求。对于体育运动来说，最直接的是通过身体运动，既可保持身体的健康，同时也能获得精神上的享受。当人们跑完步、打完球之后，不仅流出了汗水，还让一些负面情绪消失殆尽，产生一种精神上的愉悦。一个社会的物质文化越丰富，其产生体育文化的可能性也就越大。

体育运动，尤其是各项体育运动的赛事纪录，是体育文化的一种象征。当某个运动项目的赛事纪录被打破时，就意味着这项运动又向前发展了一步，人类的极限又向前拓展了一步，其中最明显的是田径运动。比如当今百米世界纪录保持者——牙买加运动员博尔特，多次打破百米世界纪录。如果某个国家在体育赛事中打破的纪录越多，那么表明其体育文化越强大。我国 110 米栏运动员刘翔，曾经在该项目上打破世界纪录；我国短跑运动员苏炳添在各类大赛中不断打破和刷新百米全国纪录和亚洲纪录。这些都表现了我国在田径运动类体育项目中不断走向强大，对提升

---

① 代刚．体育商业运作模式的历史、形式及其作用探析：以体育商业赞助为研究对象．商业时代，2012（28）．

我国田径项目的水平具有重大意义。另外，对于一场大型体育赛事来说，能否打破以往的赛事纪录是其成功与否的重要标志。

体育精神是一种民族精神，是精神文化的现实有力载体。体育运动不仅是身体的锻炼，也是精神意志的磨炼，尤其是对一些团体性的运动来说，坚持不懈、顽强拼搏、团队合作等体育精神具有非常重要的作用，这种精神文化越强大，其对体育运动的发展影响越大。同样地，某项体育运动越成功，人们越有可能从此项运动中提炼总结出某种精神，并将这种精神扩散到社会的其他领域。女排精神就是在 20 世纪 80 年代产生的。在 1981—1986 年的世界级排球赛事中，中国女排凭借顽强战斗、勇敢拼搏的精神，五次蝉联世界冠军，为国争光，极大地鼓舞了国民的爱国热情和民族自信心。后来，中国女排虽然发展有起有落，但近几年又取得重大突出成绩，比如 2016 年获得里约奥运会冠军，2019 年获得女排世界杯冠军。2019 年 9 月 30 日，习近平总书记会见中国女排代表时指出，女排精神代表着一个时代的精神，喊出了为中华崛起而拼搏的时代最强音①。女排精神所蕴含的爱国奉献、团结协作、顽强拼搏、勇于创新、追求卓越等精神对于人们的价值观、行为方式都会有潜移默化的渗透作用②。

二、体育与社会生活

从 20 世纪 60 年代开始，随着社会经济的发展，人民生活水平的提高，物质生活与精神生活不协调的问题日益凸显。学者们开始在世界范围内广泛关注对生活方式的研究，如何提高生活质量成为人们关心的话题，将人作为主体，研究生活方式与生活质量的关系是生活方式研究关注的主要问题，生活方式开始成为独立的研究领域。我国对生活方式的研究开始于 20 世纪 80 年代，如于光远提出追求健康、愉快、舒适、能够发展自己才能的生活，将生活方式、价值观与人的成长联系起来③。

总体而言，生活方式研究源于西方社会，在我国从以情境（社会环境）为中心，将生活方式作为阶级辨别指标的研究，逐渐转化为以人为中心，以人文关怀为特征的研究④。生活方式理论对人类的重要作用及其在社会科学理论中的地位越来越被认识到，符号互动理论、后现代理论等社会学流派都从生活的不同角度重构了行动论，为生活方式理论走入社会学奠定了基础。生活方式研究符合社会学边界扩大的要求，弥合了主观与客观的二元对立。生活方式作为人类的基础性生存状态，对社会的发展起重要的作用；运用生活方式框架改造社会学理论体系能够更好地反映后工业社会的超越性⑤。

---

① 钟秉枢，李楠．女排精神与体育文化．成都体育学院学报，2020，46（2）．

② 赵麑．符号和记忆：女排精神的内涵、特征及价值．体育文化导刊，2017（8）．

③ 于光远．社会主义建设与生活方式、价值观和人的成长．中国社会科学，1981（4）．

④ 张玉秀．生活方式、体育生活方式的界定及其研究状况分析．南京体育学院学报（社会科学版），2005（3）．

⑤ 李夫一．生活方式研究对当代社会学的理论建构功能．哈尔滨：哈尔滨工业大学，2007．

随着现代工业和科学技术的发展，生活方式发生了巨大转变。人们开始追求生活质量，不仅讲求物质享受，还要追求精神享受。各种由生活方式引发的健康问题开始引起人们的关注，健康生活方式的概念应运而生，成为当今生活方式研究的主要领域。

20 世纪 90 年代有调查分析显示，发达国家每年约有 10%的人死于缺乏体育活动，缺乏体育活动对人类健康的危害已获得国际社会的公认。运动促进健康是关于生活方式的最新观点，培养和形成全社会的体育生活方式可以作为运动促进健康的重要内容加以研究和推行。体育生活方式作为一种健康的生活方式被提出，是促进健康与体育相结合的产物。

体育生活方式被包含在身体活动的生活方式概念范畴之内，是指将体育活动行为融入生活中的一种特殊方式。体育生活方式的前提和基础是规律性、持续性，建立的动机是个人需求，表现形式是活动的频率、强度、持续时间和类型，目的是促进身心健康和健全人格养成[①]。

苗大培运用现代体育理论、生活质量理论、生活方式理论、健康社会学理论系统论述了体育生活方式理论的目的和意义，建立了体育生活方式的基本理论，并从体育生活方式的活动主体、活动客体出发，论述了当时中国国民的体育生活方式的情况[②]。苗大培的体育生活方式理论成为迄今为止我国研究体育生活方式的重要理论来源。随后涌现出大量关于不同人群体育生活方式与体质、健康的研究，如大学生体育生活方式与体质的关系研究、体育生活方式与慢性疾病，以及各类人群体育生活方式的现状调查，充实了我国体育生活方式的实践研究内容[③]。

从历史发展的角度看，体育运动在人们社会生活中所占的比重越来越大，体育运动的种类越来越多。在古代或近代社会中，体育运动出现在社会上层阶层的生活中，其目的在于休闲——他们或参加一些比较轻松的体育运动，或观看社会底层群体的体育运动表演。在社会底层群体的生活中，体育运动可能只是一些人谋生的手段，其余的人对体育运动的参与则非常少。

随着现代社会的发展和人们物质生活水平的提高，参与体育运动的人群越来越多。对于专业运动员而言，体育运动是职业，对于普通群众来说，体育运动则是业余生活的重要内容。很多人在工作之余会经常关注竞技体育赛事，如四年一届的奥运会和世界杯足球赛在举办期间会受到全球观众的关注。在这些国际体育大赛期间，相关体育赛事信息是人们日常交流互动的重要话题，即使是对体育赛事不感兴趣的人也很难避开这些话题。在体育大赛间歇期，各类运动项目的常规赛事也会吸引相关的群体关注。部分竞技体育融入了人们的日常生活，成为群众性体育运动，比如足球、篮球、乒乓球、羽毛球等。这些体育运动项目具有易学性、可获得性以及娱乐性，否则很难在大众的日常生活中普及。相比以往，体育运动项目种类在社会生

---

① 李文川，肖焕禹．体育生活方式的概念界定及其范畴结构．上海体育学院学报，2010，34（3）．

② 苗大培．论体育生活方式．天津体育学院学报，2000（3）．

③ 陈华卫．大学生体质与体育生活方式相互关系．体育学刊，2007（8）．汪文奇．我国老龄化社会进程中老年人体育生活方式的研究．北京体育大学学报，2004（8）．

活中越来越多，并且随着社会的发展、体育场所等基础设施建设的完善，体育运动项目种类在人们的社会生活中会更多。体育运动日益成为人们社会生活中不可缺少的一部分，例如，近年来我国参加城市马拉松赛事的人数越来越多。

三、体育与新时代美好生活

党的十九大报告提到，中国特色社会主义进入了新时代。新时代的社会主要矛盾由“人民日益增长的物质文化需要同落后的社会生产之间的矛盾”转变为“人民日益增长的美好生活需要和不平衡不充分的发展之间的矛盾”。改革开放40多年以来，我国的社会生产力得到了很大提升，不少生产领域已进入世界先进行列。社会生产的迅速发展和人们物质生活水平的提高促使我国的主要矛盾从原来的“物质文化需要”转变为意义更为丰富的“美好生活需要”，“美好生活需要”包含物质需求、精神需求、健康需求和生态需求等。

随着物质生活水平的不断提高和健康意识的日益觉醒，人们开始对自身的健康问题投入越来越多的注意力，而体育休闲是预防疾病、维持健康的最佳途径，且成本较低。另外，满足人民美好生活需要的最终目的是实现人的全面发展，而人的全面发展既包括智力发展，也包括体力发展。2019年8月30日，习近平在会见国际篮球联合会主席穆拉托时强调：体育既是国家强盛应有之义，也是人民健康幸福生活的重要组成部分①。随着我国现代化进程的推进，体育运动已经成为满足人民更高层次生活需要和促进全面发展的重要组成部分，是人们感受现实美好生活、构建新时代美好生活的基础要素。体育在提高人民身体素质和健康水平、促进人的全面发展，丰富人民精神文化生活、推动经济社会发展，激励全国各族人民弘扬追求卓越、突破自我的精神方面，都有着不可替代的重要作用。因此，体育休闲是人民“美好生活需要”的重要组成部分，对体育休闲的推广和研究将有助于我们更加全面、系统地认识和了解我国社会主要矛盾的转变。

四、体育与健康中国战略

健康中国是我国在全面建成小康社会背景下建构的全民健康蓝图，是新时代中国从体育“大国”到“强国”转变的创造性发展举措。它凝聚政府、社会及人民的共同夙愿，倡导健康优先、绿色发展理念，挖掘体育在建设环境友好型、资源节约型社会中的潜力。健康中国不仅仅是确保身体健康，更是涵盖全体人民健康身体、健康环境、健康经济、健康社会的四位一体大健康，囊括服务于全体人民、个体健康、全生命周期及健康全过程的全面健康。健康中国建设倡导大众形成健康生活方

---

① 习近平会见国际篮联主席穆拉托．(2019-08-30)［2021-06-13］. http://www.gov.cn/xinwen/2019-08/30/content_5425997.htm.

式，提高生活质量，提高生命质量，增长健康寿命①。

健康权是我国公民享有的基本权利，政府有义务创造条件使人人都能够尽可能健康，包括获得卫生服务、健康和安全的工作条件、适足的住房和有营养的食物。自新中国成立以来，历任国家领导人都非常重视人民群众的健康问题，并且都为提高人民群众的身体健康水平颁布并推行过相关文件和政策，采取过具体有效的行动措施。毛泽东主席提出的“爱国卫生运动”“赤脚医生”“广播体操”等都曾经为提高人民的身体素质起到过重要作用，我国的人均预期寿命也有了很大的提高。改革开放以来，国家对人民健康问题越来越重视，相继出台了《全民健身计划纲要》《全民健身条例》《全民健身计划（2011—2015 年）》《全民健身计划（2016—2020 年）》《全民健身计划（2021—2025 年）》等政策文件。这些政策文件的颁布充分说明了党和国家对发展体育休闲事业、推动全民健身与全民健康深度融合的高度重视。接下来更为重要的工作就是推进这些政策的实施落地，使之能够发挥应有的作用。

在中国特色社会主义新时代，体育强国建设、全民健身计划及健康中国三大重要战略的实施，将国内竞技体育、体育产业及全民健身等事业提到了前所未有的发展高度上，国家政策的扶持力度明显提升。基于实现“三大国家战略”的诉求，不仅要加快体育外部形态的精准塑造，正确把握全民健身运动以及竞技体育、体育产业的发展方向、趋势、动力，还应拓展体育健康内部需求的消费链，积极开展全民健康及休闲生活方式倡导，以及全民健身活动的需求响应、需求引导、需求导向。通过全民体育参与实现健康促进初衷，建成全民体育生活方式，调和精英与大众体育的矛盾，发挥社会体育的控制功能，降低大众生活风险（如疾病以及压力过大导致的健康问题等），提高全民健康水平，助推“三大国家战略”的实现。

体育事业并非仅仅是政府体育部门的事业，而是全社会全民的事业，发展体育休闲需要依靠市场和社会的参与。因此，体育休闲相关企业和社会组织等都应该勇于并乐于担负起助力全民健身目标实现的社会重任，普通民众应积极投入体育健身活动中，正视体育运动和职业，形成积极参与体育运动的良好生活习惯。

第三节　体育社会学的研究领域

一、体育社会学的核心主题

根据体育运动导向的不同，体育现象一般被分为三个领域：竞技体育、群众体育和学校体育。竞技体育是竞争导向的，运动员参加体育赛事的目的是获取胜利，

① 王春顺，李国泰．健康中国视域下全民体育生活方式的建成路径探讨．河北体育学院学报，2019，33（1）．

创造更好、更新的运动纪录；群众体育是身体导向的，群众参与体育运动的目的是保持身心健康或进行社交休闲娱乐；学校体育是教育导向的，学校通过体育教学，提高学生的身体和心理素质，达到教育学生的目的。

（一）竞技体育

竞技体育以战胜其他对手获得胜利，进而得到有形或无形的价值利益为目标，它是在正式组织起来的体育群体的成员或代表之间进行的。竞技体育的竞赛在正式的规则所设立的限度内进行，而规则对参加者的行为做出明确规定。竞技体育要求运动员进行专业训练，提高身体技能、心理水平、战术意识、团体精神，形成专业的参赛能力。竞赛规则是保证竞技体育开展公平竞争的法律性文件。竞赛规则的核心是对等。它不承认除身体、心理技术以外的任何不平等。种族、财产、地位、阶级、运动经历等，在竞技体育的比赛中都是没有意义的。

著名社会学家埃利亚斯（Norbert Elias）通过研究英国足球体育运动，认为竞技体育是对人类社会暴力行为的控制。他认为，现代竞技体育比赛中的严格规则促使身体暴力的表现形式发生重大变化，但暴力行为自始至终都存在于竞技体育之中，是竞技体育必不可少的组成部分，只不过在不同历史阶段，暴力行为的表现有所不同，规则不断增强对暴力行为的控制体现出人类社会文明的进步①。

竞技体育有助于强化国家认同和民族团结。竞技体育自 19 世纪从西方引入我国以来，在不同的历史时期，发挥过救亡图存、柔性外交、凸显大国地位等重要作用，为塑造中国的大国形象做出过不可磨灭的贡献②。因此，国家对竞技体育的干预非常必要。竞技体育的发展制度受国家和社会的政治制度、文化观念等因素的影响。一个国家的竞技体育究竟选择什么样的发展模式，走什么样的发展道路，采取什么样的发展制度安排，从根本上讲，取决于这个国家的社会发展需要、竞技体育自身运行的内在规律和社会动员能力。

我国竞技体育的发展以举国体制为主，举国体制有着深刻的历史原因和制度基础。在竞技体育被引入之初，我国正处于被西方列强侵略的历史时期。国家发展竞技体育的目标在于强身健体、团结民众、抵御外敌。新中国成立后，体育为政治和意识形态服务的思维惯性被延续。当时，我国的社会体制表现为总体性社会，经济、社会、体育等都被纳入政治体系中，国家几乎掌握所有资源，这为举国体制提供了物质基础。另外，受冷战思维影响，新中国学习苏联，把体育作为体现社会主义制度优越性的工具，为无产阶级专政服务，为培养建设社会主义的接班人和保卫社会主义的战斗力服务，为外交服务③。

改革开放以来，虽然体育作为意识形态斗争工具的理念逐渐淡化，但是高水平

---

① 李洋，戴国斌，段丽梅．野蛮与文明：埃利亚斯体育竞技核心理路梳理与价值反思．体育与科学，2018，39（1）．

② 谭刚．国家主义视野下的竞技体育．体育学刊，2013，20（6）．

③ 同②．

的竞技体育作为满足政治需要的工具仍然获得了优先发展。竞技体育获得了比群众体育更多的人力、物力和财力支持，带有军事化特征的举国体制日益成熟。

举国体制下的竞技体育确实取得巨大成就，在以奥运会为代表的国际赛事中，中国体育代表团获得的奖牌数量越来越多，创造多项世界运动纪录。2008年北京奥运会，中国体育代表团获得的金牌数量排名世界第一；2012年伦敦奥运会，中国体育代表团所获奖牌数量又创造了参加国外奥运会的新纪录。在举国体制下，竞技体育取得的巨大成就极大增强了民族自豪感和自信心。但是，中国竞技体育在取得巨大成就之后，发展目标趋于多元化。受到社会经济的发展、政府职能的转变以及竞技体育目标的多元化的影响，竞技体育发展的其他模式也将趋于多元化。虽然当前竞技体育依然以政府办为主，但是社会办体育也有突出成果，比如网球运动员李娜和台球运动员丁俊晖，他们在一些国际赛事中也取得过优异的成绩。

当今世界竞技体育总体上呈现全球化、产业化和政府干预强化的发展趋势。在全球化方面，一是体育赛事全球化，过去欧美发达国家主导国际赛事的历史不再，现在很多发展中国家纷纷加入国际体育赛事，并能够获得奖牌。二是人员交流全球化，运动员在他国参加俱乐部赛事，在国际性赛事中代表国家参赛的现象越来越多。三是运动训练全球化，教练员可以指导他国运动员，促进运动训练理论、方法和技术的国际化交流；运动员日常训练也可以走出国门，借用先进国家的场地、设施、器材进行训练。在产业化方面，竞技体育逐渐走向产业化，形成完整的经济产业体系。体育职业化发展趋势日益突显，专业运动员和业余运动员分化明显，尤其是自奥运会开始向职业运动员开放后，世界竞技体育运动员的职业化和专业化程度日益提高。体育商业化程度快速提高，1984年洛杉矶奥运会的市场化运作，打破了奥运会"非商业化"的传统，由此体育赛事中的商业广告投放、商业模式运作越来越多。竞技体育中的巨大经济价值的开发，不仅使全球范围内形成了完整的竞技体育产业，还受到了政府的积极关注。国际奥林匹克委员会大打"政治牌"，推动各国政府积极参与，借此提高自身的国际地位和影响力。当前国际体坛竞争日益激烈，各国政府加大干预力度，如实行"体育复兴计划""重点项目扶持计划""金牌行动计划"等，努力提高其竞技体育的国际竞争力。国际赛事的显著作用使得各国政府蜂拥而至，争相获取赛事举办权。国际重大体育赛事对当地社会、经济发展的作用明显，并且对所在国的国际影响力有显著作用。①

（二）群众体育

动员和组织广大人民群众参加各种形式的身体活动，以增强体质或增进健康的社会活动，我们称之为群众性的体育活动，简称群众体育②。"群众"一词在我国具

---

① 熊晓正，郑国华．我国竞技体育发展模式的形成、演变与重构．体育科学，2007（10）．

② 韩丹．中国群众体育路向何方．体育与科学，2004（2）．

有较强的政治意义，群众体育是一个高度政治化的术语。在西方国家，群众体育更多地被称为大众体育或社会体育。如果说竞技体育关乎整个国家和民族的国际体育声望，那么群众体育则事关每个国民的身体素质。因此，国家不仅重视竞技体育，也重视群众体育的发展。欧洲国家为促进大众体育发展，提出“全民运动”(Sports for All)、“运动城市项目”(Sports City Program)①。我国于1995年首次颁布《全民健身计划纲要》，且多次更新和完善该纲要，其后在《全民健身计划纲要》基础上进一步提高，提出“健康中国”战略，稳步推进群众体育的发展。自新中国成立以来，群众体育在我国经历了四种发展模式：乡镇体育说、单位体育说、社区体育说和俱乐部体育说。

乡镇体育说强调以乡镇体育辐射农村，带动农村体育的发展，认为农村体育与农村经济发展和社会进步有着密切的内在关联，具有为农村物质文明、政治文明、精神文明建设输送能量的功能，是农村全部工作中不可缺少的重要组成部分。乡镇体育说具体体现为在群众体育上分为两点说和重点说。两点说是指兼顾城市和农村，重点说是指注重城乡体育的平等对话，加大城市体育资源向农村注入。

单位是我国的一种独特的组织形式。在新中国成立初期，单位是政府对社会的管理方式，特别是对城市社会管理的重要制度安排。因此，单位是城市发展群众体育的主要组织形式。国家将群众体育作为一项公共事业来对待，投入相关资源；单位既是资源分配任务的承接者，也是群众体育的组织者和实施者。群众体育发展中的单位体育说，在理论上实际是一种“政府-单位”的运作模式和分析框架。在此运作模式和分析框架下，发展群众体育实际上采用的是计划经济的做法，通过单位实现群众体育的开展。改革开放后，单位体制逐渐式微，单位组织体育运动有所减少。然而，单位制并没有完全消失，如在国有企事业单位，单位制依然是组织群体开展体育运动的重要方式。

1991年国家提出了社区建设的概念，城市社区问题引起了学界的关注。1995年，《全民健身计划纲要》颁布，提出积极发展社区体育。2002年，《中共中央、国务院关于进一步加强和改进新时期体育工作的意见》又进一步提出城市体育以社区为重点，社区体育随着城市社区建设的提出进入政府的视野。社区体育说的相关研究采用“国家-社会”分析框架，具体有两种路径：一是强调社区体育发展中的国家意志和国家权力因素，社区的体育场地设施建设、体育政策法规建设、生态环境建设、体育管理与人才开发、文化氛围建设等都要国家和政府来完成；二是强调社区体育发展的社会取向，注重以理论阐述和解释社区体育的建设和发展，但具体如何建设和发展社区体育尚不得要领。

发达国家，比如英、德、日等国家的社区体育往往由社区体育俱乐部组织。社区体育俱乐部是社会公益事业，具有不以营利为目的、自愿性和大众性、自主经营

① SKILLE E Å. Sport for all? : the “sports city programme” in norway. Sport in society, 2004, 7 (2).

和政府扶持等特征[①]。国内的俱乐部体育服务于社会中上层群体，是“有偿体育”，本质上是基于市场需求理论和“花钱买健康”理念的“产业体育”。俱乐部体育说是一种新兴的城市体育发展模式，由于俱乐部本身是体育服务业的实体，因而，其在实际运作过程中强调的是商业经营性的运作方式，注重的是通过自身提供的体育服务实现其盈利的目的。

除以上四种发展模式外，还有“社会组织体育说”。体育社会组织（或称为非营利体育组织）是指组织成员自愿组织或参加，不以营利为目的，按照组织规章制度或约定，以体育活动为手段，以提高身体素质、促进身体健康为目的的公益性非政府体育组织。体育社会组织出现的起因是政府及企业提供的体育类产品和服务无法满足国民日渐增长的需求[②]。虽然体育社会组织是促进我国体育事业发展的重要主体，但我国的体育社会组织尚处于发展的初级阶段，发展存在较大问题，如非营利性和非政府性表现不充分、公益性或互益性表现不突出、组织内部运行困难和组织外部保障不力、行政注册审批过于烦琐、大部分民间草根性组织很难获得合法身份等[③]，需要国家出台相关政策予以改进。

基于我国仍处于转型社会的现实，不同地域的发展水平还存在很大差别，因此上述五种群众体育发展模式在我国都有实践基础。从长远的角度看，社区体育、社会组织体育是今后群众体育发展的重点，是国家发展群众体育事业的落脚点。当前国家大力推进社区建设，社区体育是社区建设中的重要内容，并且发展社区体育社会组织是重新进行社区整合的重要方式。此外，随着网络社会的发展，网络体育社会组织日渐兴起，成为体育社会组织的重要组成部分，包括线上交流互动和线下开展活动在内的更加丰富的体育形式越来越受到人们的热捧。

（三）学校体育

体育是学校教育的基本组成部分，体育对于人才的教育和培养是不可或缺的。学校体育的主体是青少年，青少年的健康成长不仅仅涉及每个家庭，更事关国家未来。因此，学校体育是国家体育政策中的重要内容，并且随着社会变迁，学校体育政策会适时调整，紧贴时代需求。

学校体育政策是党和政府及其他组织为了达成学校体育目标和促进青少年体质健康而制定的指导方略、发展计划和行动方案。自新中国成立以来，我国学校体育政策变化大致经历了五个高峰期，分别是 1949—1957 年、1961—1965 年、1977—1982 年、1984—1988 年、2000 年至今，其中既有新政策的制定，也有诸如体育课

---

① 唐建军，孟涛，李志刚，等．英、德、日社区体育俱乐部基本状况和存在的问题．体育与科学，2001（3）．

② 刘东锋，杨蕾．我国非政府体育组织的需求与供给．成都体育学院学报，2005（6）．

③ 杨倩，李帅，缑小燕．中国非营利性体育组织的两种成长路径与困境分析：基于政府职能转变背景的考察．体育与科学，2013，34（3）．

程标准、教学大纲、教学计划以及国家体育锻炼标准等政策循序渐进的调整①。

学校体育贯彻“健康第一”理念既是素质教育的基本要求，也是学校体育的目的之一②。在“健康第一”理念下，学校体育必须重新审视自身的内容，将重心由体育教学转向课外体育活动，并从重视教师或管理向重视学生转变，适应未来素质教育的发展需要。

虽然近年来学校体育政策颁布数量不断增多，但青少年体质却在逐渐下降。体育课程在整体学校教育中的地位较低。学校体育现状调查显示：学校体育发展面临着被推至一个防卫位置的共同趋势，体育课程课时数逐渐减少，体育课程实际地位低于法定地位。随着世界经济的发展，许多国家的教育经费非但没有增加，反而有所减少。分配教育资源主要依据课程对学生发展的贡献率，而整个教育系统一直以来受“身-心二元论”影响，过度强调智力性课程，如语言、数学、科学等，而对超越智力领域的活动没有给予足够重视③。因此，体育教育通常被视为可有可无，逐渐被挤到边缘位置。另外，国人体育信仰的不足，以及利益相关者对学校体育政策的文化认同、社会认同和心理认同的缺失，导致学校体育政策对于促进学校体育工作改善和青少年体质增强效果不显著。

在新时代的社会背景下，国家治理能力成为重要特色，应从治理的角度完善学校体育符合时代需求。应以立德树人统领学校体育治理体系改革，加强学科之间的配合，按照《教育部关于全面深化课程改革落实立德树人根本任务的意见》，将学校体育与德育、语文、历史、艺术等学科统筹发展。应深化体育教学改革，以体育与健康课程改革为核心，以体育学科的核心素养为导向，深化大中小幼体育与健康课程一体化及教育教学改革，帮助学生通过体育锻炼享受乐趣、增强体质、健全人格、锤炼意志。应全面落实“健康中国”行动中规定的学生每天校内一小时、校外一小时体育活动时间，以校园足球的发展模式为蓝本，贯彻“教学是基础、竞赛是关键、体制机制是保障、育人是根本”的发展思路。应加强条件保障制度建设，加强教师队伍建设，补充完善好场地设施，加强保险和风险的防控体系建设，建立和完善相关的体育、健康、卫生应急管理体系④。

二、体育社会学的研究热点

体育社会现象是体育社会学研究的基本对象，反映了社会文化背景。社会文化背景具有明显的地域性和时代性，体育社会学的研究热点体现了体育社会现象的普遍性和特殊性。

---

① 张文鹏，王健．新中国成立以来学校体育政策的演进：基于政策文本的研究．体育科学，2015，35（2）．

② 邓星华，杨文轩．“健康第一”的理论依据与学校体育的新使命．体育学刊，2002（1）．

③ 姚蕾．中国城市学校体育教育现状与思考．体育科学，2004（12）．

④ 许弘，马丽．新时代学校体育治理体系和治理能力现代化研究．体育学研究，2020，34（3）．

从国际视角看，体育社会学的研究热点有体育与性别、体育与政策、青少年体育、体育与传媒、体育与民族认同、大型体育赛事、残疾人体育、健康与良好状态，以及体育、种族与少数民族文化等九大领域①。国际体育社会学的研究热点领域沿袭了社会学的传统研究领域，如性别、阶层、种族、政策、传媒、教育、健康等。其中体育与性别、体育与民族（种族）、体育与政策、体育与教育以及体育与健康五大方面成为研究的焦点。

在体育与性别方面，性别权力不平等、女性运动与身体体验是体育社会学研究的焦点。体育领域一直被视为霸权男性气质构建和再生产的领域，从事运动的女性往往被视为局外人或者边缘群体。但是自 1980 年以来，从事体育运动的女性开始获得重视，并且女性在国际体育史中的地位得到认可，体育行政组织开始重视女性的领导力。此外，女性通过身体运动，开辟了新的集体和情感空间，获得了更多的社会支持和情感抚慰，并在自我实现、主观性建构、社会和家庭网络建立方面获得了积极效果。

在体育与民族（种族）方面，体育是提高群体归属感的有效途径，因此有学者将关注点聚焦于体育运动和体育参与对构建自我及群体身份的作用。一些专门的体育运动也被看作划分民族身份的重要标志，如盖尔式足球运动在爱尔兰地区就被打上了明显的身份烙印。另外，体育民族文化多样性的价值和意义也引起了学者的关注。

在体育与政策方面，体育政策是指导体育发展的重要组成部分，反映了国家和政府对体育事业的支持程度和发展方向。从国际上看，体育作为外交手段的重要表达方式，是促成国际合作的重要手段。欧盟的体育外交更进一步，以促进人与人之间关系的基层体育活动为核心要素，更加注重健康和教育的目的，通过非专业水平的群体及组织进行定期的体育休闲活动，以促进基层体育部门及有关行动者之间的对话与理解。另外，如何通过体育政策保障弱势群体参与体育的正当权益，确保体育政策制定的专业性和执行的有效性也是热点话题之一。

在体育与教育方面，教育是体育的本质属性和基本功能，对德育、智育及价值观的塑造等方面具有重要作用，因此体育与教育的融合一直是体育社会学的热点议题。由于学校体育育人价值的拓展和社会体育人才的缺失，以及竞技体育的竞争日益激烈，“体育与教育”的相关研究突破了传统单一的研究范畴，逐渐形成了多元化的研究格局。日本学者提出学校体育“市场化”的概念，将学校体育置于专业的俱乐部中，让学生接受专业的训练和教育，但也有学者提出相反的观点，认为不应该让青少年接受带有职业性质的运动训练，因为这样有违青少年身心健康发展的愿景。还有学者提出，要基于社会需求适时调整高等学校体育人才的培养模式，应该让体育专业适应社会发展需求，而不是让社会适应体育专业。

在教育与健康方面，当前社会民众的亚健康现象越来越普遍，体育运动对个体健

① 贾晨．体育社会学与关乎未来的一些可能性：2019 年世界体育社会学大会研究专题综述．武汉体育学院学报，2020，54（3）

康的保持和促进作用引起了体育社会学界的关注。然而，参与体育运动往往因个体社会经济地位、性别和身体行为能力不同而存在不平等现象。英国学者刘易斯（Lewis）通过对老年人社区体育项目参与情况的调查，发现针对老年人的体育健康政策与身体活动经验存在严重的脱节，由于未考虑到老年群体体育参与中存在的生物、心理和社会复杂性，因此向老年人推广和提供社区健康活动方面的政策和做法过于笼统。

国际上的体育社会学研究热点与国内体育社会学的研究热点有重合之处，如体育与健康。1995 年《全民健身计划纲要》颁布后，接受"全民健身"理念的人越来越多。随着物质生活水平的提高和体育设施建设的完善，参加健身运动的人的比例越来越高。2016 年《全民健身计划（2016—2020 年）》的颁布，明确了全民健身计划的国家发展战略地位和重要意义。2021 年，《全民健身计划（2021—2025 年）》颁布，提出了一系列发展目标，如：全民健身公共服务体系更加完善，人民群众体育健身更加便利，健身热情进一步提高，各运动项目参与人数持续提升，等等。《"健康中国 2030"规划纲要》为"体医融合"指明了方向，为全民健身计划的实施明确了新的思路，为全民健身公共服务体系的完善提供了政策保障。健康问题比较明显的两个群体是老年群体和青少年群体。我国人口老龄化日趋严重，老年人的身体健康问题是老龄化社会的重要问题，而青少年体质则事关国家安全、家庭幸福和民族希望。全民健身对于解决健康养老问题和提高青少年体质都有重要作用。

另外，奥运会也是国内体育社会学的研究热点。自 20 世纪 80 年代国家提出《奥运争光计划》，尤其是 2008 年北京奥运会举办以来，产生了大量关于奥运会的研究，包括奥运会性质研究、对举办国影响的研究、奥运媒介文化的传播研究等，每四年一届的奥运会在举办期间会引起体育社会学界的普遍关注和研究。奥运会是竞技体育的最高舞台，有关奥运会的研究主要涉及竞技体育制度的问题。多年以来，我国通过国家力量集中办奥运，形成了举国体制的竞技体育制度，并取得了显著成绩。近年来，因市场经济体制的建立，职业体育逐渐发展，竞技体育出现后备人才跟不上世界体育发展节奏的现象。

三、体育社会学的未来研究方向

体育社会学起步晚，曾长期处于社会学研究的边缘地带。近年来，随着参加体育运动的人越来越多，人们对体育现象的关注度越来越高，体育社会学的相关研究逐渐丰富。根据社会学学科和体育社会现象的发展趋势，体育社会学研究将呈现多元化、专题化、科学化、本土化以及国际化等发展趋势。

（一）体育社会学研究的多元化

体育社会学不仅从理论思想层面对体育问题展开研究，还从体育管理体制、体育管理机制，甚至是研究方法层面加以阐述。社会学本身便研究范围广阔，并与不同学科交叉，产生了很多新的研究方向，因此体育社会学也将广泛结合其他社会学科，如政治学、经济学、人类学、教育学、历史学等的理论，解释体育社会现象。体育社会学的研究范畴宽泛，包括不同社会制度和社会结构的体育事业的研究，不同地区、不同时代的体育事业的特点和发展现状的研究，体育与其他社会现象的相互关系的研究，等等。随着体育在人们生活中的地位越来越重要，体育社会现象将进一步拓展，而体育社会学研究也将把这些现象纳入研究体系。

（二）体育社会学研究的专题化

体育社会学研究的多元化指研究视角和研究内容的多元化，在于研究的广度，即横向研究的主要思路。体育社会学研究的专题化不在于研究的广度，而在于研究的深度，即把体育中的某一类社会现象、社会问题作为重要课题，进行深入研究，或阐释某一类社会现象的发生、发展规律，或揭示体育社会问题的本质，为体育事业的科学发展总结经验。社会学研究范围非常宽泛，并且某个领域，比如组织社会学、政治社会学、历史社会学等领域的社会学研究非常深入，这是社会学研究发展的必然趋势。虽然体育社会学起步较晚，但其发展趋势将与社会学研究的发展趋势类似。

（三）体育社会学研究的科学化

体育社会学研究的科学化是指体育社会学研究方法日益科学和完善。研究方法是衡量一门学科发展程度的重要标志。体育社会学主要以实证研究为基础，综合运用访谈法、调查法、观察法、个案分析等收集资料，同时将运用统计学方法的定量分析和运用观察法进行归纳的定性分析相结合来分析资料。在体育社会学研究中，收集资料主要通过访谈法和问卷调查法等方法，尤其是以统计学分析为主、以逻辑推理分析为辅的数理统计分析法的使用越来越普遍，且案例分析法、观察法、社会网络分析法，以及对体育领域的社会现象、体育问题的大数据分析被越来越多的研究者重视。当前，全国性的综合社会调查数据越来越多，为体育社会学研究提供了便利。以这类数据为基础的研究成果将越来越多，有助于提高体育社会学研究的科学化程度。

（四）体育社会学研究的本土化

社会学本土化问题是社会学领域的重要议题，体育社会学也将面临这一问题。著名体育社会学家卢元镇认为，建构中国体育社会学的本土特色，并最终超越本土特色，是中国体育社会学的必由之路。社会学传入中国已有百余年，一代又一代的社会学家对社会学进行着本土化改造。体育社会学被中国社会学界认可还不足 40 年，其本土化之路还很长。体育社会学的研究对象以本土体育现象为主，体育社会学者们在此基础上进行理论探讨。由此，体育社会学本土化在一定程度上是对不同社会制度下的体育事业存在的差异性和特殊性的研究。在加强体育社会学本土化研究的过程中，应注重对民族传统体育文化的发掘、传承与弘扬。民族传统体育承载了悠久的历史与文化，是我国体育社会现象显著区别于他国的重要内容。虽然国外体育社会学研究因起步早，理论思想和研究方法都较为先进，但是对其进行引入和引用还需要考虑本土化因素。

（五）体育社会学研究的国际化

体育社会学研究的本土化成果不是故步自封的，而是要在提出本土化理论后，参与国际体育社会学的对话交流，进一步丰富体育社会学的相关研究。1997 年 11 月亚洲体育社会学学术研讨会在北京体育大学隆重召开，成为中国体育社会学开始参与国际交流的重要标志。在此期间，熊斗寅、刘德佩、卢元镇、吕树庭等中国学者多次应邀到国外讲学，并向国外介绍中国体育社会学研究的进展，受到国外同行的重视。2006 年，国际体育社会学研讨会在沈阳师范大学召开，国内外出席会议的学者达 100 余人，围绕体育社会学学科发展状况、体育社会问题等方面进行了广泛交流和深入研讨。截至 2008 年年底，中国学者在国际学术会议和期刊上发表体育社会学论文 60 余篇，与国外同行完成跨国合作研究课题达 12 项之多①。2014 年 7 月世界体育社会学大会在北京大学举行，大会就“体育、政治和政策”“老年化与体育”“体育健康和生活方式”等 20 余个专题进行了深入探讨和广泛交流②。中国体育社会学在学术交流、研究内容方面都在逐步国际化，只有在不断参与国际化对话的过程中，体育社会学研究才能不断向前发展。

复习思考题

1. 请简述体育社会学与体育学和社会学的关系。
2. 请简述体育社会学的研究对象。
3. 请简述体育与不同的社会结构之间的关系。
4. 体育社会学与时代发展特征是如何相互影响的？
5. 体育社会学的未来发展方向有哪些？

推荐阅读书目

1. 卢元镇．体育社会学．4 版．北京：高等教育出版社，2018.
2. 戴俊．体育社会学．南京：南京大学出版社，2017.
3. 科克利．体育社会学：议题与争议：第 6 版．北京：清华大学出版社，2003.
4. 郑杭生．社会学概论新修．5 版．北京：中国人民大学出版社，2019.
5. 刘少杰．当代国外社会学理论．北京：中国人民大学出版社，2009.

---

① 陈立勇，林文峰．中国体育社会学发展进程中的对外联系．西安体育学院学报，2009，26（6）．

② 赫忠慧，董进霞，张锐．体育社会学与社会变革中的挑战：2014 年世界体育社会学大会会议综述．首都体育学院学报，2014，26（5）．

第二章

体育社会学理论

本章要点

- 功能理论分析方法在社会学发展过程中由来已久，帕森斯是功能主义的领军人物。功能理论假设：社会是由不同的部分有机组成的，各部分都发挥着一定的功能以维持社会的稳定。
- 冲突理论认为社会是在矛盾和冲突中发展和变迁的。冲突理论中具有代表性的有科塞的功能冲突理论、达伦多夫的辩证冲突理论，以及柯林斯的综合冲突理论。
- 互动论研究人们面对面的相互交往与作用，以及引起或者改变这些活动的主观反应。
- 批判理论，从广义上来讲，是指人们对文明历史、社会现实进行批判性反思而形成的理论学说，不仅包括属于康德传统的纯粹理性批判，也包括属于马克思传统的政治经济学批判；从狭义上来讲，是指法兰克福学派“以辩证哲学与政治经济学批判为基础”的社会哲学理论。
- 虽然不同流派的女性主义者在是否承认男女存在差异方面有各种分歧，但是要求男女平等是他们共同的现实追求。
- 身体社会学理论强调的是身体与心理经验在个体与社会生活中的重要地位。
- 埃利亚斯认为，人与人之间相互依赖的网络将他们联系在一起。这样的依赖关系是型构——一个相互导向和依赖的人的结构。
- 一个场域可以被定义为在各种位置之间存在的客观关系的一个网络，或者一个型构。所谓惯习，就是知觉、评价和行动的分类图式构成的系统。它具有一定的稳定性，又可以置换。它来自社会制度，又寄居在身体之中。

关键概念

功能理论、冲突理论、互动论、批判理论、女性主义理论、身体社会学理论、型构社会学理论、场域、惯习体育社会学在国内外的发展时间并不长，关于体育社会学的学科分类，国内外略有不同。国外认为体育社会学是社会学的分支学科，属于应用社会学，而国内将体育社会学划为体育人文社会学二级学科下的分支学科。由于学科的分类不同，因此国内外体育社会学界开展研究所使用的理论并不相同。

近年来，随着体育社会学研究的不断发展，体育社会学属于社会学的分支学科的观点得到国内很多学者的认同，他们在研究中运用社会学母学科的理论也逐渐增多，我国体育社会学研究的理论深度有了很大提高。本章主要介绍国内外体育社会学常用的几种社会学理论，使读者对这些理论有一定的了解。

理论对体育社会学研究非常重要。理论可以为我们进行体育社会学研究提供一种研究视角，对所研究的问题进行分析和解释，理论就是研究的指南。正如著名体育社会学者马奎尔（Maguire）所说："体育研究离不开社会学理论。我们可以把理论理解为脚手架，以此来创建关于我们生活于其中的社会世界的解释。"① 没有理论支撑的研究仅仅是对一些体育现象的描述，缺乏研究和分析的深度。因此，对体育社会学研究中社会学相关理论的运用的总结分析是非常必要的。

体育社会学是社会学的分支学科，因此也是在社会学理论的基础上展开研究，并随着母学科的发展而发展的。体育社会学研究中运用的社会学理论主要有以下几种：功能理论、冲突理论、互动论、批判理论、女性主义理论、身体社会学理论、型构社会学理论、实践感理论。本章将对以上理论进行逐一分析和论述，并简述国内外运用以上理论进行的体育研究，为读者了解国内外研究现状提供广阔的思路。

第一节　体育社会学研究常用理论

一、功能理论

（一）功能理论概述

功能理论，也被称为结构功能理论，它的理论分析方法在社会学发展过程中由来已久，在孔德、斯宾塞、涂尔干等社会学鼻祖的理论中，都能找到功能主义思想的源头。

帕森斯（T. Parsons）是功能主义的领军人物，是功能理论的集大成者，他的主要思想体现在其作品《社会行动的结构》《社会系统》《经济与社会》等中。

帕森斯的功能理论初步形成于20世纪30年代和40年代初，兴盛于20世纪60年代，直到现在，功能理论分析方法依然是国内外社会学研究运用的主流方法。正如宋林飞对功能理论的评价："功能分析被当代西方多数社会学者公认为解释社会

---

① 马奎尔，扬．理论诠释：体育与社会．重庆：重庆大学出版社，2012：2.

研究材料最有成效和最有前途的方法。”[①] 同时，功能分析又是西方社会学者探索社会稳定的重要理论工具。

帕森斯功能理论的重点是促进社会系统稳定与秩序的机制。功能理论假设，社会是由不同的部分有机组成的，各部分都发挥着一定的功能以维持社会的稳定。

A-G-I-L 框架是帕森斯功能理论的主要内容，也是功能理论最引人注目的部分。A——适应（adaptation），即社会系统对环境的适应功能，包括社会系统对环境的限制和压力的顺应以及社会系统对环境的改造。社会系统通过与环境的多层面的能量交换，以取得维持自身存在和发展的资源和能量。G——目标达到（goal-attainment），即社会系统确立总目标的功能。社会系统确立总目标，可以引导社会成员为目标的实现而努力。只有确立了目标，社会系统的运行才有了方向。I——整合（integration），即协调社会系统各组成部分，使它们能够团结有效地合作。整合主要是通过情感联系实现的，情感联系具有超功利的性质。L——潜在的模式维持（latency pattern maintenance），即按照一些规范和原则，使得社会系统的运行秩序得到维持。帕森斯认为，社会系统是一个动态系统，处于不断变化中。社会成员的一些社会行动的间断性，会造成社会系统运行的间歇性。因此，只有通过一些规范和原则，才能保证系统在间歇后重新运行。

帕森斯认为，适应、目标达到、整合、潜在的模式维持的功能是按照以上所列顺序实现的。首先，社会系统从环境中获得资源，维持系统的生存；在获得资源的过程中需要动员社会成员，而动员社会成员就需要确认社会成员达成共识的总目标；当实现总目标后，社会系统进入整合阶段，此时社会情感发挥重要作用，形成宗教情感、理想信念、道德规范和行为准则等共同的价值取向；当以上三个阶段实现后，将进入潜在的模式维持阶段，模式维持阶段实际上是社会系统运行秩序的维持和巩固，它需要一些制度、规范和文化等发挥作用。

社会系统的以上功能不但表现出顺序性，并且具有协调性。它们在同一个社会系统中，相互联系，相互作用，在交叉动态中发挥作用。系统要运行，就必须达到这四个系统最低限度的一致性。

帕森斯认为，从社会系统以及子系统来看，A、G、I、L 分别对应社会系统的经济系统、政治系统、社会系统和文化系统；而从社会行动系统来看，A、G、I、L 分别对应有机体行动、人格行动、社会交往和文化活动。

A-G-I-L 框架是对社会系统运行的结构功能的高度抽象概括。帕森斯认为，每一个社会系统及其子系统都应具有以上四种功能，社会系统要想保持良性运行，这四种功能必须协调发展。利用 A-G-I-L 框架，不仅可以进行社会系统运行的结构功能分析，也可以指导社会系统良性和持续运行。

帕森斯的功能理论得到了国际社会学界的承认和推崇，但是也有很多批评。如霍曼斯认为，功能理论的缺点主要有以下三方面：

---

① 宋林飞．西方社会学理论．南京：南京大学出版社，1997：83.

第一，功能理论不是演绎系统，不能进行理论解释。

第二，功能理论只是对社会进行描述，不能解释社会。

第三，功能理论没有普遍性。

（二）国外功能理论的体育研究

国外关于体育的功能分析，主要有两方面：一方面是关于体育系统内的结构功能分析，另一方面是关于体育对社会系统的功能分析。

在运用功能理论对体育进行研究方面，具有代表性的有吕申（Lüschen）对体育运动的功能分析①。吕申在其研究报告《体育与文化的依存》中认为：体育与文化是相互依存的。即使是像走路这样简单的运动活动，也不仅是人格系统引发的有机过程，而且是由社会和文化系统决定的。文化作为一个概念并不是指行为本身，而涉及作为行为基础的模式和抽象，或者是行为的结果。

综合分析国外关于体育的社会功能的研究可知，国外关于体育的功能分析，主要论述体育的正功能，正像杰·J. 科克利（Jay J. Coakley）所总结的：一些人喜欢运用功能理论分析体育的功能，因为它导致这样的结论——体育对个体和社会都是一种激励。总之，功能理论关心体育运动对社会系统的功能，分析体育运动如何促进个体的成长，如何维持社会秩序的良性运行。

由于功能理论是以社会均衡和秩序为核心的，因此在分析体育的功能时，它有自身的局限性。科克利认为，体育的功能分析主要有以下三个问题：

第一，常常夸大体育运动的积极作用。

第二，往往忽略了体育运动是更有利于某些群体的，而非更有利于社区或社会上的人们。这限制了人们对社会生活的理解，而且它不鼓励针对社会变迁以及体育与社会变迁的过程之间的联系进行详细研究。

第三，忽视了体育运动能够增加那些有权力的、富有的人的利益，从而强化了社会不平等。

（三）国内功能理论的体育研究

国内学者运用功能理论对体育的研究主要分为三方面：一是关于体育运动对个体的身心发展的功能研究；二是关于体育对小群体的功能研究；三是关于体育对社会整体的功能研究。

1. 体育对个体的功能

体育对个体的身心发展的功能研究主要分析体育对个体的身心健康的影响，以及从总体上分析体育对人的社会化的作用。

体育对个人身体健康的促进作用在现代社会是众所周知的，很多研究也对此做

① LÜSCHEN G. The interdependence of sport and culture. International review for the sociology of sport, 1967, 2 (1).

过论述，如卢元镇对体育与身体健康关系的分析[①]。体育对身体健康的促进主要表现为体育能对人的身体形态和身体机能进行改善。首先，体育锻炼可以使人的身体形态更协调；其次，体育锻炼可以使人的身体机能得到增强，如提高心脏的每搏输出量、提高心力储备等；最后，体育锻炼可以提高个人的身体素质，如力量、柔韧性、平衡等，同时可以提高身体的运动能力。

体育可以促进人的心理健康，可以促进人的个性、情绪、人格等健康发展，同时能够治疗一些心理疾病。有关分析可参见殷恒婵对体育锻炼的心理健康效应的研究[②]。该研究在对国内外该领域的研究进行分析后认为：首先，体育对人的智力（如感知、记忆、思维等能力）发展有重要作用；其次，体育对人的情绪有很好的调节作用，如能降低紧张、焦虑、抑郁水平；再次，体育有助于人格的显示和发展，可以促进人际交往，改善人际关系，增强人的社会适应能力；最后，体育与自我概念显著相关。

体育对人的社会化具有很大影响。社会化（socialization）是个体在特定的社会文化环境中，学习和掌握知识、技能、语言、规范、价值观等社会行为方式和人格特征，适应社会并积极作用于社会、创造新文化的过程。它是人与社会相互作用的结果。通过社会化，个体学习社会中的标准、规范、价值和所期望的行为。个体的社会化是一种持续终生的经验。体育对人的社会化有很大的促进作用，因为体育世界是生活世界的一部分，体育活动是嵌入人们的生活世界当中的。虽然体育已经在全球化的影响下成为人类共同文明，在一些基本价值、规范方面具有初步的一致性，但是，不同社会的体育活动是在不同的社会文化环境中开展的，具有不同的内涵。因此，体育活动为个体学习自身群体的知识、技能、价值、规范等提供了场所。卢元镇认为，体育对人的社会化的功能可以概括为以下几点：

第一，身体教育、运动教育可传授生活技术和技能。

第二，体育运动可培养社会规范。

第三，体育运动有利于社会价值观念体系的形成。

第四，体育运动有助于社会角色的习得。

第五，体育运动能够促进个性的形成和发展。[③]

2. 体育对群体的功能

体育对一些群体能够产生一定的功能，如体育活动能够促进人际交往，增加人际互动，增加社会资本，从而促进社会群体和谐。如张剑利等运用帕特南（Robert Putnan）社会资本的定义（社会资本是社会组织的特征，如信任、规范和网络，它们可以通过促进合作行动而提高社会效率），认为社区作为一个社会群体组织机构，可以在这个定义的框架下进行研究。他们在理论上分析了社区体育资本对社区关系

---

① 卢元镇．体育运动：现代人生命质量的守护神．体育科研，1998（3）．

② 殷恒婵，傅雪林．对体育锻炼心理健康效应研究的分析与展望．体育科学，2004（6）．

③ 卢元镇．体育社会学．2版．北京：高等教育出版社，2006：154．

网络、社区居民规范的培养及居民间相互信任的影响作用，并以此为依据，说明了社区体育资本对和谐社区的促进作用。① 周结友等依据帕特南的观点，通过文献、观察、访谈、理论分析等方法，结合全民健身运动的特点，从理论层面论证了全民健身运动具有培育社会的信任关系、网络和规范等功能②。

3. 体育对社会的功能

体育活动是社会的一部分，它归属于社会。体育对社会的经济、政治、文化都有一定的影响。

虽然体育活动受社会经济发展的制约，但是体育产业对国家经济的发展有一定的推动作用。大型体育赛事的举办，可以对举办区域的经济发展产生影响。如通过举办大型体育赛事，可以促进举办区域的城市建设、基础设施改善、场馆建设的投资，提高就业水平。大型体育赛事在举办期间，可以带动举办区域的旅游业发展，增加该区域的第三产业收益。如林显鹏等关于奥运会对举办城市的经济影响的研究显示：现代奥运会之所以能够对主办城市的经济发展产生巨大的影响，最根本的原因是奥运会能够给主办城市带来巨大的投资。注入主办城市的投资通过投入产出链及乘数效应，推动主办城市经济总量增加。现代奥运会能给主办城市带来长期的经济影响，影响的时限约为 12 年，奥运经济产生的乘数效应具有明显的后发性特征。现代奥运会对主办城市的建筑业、房地产业、旅游业、宾馆业、会展业等均会产生重要的影响。③

体育与政治的联系日益紧密，政治制约着体育，体育为政治目的的实现服务。体育主要通过以下几方面为政治服务：

第一，促进国民身体健康。政府通过一些政策法规的制定或场地、设施的提供，增加国民的体育参与，促进国民的身体健康，为国家提供优质的人力资源，减少医疗支出。

第二，提高国家在国际社会中的地位，显示国家制度的优越性。一些大型国际比赛，举世瞩目，影响广泛。在大型国际比赛中取得好成绩，是对国家综合实力的宣扬。例如 2008 年北京奥运会，我国取得 51 枚金牌，居金牌榜首位。这不仅表现出我国已经成为体育大国，而且代表着我国的政治、经济、科技、文化实力的全面提升，以及我国社会主义制度的优越性。

第三，促进民众团结，增加民众对国家的认同感和归属感。在国际大赛中，每个运动员都代表特定的国家，每个运动员都是国家形象的化身，他们在比赛中的表现，牵动着很多人的心。在观看比赛时，民众很多时候已经忽略了民族、阶级等差别，支持自己国家的运动员。当自己国家的运动员取得好成绩、国旗升起时，很多观众都会因激动而热泪盈眶，这时他们已经将自己与国家联系在一起，从而增强了

① 张剑利，靳厚忠，徐金尧．社区体育资本与和谐社会．武汉体育学院学报，2007（8）．

② 周结友，裴立新．社会资本：全民健身运动功能的一个研究视角．体育科学，2008（5）．

③ 林显鹏，虞重干．现代奥运会对主办城市经济发展的影响及其规律研究．上海体育学院学报，2006（2）．

对国家的认同感和归属感。

第四，强调一种社会的精神价值。体育是一种社会文化，体育活动中宣扬的精神文化是社会主流精神文化的体现。如在 20 世纪 80 年代，我国女排在国际排球比赛中取得五连冠，国家因此提出女排精神：顽强战斗，勇敢拼搏。女排精神不仅是对我国女排在比赛中的表现的赞扬，而且已经成为我国激励国民的精神文化；它不仅是国家对全国体育界提出的期望，也是对全国各界人士的精神要求。

第五，体育可以促进国际交流，实现一定的外交目的。体育为国际交流提供了舞台，在这个舞台上，体育竞赛已成为国家进行政治展示的手段。国际重要的比赛，对世界影响巨大。如在奥运会举办过程中，很多国际政要到访举办国，这代表了同举办国的关系。体育可以成为一种外交手段，实现一定的政治目的。如我国在 20 世纪 70 年代运用的“乒乓外交”，对我国同美国的建交起到了一定的积极作用。

体育属于一种社会文化活动，对国家的文化建设发挥着重要作用。文化是指人类创造的物质文化和精神文化的总和，包括三个层面：物质层面、精神层面和制度层面。体育活动可以为文化的三个层面建设做出一定的贡献。例如，奥运会能为举办国留下很多场馆，如北京的鸟巢、水立方等，都是 2008 年北京奥运会遗留下来的物质财富，至今仍吸引国内外众多游客前往参观。运动会的举办会为一个社会遗留下一定的制度和精神遗产，如 2008 年北京奥运会后，我国提出从体育大国向体育强国转变，提倡加快群众体育发展，并将每年的 8 月 8 日定为全民健身日。2008 年北京奥运会提出的“人文奥运”“绿色奥运”“科技奥运”理念至今仍是北京城市发展的精神财富。

二、冲突理论

（一）冲突理论概述

冲突理论是当代社会学研究非常重要的理论视角。20 世纪 60 年代，欧美社会动荡，出现了一些大的社会事件。曾处于社会学领域统治地位的功能理论已经失去对现实社会的解释力，很多社会学家开始探寻如何创新社会理论来解释当时的社会现实。所以，冲突理论是在对功能理论的批判中发展和形成的。

虽然冲突理论成为正式的学术流派比较晚，但是它源远流长，经过不断发展，已成为一种非常具有影响力的学术思想。刘少杰认为，冲突理论已经经历了萌生、繁荣以及当代发展三个阶段。冲突理论的萌生阶段主要以马克思、齐美尔、韦伯等为代表人物；繁荣阶段主要以米尔斯（Charles Wright Mills）、科塞（Lewis Coser）、达伦多夫（Ralf Dahrendorf）、特纳（Jonathan Turner）及李普塞特（Lipset）为代表人物；在冲突理论的当代发展阶段，柯林斯（Randall Collins）的综合冲突理论、历史比较社会学中的冲突理论、新马克思主义冲突理论以及性别分层与不平等理论跃居冲突理论的前沿。①

冲突理论与功能理论相反，并不认为社会仅仅存在“整合”和“均衡”，而认为社会是在矛盾和冲突中发展和变迁的。冲突理论中具有代表性的有科塞的功能冲突理论、达伦多夫的辩证冲突理论，以及柯林斯的综合冲突理论。不同于功能理论认为冲突是现代工业社会所特有的病态现象，科塞的功能冲突理论主要从正面分析冲突对社会和群体的作用：冲突对社会具有整合、稳定与平衡的功能，并且冲突能够创造出新的组织、制度和价值。达伦多夫的辩证冲突理论认为，社会并不是结构稳定、系统整合、功能协调及价值共识的，而是具有辩证的两面：均衡和冲突并存。社会既始终处于变迁中，又普遍存在对立与冲突；社会冲突是社会变迁的根本动力，社会中的每个要素都可能引发冲突、变迁甚至社会解体；社会成员、组织相互结合成社会并非缘于彼此的共识和吸引，而是由于各方之间的统治与压抑。柯林斯的综合冲突理论融合了戈夫曼（Erving Goffman）、加芬克尔（Harold Garfinkel）等人的理论，从微观分析入手，在个体层面展开冲突研究，通过微观和宏观的结合，建构出一种冲突研究的综合理论。

（二）国外冲突理论的体育研究

冲突主义视角主要关注社会中的矛盾现象，并不认为社会处在整合下的静止状态，而认为冲突无时无刻不在不同的社会领域中产生，是社会发展和变迁的原动力。国外学者主要关注体育运动中的权力、地位、种族及性别等领域的不平等现象。

国外以冲突理论为视角对体育的研究主要包括以下几方面：

第一，研究运动员的身体的异化问题。主要研究运动员的身体如何成为赚钱的工具，如何被权力阶层剥削，而不是作为实现自我快乐的源泉。正如布鲁姆（Brohm）在其《体育：测量时间的监狱》中所论述的，体育是统治阶级价值观、意识形态宣传的有力工具之一，是一种意识形态化的主体/机器（成为一种被资本主义劳动异化的机器人），是建立在“健康”的幻想上进行身体的生产②。

第二，研究体育运动如何对人进行强制和控制，从而使人对现存的社会的组织等权力部门的合法性深信不疑。该类研究认为，体育运动可以使人们专注于比赛的过程、比分等，而忽视社会的政治、经济等方面的社会问题。国外的社会学家认为体育就是一种麻醉剂，它可以让工人阶级将情感集中于逃避性的活动中，暂时忘却生活中的不平等。

第三，研究体育运动中的商业化问题。如今的体育运动难以脱离商业化的影响，正如鲍德里亚（Jean Baudrillard）所描述的，如今的社会是消费社会。体育现在受很多大公司的影响和控制，成为它们赚取利润的工具。体育运动中的不平等问

---

① 刘少杰．国外社会学理论．北京：高等教育出版社，2006：186.

② BROHM J M. Sport：a prison of measured time. Londen：Ink Links，1978.

题也是研究的重要方面。

第四，研究体育运动中的民族主义与军事主义的关系。体育运动，特别是一些团体运动，可以凝聚人心，增加民众的认同感和民族自豪感。体育运动甚至被认为是小型化的军事战争，激励攻击性行为。

第五，体育运动与种族主义及性别主义的关系。这些研究分析不同种族和性别在体育世界中的状况，研究体育这种文化现象是否强化了不同人种逻辑及性别逻辑等，从而造成不同人种和性别在体育世界中的不平等。

（三）国内冲突理论的体育研究

我国学者运用冲突理论视角进行体育研究的文章相对较少，因为很多学者并不喜欢运用冲突理论视角，他们认为冲突是社会运行中出现的病态现象，反映了体育相关管理部门功能的失调。过分强调冲突在体育运动中对政府部门、小团体等不同层级的机构的正面影响，对我国学者来讲，似乎并不是一种正常的思维，因为它容易使人怀疑有赞扬体育运动中的暴力、冲突的倾向，这与我国政府和社会提倡的团结、友爱、和谐等社会价值观背道而驰。

我国学者对体育中的冲突的研究，主要聚焦于体育运动中的冲突现象，而并非一定会运用社会学中的冲突理论视角。

在竞技体育运动中发生的冲突主要分为三种：第一，观众之间的冲突；第二，运动队之间的冲突；第三，团队内部成员之间的冲突。

观众之间的冲突的发生，主要是因为观众是不同运动队或者运动员的粉丝，观众对于自己支持的运动队（员）融入了个人的情感和认同。在比赛中出现的任何他们认为对自己支持的运动队（员）不利的裁判员、对方运动员、对方粉丝的行为，特别是当他们支持的运动队（员）处于落后时，都很容易引发赛场上的冲突行为。在比赛中容易发生冲突的项目是集体性项目，如足球和篮球。我国对于体育比赛中出现冲突的研究主要集中在足球项目。如谭华对我国足球比赛中出现的球迷骚乱现象的研究显示，导致骚乱事件发生的原因主要有三点：第一，主队情结或宿怨；第二，为观看比赛付出超常代价导致产生追求补偿的期望未能得到满足；第三，过于森严的赛场气氛或场内工作人员的粗暴态度①。至于导致球场暴力发生的直接诱因，则大多是对比赛中裁判、运动员的表现或比赛结果不满。

运动队之间的冲突在比赛中也时常出现，主要是在比赛中一些运动员有意或无意做出一些对对手的侵犯动作，从而导致比赛双方出现小规模或者全队的冲突。而运动员做出对对手的侵犯动作，有时是根据比赛的战术需要故意而为的，有的是在激烈的对抗中，双方技战术运用速度快，用力猛，所以未能控制住动作。如美国男子职业篮球联赛（NBA）、中国男子篮球职业联赛（CBA）、国际足联世界杯（FIFA World Cup）等一些激烈对抗比赛，经常出现赛场上运动员之间的语言或者肢

---

① 谭华．八十年代以来我国球场骚乱现象的社会文化学审视．体育文化导刊，2004（3）．

体冲突，甚至出现赛场上的群殴现象。这实际上是激烈运动对抗的一部分，虽然各层次的比赛组织者都对此进行控制，但还是时有发生。

运动队中还时常发生团队内部成员之间的冲突，主要是由于一些成员之间在利益或者价值观等方面产生冲突。我国对运动队的管理采取行政人员、教练员、运动员三元的管理模式，有时会由于利益分配而产生冲突，如“马家军”中出现的运动员和教练员因利益分配而产生冲突的现象。运动员、教练员和行政人员有时会因为队伍管理理念和价值观出现分歧而产生一些冲突，如我国短道速滑队一些队员与教练员之间的冲突。比赛中还经常出现同一团队的队员之间因对同伴在比赛中的表现不满而产生冲突。

由以上分析可知，运动场世界是生活世界的一部分，生活世界的冲突无处不在，运动场世界的冲突也难以避免。正如宋林飞所述：分层、矛盾、冲突、对抗与变迁等分析范畴，是社会学者进入新领域所必须使用的“坚船利炮”。社会进程是由在某种程度上与他人利益相一致，同时又在某种程度上与他人利益冲突的个人利益、集团利益所驱动的连续过程。①

体育领域中的冲突，有其正面的影响，我国学者对冲突的功能分析主要运用科塞的功能冲突理论，研究结论概括如下：

第一，体育运动中的冲突，可以促进管理部门对冲突各利益相关者的权利进行协调，对现有的政策法规进行修改，以适应新情况。如为了减少跳广场舞和社区群众的冲突，2015 年 8 月，文化部、体育总局、民政部和住房城乡建设部联合发布了《关于引导广场舞活动健康开展的通知》，指出：要为广场舞活动创造良好条件，要加强对广场舞活动的规范管理，要加强组织领导和统筹协调。

第二，体育运动中的冲突，可以实现团队的整合。体育运动中的群体之间的冲突，可以使冲突双方明确自己的群体边界，促进团队内的团结和凝聚力。当体育运动中的冲突发生时，个体只有对群体具有认同感和归属感，才可能加入冲突的行列。当冲突结束后，个体对群体的认同更能促进整个群体的团结。

第三，体育运动中的冲突，能够发挥社会“安全阀”的作用。体育运动能够给参与者提供发泄不良情绪的机会。如果敌对情绪通过适当的途径得以发泄，就不会导致更大的冲突，有利于社会结构的维持，就像锅炉里的过量蒸汽通过安全阀适时排出而不会导致爆炸一样。“安全阀”制度让冲突双方的敌对情绪有了发泄的渠道，将潜在的冲突风险降到最低。

（四）冲突理论的局限性

体育社会学研究运用冲突理论视角，注重对体育运动中的权力、阶层等不平等现象的研究，注重冲突对体育运动的管理组织、参与者小团体等方面产生的影响，为我们正确理解和对待体育运动中的冲突问题提供了理论基础。但是冲突理论有它

---

① 宋林飞．西方社会学理论．南京：南京大学出版社，1997：321.

本身的局限性。我国著名体育社会学者仇军曾对冲突理论在体育研究中的局限性进行总结，概括如下：

第一，由于冲突理论认为所有的社会生活都是由经济因素与“市场需求”推动和塑造的，以及冲突理论关注社会中的经济“有产者”与“无产者”之间的关系，因此持冲突理论的西方体育社会学者在研究体育运动时，仅仅关注经济因素，忽视了其他因素对体育运动及其发生问题的影响。实际上，很多体育运动，尤其是那些强调娱乐和大众参与的体育运动，无法完全根据社会经济中权势人物的利益来解释。此外，运用冲突理论视角的研究者，极少关注个体行动者的主观能动性。

第二，在解释人们如何认同自我、如何与他人相互联系，以及如何组织社会生活时，冲突理论忽视了性别、种族、民族、年龄等因素的重要性。由于冲突理论以马克思主义关于所有历史和社会组织围绕经济因素而运行的假设为基础，因此，西方体育社会学者在运用冲突理论研究体育时，也认为社会不平等与社会阶级斗争之外的其他因素无关。

第三，冲突理论忽略了即使是资本主义社会，体育运动参与也包含增强个体和群体力量的作用。尽管有极少数运动员为了得到更好的成绩，服用违禁药品，将身体当作取得更大利益的工具，但是大多数运动员并不是为了利益，而是为了获得成功的快乐和体验。而且，体育运动具有挑战和抵制拥有经济权力的某些群体的利益的作用，因此在某种情况下，它们甚至可以改变一个组织或社区中权力分配的方式。[①]

三、互动论

（一）互动论概述

功能理论视角和冲突理论视角均从宏观角度分析社会现象，研究社会的结构、阶层等，而互动论视角是从微观角度研究社会现象的。互动论研究人们面对面的相互交往与作用，以及引起或者改变这些活动的主观反应。所以，互动论是反实证的主观社会学。实证主义认为社会学和自然科学一样，认为人受一些稳定的社会规律的支配，社会结构制约着人的行为。互动论秉持主观主义原则，强调人的主观能动性，认为社会结构是很多个人的理解与行动的结果，社会过程是人对现实情境加以理解并赋予意义而行动的过程。

虽然互动论认为宏观社会世界是由微观的人与人的交往沟通构成的，欲通过微观的社会互动解释宏观社会，但是，其并没有为宏观社会和微观社会的结合提供较好的理论途径。

互动论关注人际互动中符号的作用、角色的扮演以及约定俗成的规律。因此，人们一般把互动论分为以下流派：以布鲁默（Herbert Blumer）、登津为代表的符

① 仇军．西方体育社会学：理论、视点、方法．北京：清华大学出版社，2010：51.

号互动论，以戈夫曼、伯克为代表的表演互动论，以舒茨（Alfred Schutz）、加芬克尔为代表的约定互动论。

互动论的理论传统来源于库利（C. H. Cooley）、米德（George H. Mead）和托马斯（W. I. Thomas）。库利最著名的理论是"镜中我"理论，认为别人的看法就像一面镜子，人们是通过这面镜子认识自己的。人们主要通过想象自己在别人眼中的形象、别人对自己展现的形象的判断以及自我的感觉来认识自己。"想象演习"理论是米德的主要理论。米德认为理解和运用符号的能力是人类重要的能力，把人们运用象征符号的能力称为想象演习。托马斯的著名理论是"情境定义"。托马斯认为，如果人们把一种情境定义为真实，那么它的结果也是真实的，这就是著名的"托马斯定理"。

布鲁默和登津的符号互动论认为，人们对情境的反应、人们之间的互动、人们对社会结构的作用，都依赖于对共同识别的符号的运用。戈夫曼和伯克的表演互动论认为，人们都是通过对特定角色的社会期待的理解去扮演一定的社会角色的。舒茨和加芬克尔关心的是人们在日常互动中约定俗成的东西，如果没有对约定俗成的互动情境、话语等的理解，互动就不能顺畅地进行。

"符号互动论"这个词是由布鲁默提出的。符号是指人们指代生活现实中的客观事物、思想等的替代物。符号互动论属于社会心理学的观点，分析"社会自我"的形成与发展。符号互动论认为社会是通过人与人的交往和互动形成的，个人对社会自我的认知也是通过与别人的交往互动形成和发展的，个人在与他人的互动中赋予一些事物一定的价值和意义。

符号互动论具有自身的理论局限性，因为其更注重对个体社会心理的微观研究，因而忽略了社会的结构、制度等宏观问题。贾春增认为符号互动论的理论缺陷主要有以下几点：

一是它过于强调人的主观因素、主观心理意识，忽视了客观实际；过于强调表现出来的、为人们所认识的东西，对没有表现出来的、事物内在的规定性则认识不足。

二是它过于强调个人因素，没有看到整体社会结构、制度的作用。

三是它的研究过于微观，只能研究个体或者小群体，无法研究大规模的、总体性的社会现象。

四是它的方法论片面强调感觉、直觉的重要性，只承认感性认识，否认理性认识的真实性，是肤浅的经验主义和现象主义的表现。[①]

（二）国外互动论的体育研究

在体育运动中，人们通过人际互动了解体育的价值规范、自我认同等，并在运动中选择自己的行动。

---

① 贾春增．外国社会学史：第三版重排本．北京：中国人民大学出版社，2018：251.

人们对于体育参与的价值的认识是通过与别人的交流和自我的理解形成的。很多调查显示，男性比女性更热爱体育运动，这一方面是由于女性的社会角色影响了女性参与运动的时间，另一方面，更重要的一点是人们在社会化过程中通过与他人的交流，了解了社会对于男性和女性的角色期待，内化了社会认同的性别逻辑：男性就应该好运动，身体强壮，行动敏捷，具有阳刚之气；而女性则应该好静，身体纤弱，具有阴柔之美。正如珍妮特·利弗（Janet Lever）通过对男孩和女孩参与游戏的性别差异的研究所发现的，男孩比女孩更喜欢在户外玩耍，更喜欢加入更大的群体和年龄差异较大的群体，更喜欢参与竞争激烈的游戏。利弗认为：男孩参与的游戏使他学会了承担“概化他人”的角色，这些游戏过程为他将来进入复杂的环境、承担一些角色做好了准备。而女孩在游戏的过程中学到的仅仅是承担特定的角色，即仅为承担母亲、妻子等家庭领域的角色做好了准备。①

在一些集体性运动项目中，运动员更需要在比赛中互动。只有很好地了解同伴，才能配合得比较好，从而在比赛中取得好成绩。在有组织的集体运动项目比赛中，比赛情况复杂，变化多端。在比赛中，队员必须事先想象所有同伴的期望和角色。如在排球比赛中，二传手必须对赛场上所有其他位置的队友将要做出的动作有总体的认识，因此，尽管二传手是场上的核心队员，但是他在场上的行动受控于场上的所有其他队员。

国外运用互动论对体育的研究主要集中在对体育社会化和运动亚文化的研究上。关于体育社会化的经典研究如唐纳利（Donnelly）和扬（Young）关于登山运动员和橄榄球运动员对于自身运动员身份认同的研究②。研究者们通过观察和访谈认为，成为一名严格意义上的运动员是一个艰难而长期的过程而不仅仅是从别人那里得到报酬和鼓励，以及参加运动的机会：

第一，个人获得参加体育运动的各种知识。

第二，与自己将要参加的体育项目领域被认可的运动员取得联系。

第三，学习该运动项目运动员群体的规范和期望。

第四，赢得该项目运动员的认可。

第五，在与该运动群体成员的互动中不断重复确定自己的身份认同。

唐纳利和扬的研究说明，成为一名运动员不仅仅是个人不断努力的单向过程，更重要的是在同他人的互动中确定自己运动员的身份认同。

关于运动亚文化的比较经典的研究如社会学家蒂姆·柯里（Tim Curry）关于摔跤运动员对运动中疼痛的认识的分析③。柯里曾考察了一名摔跤运动员的传记资料，并对其进行了访谈，描述了一名运动员如何渐渐将疼痛和伤病当作摔跤运动的

---

① LEVER J. Sex differences in the games children play. Social problems，1976，23（4）.

② DONNELLY P，YOUNG K. The construction and confirmation of identity in sport subcultures. Sociology of sport journal，1988，5（3）.

③ CURRY T. A little pain never hurt anyone：athletic career socialization and the normalization of sports injury. Symbolic interaction，1993，16（3）.

正常部分。

柯里的报告表明，这名运动员在刚开始参与摔跤运动时，通过观察别的运动员并与他们互动，逐渐把疼痛和伤病当作该运动的正常现象。随着这名运动员参与摔跤项目时间的增加，他渐渐认识到：运动中的小伤小病都不能当回事，对小伤小病进行治疗是小题大做，受伤时坚持训练和比赛会受到教练员和同伴的赞扬。在这一过程中，这名摔跤运动员认识到：要取得好成绩，就得付出代价，疼痛和伤病是必须付出的代价的一种。

这名运动员将痛苦和具有潜在的自我破坏性的体验定义为积极的体验的过程说明：体育运动的体验的意义和身份来源于社会互动。

（三）国内互动论的体育研究

我国学者以互动论为视角研究体育运动的文章并不多，有的研究仅仅是运用“互动”这个词展开宏观的体育现象研究，如群众体育与竞技体育的互动、社区体育与学校体育的互动等方面的研究。我国运用互动论对体育现象的研究主要有以下两方面：一方面是关于学校体育的研究，另一方面是关于群众体育的研究。

我国体育社会学运用互动论视角的研究主要集中在学校体育方面，该类文章通过对学校体育中教材、教师、学生的互动的分析，提出理想化的教学模式。在学校体育中，教师和学生是互为主体的，教师与学生之间、学生与学生之间的互动非常重要。互动式教学是有效开展教学活动的积极方式，是教师了解学生学习的身心状态及学习效果的重要途径，也是学生相互学习、相互促进，促进课堂学习氛围的有效方式。

我国体育社会学运用互动论视角对群众体育的研究，主要是对一些群众性体育项目的兴起的研究和功能性分析。卢天凤和王玥对我国马拉松运动热潮的文化分析，采用布尔迪厄（Pierre Bourdieu）的区隔理论，分析了我国中产阶级在马拉松运动参与的人际互动中获得的阶层认同和自我认同①。王洪珅关于我国少数民族体育的本质的研究，运用柯林斯的互动仪式链理论，对我国少数民族的体育的社会作用进行了分析。少数民族的体育运动，是通过对民族自身特有的身体仪式活动的参与，在与共同参与者的互动中，通过“集体兴奋”获得情感能量，从而获得群体归属感和自我认同感②。正如王洪珅所分析的，按照柯林斯的互动仪式模型，各族群居民在仪式中以身体活动的方式进行互动，在宗教祭祀、节日庆典、婚丧嫁娶等共同的行动或事件中，以“身体共在”形成群体聚集，每个参与其中的个体所产生的“短暂的情感刺激”会在相互关注中逐渐形成群体“共享的情感状态”。在个体与个体、个体与群体有节奏的连带的反馈强化之下，所有参与者形成的群体达到一种“集体兴奋”。最终，个体通过参与仪式获得情感能量的满足，形成群体团结的结

① 卢天凤，王玥．文化身份认同视角：城市中产阶层热衷于马拉松的动因考究及问题规避．武汉体育学院学报，2018，52（2）．

② 王洪珅．互动仪式链理论视域下的少数民族传统体育本质推演．体育科学，2014，34（7）．

果，并在无形中形成一种“对违反行为的正常愤怒”的道德标准。在长期的反复的仪式过程中，族群居民逐步把是否参与仪式内化为是否归属于某一族群的标准。

（四）用互动论进行体育研究的局限性

正如上文贾春增对互动论的理论缺陷的分析，用互动论研究体育运动现象有其自身的局限性。主要的理论局限分为两方面：一方面，运用互动论进行体育运动现象研究，仅仅关注个人的情景定义和互动机制，而没有研究情景定义和互动机制与社会整体结构的关系，这样会出现微观和宏观研究脱节的现象，使得研究处于“只见树木不见森林”的状态。另一方面，它不能很好地解释根植于体育活动中的行为，并且不关注体育运动中的身体体验。

四、批判理论

（一）批判理论概述

批判理论不是某个具有明确的所指界限的理论，而是一个理论的“群”。所以，很难给批判理论下一个明确定义。众所周知，法兰克福学派以批判理论闻名于世。所谓“批判理论”，从广义上来讲，是指人们对文明历史、社会现实进行批判性反思而形成的理论学说，不仅包括属于康德传统的纯粹理性批判，也包括属于马克思传统的政治经济学批判；从狭义上来讲，是指法兰克福学派“以辩证哲学与政治经济学批判为基础的”社会哲学理论。批判理论的代表人物有霍克海默（Max Horkheimer）、阿多诺（Theodor Adorno）、马尔库塞（Herbert Marcuse）、哈贝马斯（Jürgen Habermas）等人。

批判理论认为，历史的、社会的和物质的条件限制了人们的行为和社会生活。但它并不认为所有的社会生活都是由人们彼此关系之外的一系列统一的因素所推动和塑造的。批判理论对社会问题进行研究，是为了让社会变得更加公平、更加民主、更加丰富多彩、更加美好，而不是为了让世界变得更加理性和高效。因此，批判理论的研究问题更多地考虑社会生活的复杂和多样性。批判理论往往关注研究问题的特殊性，而非探寻社会生活的普遍规律。

批判理论关注社会生活中的权力。批判理论包含种种方法，其目的是理解权力的来源，权力在不同社会情境和生活的不同方面如何运行，以及当人们与生活中的问题进行斗争时，权力如何转移。批判理论也关注行动和政治参与。各种形式的批判理论都源于使社会生活更加公平、更加丰富多彩的努力，而它们也被用于指导实践项目发展，以促进平等、公平和开放。大多数持批判理论的学者认为，所有的人类关系都以关于怎样界定和组织社会生活的政治斗争为基础。这些斗争发生在生活中的不同方面，既缘于政府等管理部门与个人的权力不平等，也缘于社会生活中男女的不平等。在体育运动中，斗争问题也处处存在，如：什么样的活动被定义为体育运动？什么人具有参与有组织的运动的权利与资格？个人参与运动的权利是否平等?

持批判理论的学者认为，大多数社会中的运动形式都是按照有利于一些人但不利于另一些人而社会性建构的，他们分析并揭示这一社会现实，以探寻公平地界定、组织体育运动的方式。

由于批判理论形式比较多样，因此很难全面地概括它的研究内容和方法，它更像一种对于社会现实的批判态度。它涵盖了理解社会生活的种种方法，包括新马克思主义、女权主义和文化研究方法。批判理论的产生是为了避免冲突理论中经济论的决定作用，以及功能理论探寻普遍社会规律以解释人类所有社会现象的宏大性。

（二）批判理论的体育研究

批判理论的研究关注的是，为什么在特定的群体、社区和社会中体育运动以特定的形式和方式被加以组织。例如，研究美国时，批判理论家感兴趣的是在运动形式中界定“表现出色”的居主导地位的方式。如果美国是根据运动成绩好和取得冠军而不是根据运动中表现的其他能力来界定“表现出色”的，那么批判主义者想探寻这种评价方式是如何形成并被确定下来的。他们还想知道“表现出色”的其他界定方式以及人们如何看待和评价这些界定方式。最终，他们会解释一个界定为什么会超越其他意义并为大家所认同。在解释的同时，他们会分析谁会从“表现出色”的主导界定方式中受益最多。他们会总结界定方式导致的不同结果并对不同的界定方式进行比较。

在国外以批判理论为视角对体育中的权力的分析中，有代表性的有哈格里夫斯（Hargreaves）对英国体育中的权力的分析①。哈格里夫斯认为，体育运动是政府对个人身体及行为的一种统治技术。政府通过对身体控制技术的研究，运用体育活动达到对身体的控制。体育往往以工人阶级为目标，像英国的现代体育根据正常个体生产制定的训练机制，在很大程度上是针对高失业率和潜在的社会动荡而设计的。哈格里夫斯展示了体育实践是如何向孩子们反复灌输诸如灵活、独立以及合作等被认为符合市场需要的品质的。政府对个人参与运动的鼓励，不单单是为了使个人的身体运动能力得到提高，更重要的是为了使个体更加符合社会对生产能力的要求，从而能更好地适应生产生活。

人类学家道格·福里（Doug Folry）关于美国得克萨斯小镇的社区体育的研究是对体育受社区中的组织因素影响的另一经典研究②。福里运用田野调查法，花费两年时间研究得克萨斯小镇上体育赛事与社区社会化过程之间的关系。他的分析以一种他称之为“表演理论”的批判理论为指导。他研究的目的之一是探索体育运动能够在多大程度上帮助社区成员挑战和改变规定小镇社会秩序的资本主义、父权制等社会制度。

---

① HARGREAVES J. Sport, power and culture: a social and historical analysis of popular sports in Britain. Cambridge: Polity Press, 1986.

② FOLEY D. Learning capitalist culture. Philadelphia: University of Pennsylvania Press, 1990.

福里原本设想，当研究体育运动时，会发现对少数精英群体控制小镇经济的统治的挑战。但是他发现这样的挑战很少和体育运动有关。虽然一些运动参与者、啦啦队队长和当地居民可能对一些传统和生活方式产生挑战，但是他们并没有对小镇的掌权者和小镇的生活方式带来真正的影响。因此，福里认为，一般的中学体育运动和中学橄榄球比赛不仅是这个小镇的重要典礼，也是这个小镇的性别、人种、收入的不平等再生产的工具。体育运动与社区的经济、政治和文化系统相联系，利用体育运动挑战和改变社会生活的组织方式非常困难。

我国运用批判理论视角对体育运动进行研究的文献相对较少，因为与其他国家的学者一样，我国学者更喜欢运用功能理论视角来研究体育运动。

（三）批判理论的局限性

批判理论有许多不同的形式，因此它比功能理论或者冲突理论更加灵活。批判理论的局限性有：它的各种理论形式都不能提供一个明确的规则，以确定体育运动什么时候再造主导的社会关系形式，什么时候又抵制和改变社会关系。虽然近来的研究关注的是体育运动如何成为对立力量的社会场所，但是，批判理论不仅很少提供研究例证来说明过去这种情况是在什么时候发生的，也很难说明它将来会在什么情况下发生。而且，批判理论有很多种形式，这常常使它的应用很混乱，学生们如果没有进行广泛阅读，就很难理解它。

五、女性主义理论

（一）女性主义理论概述

女性主义理论属于性别社会学，是性别社会学的主要研究内容。同时，女性主义理论视角也属于批判理论视角。女性主义理论是美国最有力量的三大文化思潮之一。“女性主义”一词来源于 19 世纪的法国，意思是妇女运动。

女性主义理论的流派主要分为自由主义女性主义、激进的女性主义和社会主义女性主义。自由主义女性主义的代表人物有沃斯通克拉夫特（Mary Wollstonecraft）、泰勒（Tyler）和米尔（Mill）等。自由主义女性主义认为，女性和男性在能力方面是相同的，现实中女性的能力看似低于男性，是因为女性长期受男性压迫，受教育机会比男性少。因此，自由主义女性主义对拒绝女性受教育的法律和制度非常关注，主张通过法律纠正这些不公，以维护男女平等。激进的女性主义的代表人物有费尔斯通（Firestone）、吉尔曼（Gilman）等。激进的女性主义认为父权制是女性受压迫的根源。激进的女性主义理论的目标是揭示性别角色如何受到父权制的规范，以及父权制如何使女性处于被支配地位。激进的女性主义承担的责任是终止传统的生物性别，使男性和女性不再对立。社会主义女性主义从资本主义和父权制的角度对生物性别进行分析，代表人物有米歇尔（Mitchell）、本斯顿（Margaret Benston）和莫顿（Peggy Morton）。社会主义女性主义认为资本主义和父权制是对女性的双重压迫，单一地反资本主义或者性别压迫都不能实现男女平等和对女性的解放。因此，要通过改变经济基础和发展特殊的女性意识来改变整个社会的关系结构。

虽然不同流派的女性主义者在是否承认男女存在差异方面有各种分歧，但是要求男女平等是他们共同的现实追求。正如刘少杰总结的：女性主义反对所谓的“母性”之类的本质观念，而强调运用历史话语的、社会结构的观点去看待性别角色和“女性气质”问题；反对把男性视角的性别角色标准普通化，而主张解构传统的性别角色关系，倡导女性角色的自主性和独立性。其观点可以归纳为以下几点：

（1）性别角色分工反映了男性对女性的权力控制。

（2）性别角色社会化是各种文化力量作用的结果。

（3）性别、种族和阶级的相互作用共同影响着个体的行为。

（4）关于性别的知识和认识都是由社会建构的。①

（二）国外女性主义理论的体育研究

欧美国家对于女性的体育研究始于20世纪70年代，主要证实了在体育运动领域存在的针对女性的不公平现象，提出了要在女性参与体育的机会和待遇方面实现平等。1978年，北美出版了由卡洛·奥格尔索普编辑的《女性体育：从神话到现实》一书和由安·霍尔编辑的《体育社会学中的女性主义观点》一书，这两本书的出版标志着西方体育社会学向女性主义理论研究的转向。

不同流派的女性主义理论的关注点和诉求不同。自由主义女性主义关注体育运动中的不平等现象，关心女性能不能充分地参与体育运动并获得报酬，能不能担任教练员并在体育的权力部门具有一定地位。持激进的女性主义理论的体育社会学者则认为，体育运动是一种强调男性气质的活动，女性如果取得平等参与的权利并参与其中，那么将受到贬低和剥削。因此，激进的女性主义的目标是超越平等的参与机会，他们不认为适合男性的运动也适合女性。

采用女性主义理论视角的体育社会学研究主要有以下特点：首先，要与传统的以男性经验为中心的体育运动有所区别。女性主义的特征就是对认为女性从属于或者劣于男性的传统思想进行批判和挑战。其次，女性主义把女性的经验看作理解性别关系的核心。通过女性自己参与体育运动的体验，理解体育，产生对体育活动的认同。最后，女性主义是通过实践和实证来建立理论的，其目的是改变女性在运动中的不平等境况。

（三）国内女性主义理论的体育研究

我国学者运用女性主义理论视角对体育现象的研究并不多，主要集中于对西方运用女性主义理论研究体育现象的分析，大多具有理论介绍性质。这说明，我国进

---

① 刘少杰．当代国外社会学理论．北京：中国人民大学出版社，2009：454.

行体育社会学研究的学者对于女性主义理论知识的运用还处于初始阶段，且以文本分析和质性研究为主。如熊欢关于女性主义研究范式的论述①，以及陈静姝等运用女性主义理论视角对身体、权力等的分析②。我国学者对女性体育的研究，主要是承认男性和女性存在差异的事实，希望体育运动分为适合男性的体育运动和适合女性的体育运动，使得男性和女性都能找到适合的体育运动，促进各自的健康发展。

六、身体社会学理论

（一）身体社会学理论概述

身体社会学是社会学中比较年轻的分支学科。之所以说其年轻，是因为身体开始被社会学家关注是在20世纪80年代。身体这种人类社会存在的最重要载体，在社会学家的视野中是长期缺席的，从20世纪80年代开始，身体才得到社会学家的人文关怀。我国社会学家对身体社会学的关注发端于对国外身体社会学理论的研究，如我国著名社会学家刘少杰在其著作《当代国外社会学理论》中对身体社会学进行了系统的介绍。身体社会学主要研究身体与社会之间的复杂互动，正如鲁思·华莱士（Ruth Wallace）所讲，“身体社会学强调的是身体与心理经验在个体与社会生活中的重要地位”③。身体展演是体育活动的主要形式，所以体育活动必然成为身体社会学关注的一部分。

当代社会学家关注身体主要是因为社会学研究领域的不断扩展以及身体在当今社会变得越来越重要。首先，随着社会学研究的不断深入，社会学家发现宏观的社会学理论研究并不能解释社会生活中的很多问题，社会学研究逐渐向中观以及微观扩展，如米德的互动论、戈夫曼的戏剧论都是对个体的研究。其次，身体问题在当今社会变得越来越不容忽视、越来越重要，如美容技术的发展所带来的身体的自我认同问题。身体问题所引起的社会效应，使得身体成为社会学家不得不关注的对象。

身体运动是体育现象的主要形式，体育是身体的表演，它包括个体体能活力的发挥或者相对复杂的身体技巧的运用。身体在体育现象中的核心位置以及身体社会学对身体的关注，决定了体育现象与身体社会学之间必然有很强的互动关系。以身体为关注焦点的身体社会学对身体的人文关怀，为研究体育现象提供了深厚的社会学背景和丰富的理论视角，为分析体育现象提供了解释工具。如通过建构论视角可以理解体育现象如何被身体文化影响，使得同一体育项目在不同国家、地区具有不同形式，且在不同阶层形成不同的偏好和认同。

身体社会学的代表人物是特纳，他所著的《身体与社会》是身体社会学的经典

---

① 熊欢．体育背景下性别的理论化：论女性主义范式对女性体育研究的建构．体育科学，2014，34（7）．

② 陈静姝，闵健．女性主义视角下的身体、权力和体育参与．体育科学，2014，34（7）．

③ 华莱士，沃尔夫．当代社会学理论．北京：中国人民大学出版社，2008：344．

著作。

（二）国外身体社会学理论的体育研究

国外运用身体社会学理论对体育现象进行研究的文章很多。英国社会学家大卫·科克（David Kirk）的文章《体育教育与身体制度》通过运用身体文化对体育教学的研究，认为体育教学是对身体的一种规制。“对体育技术动作的身体规范性话语，是一种身体统治手段，体现了统治权力在日常生活中的渗透，是对权力遵从的社会化手段。”[①] 再如克劳斯（Klaus）在文章《体育与身体社会学》中认为：“体育是嵌入人类社会的，它必然受到社会的建构，体育运动中的各种身体形态是受社会建构的。”[②] 如运动中的身体姿势、运行轨迹等，均体现了社会对身体的价值认同。

（三）国内身体社会学理论的体育研究

我国学者运用身体社会学理论对体育现象进行研究的文章并不多。我国学者运用身体社会学理论对体育的研究主要集中于分析体育运动中身体的意义及身体社会学理论对体育现象的解释。张志勇和程卫波关于运动员身体的文化解读，运用历史的分析，论述了古代、近代和现代运动员的身体。该研究认为：身体不只是感性意义上的肉体，同时也是理性意义上的本源。在体育运动的历史场域中，运动员的感性身体与理性身体在经过碰撞与交融、高扬与尘封、契合与彰显后，显示出其背后的丰富意义：运动员的身体日益成为人们聚焦的范畴和体现逻辑——用理性之魂建设健康而充满活力的身体。[③] 宋晓红运用身体社会学理论对体育现象进行阐释，通过秩序化身体的社会建构论、关于生命态身体的行动导向和现象学思路，以及结构化理论中的身体观三个方面，论述了身体社会学对体育现象的理论阐释，为我们系统地了解身体社会学理论，并运用身体社会学理论分析体育现象提供了理论工具[④]。

七、型构社会学理论

（一）型构社会学理论概述

型构社会学（figurational sociology），有时也译为历史社会学，主要代表人物是德国当代著名社会学家埃利亚斯，他最有影响力的著作是《文明的进程》。“型构”的概念是由埃利亚斯提出的，他提出该概念是为了克服“个人”和“社会”在社会学研究中长期处于二元分离的缺陷。正如埃利亚斯在《文明的进程》中所述：

---

① KIRK D. Physical education and regimes of the body. Journal of sociology，1994，30（2）.

② KLAUS H. Sport and the sociology of the body. International review for the sociology of sport，1980，15（3-4）.

③ 张志勇，程卫波．运动员身体的文化解读．体育与科学，2011，32（1）.

④ 宋晓红．西方身体社会学对体育现象的理论阐释．体育与科学，2013，34（4）.

个人和社会不是指两个割裂的存在，而是指一个人不同但却不可分割的两个方面。

在代表作《文明的进程》中，埃利亚斯通过历史分析论述了西方文明的逐渐演变过程，特别是西方的文明礼仪变迁。埃利亚斯认为，人与人之间相互依赖的网络将他们联系在一起。这样的依赖关系就是型构——一个相互导向和依赖的人的结构。人们或多或少地相互依赖，首先是通过自然，然后是通过社会学习、教育、社会化，以及产生的相互需求。① 社会学家应该通过过程性的分析厘清过去与现在的关系。埃利亚斯认为，经济关系的重要性在不同的情况下会有所不同。此外，权力总是涉及动态和不断变化的相对平衡。②

埃利亚斯对"文明化进程"的分析的中心论断是中世纪到 20 世纪初的西欧见证了社会礼仪和标准的完善，以及对个人进行自我控制的新的社会压力。人的情感和情感控制结构朝着控制越来越严格、越来越细腻的方向发展。社会标准变得更加内化，不仅有意识地运作，而且在理性和有意识地控制之下运作，例如通过唤醒羞耻、内疚和焦虑的感觉。重要的是，就目前而言，人们对暴力的忍耐程度逐渐降低，并且人们对暴力的禁忌比以前更为严格，现在人们认为暴力通常与精神病理学相联系。

西欧的文明进程不应被视为有计划的，而应被视为君主与封建领主之间激烈的"霸权"或"消灭"斗争的不可预见的结果。文明和暴力不是直接对立的，而是具有特定形式的相互依赖性。文明化进程与相互依赖链延长、社会关系日益货币化、功能性人口民主化有关。最后，权力和税收垄断的私有化程度降低，公共控制程度提高。③

（二）国外型构社会学理论的体育研究

型构社会学理论在体育研究中的应用现在相当广泛。埃利亚斯注意到现代运动兴起于 18 世纪的英国，那么它为什么出现在这个关键时刻？埃利亚斯强调了不同欧洲社会在国家形成过程和统治集团之间的权力平衡方面的差异。例如，虽然德国和意大利直到 19 世纪还基本上处于分裂状态，但法国和英国在 17 世纪末便已经统一。然而，法国政治高度集中，其人民受到"绝对统治"形式的制约，而 17 世纪的英国内战限制了其君主制的权力，有效的政府通过议会的媒介被君主和地主阶级共享。按照埃利亚斯的说法，消遣的运动化与"政治冲突的议会化"同时发生。贵族为统治而养成的更文明的习惯被转化为不那么暴力、更文明的享受形式。④

运用埃利亚斯的型构方法进行研究的经典成果是邓宁（E. Dunning）和希尔德

---

① ELIAS N. The civilizing process，vol. 1：the history of manners. Oxford：Basil Backwell，1978.

② MURPHY P，SHEARD K. Boxing blind// MALCOLM D，WADDINGTON I. Matters of sport：essays in honour of Eric Dunning. London：Routledge，2008.

③ 同②.

④ ELIAS N，DUNNING E. Quest for excitement：sport and leisure in the civilizing process. Oxford：Basil Blackwell，1986.

(K. Sheard) 的《野蛮人、绅士和玩家》[①]。该研究是关于19世纪英国公立学校对第二次运动化的重要作用的分析。邓宁认为，在“促进公立学校之间的竞争和创新”方面的相对自治，是“足球运动化以及足球和橄榄球作为现代运动出现的一个先决条件”[②]。早期阶段，公立学校对体育崇拜的日益增长具有一定的社会、文化和政治意义，体育正在成为涂尔干意义上的一种世俗的“宗教”。随后的商业化和专业化进程不可避免地导致体育越来越“机构化”。体育越来越专业化，使得它失去了很多乐趣。这既是马克思主义者强调的资本主义生产方式的结果，也是埃利亚斯所说的“功能民主化”的结果，即随着相互依赖的增强，人们越来越受到相互的压力和控制。[③] 邓宁对体育运动中普遍出现的“非法暴力”问题进行了分析。他认为非法暴力在运动中普遍出现并不与文明过程理论相矛盾：在比赛中，蓄意使用暴力来获得优势或胜利，这与当今认为自己是“文明”的人的性格和习惯是一致的，因为它涉及高度的控制，并且以获胜为目的而采取了伤害性比较小的行动。

邓宁还运用型构方法对“足球流氓”进行了开创性研究。他认为，“足球流氓”不是一种新现象，而是20世纪60年代“放任”的副产品。虽然这一现象直到20世纪五六十年代才被贴上“流氓般的人群失调”的标签，但早在19世纪七八十年代，即现代职业比赛出现的时期，英国足球就记录了“流氓般的人群失调”现象。有人声称，尽管“足球流氓”来自所有社会阶层，但绝大多数（80%～85%）是来自工人阶级的“粗野”分子。邓宁认为，足球流氓主义不仅仅是阶级分层的功能，足球流氓事件在世界范围内发生的主要原因是足球人群的社会构成。

（三）国内型构社会学理论的体育研究

我国学者运用型构社会学理论进行的体育研究并不多，主要集中于对埃利亚斯的社会学理论的研究，以及该理论对我国学者进行体育研究的启示。

我国学者对埃利亚斯的学术思想的分析，主要是采用文献资料法对《文明的进程》一书中的学术思想进行分析，为我国体育社会学研究提供新的思路和理论视角。例如：郭振等运用埃利亚斯的思想对竞技体育的情感进行分析。该研究从竞技体育中情感的心理起源和社会起源入手，在埃利亚斯的视角下，对竞技体育中的情感以铰链、模仿、暴力和规则四个关键词予以解读。个体到群体性的情感表现在情感唤起、情感释放、情感失控和情感控制四个方面。这一过程反映了文明的进程的需求。[④] 刘洪涛和刘峥运用埃利亚斯的理论对竞技体育和文明进程进行了分析。该研究主要采用文献资料法对埃利亚斯关注的竞技社会学理论和社会文明进程思想进

① DUNNING E, SHEARD K. Barbarians, gentlemen and players: a sociological study of the development of rugby football. 2nd ed. London: Routledge, 2005.

② MURPHY P, SHEARD K. Boxing blind// MALCOLM D, WADDINGTON I. Matters of sport: essays in honour of Eric Dunning. London: Routledge, 2008.

③ DUNNING E. Figurational contributions to the sociological study of sport//MAGUIRE J, YOUNG K. Theory, sport and society. Oxford: Elsevier Science, 2002.

④ 郭振，等．埃利亚斯视野下竞技体育的情感研究．体育学刊，2012，19（6）．

行了梳理，向中国竞技社会学界介绍了埃利亚斯关于球场暴力、文化建构中人的身体、竞技与人类文明进程等方面的学术观点，旨在为中国竞技社会学的研究方法和研究视角的拓展提供借鉴。[①]

我国还有部分学者对埃利亚斯的思想进行了介绍，主要提倡我国体育社会学者运用埃利亚斯历史社会学的方法研究当代体育社会现象。如郭振和乔凤杰对埃利亚斯历史社会学方法的研究，旨在提高我国体育社会学者的想象力。该研究从体育社会学对历史社会学理论和方法的引入与扩展进行论述，阐述体育社会学中的埃利亚斯流派在研究中对历史社会学的导入，体育史学家古特曼（Allen Guttmann）借助历史社会学分析体育概念及其演变，以及体育社会学家沃尔（A. Wohl）在其学术历程中运用历史社会学的理论和方法研究的一些问题。在此基础上，研究指出了历史社会学为体育社会学发展所带来的社会学想象力，并分析了历史社会学在我国体育社会学研究中所处的地位。研究认为，历史社会学的理论和方法是体育社会学研究所不可或缺的，为体育研究者带来了充分、准确、完整的社会学想象的画面。[②]

（四）型构社会学理论的局限性

型构社会学也受到了一些社会学家的批评。一些学者认为埃利亚斯的贡献没有他和他的弟子们想象的那么有创新性：它仅仅是对长期存在的古典社会学立场的阐述。鲍曼（Bauman）认为：埃利亚斯以无情的逻辑和过度吹嘘的经验证据论证了通常被分别归类为“人格结构”和“社会政治结构”的东西的长期变化是同一历史过程的不同方面，它们不仅相互交织，并且相互促进。还有一些学者认为埃利亚斯的历史社会学是涂尔干功能主义的一种隐蔽形式。他们认为埃利亚斯既没有发现运动中的补偿功能，也没有忽视冲突和矛盾。

八、实践感理论

（一）实践感理论概述

实践感理论是皮埃尔·布尔迪厄的学术思想。布尔迪厄是法国著名的社会学家，被认为是继福柯（Michel Foucault）之后又一位“具有世界影响的社会学大师”，并且他是为数不多的对体育感兴趣的社会学家。布尔迪厄的学术著述非常丰富，一生发表了30余部著作和300多篇学术论文，这种学术成就在当代社会学家中也是非常突出的。他的观点被人类科学的各个学科，如新闻学、艺术学、法学、经济学、哲学、建筑学、地理学、宗教学等广泛引用。他以教育和文化社会学家著称，但他从来没有被特别称为体育社会学家。这实际上是一个疏忽，因为他发表了

---

① 刘洪涛，刘峥．竞技体育与社会文明进程：埃利亚斯之体育观．南京体育学院学报（社会科学版），2015，29（5）．

② 郭振，乔凤杰．体育社会学的想象力：历史社会学的切入和拓展．沈阳体育学院学报，2016，35（5）．

很多关于体育的文章，如《体育社会学计划》《人们是如何成为运动员的》《奥林匹克——一种分析的方式》等。并且，以上三篇文章已成为法国体育社会学的奠基之作，其中不仅渗透了他的主要社会学理论“场域论”，也在一定程度上引入了身体社会学的研究。布尔迪厄本人是一个热衷于运动的人，对橄榄球有着特殊的爱好，并且对格斗很着迷。他曾和别人合作写了一本关于拳击的书。

布尔迪厄是一位把理论和实践结合得比较紧密的社会学家，他的实践理论不同于马克思：马克思注重实践的物质过程，而布尔迪厄讨论的是实践的精神因素。布尔迪厄的实践感理论受以梅洛-庞蒂（M. Merleau-Ponty）为代表的知觉现象学的影响。“布尔迪厄如梅洛-庞蒂等人那样认为，真实发生着的实践过程，并非如孔德、涂尔干、韦伯、帕森斯等理性主义社会学家所论述的那样是根据理性逻辑展开的，严格合逻辑的、理性化的社会过程是不存在的。具体的、活生生的人是凭着模糊的直接感受而展开各种实践活动的，只有揭示那些作为心理底层的、在逻辑层面之下的感性意识过程，才能真正把握人的实践过程。”①

布尔迪厄通过对橄榄球比赛中运动员的行为的分析，表述了自己的实践感理论。布尔迪厄认为，日常生活中的实践活动，既不像非理性主义解释的那样完全由本能支配，也不像理性主义所说的那样完全符合逻辑，而是“实践的模糊逻辑”。仅从理性层面解释的人类生活实践活动，一定不是实实在在的实践活动。布尔迪厄认为，真实存在的实践活动是受“前理性”或“前逻辑”的“实践感”支配的。布尔迪厄为了形象地说明实践感理论，以运动场上的橄榄球比赛为例，去描述他的理论。他认为，当游戏者面对迅速变化的比赛时，虽然能按照游戏规则采取行动，但是这不是在经过逻辑推论之后进行的，乃是凭着自己的感觉瞬间做出的行为，这种前逻辑的、非推论的感觉就是“实践感”。也就是说，在快速变化的体育运动中，运动员瞬间的行动选择并不是靠逻辑推理，而是靠比赛前在训练过程中形成的“前逻辑”。如果用排球比赛来分析，那么在排球比赛中二传手将排球传给谁，绝不是靠对比赛当时状况进行逻辑分析，而是靠平时训练日积月累形成的战术配合意识。

“场域”和“惯习”是贯穿布尔迪厄社会学理论各层面的核心概念。布尔迪厄对场域的定义为：“一个场域可以被定义为在各种位置之间存在的客观关系的一个网络，或者一个型构。”② 由此可知，场域是各种形式的社会网络。布尔迪厄对惯习的定义为：所谓惯习，就是由知觉、评价和行动的分类图式构成的系统，它具有一定的稳定性，又可以置换，它来自社会制度，又寄居在身体之中。运动世界也可以被看成一个场域，在这个场域中也存在各种位置、关系。在运动场域中，喜欢或不喜欢某种运动表明了人们的社会出身，参与或观赏某种运动也显示了人们的社会阶层。同样，这样的选择也揭示了与身体和心灵的完整关系：感性的或沉思的，即时的或延迟的，享乐主义的或苦行僧式的。最终，这种倾向被嵌入个人而形成惯习，

---

① 刘少杰．后现代西方社会学理论．2版．北京：北京大学出版社，2014：145.

② 布迪厄，华康德．实践与反思．北京：中央编译出版社，1998：134.

个人惯习本身是社会定位形成的产物，沿着特定轨迹的兴趣和精神路线。所以，参与和消费体育的方式也是个体整个本体论或存在的一种表达。

（二）国外实践感理论的体育研究

国外运用布尔迪厄的实践感理论进行体育现象分析、解释的研究比较多，主要涉及体育组织、家庭体育、女性体育、运动员和体育赛事的研究。

运用布尔迪厄的理论进行体育组织的研究，如凯莉（Cayli）关于意大利非政府组织利比里亚体育和意大利黑手党的斗争的研究[①]。该研究结合葛兰西（Antonio Gramsci）的文化霸权理论和布尔迪厄的惯习及文化资本观念，论证了黑手党和反黑手党运动是如何在“行动的积累”中交叉，并创造出“惯习冲突”的。该研究认为，只有通过摧毁黑手党的制度化文化资本，并建立自己尚未制度化的文化资本，才能终止对惯习的冲突，利比里亚体育才能实现其目标。

运用布尔迪厄的理论进行家庭体育的研究，如达格卡斯（Dagkas）和考姆比（Quarmby）关于青少年体育参与的影响因素的研究[②]。该研究运用布尔迪厄的场域概念，并通过家庭与社会阶层的结合，从多方面探讨了家庭与社会阶层对英国青少年体育活动的影响。研究发现，家庭环境中的示范实践对青少年身体活动和健康的具体倾向的发展至关重要。

运用布尔迪厄的理论进行女性体育的研究，如肖赫（Schoch）和奥尔（Ohl）运用布尔迪厄的场域和惯习理论，对《瑞士每日新闻》的女体育记者进行的研究[③]。该研究通过27次半结构化访谈，研究权力结构如何塑造这些记者的生活。研究显示，女记者的工作经历取决于她的场域中的位置与气质的关系。

运用布尔迪厄的理论进行运动员的研究，如布朗（Brown）关于体育项目和社会再生产的研究[④]。该研究通过对苏格兰登山运动员的考察，探讨了一个阶层的运动惯习是如何发生改变的。该研究认为，当一个阶层的部分支配地位受到另一个阶层的挑战时，这种习惯便会发生变化。又如，门尼森（Mennesson）运用布尔迪厄的惯习理论和康奈尔的性别制度理论研究了法国女子足球和拳击运动员的性别倾向的变化[⑤]。该研究表明，受访运动员的性别倾向是在特定的性别制度与不同的性别制度之间形成的。

① CAYLI B. Using sports against the Italian mafia：policies and challenges on the path of cultural renewal. Sociology of sport journal，2013，30（4）.

② DAGKAS S，QUARMBY T. Young people's embodiment of physical activity：the role of the Pedagogized' family. Sociology of sport journal，2012，29（2）.

③ SCHOCH L，OHL F. Women sports journalists in Switzerland：between assignment and negotiation of roles. Sociology of sport journal，2011，28（2）.

④ BROWN D. The big drum：the mutability of a sporting habitus：mountaineering in Scotland as a case study. International review for the sociology of sport，2009，44（4）.

⑤ MENNESSON C. Gender regimes and habitus：an avenue for analyzing gender building in sports contexts. Sociology of sport journal，2012，29（1）.

（三）国内实践感理论的体育研究

国内关于布尔迪厄的实践感理论的运用和研究的文章并不多，主要分为两方面：一方面是对布尔迪厄体育社会学思想的学术介绍，另一方面是运用布尔迪厄的学术思想分析我国的体育现象。

关于布尔迪厄体育社会学思想的学术介绍的文章，主要涉及对布尔迪厄的实践感理论以及他常用的概念，如惯习、场域、资本等的介绍。例如，高强对布尔迪厄学术思想的研究，从阐述布尔迪厄场域论的基本概念与其对法国体育社会学的影响出发，具体探讨了场域论在体育概念的发展和身体概念的引入方面对体育社会学研究的意义，进而分析惯习、资本和场域三大概念在体育社会学研究中的发展，以及在批判和实践应用的视角下场域论的实践应用意义。最后，该研究通过发展场域论对主观主义和客观主义隔阂的消除及对“研究主体”的研究价值的确定，来反思中国体育社会学研究。① 曹祖耀通过对布尔迪厄的社会学思想的研究，深度分析了体育社会学的研究意义。该研究梳理了实践感理论的脉络和分析策略，介绍和阐释了布尔迪厄应用实践感理论对体育场域的社会学分析。研究认为，布尔迪厄的体育社会学研究有助于从理论上思考“何谓体育社会学”与“体育社会学何为”这两个相互联系的理论问题。循着体育社会学研究中西方社会学理论使用的这条主线，该研究进一步对体育与社会分层、社会不平等研究中理论的使用和实践感理论概念工具的适用性做了反思。②

运用布尔迪厄的学术思想分析我国的体育现象的研究，如赵斌对于四川藏区少数民族体育的研究。该研究通过对布尔迪厄的实践感理论的介绍，认为布尔迪厄用“实践”调和了传统人类学有关结构与行为、文化与人之间的二元对立观。通过以实践感理论考察社会文化现象，布尔迪厄提出了文化再生产理论，认为文化处于一个不断的生产、再生产过程中，并在这一过程中发展变迁。该研究使用布尔迪厄的文化再生产理论分析了四川藏区少数民族体育行为方式的变迁现象。③

第二节 体育社会学研究中的理论运用的趋势

社会学理论是随着社会现实的不断发展而不断变化的，每一种理论都有其自身的理论优势和缺陷。虽然每一种理论都为我们提供了分析社会现实的视角，但是，由于社会现实是丰富的，存在多面性，因此，任何一种理论或许都不能透彻地分析

---

① 高强．场域论与体育社会学研究．体育学刊，2010，17（1）．

② 曹祖耀．“何谓体育社会学”与“体育社会学何为”：布迪厄社会实践理论的运用与启示．体育学刊，2010，17（10）．

③ 赵斌．基于布迪厄文化再生产理论的少数民族体育行为方式研究：以四川藏区少数民族为例．北京体育大学学报，2010，33（9）．

社会现实，对体育现象的研究亦是如此。

功能理论过分夸大体育对社会和个人的发展带来的积极因素，强调共享价值对人们行为的影响，忽视了群体与个体之间的矛盾冲突；冲突理论过分强调经济因素对体育运动的影响，忽视了个体在运动中所体验到的精神快乐；互动论强调个体在体育参与中的个体体验和认同等微观领域的研究，忽视了社会的结构等宏观因素对个体体育运动的影响；批判理论没有提供明确的规律，以确定什么时候体育运动成为反抗社会中强权群体利益的来源；等等。

因此，在运用社会学理论进行体育现象研究时，理论视角的综合是非常重要的。当对体育这种社会文化现象进行研究时，由于其研究对象的复杂性，很难通过一种理论完成高质量的研究，只有运用多维视角才能使研究更深入。仇军对西方体育社会学理论视角走向的分析表明，西方的体育社会学研究理论视角有以下发展趋势：从单一逐渐走向多维，宏观的理论与微观的理论逐渐结合，能动性与结构化逐渐整合，时代性特征逐渐明显①。这些趋势其实也是我国体育社会学研究中在理论运用方面出现的特征。

复习思考题

1. 试论述西方社会学常用的功能理论、冲突理论及互动论三大理论的优势和缺点，并说明其在体育运动研究中的主要用途。

2. 球迷冲突在足球比赛中经常发生，这种现象给足球比赛的管理者、组织者和参与者都带来了很多负面影响。试运用本章所学的功能理论、冲突理论、互动论、批判理论等理论视角分析该体育文化现象。

3. 吉登斯在他的著作《社会学》中对社会学理论评价道："社会学必然是一门理论多元的学科。"你同意他的观点吗？为什么？

4. 试论述冲突理论、批判理论、女性主义理论的主要观点，并梳理这三种理论之间的联系。

5. 女性主义理论与研究永远地改变了社会学。请列举两个体育运动案例，以支持女性主义理论。

推荐阅读书目

1. 宋林飞．西方社会学理论．南京：南京大学出版社，1997.

2. 卢元镇．体育社会学．3版．北京：高等教育出版社，2010.

3. 刘少杰．国外社会学理论．北京：高等教育出版社，2006.

4. 仇军．西方体育社会学：理论、视点、方法．北京：清华大学出版

① 仇军．西方体育社会学：理论、视点、方法．北京：清华大学出版社，2010：1.

社，2010.

5. 贾春增．外国社会学史．3版．北京：中国人民大学出版社，2008.

6. 科克利．体育社会学：议题与争论：第6版．北京：清华大学出版社，2003.

7. 杨善华，谢立中．西方社会学理论．北京：北京大学出版社，2005.

8. 李银河．女性主义．上海：上海文化出版社，2018.

9. 刘少杰．后现代西方社会学理论．2版．北京：北京大学出版社，2014.

10. 马奎尔，扬．理论诠释：体育与社会．重庆：重庆大学出版社，2012.

第三章

体育社会学研究方法

本章要点

- 科学方法就是人类在所有认识和实践活动中所运用的全部正确方法。
- 科学研究方法的特征：可控制性、可操作性、可证伪性、可重复性、可争辩性。
- 体育社会学研究主要分为以下步骤：(1) 确定问题；(2) 文献回顾；(3) 提出假设；(4) 研究设计；(5) 实施研究；(6) 解释结果；(7) 报告研究结果。
- 因果和相关是描述两个变量之间关系的常用词语。
- 两个事物之间的关系分为两种，一种是函数关系，另一种是统计关系。函数关系是指两个事物之间是一一对应关系，而统计关系是指两个事物之间并非一一对应关系。
- 相关性是判断两个事物之间因果关系的前提，但是，相关并不意味着两个事物之间存在因果关系。
- 体育社会学研究的一个重要步骤是数据收集，数据收集的方法主要有以下几种：调查法、民族志、实验法和文献研究。

关键概念

科学方法、可控制性、可操作性、可证伪性、归纳、演绎、调查法、民族志、实验法、文献研究

不管是社会学家还是普通人，都常常会分析一些在身边发生的社会现象，描述现状或者分析发生原因。但是，社会学家和普通大众思考问题的方法不同。普通大众描述或分析社会问题主要通过身边经验，如自身经历、书本知识等；而社会学家主要是通过科学的方法，研究社会问题。社会学家对一些社会问题的研究常常能够被一些期刊录用并发表，而普通大众对一些问题的思考很少能够被发表。一方面，这是因为普通大众的思考没有专业的理论知识背景；另一方面，这是因为普通大众的思考并不是运用科学的研究方法得出结论的。因此，科学的研究方法对于社会学

研究非常重要，对于体育社会学研究亦是如此。本章将介绍体育社会学的科学研究方法以及研究伦理。

第一节　科学研究方法概述

一、科学方法的概念

由上文论述可知，在科学研究中，研究方法非常重要。笛卡儿（Rene Descartes）曾经说过最有用的知识就是关于方法的知识，这也从另一方面说明了方法的重要性。

那么，什么是科学方法？要知道什么是科学方法，首先要知道什么是科学。《现代汉语词典》关于科学的定义为：反映自然、社会、思维等的客观规律的分科的知识体系。由此可知，科学是反映客观规律的知识。根据科学的定义，可以将科学方法定义为：能够探寻客观规律的知识的方法。

百度词条对科学方法的定义为：人们在认识和改造世界中遵循或运用的、符合科学一般原则的各种途径和手段，包括在理论研究、应用研究、开发推广等科学活动过程中采用的思路、程序、规则、技巧和模式。简单地说，科学方法就是人类在所有认识和实践活动中所运用的全部正确方法。

二、科学方法的特征

在研究者参加学术研讨时，其研究方法常常会被别的专家学者评价为科学的或者不科学的，那么那些专家学者是根据什么标准评价某个研究方法是否科学的呢？专家学者评判某个研究方法是否科学的标准，是看这个研究方法是否符合科学研究的特征。张力为对科学研究方法的特征概括如下：可控制性、可操作性、可证伪性、可重复性、可争辩性①。

可控制性是指研究变量必须在尽可能受控制的条件下进行。在社会科学研究中，两个变量之间的关系通常非常复杂，一因多果或者一果多因的情况经常发生。如果想研究一个变量对另一个变量的影响，就必须控制研究的条件，尽量隔离其他影响这两者的相互关系的各种因素，这样才能得到这两者之间的相互关系。

可操作性是指在进行科学研究时，对一些概念需要说明是根据什么方法对它进行测量的。例如，我们在调查大众健康状况时，首先要对健康的测量进行操作化。我们可以根据 1990 年世界卫生组织对健康的阐述——在躯体健康、心理健康、社会适应良好和道德健康四个方面皆健全——将健康操作化为以上四个维度。然后，

---

① 张力为．体育科学研究方法．北京：高等教育出版社，2002：2.

我们对以上四个维度分别进行操作化。例如，根据我国国民体质测试文件，将躯体健康操作化为身体形态、身体机能、身体运动能力等维度。身体形态又可操作化为身高、体重、腰围、臀围、腰臀比等指标；身体机能又可操作化为肺活量、台阶实验等指标；身体运动能力又可操作化为握力、立定跳远、50 米跑等指标。由此可知，在科学研究中，可操作性非常重要，并且操作化过程一定要有理论支撑。没有理论支撑会使研究容易受到质疑。

可证伪性是指从一个理论推导出来的结论（解释、预见）在逻辑上或原则上要有与一个或一组观察陈述发生冲突或抵触的可能。可证伪性是科学研究非常重要的特征之一，如果一个理论没有可证伪性，它就是不科学的。科学哲学家波普（K. Popper）将可证伪性作为科学的唯一标准①。他对科学理论的可证伪性的看法对于我们理解科学的可证伪性具有重要作用。他认为：对一个理论真正的检验就是设法证明它是错误的，即证伪，设想不出方法去推翻的理论是非科学的，不可反驳性不是理论的美德，而是理论的过错。可证伪性对于论证自己研究结果的正确性和全面性非常重要。

可重复性是指科学研究的结果应该能够重复。我们在科研论文或者报告中常常看到很多研究者对其研究方法不厌其烦地进行细致的描述，他们论述的目的不外乎两个：第一个是让读者通过阅读对研究方法部分的介绍，判断其研究的质量的好坏；第二个就是让读者通过阅读研究方法，可以进行重复研究，以证实该研究的真实性。可重复性对于科学研究非常重要，它是别人验证研究是否真实的重要途径，如果读者通过相同的操作得不到相同的结论，那么该研究的真实性、有效性将会受到质疑。

可争辩性是指科学研究的问题不仅允许争辩，也鼓励争辩。科学只有通过争辩，才能发展和进步。如果不允许争辩，就不可能产生真理。由于科学具有可证伪性和可重复性特征，因此如果通过对科学研究进行重复研究，并没有得到相同的研究结果，别的学者可能就会对研究产生怀疑，这样必然会引起学界的争论。学界代表不同声音的学者会通过不断研究验证研究结论的正确性。正是通过学界不断地争论、不断地验证，科学才得以不断地发展与进步，才得以不断地接近真理。

三、社会研究中的一些辩证关系

（一）归纳和演绎

归纳和演绎不仅是我们日常思考问题的两种常见方式，也是科学研究中常用的两种推理方式。归纳是从个别出发以达到一般性，即从一系列特定的观察中，发现一种模式在一定程度上代表所有给定事件的秩序。演绎是从一般到个别，即先从逻辑或理论上预期一种模式，再观察检验所预期的模式是否确实存在。

---

① 张力为．体育科学研究方法．北京：高等教育出版社，2002：6.

我们在分析问题时常常会采用归纳或者演绎的方式，如当别人问你什么样的人会经常参加锻炼时，你可能会通过回想你身边的家人、朋友或同事等人中经常参加锻炼的人的特征来总结出这一群体的特征。例如，如果你身边的家人、朋友或同事等人中未工作或者职业声望比较高的人经常参加锻炼，那么你可能会回答职业声望高者或者未工作者经常会参加锻炼。这种由个人推及一般理论的方法，就是归纳法。你也可能通过查阅资料得知，能够自由支配自己的很多时间的人，经常参加锻炼的比例比较高，经验让你知道未工作者和职业声望高者可自由支配的时间比较多，你可能得出结论：未工作者或者职业声望高者，经常参加锻炼。这种由一般推及个别的推理方法就是演绎法。

归纳和演绎都是进行科学研究的有用方法，各有其优缺点，我们在研究中可以灵活运用。

（二）定性和定量研究

定性研究和定量研究是两种相对的研究范式，它们的根本区别在于非数据化和数据化。当我们评价一个人的长相时，如果有人评价这个人非常漂亮，就是定性的评价，而如果评价这个人的颜值为 90 分，就是一种定量的评价。

我们进行的大多数研究其实是定性研究，因为很多定量研究并不是自然存在的，而是通过概念的操作化而实现的。定量研究常常使我们的观察更加明确，通过对研究对象的数据收集，可以使得研究资料容易比较或者得出结论，并且为我们对数据进行从简单的频数分析到复杂的建模分析提供合理化的途径。

定性研究和定量研究都有其优缺点。定性数据的意义比定量数据丰富。如果有人说“他看起来比实际年龄老很多”，就比光说他的年龄意义更丰富。但是，定性数据存在描述模糊不清的缺陷。例如，当评价一个人的身体形态如何时，有人说这个人的身材很棒，这种说法就存在评价模糊的缺陷，对于什么叫身材很棒，并没有确定的概念；但是，如果说这个人的身体质量指数（BMI）是 22，我们就知道他的身体形态属于正常范畴，不胖不瘦。

定性研究和定量研究对社会学研究的贡献都是众所周知的，很多研究可能采取两者中的一种。但是由于两者本身具有的优缺点，很多研究会选择采用定性和定量相结合的方法，使得研究既有定量的分析也有定性的描述，更加充实丰满。

第二节　科学研究的步骤

19 世纪早期，孔德认为社会学是一门新兴的学科，提出社会学研究应该采用自然科学的实证方法，马克思、涂尔干以及社会学的其他创建人也是这么认为的，但是现代的很多社会学家对此并不非常确定。我们有必要确定什么是科学的研究方法。

科学就是运用一系列的方法来发展关于某个特定主体的知识体，这些方法包括使用经验调查的系统方法、数据分析、理论思维以及对观点的逻辑评估。根据此定义，社会学研究是一门科学，因为在社会学研究中经常运用调查、定量分析等科学方法。但是，社会学研究中的主体是人，具有自我意识，常常赋予自己的行为以目的和意义，不能用与研究自然界的其他客体相同的方法来研究人类。体育社会学作为社会学的分支学科，它的研究也遵循社会学研究的要求。

体育社会学研究主要分为以下步骤：（1）确定问题；（2）文献回顾；（3）提出假设；（4）研究设计；（5）实施研究；（6）解释结果；（7）报告研究结果。这几个步骤是对体育社会学研究过程的基本概括，但是体育社会学研究是个循环往复的过程，并不会随着研究的结束而停止，如在研究的过程中发现新的问题，可能又会形成新的研究过程。

一、确定问题

所有的研究都是从问题开始的。如受教育程度是否影响个人的体育参与，这个问题既可能是别人提出的，也可能是在现实中你自己发现的，总之它是你研究的开始。在确定研究的问题之后，就要对自己提出的问题所涉及的概念提出操作定义。例如，研究的问题是受教育程度是否影响个人的体育参与，就需要厘清受教育程度和体育参与的概念。只有厘清了两者的概念，才可能将问题描述清楚。我们可以通过以往的文献或者工具书等资料，厘清研究所涉及的概念。

研究者在使用一些概念时，必须了解概念的内涵和外延，并且概念的含义一定要是确定的。如果含义不确定，就将使得研究的开展范围不能确定，导致研究的结果出现以偏概全的情况或者出现偷换概念的逻辑错误。比如在研究社会经济地位对健康的影响时，首先应该确定社会经济地位及健康的定义，包括可操作化指标。例如，社会经济地位是反映社会地位的指标，常用社会经济地位指数测量。健康包括身体、心理、社会适应等维度，国际常用的健康测量工具是健康测量量表或者健康自评。在确定问题时一定要确定健康的概念——我们是用世界卫生组织的健康定义，从健康包含的各维度测量健康，还是用健康自评测量健康。只有从概念上确定研究的内涵与外延，才能最终确定研究的范围。

二、文献回顾

在确定好研究的问题后，就要对前人关于该问题的研究进行梳理，看看前人对该问题进行了哪些研究。如果前人对该问题已经进行了详尽且令人信服的研究，我们的研究可能就没有必要进行了。如果前人对该问题进行了研究，但是存在方法或者内容上的缺陷，我们就可以对该问题的研究方法和内容进行改进，重新进行研究，看能不能得到新的研究结果。在重新进行研究前，一定要分析自己的研究的价值有多大，如果价值不大，也就没有研究的必要了。所以，文献回顾环节对于进行体育社会学研究非常重要，只有全面掌握了所要研究的领域的研究现状，才能够清楚地了解自己研究的意义、价值和创新点。

三、提出假设

在确定问题后，通过文献回顾和自己对该问题的初步分析，我们会对自己的研究问题有初步的研究假设，这样我们才能对问题进行有的放矢的研究。假设是对两个或两个以上变量之间的关系做出猜测性的论述。在形成假设时，我们一般会指出，人们的某些方面会影响其他方面。这就涉及提出假设中的重要概念：自变量和因变量。自变量是指能够引起其他变量产生变化的变量，因变量是指由于别的变量的变化而产生变化的变量。如人们的受教育程度会影响体育参与，在该表述中，受教育程度为自变量，而体育参与为因变量。自变量和因变量会随着研究的变化而不同。如果研究性别对受教育程度的影响，那么性别是自变量，受教育程度是因变量；如果研究体育参与对健康的影响，那么体育参与是自变量，而健康是因变量。

如研究的问题是受教育程度与体育参与的关系，研究者可以通过互联网（如中国期刊全文数据库）进行文献检索。例如，通过中国期刊全文数据库搜索关键词“受教育程度”和“体育参与”，发现关于该问题的研究并不多，并且关于该问题的研究只是在研究体育参与影响因素时将受教育程度作为众多变量中的一个，并未进行专门的深入研究，同时分析数据大多来自国内一定区域的调查，缺乏权威性。但是，前人的研究可以帮助我们对所要研究的问题提出初步的假设，如我们综合以往的研究可能提出的假设为：受教育程度和体育参与呈正相关，即人们受教育程度越高，体育参与程度越高。

假设的提出一般具有理论意义，通过研究，我们能够对假设加以证实或者证伪，这都是具有意义的研究。提出研究假设也为研究的开展明确了范围，为研究的进行奠定了基础。

四、研究设计

在提出假设后，我们就要对我们的研究进行设计，主要是对研究的数据、资料如何收集提出方案。各种研究方法都有优缺点，研究资料的收集方法对于研究的科学性和有效性非常关键。当需要大规模收集数据时，问卷调查方法可能比较合适；如果需要对一些小群体进行研究，访谈法或者观察法就可能比较合适。例如，如果对北京市居民的体育参与现状进行调查，就涉及调查问卷的设计和如何开展调查等问题。调查问卷的设计涉及是自己单独设计问卷还是和别人合作。如何开展调查涉及采用何种抽样方法，如果使用分层抽样，那么涉及如何分层、调查的范围、调查的人数；如何开展调查还涉及是采用入户调查还是电话调查。如果采用访谈法，就涉及访谈对象的确定、如何和这些访谈对象联系、是采用结构式访谈还是无结构访谈等具体问题。

由于各种研究方法都有其优缺点，因此很多研究趋向于运用两种以上的研究方法。对于研究设计，最好尽量细致，只有计划周详，实施起来才会比较有条理，并且相对顺畅。

五、实施研究

在设计好研究方案后，就到了实施研究方案的阶段。实施研究时会遇到很多现实问题，有时按照方案进行资料收集很顺利，有时会遇到一些方案中没有预见到的情况，使得研究无法进行，这时就需要对研究设计进行调整。比如前期联系的调查对象联系不到、研究经费未按时到账、计划的合作人员退出研究等变化，都会对研究的实施造成一定的影响。为了克服研究中遇到的困难而对研究计划进行的变更，有时会使研究出现偏差。如当研究计划中的样本联系不到时，研究者会更换一些样本，这样就会使研究结果产生一些偏差。因此，在实施研究阶段，面对一些困难，研究人员要根据研究的需要和实际情况，灵活运用一些方法，减少研究偏差的出现。

六、解释结果

在实施研究后，研究者可以对收集到的资料进行分析，解释研究结果。研究实施的完成并不意味着研究困难的结束，而可能意味着困难刚刚开始。对收集的研究资料进行解释并不容易，因为引起因变量变化的因素可能不仅仅是我们假设的自变量，有时候自变量与因变量之间可能存在中间变量。如何对研究资料进行准确的解释，是研究者一直以来面对的难题。如在研究受教育程度对体育参与的影响时，如果体育参与状况随着受教育程度的提高而增多，我们就得考虑受教育程度对体育参与的影响是否真实存在。以往研究表明，受教育程度高的人，职业地位和收入也比较高。体育参与也是一种消费，职业地位和收入是否是受教育程度对体育参与产生影响的中间变量，是研究者在解释结果时面临的难题。所以，对研究结果的解释是非常重要的环节，更需要研究者细致地分析研究资料，并且从研究资料中探寻对研究的合理解释，甚至要查询大量的文献资料，重新考量最初的研究假设。

七、报告研究结果

报告研究结果是研究的最后一个环节，通常是以书籍或者期刊论文等形式发表。但不管是书籍还是期刊论文，都有对文章结构的要求，这是研究者必须遵守的，如都要求报告研究目的及意义、研究内容及方法、研究结果、研究讨论等。很多的研究报告还会论述研究的不足之处，以及提出具有潜在价值的后续研究。

第三节 科学地理解原因和结果

在体育社会学研究中，非常重要的是对原因和结果的分析——特别是在采用定量研究方法时。两个事件或者情境之间的因果关系是一个事物导致另一个事物的联结。科学研究的目的就是掌握事物发生发展的规律，研究两个或者多个事物之间的关系。

因果和相关是描述两个变量之间关系的常用词语。“相关意味着两组事件或者变量之间存在一个规律性的关系。”① 两个事物之间的关系分为两种，一种是函数关系，另一种是统计关系。函数关系是指两个事物之间是一一对应关系，如圆的半径与面积；而统计关系是指两个事物之间并非一一对应关系，如个人收入与支出、身高与体重。相关分为正相关和负相关，正相关是指两个变量之间变动方向相同，负相关是指两个变量之间变动方向相异。如在研究居民的社会经济地位对参加体育锻炼的影响时，得到的研究结果是社会经济地位和参加体育锻炼的周次数呈正相关，该结论意味着随着社会经济地位的提高，居民每周参加体育锻炼的次数会增多；如果得到的研究结果为社会经济地位和参加体育锻炼的周次数呈负相关，则意味着随着社会经济地位的提高，居民每周参加体育锻炼的次数会减少。体育社会学研究中的因变量与自变量之间的关系大部分是统计关系，很少出现函数关系。

相关性是判断两个事物之间因果关系的前提，但是，相关并不意味着两个事物之间存在因果关系。人们经常在研究中认为，当两个变量紧密联系时，其中两个变量之间必为因果关系，但是，事情往往并非如此。比如在研究受教育程度和体育参与的关系时，研究者发现，体育参与时间随着受教育程度的升高而增加。有些人可能得出结论，受教育程度是体育参与的影响原因。但是，体育参与受休闲时间影响，休闲时间受受教育程度影响。所以，休闲时间是体育参与和受教育程度的中间变量，受教育程度与体育参与之间并不一定具有因果关系。

所以，在研究的结果解释中，要审慎地解释自变量与因变量之间的因果关系，通过文献阅读、数据挖掘、深入访谈等方法，不断对自己得出的研究结果进行论证，以免得出错误的研究结果。

第四节 研究方法

体育社会学研究的一个重要步骤是数据收集，数据收集的方法主要有以下几

---

① 吉登斯，萨顿．社会学．北京：北京大学出版社，2015：42.

种：调查法、民族志、实验法以及文献研究。

一、调查法

调查法是一项古老的研究技术，是体育社会学研究中数据收集的重要方法。调查法是采用访谈或者问卷的形式，向研究者提供关于人们的思想和行为方式的信息。

调查研究在体育社会学研究中应用比较广泛，当研究者确定好研究问题后，会先选择研究样本，然后利用标准化的问卷对研究问题进行调查。如我国国家体育总局每年对我国民众进行的“中国群众体育现状调查”，就是对我国民众体育参与现状的调查。它对全国民众进行抽样，然后发放问卷进行调查。

调查法可被用于描述性、解释性和探索性的研究，研究单位通常是个人。虽然调查法有时还被用于群体研究，但是调查的受访者还是个人。一些体育社会学者想了解比较大的群体的体育行为，但由于研究涉及的人数众多，研究者不可能对群体中的每个人进行访问，然而调查就可以解决该问题。例如，研究者想了解北京市民众的体育参与状况，但北京市常住人口达到 2 000 万，研究者不可能对 2 000 万人中的每个人进行访问，而调查研究就可以解决该问题。研究者可以对北京市民众进行抽样，然后发放标准化的问卷，通过被调查者填答的问卷，了解北京市民众的体育参与状况。

（一）调查样本抽样方法

在运用调查法时，抽样是非常重要的环节，抽样是否科学是研究是否具有说服力的重要影响因素之一。很多调查研究常常因抽样的合理性问题而备受质疑。因此，调查研究中抽样方法是否科学，对研究的结果的信度和效度影响非常大。

调查研究中的抽样分为两类，一类为概率抽样，另一类为非概率抽样。概率抽样是以概率理论和随机原则为依据来抽取样本的抽样，是使总体中的每一个单位都有一个事先已知的概率被抽中的抽样。概率抽样的核心观念是通过抽样得到的样本，必须包含总体的各种差异特征。概率抽样主要包括简单随机抽样、系统抽样、分层抽样、多级整群抽样等。

简单随机抽样是在建立抽样框后，为名单中的每个要素确定一个号码，然后利用随机数表来选择要素。系统抽样是系统化地选择完整名单中的每第 k 个要素组成的样本。比如在研究大学生课外体育锻炼时，抽取大学生名单里每 10 个人中的第 1 个。此时，用总数量除以 10，就是样本的规模，10 就是抽样间距。分层抽样是在抽样前将总体分为同质性的不同群体，这样可以提高样本的代表性。多级整群抽样是当不可能或者不方便编制完整的名单时可以使用的抽样方法，如果某个群被选中，那么该群中的所有成员都会进入随后的子样本。

现在大多数调查采用概率抽样，如中国社会科学院和中国人民大学进行的“中国综合社会调查”以及我国国家体育总局对我国大众进行的体育锻炼状况调查均采用了概率抽样方法。中国综合社会调查采用分层的四阶段不等概率抽样，抽样框涉及全国 2 801 个区县单位，抽样方法科学规范，值得其他调查研究借鉴。

社会调查经常会遇到并不能选择概率样本的状况，这时就得采用非概率抽样。如要研究所有经常参加体育锻炼的人，我们不但没有一份这样的名单，也不可能造出一份这样的名单。非概率抽样常用的方法包括：就近法、目标式或判断式抽样、滚雪球抽样以及配额抽样。就近法就是通过在某些地点或者区域拦截路人进行访问工作。这种方法虽然比较常用，但却是一种冒险的抽样方法。如当研究经常锻炼者的特征时，我们在某个公园对锻炼者进行拦截访问，虽然可以得到数据，但是数据的代表性如何值得怀疑。目标式或判断式抽样，就是研究者根据对总体的知识来选择适当的抽样方法。滚雪球抽样在特定总体难以找到时使用，如对无家可归者、农民工等群体进行研究时。这种方法会要求每个受访者介绍其他人来参与调查。配额抽样是根据预先了解的总体特征来选择样本的方法，它可以使样本的特征分布与所要研究的相同。

（二）调查法的优缺点

问卷调查在社会学研究中应用非常广泛，是因为调查法有以下优点：

第一，比使用其他方法得到的数据更容易量化和分析。对通过问卷调查法得到的调查数据，可以进行编码，并通过一些软件进行统计分析。

第二，可以进行大规模的样本研究。调查研究样本可以是一个城市、一个国家甚至整个世界，对于研究一定地理区域或者人群整体具有不可比拟的优势。例如，国际社会调查项目每年都在世界范围内进行一定的主题调查（如 2007 年公布的关于运动和休闲的调查），这些调查的区域范围非常大，而且样本量非常大。所以调查法对于大范围、大规模的研究具有很大的优势。

第三，标准化的问卷对于测量很有帮助。这样可以保证填答的答案在一定的范围内，易于统计，便于分析。

虽然调查法有以上优点，但是，它也有自身的缺点。具体如下：

第一，调查的标准化常常会使回答的选项具有局限性，并不一定能包括所有的答案。这样就会导致研究的问题缺乏深度，在处理比较复杂的问题时，难免显得有点肤浅。

第二，调查研究很少能够处理社会生活中的情境。即使研究者可以从问卷中得到一些信息，也很难通过问卷掌握被调查者在整个生活中的思想与行为。

第三，调查研究缺乏一定的弹性，即使在调查中发现一些问题也不能进行大的调整，特别是在调查进行到中后期时，大部分调查已经完成，后续再在研究中对问题进行调整，会使研究失去统一性。

第四，调查研究会受到一些人为因素的影响。如在调查居民是否经常参与体育锻炼时，如果居民认识到社会大众认为不参与体育锻炼表明这个人比较懒惰，那么居民即使平时并不经常参与体育锻炼，也会由于怕被人评价懒惰，而选择回答自己经常参与体育锻炼。

二、民族志

民族志是通过长期而系统的田野调查对整个社会情境进行研究的方法。民族志常用的方法是实地观察，或者说是直接参与某个群体或者组织，然后近距离地观察他们的活动。虽然民族志主要是进行定性研究的资料收集方法，但并不是说通过民族志方法不能收集量化的数据。民族志与其他研究方法的区别在于它不仅是收集研究资料的过程，也是理论生成的过程。比较典型的民族志研究过程是计划从研究的过程中发现有意义的问题，然后从初始的观察中得出初步结论，这些结论能够启发进行进一步观察，然后对结论进行修正。

（一）适合民族志的研究主题

民族志主要运用实地观察的方法，所以适用于以下几方面的研究：

第一，民族志特别适合不宜简单定量的社会研究或者研究议题。民族志适用于提供系统的观点，研究者可以通过实地观察对事件了解得比较深入和周全。比如，当对足球运动中的核心队员的权威建立过程进行研究时，我们不可能通过问卷调查这种定量研究，而只能通过对足球队员的访谈和观察才能得到研究资料，然后总结出核心队员在球队中的权威建立的过程。

第二，民族志适合于在自然状态下研究态度和行为。民族志研究方法可以通过参与式或半参与式的观察了解研究对象在自然状态下的行为和态度，这样可以观察到研究对象的很多真实想法，减少像实验研究所带来的“霍桑效应”。

第三，民族志特别适合用于对一些社会事件的过程研究。民族志研究方法可以使研究者通过访谈，现场了解社会事件的产生和发展过程，了解事实真相。例如，在对足球比赛中经常发生的球迷冲突的研究中，只有在冲突发生的现场对球迷进行观察和访谈，才能掌握事情发生的原因和过程。

艾尔·巴比（Earl Babble）在其《社会学研究方法》一书中引用了洛夫兰夫妇在《社会情境分析》中论述的几种适合用民族志方法来研究的社会生活因素。

（1）实践：主要指各式各样的行为，比如交谈或阅读。

（2）情节：包括各种事件，诸如离婚、犯罪和疾病。

（3）邂逅：包括两人以上的会面以及直接状态下与他人的互动。

（4）角色：民族志同样适用于分析人所处的地位以及在此地位上所表现出的行为，如职业、家庭角色、种族群体等。

（5）关系：有很多社会生活可以通过适合的角色丛的行为来考察，例如母子关系和朋友关系。

（6）群体：在关系之外，民族志也可以用于研究小群体，如朋党、运动团队、工作群体。

（7）组织：在小群体之外，民族志也可以用于研究正式组织，如医院和学校。

（8）聚落：研究国家这样的大型社会组织是很困难的，实地研究者常对小型的社会如村落、贫民窟、邻近地区等进行研究。

（9）社会世界：一些范围和人口都模糊不明的社会实体也可以成为社会科学研究的适当对象，诸如“运动世界”“华尔街”等。

（10）生活形态或亚文化：社会学家们有时会将焦点放在生活方式雷同的人身上，例如管理阶级或都市下层阶级。①

（二）民族志研究的注意事项

民族志这种研究方法涉及研究者与研究对象之间的互动关系，如果把握不好，就可能会影响研究的真实性和有效性。

对于研究者本人来讲，应注意自己在研究中的角色。民族志研究方法通常有三种形式：完全参与者、完全观察者及半参与者。完全参与者可能是研究情况下的真正参与者，也可能假装是真正参与者。研究者如果扮演参与者角色，就得入乡随俗，根据被研究群体的文化、规则进行活动。研究者作为完全参与者，肯定会对研究对象造成一定的影响，但是研究者应尽量减少此类影响。完全观察者是研究者在任何情况下观察社会事件，都不会成为其中的一部分。由于研究者不参与研究对象的活动，因此研究对象可能并不知情，例如，研究者坐在观众席上观察足球运动员在比赛中的犯规行为。半参与者是研究者告知研究对象自己的研究者身份，并保持客观中立的研究态度进行观察。不同的情况要求研究者采取不同的参与形式进行研究，但是该怎么运用，并没有明确的标准。研究者只能根据自己的经验判断，采用不同的参与形式进行研究。

研究者还要注意与研究对象之间的关系。研究者在进行研究时要暂时接受研究对象的一些观点，不能推翻研究对象的一些文化、价值观和信仰，否则可能永远也不能理解研究对象的思想和行动。例如在研究运动员之间的冲突时，运动员群体一般不愿公开他们之间的冲突，因为他们不想让外人知道他们之间不团结。所以当你进行研究时，你就不能将他们之间的矛盾冲突告诉他们认为的外人，如果你不遵守这一群体规则，可能就会面临研究终止的窘境。

（三）民族志的优缺点

民族志研究方法有其突出的优点，包括以下几点：

第一，民族志研究方法对于研究行为和态度的细微差别以及分析社会事件的发展过程具有一定的优势，并且能使研究达到一定的深度。

第二，民族志研究方法具有一定的弹性。研究者可以在研究中根据研究的需要，修正研究计划。

---

① 巴比．社会研究方法．北京：华夏出版社，2018：286.

第三，运用民族志研究方法进行研究花费相对较少。

民族志研究方法也有其缺点，具体概括如下：

第一，民族志研究方法是定性研究，不是定量研究，所以它很少能够对一些大型群体做出精确的统计陈述。

第二，采用民族志方法进行研究时，研究者能否取得研究对象的信任，对研究结果影响很大，这就需要研究者具有一定的研究技巧。如果研究者没有掌握一定的技巧，研究可能就会失败。

第三，民族志研究方法，因为需要一定的技巧，所以可重复性可能比较差，因此研究的信度常常受到质疑。

三、实验法

实验法一般是用来研究两个事物的因果关系的方法，常用于自然科学研究中。实验法也可用于对社会自然事件的研究，能够研究社会中事件的社会效应。安东尼·吉登斯（Anthony Giddens）对实验研究的定义为：研究者建立的，在高度控制的条件下，对一个假设加以检验的过程①。理查德·谢弗（Richard Schaefer）认为，实验法是允许研究者操纵变量的人为情境②。由以上社会学家对实验法的定义可知，实验法主要是研究者对研究的情境进行严格控制的研究过程。

（一）适合实验法的议题

实验法比较适合能够明确界定研究的概念和假设、限定范围的研究。实验法是科学研究的传统方法，因此它特别适合变量之间的关系研究，对研究假设进行检验。实验法更适合解释性研究，而不太适合描述性研究。实验法由于研究的范围比较小，因此适用于小群体的互动研究。

（二）实验法中的常用概念

实验法通常对研究过程进行严格设计，所以实验研究中常常会涉及以下三对主要成分：自变量和因变量、前测和后测、实验组和控制组。

自变量和因变量是实验研究的主要成分，实验研究主要是围绕研究者最初提出的关于自变量和因变量的关系的假设展开的。本章在开始部分已经介绍过自变量和因变量的定义，在此不再赘述。在典型的实验研究中，实验者就是要比较出现自变量刺激的变化后所导致的因变量的变化。在进行实验研究前，必须对自变量和因变量进行严格界定，并对概念进行操作化。如殷恒婵等在研究运动干预对小学生身心健康的影响时，采用的就是实验法，该研究中运动为自变量，而身心健康为因变量③。

---

① 吉登斯，萨顿．社会学．北京：北京大学出版社，2015：51.

② 谢弗，费尔德曼．像社会学家一样思考．北京：北京大学出版社，2018：5.

③ 殷恒婵，等．运动干预对小学生身心健康影响的实验研究．体育科学，2012，32（2）.

前测和后测是实验研究中非常重要的概念。在实验设计中，受试者首先作为因变量接受测量，此时因变量是前测。然后，在接受自变量的刺激后，再对因变量进行测量，此时因变量是后测。实验研究设计前测和后测主要是为了通过因变量的前后变化，分析自变量与因变量之间的关系。

在运用实验法进行研究时，通常会设实验组和控制组。实验组是在实验中被施加刺激的受试者，而控制组是在实验中没有被施加刺激的受试者，但是在其他方面和实验组相同。通过对实验组和控制组的比较，可以发现实验刺激的效果。

实验法在体育研究中运用比较多，如殷恒婵等在《运动干预对小学生身心健康影响的实验研究》中，先在实验前对小学生的身心健康进行了前测，然后按照实验设计，在实验后对小学生的身心健康进行了后测。通过对小学生进行运动干预，比较实验的前测和后测的心理健康与身体健康的指标变化，研究运动对小学生身心健康的影响。该实验还设计了实验组和控制组，实验组按照研究方案设计的运动频率、运动强度、每次运动持续时间和运动项目进行练习，而控制组只进行该校常规的课外活动，没有对运动频率、运动强度、每次运动持续时间和运动项目进行控制。通过对控制组和经过运动干预后的实验组的身心健康指标进行比较，研究运动干预对学生身心健康的影响。①

（三）实验法受试者的选择

实验法需要选择能够代表总体的样本。人们在使用实验法进行研究时，对于受试者的选择常常会采用方便的抽样法。鉴于概化的科学规范，这种做法反映了社会科学研究中的一种潜在缺陷。但是，这种潜在的缺陷在解释性的研究中表现得不太明显。从一方面来看，即使我们通过研究证明运动干预对小学生的身心健康具有积极作用，通过该结果也并不能确定运动干预对所有的个体都有该作用。从另一方面来看，如果证明了运动干预对小学生的身心健康具有积极作用，那么我们将有信心认为运动干预对其他普通人的身心健康也有积极作用。所以，社会过程与因果关系模式似乎更容易概化。

实验研究的另外一个重要的规则是选择的实验组和控制组的可比性。最好的状态是实验组和控制组的受试者尽可能相似，这样可以使得实验组和控制组在实验前没有明显的差别。只有这样，在对受试者进行刺激后，才能分析出自变量的变化是否引起因变量的变化。

（四）实验研究的效度问题

虽然实验研究对各种实验条件进行控制，但是，在实验的过程中，一些操作问题会影响实验的效度。对实验研究效度的影响分为两类：内在无效度和外在无效

---

① 殷恒婵，等．运动干预对小学生身心健康影响的实验研究．体育科学，2012，32（2）．

度。张力为将内部效度定义为研究中自变量与因变量的确切程度[①]。实验的内部效度实质上是指因果关系的定性问题。内在无效度是指实验的结论没有正确地反映实验本身。在实验中，如果外在因素影响了因变量，就会形成实验的内在无效度。

张力为将影响实验的内部效度的因素归结为以下几个：历史事件、成熟、选择、统计回归、测量工具、退出、被试效应、主试效应、序列效应、无关变量的交互作用[②]。实验研究的内部效度会受到以上因素影响，有的因素能够避免，但是有的因素很难避免。

外在效度是指能够将实验结果推广到实验外情境的程度。外在无效度是指实验结果概化到"现实"世界的可能性很小。影响外在效度的因素主要有以下几个：测验的反作用、选择与实验变量的交互作用、实验安排的反作用、多重处理的干扰。

（五）实验法的优缺点

实验法的主要优点在于把实验变量与它带来的影响分离开来。实验从开始到结束，都经过严格的设计。在实验开始时，受试者具有一定的特征，经过能使自变量发生改变的实验刺激，受试者产生了不同的特征。如果受试者没有受到其他的刺激，我们就可以得出结论，认为因变量特征的改变是由于实验刺激。实验法的另一个优点是实验在一定的范围内进行，需要的人力、物力、财力相对较少，只需要较少的受试者。实验法的可重复性使得人们对实验结果的效度不太怀疑。

实验法的最大缺点在于人为设计。实验法的场景很多是在实验室内发生的，未必能在自然的社会环境中发生。正如吉登斯所说：

> 有时候社会学家可能想要探索团体动力学，即个体在群体中的行为方式，实验此时会成为可能。然而，只有少数个体能够被带入实验，在这样的实验中人们知道他们正在被研究，因而也许会有反常表现。这种主体的行为的变化被称为"霍桑效应"。在20世纪30年代，研究者在芝加哥附近的西部电气公司的霍桑工厂进行了一项关于工作效率的研究，令人惊讶地发现，无论施加怎样的实验条件（诸如光线水平、休息模式、工作组规模等），工人的生产效率一直攀升。工人意识到自己正被监视，因此加快了工作步伐。

可见，实验法很多时候并不能完全排除外在和内在的影响，因此影响了实验研究结果的效度。

四、文献研究

文献研究是利用已有的研究资料进行研究的方法。文献研究也被称为二手分析法，是研究者利用已有的数据和公开信息进行研究的研究方法。现有文献的种类很

---

① 张力为．体育科学研究方法．北京：高等教育出版社，2002：12.

② 同①.

多，包括报纸、书籍、电子数据、影视资料等，这些文献是我们进行体育社会学研究的文化宝库。这些文献不仅仅是我们进行研究的基础，更为我们进行研究提供了丰富的资料。

例如，一些传记资料被用于探索个体如何经历社会生活变化和社会周期性改变，以及个体如何在社会环境的变化中演绎自己和他人的关系。对没有经历过这些历史事件的研究者来说，传记为研究当时的社会状态、人们的行为提供了可能。

虽然有的研究者认为文献研究无法可靠和客观地提供有用信息，但是，现有的文献为研究者提供了开展研究的理论基础和进一步研究的阶梯，避免了前人研究的很多失误，使得研究能够相对顺利进行。

现代互联网技术为研究者进行研究提供了丰富的二手资料，能使研究者获得来自全世界的数以万计的数据和信息。互联网已经成为进行研究的重要工具。但是互联网也使研究面临很多的难题和风险，如很难甄别信息的真伪、网络资料不适合使用等。但是，互联网能够成为研究方法的一部分。很多研究者可以通过互联网访问一些权威的学术网站，得到质量很高的数据，并通过数据挖掘进行研究。

文献研究的优点是，它比做一手调查更加便宜、方便、快捷。研究者可以综合很多的相关研究，比较相关研究的优点和缺点，去伪存真，提高研究的质量。互联网上大量的调查数据可以为研究节省很多的时间和精力，使得研究者能够集中精力，将重点放在对研究的分析和结果呈现上。

但是，文献研究有其本身的缺点。关键问题是这些文献的效度问题。研究者收集到的相关研究资料，并不一定完全符合研究的要求；文献的质量也不一定高。

第五节　研究伦理

体育社会学研究是涉及人的研究，因此，在进行体育社会学研究时会面临一些道德问题。社会学家和研究机构提出这样一个关键问题，即他们的学科研究所带来的危害是否超过被研究者在日常生活中所面临的危险。如果事实成立，那么这种研究也许应该停止，特别是一些涉及孩子、老人等弱势群体的研究。社会学研究中的伦理问题主要是如何对待被研究者：是让他们处于自愿和知情的状态，还是处于不知情和不情愿的状态。

一、自愿参与

社会学研究的基本伦理要求是：参与者必须自愿参与。也就是说，不能强迫参与者参与研究。研究者如果强迫别人参加研究，就会受到谴责。在体育社会学研究中，如果强迫运动员参与问卷调查、实验研究等，那么一方面，研究结果将受到影响。因为在运动员不情愿的状态下进行一些研究，会遭到运动员的心理或行动抵制。

在完成问卷、实验或者访谈时，运动员可能会故意隐瞒自己的思想和行为，做出其他选择，使得研究无效。另一方面，强迫别人参与研究活动，是不道德的行为。

二、对研究对象无害

社会学研究中最为重要的原则是对研究对象无害。因此，研究者在对研究过程进行设计时，一定要考虑自己的研究会不会对研究对象造成伤害。因为生活中的很多事情会对人产生伤害，所以研究者要事先衡量好研究的重要性和可能产生的危害性。社会学研究中有很多方法可以保护研究对象免受伤害。例如在进行运动员生活方式调查时，访谈会涉及运动员生活的很多细节，因此研究者要对运动员的很多隐私进行保密。如果没有保护运动员的隐私，就可能给运动员的生活造成麻烦。所以，在资料收集过程中采用匿名的方式，可以防止一些个人信息的泄露。

美国社会学学会于 1971 年首次颁布了《伦理准则》，并于 1997 年对其进行了修订。这套准则为很多进行社会学研究的专家学者提供了很好的行为规范，其基本原则如下：

第一，在研究中保持客观公正。

第二，尊重研究对象的隐私和尊严。

第三，保护研究对象免受人身伤害。

第四，研究必须保密。

第五，从研究对象处收集研究数据时，或者在私密环境下发生某种行为时，研究者必须征得研究对象同意。

第六，说明研究合作关系和接受的帮助。

第七，公开所有研究资金来源。

美国社会学学会制定的《伦理准则》，包含了对研究对象的基本人权保护，是研究者进行研究时应该遵循的行为规范，对所有进行社会学研究的专家学者都应具有约束力。

第六节　撰写研究报告

在经过实施研究阶段后，最后的环节就是撰写研究报告。研究报告主要包括以下几个部分：前言、文献回顾、研究内容和研究方法、数据分析、结论等。

一、前言

前言部分主要包括研究主题的重要性、研究的目的及理论和现实意义。研究主题对现实社会越重要，越具有研究意义。如果研究主题对理论和现实都没有意义，也就没有必要进行该主题的研究。如任海对体育产业的研究的前言部分如下：

> 体育产业是中国社会改革开放以来，特别是20世纪90年代初期我国确定经济体制改革的目标是建立社会主义市场经济体制后，迅速生长起来的新生事物。20多年来，尽管我们在什么是体育产业，体育产业的体系结构与运作机制有哪些特点，以及在我国社会的特殊语境和体育发展的现实状态中应当如何发展体育产业等一系列问题上，仁者见仁，智者见智，尚未达成共识，但是不容置疑的事实是，体育产业已经对中国体育的发展从理论到实践产生了全面而极其深刻的影响。
>
> 经过20多年的发展，体育产业已经将其绵远深长的影响力延伸到我国体育各个领域，以至于今天我们讨论中国体育发展的任何问题，都无法忽略它的存在；我们对体育发展的任何设计，都不得不考虑它直接或间接的各种影响。体育产业既为中国体育发展提供了前所未有的条件和机遇，使之创新发展，日新月异；也为其带来了前所未有的问题与挑战，使之路途坎坷，迷雾重重。2014年《国务院关于加快发展体育产业促进体育消费的若干意见》（国发〔2014〕46号）发布以来，体育产业正在进入一个大发展时期。此时，梳理一下体育产业对中国体育发展产生的积极影响及构成的诸多挑战，不仅可以深化我们对中国体育产业发展规律的认识，而且有助于我们对中国体育改革与创新的认识。①

通过前言部分的论述，作者已经向读者说明了其研究的重要性以及研究目的和意义。第一段文字论述了体育产业对我国体育发展的重要性，即“体育产业已经对中国体育的发展从理论到实践产生了全面而极其深刻的影响”。而第二段文字论述了该研究的目的和意义，即“不仅可以深化我们对中国体育产业发展规律的认识，而且有助于我们对中国体育改革与创新的认识”。

二、文献回顾

文献回顾部分主要论述前人关于本研究主题都进行了哪些研究，总结前人研究的内容、方法、理论视点等；探索前人的研究存在哪些优势、哪些缺陷（但如果前人的研究缺陷不是本研究将要解决的，那么尽量不要提出来）。

接下来，提出本研究的理论视角，即本文将用什么理论或理论组合研究这个变量，这个理论或理论组合与本文相关的主要观点是什么。提出本研究的理论模型，并对其做一个综述。

三、研究内容和研究方法

研究内容和研究方法是论文撰写非常重要的部分。因为对研究内容的论述，能

---

① 任海．论体育产业对中国体育发展的影响．体育科学，2015，35（11）．

使读者进一步明确研究主题。对研究方法的论述能使读者了解到研究中主要运用了哪些方法，以及研究者是如何通过这些方法进行研究的。读者通过对研究方法的阅读，对于该研究的科学性、有效性会有一定的判断。

马江涛对影响中国居民参加体育锻炼的因素的研究的方法介绍会对读者理解研究方法有所帮助。

> 本研究采用中国综合社会调查（CGSS 2010）数据，运用序次逻辑回归探讨影响我国居民参加体育锻炼的因素，采用的统计软件为STATA11。本研究之所以采用序次逻辑回归方法，是因为中国综合社会调查对参加体育锻炼频率的回答为序次变量，具体为每天、一周数次、一月数次、一年数次或更少，以及从不共5个选项，频率为逐渐减少。中国综合社会调查对于居民参加体育锻炼的调查问题为：过去一年，您是否经常在空闲时间参加体育锻炼？
>
> 中国综合社会调查是我国第一个全国性、综合性、连续性的大型社会调查项目，该项目调查涉及除西藏外全国所有省，样本量超过20 000人，问卷设计和抽样框的科学性均得到国际调查组织认可。本研究采用的是2010年数据，调查时间为2010年7月至12月。①

该研究方法介绍描述了研究数据的来源、数据分析的软件、使用序次逻辑回归这种数据分析方法的原因，以及该数据的权威性等，对于读者了解研究的开展情况具有重要作用。

四、数据分析

数据分析部分主要包括对样本的描述，以及数据分析过程和结果。其中，对样本的描述是对样本的人口统计学特征比如性别组成、年龄组成、学历组成、职位组成等的描述。

数据分析部分主要包括分析自变量与因变量的关系，以及对模型分析结果进行报告。例如运用回归模型分析性别、年龄、受教育程度、职业对居民参与体育锻炼的影响，就需要计算回归系数，进行显著性检验等（通过回归系数和显著性检验分析哪些因素对居民参与体育锻炼影响显著；通过回归系数判断哪个因素的影响大，哪个因素的影响小；通过系数正负，判断影响是正向的还是负向的）。当通过数据分析得出初步结果后，还要通过与以前的研究结果进行比较，发现本研究和以前研究结果的异同，并分析原因。

五、结论

结论部分是对本研究的总结，论述研究的结果。在论述结果时尽量综合、简

---

① 马江涛，于显洋，李树旺，等．中国居民参与体育锻炼影响因素的序次逻辑回归分析．成都体育学院学报，2014，40（9）．

练；尽量不是对数据分析部分的简单重复；总结哪些假设得到数据支持，哪些没有，并解释没有得到数据支持的原因（有的可能是理论上的原因，有的可能是实证研究中抽样的原因）。

复习思考题

1. 科学研究一定要从理论或者假说开始吗？
2. 为什么科学家对变量的因果关系非常感兴趣？
3. 定性研究和定量研究有什么优缺点？
4. 体育社会学研究应该如何按照研究主题设计研究方法？
5. 比较不同研究方法的优缺点。
6. 你是否接受过问卷调查？如果接受过，那么你的感受如何？你觉得哪些因素会影响调查对象的合作程度？
7. 如何在研究中保证研究对象的知情权？

推荐阅读书目

1. 吉登斯，萨顿．社会学．北京：北京大学出版社，2015.
2. 谢弗，费尔德曼．像社会学家一样思考．北京：北京大学出版社，2018.
3. 巴比．社会研究方法．北京：华夏出版社，2018.
4. 张力为．体育科学研究方法．北京：高等教育出版社，2002.
5. 徐云杰．社会调查设计与数据分析．重庆：重庆大学出版社，2011.
6. 风笑天．社会研究方法．5 版．北京：中国人民大学出版社，2018.
7. 袁方，王汉生．社会研究方法教程．北京：北京大学出版社，1997.
8. 仇立平．社会研究方法．2 版．重庆：重庆大学出版社，2015.
9. 陈向明．质的研究方法与社会科学研究．北京：教育科学出版社，2000.
10. 威勒，沃克．实验设计原理：社会科学理论验证的一种路径．重庆：重庆大学出版社，2010.

第四章

体育与人的发展

本章要点

- 体育是社会文化的一部分，人的生物性发展和社会性发展都离不开体育，体育在人的发展上，一方面具有强身健体的功能，另一方面又具有社会教化的功能。
- 体育的社会化功能是从个性发展、文化和社会结构的角度，以身体建构、心智成熟和社会适应三个方面来阐述人对社会文化与规范的内化，从而形成个性和人格的社会性发展，以维持良好的社会互动和结构来促进社会整体的良性运行。
- 体育是培养适应社会需求的成员的重要手段。它可以满足社会系统的需要，促进个人成长并保持组织层次上的社会秩序。

关键概念

社会化、身体建构、心智成熟、社会适应、个体发展、体育互动、身份认同、角色体验

人的生物性发展和社会性发展都离不开体育，体育在人的发展上，一方面具有强身健体的功能，另一方面又具有社会教化的功能。本章主要从微观层次上，通过个人在体育活动中的社会化、身份认同、角色体验等方面揭示出体育本质上的社会性。

第一节　体育的社会化功能

社会化是人类文化的延续和传递，是人对社会文化与规范加以内化，从而形成个性和人格的社会性发展，以维持良好的社会互动和结构来促进社会整体的良性运行。个体的社会化属于社会学的微观研究范畴。它是生命个体从生物人向社会人的转变，是符合社会期待的社会角色形成过程。它包括个体的身体建构、心智成熟、社会适应等功能，属于个体成长的社会化产物。

社会学中有关社会化的研究已经有一百多年的历史，这些研究揭示了人类从生物人向社会人转变的过程和机制。早在 19 世纪初，“社会化”（socialize）一词就已经进入了词典，德国社会学家齐美尔是最早提出社会化概念的学者之一。社会学家从个性发展、文化和社会结构等不同的角度对社会化进行了阐释。

个性发展的角度是从个体的社会化视角来界定的，主要指个人的个性和人格的形成过程。美国社会学家库利在《人类本性与社会秩序》一书中认为“自我”的实体就是社会化的产物。他是最早提出自我发展理论的社会学家，认为社会上的人与人之间总是互动的。在互动的过程中，他人就像自己的一面镜子，借助这面镜子，人们可以观察到他人对自己行为的反应，然后据此反思并调整自己的行为。在这样的不断反思和调整的过程中，人的自我意识逐渐形成并适应社会的需求，这就是所谓的“镜中我”过程。[①] 社会学中符号互动论的代表人物是乔治·米德，他认为社会化的实质就是“角色扮演”。人们在角色扮演的过程中了解自己在社会结构或群体中所处的位置和地位，不断学习和强化，按照社会对角色的期待逐渐完善自我，以期实现自我的社会化发展。

文化的角度是从社会文化的内化视角来研究的。它是对人类文化遗产的继承和延续，是个体对文化的适应与传承。美国社会学家布鲁姆认为：“对于社会，社会化是使新的个人适应有组织的生活方式并教给他们社会的文化传统的过程。”[②] 美国社会学家 E. 弗洛姆（E. Fromm）认为，个人社会化就是“社会和文化得以延续的手段”[③]。

社会结构的角度是从个人获得社会角色和维持社会结构完整的过程视角来研究的。它强调个体的社会属性，主要指人在与社会的互动中，所扮演的角色必须符合社会规范的要求和对生活方式的掌握。“社会结构角度认为，社会化就是让人变得具有社会性。”[④] 美国社会学家 S. 萨金特认为，社会化的本质就是角色承担。美国功能理论的代表人物帕森斯认为，社会是一个均衡的整合系统，只有系统间相互协调才能维持社会结构的完整，保证社会的良性运行和协调发展。

因此，本节从个性发展、文化和社会结构等不同的角度，以身体建构、心智成熟和社会适应三个方面来阐述体育对个体的社会化功能。

一、身体建构的功能

（一）古代时期的身体

身体从古至今都是很多学者探究的对象。在古希腊时期，具有代表性的就是柏拉图的身体观和他对于发展体育的重要性的探讨。

---

① 郑杭生．社会学概论新修．5 版．北京：中国人民大学出版社，2019.

② 布鲁姆，塞尔茨内克，达拉赫．社会学．成都：四川人民出版社，1991：120.

③ 黄育馥．人与社会：社会化问题在美国．沈阳：辽宁人民出版社，1986：5.

④ 同①.

体育具有身体建构的功能，柏拉图在《理想国》里提出过多种锻炼身体的体育方法，实质上是用锻炼身体作为手段塑造心灵以养成优秀的公民，最终是为了服务整个城邦。虽然在柏拉图看来，完美的心灵更加值得追求，但是他同样重视对作为灵魂载体的身体的塑造——身体是实实在在可以被改造的，身体的塑造和建构需要符合社会主流趋势的要求。柏拉图理想中的完美城邦建立在完美的公民之上，身体的具身呈现就是社会建构的对象。

身体诗学，就是针对城邦公民身体的培养，以体操训练为手段锻造健美的身体、高超的武功和良好的品行，以便适应保家卫国的军事生活或者履行公民义务[①]。所以，早在古希腊时期，哲学家就意识到了体育可以对身体进行改造，身体作为物质化的肉体，其计划性、可塑性和目标性成为可能，从而最终实现适应社会发展的目标。

体育作为一种特殊的文化形式，无论是主动还是被动，都在为生活、生产而服务，是人类社会发展的必然产物。体育是人们有意识、有目的的人类创造，基于对象身体，能够塑造出自我内化规范和外显秩序的身体，而不是简单的模仿。为了维护社会系统的有序运行，每个社会个体都需要扮演好社会赋予其的角色。外在的规范塑造着个体的身体和行为，社会环境的变化会带来身体的调整和改变。外在的规范和提醒需要通过个体的模仿、练习才能够逐渐内化。反过来，只有个体的身体和行为适应了社会，社会才会有良性的运行。所以，个体按照社会的期待融入社会结构体系中，以期扮演好满足社会诉求的角色，是个体发展的最终目的。例如，在体育课上，学生需要按照体育课程的要求穿着运动装，在课堂上积极活跃地进行动作演习和互动；其他理论课则要求学生在教室里保持安静，学生的言行举止都受到一定的规范制约。所以，对于身体的规范和建构具有身体能够遵从、适应和表达社会需要的功能。体育所具有的身体建构功能，对于个体的意义是塑造身体，对于社会秩序的意义是秩序在身体上的浸入。

（二）现代时期的身体

中世纪是神的世纪，身体被隐藏、被遗忘，体育被更多的宗教仪式掩盖了光辉。之后，随着宗教改革、工业革命和世俗社会的兴起，人的身体重新得到了关注。现代性实现了政治与宗教的分离、经济与政治的分离、经济与道德的分离。[②]政治回归现实，伴随着身体回归个人。身体所披上的神秘面纱被丢掉，身体的生活与生产本性促使体育价值被重新定位。身体是社会建构的对象，而体育是身体建构最有效的形式，其意义既在于建构社会期待的身体，为社会和国家培养遵循主流价值规范的公民，也在于起到规范和控制身体的作用，通过体育将符合社会要求的规范性身体行为建构到个体身上。经济与政治的分离，赋予了身体除社会秩序之外的

---

① 王柯平．柏拉图的身体诗学观．哲学研究，2005（7）．

② 陈嘉明．现代性与后现代性十五讲．北京：北京大学出版社，2006．

生产性的价值，即一种社会人力资本。现代资本的快速发展将一切可以利用的资源转化为资本体系中的可用资源，身体当然也是资本转化的对象。身体资本的生产指的是身体以某些特定方式发展，被认为在社会场域中具有价值，而身体资本的转换指的是将工作、休闲等场域中的身体参与转译成不同的资本形式。[①] 布尔迪厄认为，身体是未完成的实体，是被赋予符号价值的载体。在现代社会中，对个体的自我感受来说，这些依附于身体的符号价值变得越来越重要，特别是资源丰富的人，越来越把身体作为一项终身的规划来建构，借助生产不同符号价值的身体形式来将身体资本转换为其他资源。特别是地位较高的社会阶层会对自己的身体进行大量的投资，以维护自然、生物性的外在身体资本呈现形式。这就是为什么支配阶级会花费更多的时间和金钱让自己及其孩子参与很多特定的精英活动，其目的就是使身体资本的生产与转换潜力尽可能扩大，从而延续和巩固他们在社会阶层中的位置。

（三）身体与人力资本

身体作为现代社会的人力资本，不再属于个体本身，而是作为社会生产性的资本元素进行发展。身体不仅仅是自我身心健康的生存保障，更是社会生产发展的动力源泉。身体的存在性、生产性和资本性是现代体育明显的特征。现代社会的大分工，使体育产生了重大的变革——体育变得更加契合市场运作规律，为财富创造留出了更多的空间。尤其是到了 21 世纪，各种现代运动会层出不穷，也是因为运动会在市场环境中具有显著的牟利能力。如今，现代运动会与市场体制的融合已经到了极致，体育产业逐渐成为现代西方国家的一个支柱性产业。[②]

身体的自我建构是受社会关系影响的，同时它也为日常社会关系的建构奠定了基础，并加入了建构的过程。身体的规划是由个体生活方式的选择和身体的形塑来完成的，其目的主要是获得强烈的自我认同感，并得到他人对自己的认同和赞赏，从而得到有力的互动地位，进行有效的社会交流与群体沟通。虽然身体的规划与监管很重要，但不是每个人都有意愿和能力去改变和形塑自己的身体，其原因有两个方面：大的方面与个体所处的社会地位、阶层有关，小的方面与个体的文化程度、经济水平、身体的整体状况有关。现代社会的人们越来越关注对自我身体的建构，更多地把身体当作可以形塑、装饰和规训的对象，以表达个体的认同。从身体的外观来看是对外表、尺码、体型、气质和表现的关注，从身体的内在来看是对性格、品质和态度的考量。身体的内外修炼不仅是人的社会化的运行过程，也是个体全面发展的过程。个体对身体的内外形式的重视程度有别，一般来说，西方更加重视身体的外在呈现，东方则更加重视身体的内在修养，中西方有关身体的文化应该互通有无，融会贯通，进而从内在与外在对身体进行全面建构，这样才能培养出合格健康的社会人，以维护社会发展的平衡和良性运行。

---

① 希林．身体与社会理论．北京：北京大学出版社，2010.

② 胡科．体育：文化世界的身体建构．体育学刊，2018，25（1）.

身体资本的发展是一个复杂而漫长的过程，必须经过学校教育和社会实践来共同完成。其发展的过程受到多方因素的影响，包括性别、家庭、收入、受教育程度、社会环境等，个人身体的建构是朝着社会进步的发展方向实施的，是为了更好地参与到社会的互动中，进行日常的生活流动。但随着经济的高速发展，社会体制处于新的转型期，人们在社会功利主义的影响下，放弃了对身体的合理建构和管控。身体的生物性健康和社会性健康处于危险的边缘：一方面，营养过剩、运动不足导致身体处于亚健康状态；另一方面，社会不公、心理失衡造成的人际关系紧张，已经严重影响到社会运行的健康基础。身体的具身性体现所呈现出的审美偏差也会给青年人造成不良的影响，人际互动的重利和奢侈给社会带来不良的风气，会影响到整个民族的健康风貌。人们对身体管控的放弃，会使个体的整体素养下降。而在身体建构的进程中，体育是实施身体重建的最好载体，是建构身体外在形态和内在精神的最好方式。

二、心智成熟的功能

体育具有对抗性、协调性、开放性、参与性与激励性，能够促进人的心智成熟。英国社会学家吉登斯在对现代性下自我认同的研究中提到身体，认为自我对身体的认知是对世界的创造性探索的真正起源[①]。身体不仅是生物意义上的肉身，也承载着人类思想，身体的行为模式与实践不断完善着个体的自我认知和心智成熟，成熟的思想又能促进建构身体发展的合理性。身体自身的成长过程始终伴随着个体的社会化，其存在的文化场域制定了个体的行为规范。

（一）体育的心理学假说

体育为什么能够给人的心理带来积极的体验？在心理学中，有多个假说解释了为什么体育作为一种生活方式能够通过对身体的作用给人带来积极的情绪。

1. 认知行为假说

体育中有关克服困难、迎难而上的体验能够锻炼人的意志品质，使人养成乐观向上的处世态度，拥有更多幸福快乐的感悟。个体可以在生活当中运用从体育实践中习得的经验和行为方式以获得愉悦感。经过运动心理学方面的长期研究，学者认为，体育促进心理健康的作用可能是通过个体的认知评价来实现的。美国学者考克斯（Cox）在前人研究的基础上归纳总结，提出了认知行为假说的基本前提是身体活动可诱发积极的思维和情感，提高个体的控制感和自我效能感，以应付不良的刺激，这对消除人的抑郁、焦虑、苦闷等不良情绪具有积极的影响。[②]

---

① 吉登斯．现代性与自我认同．北京：生活·读书·新知三联书店，1998.

② 江宇．体育与人的心理健康．黑龙江高教研究，2004（9）．

2. 转移注意力假说

人在生活中的消极情绪会让人感到失落和沮丧，影响正常的社会生活秩序，而体育能为消极情绪提供一个很好的发泄口，个人可以在运动中进行情绪的纾解和调节。人们可以用通过运动产生的积极反应来消除不安和焦虑，使身体失衡状态逐渐消失。相关研究表明，当人们进行一些有氧运动时，比如说打太极拳、慢跑、游泳等，大脑会进入自由想象的状态。这种近似冥想的专注性动作可以放松神经，通过增强大脑前额皮质的活性来获得积极的能量。在一些对抗性、竞争性强的体育项目中，由于人的精神高度集中，情绪也能够得到有效调节。身体运动时的积极情绪体验是经常出现的，比如说“跑步者高潮”、“体育锻炼快感”、在比赛中得分时的感受等，在体育运动过程中产生的愉悦感可以增强人的幸福感，促进人的心理健康。

3. 社会交互假说

这一假说着重强调在体育运动的过程中，我们通常要和队友、对手、教练等角色进行互动，他们可以是同学、朋友、家人、老师，甚至是陌生人，交流和互动能够让人产生愉悦的感受。在我们生活的快节奏时代，生活方式变得多种多样，压力增大，紧张、枯燥的工作和学习时常需要调剂，所以能够找到一个良性的调节方式非常重要，而体育便为人的互动与交流提供了一个重要的平台。不同于工作中的合作或者上下级关系，体育运动中的人际关系往往更加单纯，没有复杂的社会交集，简单的运动互动往往能够让人放松心情。在合作性的体育项目中，成员之间往往能够因追求共同的目标而产生友谊和亲密情感。体育中人际互动的加强，有助于摆脱孤独感，增强自信心。体育为大众提供了广泛的交流空间，为参与者提供了交流的互动场域。人与人之间由于共同的爱好和兴趣进行平等的互动和交流，个体或群体之间产生团队合作、游戏对抗或者相互依存的关系，从而建立起属于自己的交互平台，通过交流加强互动中自我认知的能力，进而推进个体心智成熟的社会化及再社会化进程。

（二）体育对人的心智的影响

第一，体育有助于改善认知能力。认知能力，指人脑加工、储存和提取信息的能力，即人们对事物的构成、性能、与他物的关系、发展的动力、发展的方向以及基本规律的把握能力①。认知能力是个人心理品质的集中体现，工作和任务的顺利完成需要较强的认知能力。认知能力包括注意力、记忆力、判断力、想象力等元素，体育对认知能力可以起到强化的作用。我国学者张力为表示，体育锻炼的任务难度越大，对参与者的反应及其他认知能力的影响越明显；刘皓对太极类锻炼方式对老年人的认知能力的影响进行了横向和纵向研究，结果显示，长期进行太极类（太极剑、太极拳）锻炼有助于减缓老年人认知能力的衰退，有效改善认知障碍②。

---

① 李洋，邓浩．试论体育锻炼对心理健康的积极影响．辽宁体育科技，2000（2）．

② 同①.

体育锻炼可以有效地提高自我认知能力，使人在面对困难和挑战时产生积极的行为模式，克服恐惧、焦虑、紧张等消极情绪，及时处理应对。特别是有氧运动已经成为辅助治疗焦虑、抑郁症的有效手段。

第二，体育对个性的塑造具有重要作用。人的个性是由先天因素和后天因素共同决定的。先天因素往往是人们所不能改变和掌控的，而后天因素是人们能够通过努力改变的，具有不确定性，所以说个性是可塑的。个体对于自我的认知随时间发生变化，人的个性也就会发生转移。比如说，突如其来的意外事故会导致消沉，经过艰苦奋斗和拼搏得来的成果会让人感到满足。体育就是一种后天塑造个性的方式，人的个性在体育锻炼中能够得到有效塑造，带来积极的心理效应。这也体现了体育与心理健康之间的重要联系以及体育的人文关怀和主体性。

第三，体育有助于情绪的调节。现代生活具有较大的压力，大多数人都曾体验过工作、学习、婚姻、住房等因素导致的情绪低迷。体育能够缓解焦虑、改善心理健康状况。运动促使身体释放多巴胺以提高身体的兴奋性与愉悦感，从而缓解紧张和心理压力，疏散和消除负面情绪，提升身体的幸福感受。经常参加体育运动的个体往往精力充沛，信心十足，善于把控情绪，心态积极稳定。心态积极稳定代表着性格和谐，而和谐的性格又有利于人们融入社会、适应社会，从而完成社会赋予的角色要求，完成社会化。

第四，体育能够磨砺坚强的意志。人的意志力和肌肉一样，既能够被消耗也能够被锻炼。在从事体育运动的过程中，人们不可避免地会受到对手、自身、环境的挑战和阻碍，会产生害怕、疲惫、挫败等情绪。只有在不断克服困难的过程中，人的意志力才能得到磨砺，从而达到锻炼的目的。在体育锻炼中，人们能逐步培养吃苦耐劳、迎难而上、坚持不懈的品质。如人们在进行体育运动的过程中经常会经历呼吸不畅、肌肉乏力等极限时刻，此时人们必须不断超越自我，忍耐身体和精神上的不适，久而久之就养成了在困难面前不退缩的品质。在进行有一定危险性的活动时，运动者需要克服对腾空、失控、摔倒等的恐惧，需要坦然地接受困难和挑战，积极地应对和化解困难。

第五，体育能够增强人的自信心。自信心是个体对自身的积极评价。自信心的重要来源便是后天的锤炼。在进行体育运动的过程中，我们可以感受到身体的动作，在移动、平衡中获得一种力量感和掌控感，并在短时间内感受到成功的愉悦体验。试想一个场景，当你置身于足球赛场和对手进行比赛时，你需要不断地奔跑、急停和转换方向以摆脱防守你的人，通过你娴熟的动作技巧和强劲的运动能力来获得有效的传球或射门机会，从而感受到成功的喜悦，建立起充分的自信心。在日常生活中，有一些人做事总是谨小慎微，犹豫不决，缺乏自信心和必胜的信念，他们就需要选择适合自己的体育项目，坚持不懈地在运动中发现自己的优势，以获得自我认同感，克服自卑心理。

第六，体育对人们平衡自我效能和自尊的能力有一定的影响。所谓自我效能，即个体对自身能力的判断，它不等同于自我价值的一般性感受，而是个体对获得成功的坚定信念。提出“自我效能”概念的学者班杜拉（Albert Bandura）认为，自我效能和自尊不尽相同。个体如果对自我效能的判断过高，就会给自己设置过高的目标，而实现不了目标往往会打击其自尊。在这种情况下，就涉及自我认知能力的问题。有些人的自我认知能力较强，可以更好地平衡自我效能与自尊，根据自己的实际能力设置合理的计划和目标。而自我认知能力较弱的人则恰恰相反，会产生不自信的负面影响。每个人都是复杂的个体，因此在体育运动中要充分地锻炼和发展自我，以有效的自我认知为基础来增强个人的自信。体育运动过程就是一次次平衡心理预期目标和结果的过程，能够对客观情况有较为准确的把握，得到关于自身的经验。自我评价以及自我期待并不是越高越好，而是要符合客观实际，加强对自身的了解。在面临困境的时候，自我效能比较强的人能够充分发挥主观能动性，勇于进取，更加乐观、坚强地面对问题，从而提高成功的可能性。

三、社会适应的功能

社会适应是指个体调整、改变自己的观念、态度、习惯、行为以适应自己所处的社会或社会环境，并且能够满足社会的条件和要求——实质上也就是从自然的人走向社会化的人的过程。有学者将社交能力、社交风度、宽容性作为测量个人社会适应性的三大维度①。

体育活动推动个体的发展进步，人生活在社会中，社会性是人的本质属性②。人与所处的社会环境的关系和互动在很大程度上决定着个体的自我发展情况。人有许多欲求，个体对生存、安全、学业、事业等不同方向的追求对社会进步来说是一种助推力量，但要实现这些追求，就必须依赖社会力量。特别是在政治和经济全球化进程不断加快、软环境大变迁的今天，社会对个人的社会适应能力的要求不断提高。体育作为社会良性运行必不可少的一部分，对个体的身心健康和成长都有着不可忽视的作用。特别是在学校生活中，体育作为综合素质教育的重要组成部分，既促进了学生的社会交往，又增强了学生的社会适应能力。

（一）体育促进个体的社会互动

每个社会人都承担着不同的社会角色，并要学习运用与之相适应的一整套权利、义务的规范和行为模式。角色的特征和行为规范制约着个体的行为，人在不同社会场景下扮演不同的社会角色。一个成年男性，在父母面前是儿子角色的承担者，在妻子面前需要扮演丈夫的角色，在孩子面前，他是一位慈祥或严厉的父亲。但无论是哪种角色都不是孤立的，都存在于特定的社会群体和社会网络中。

在体育中，社会互动大致可分为群体与群体、个体与个体之间的合作和对抗两

---

① 李树旺．体育与大学生“社会适应能力”的实证研究．体育与科学，2009，30（6）．

② 叶新东，陈卫东，许亚锋．未来课堂研究的转变：社会性回归和人的回归．远程教育杂志，2012，30（3）．

种类型：合作型包括成员对队伍规则和队伍建设的适应、成员之间的模仿与互助、成员之间的同化等方式和过程，它表现得更多的是人与人、群体与群体之间的相互容纳；对抗型包括竞赛、评比中的竞争、冲突等方式和过程，它表现为对抗双方的相互妨碍①。

体育项目有很多类型，每项活动都是一个舞台，在场的所有成员都要参与表演。每种项目里又有许多不同的角色与分工，大家通过协商确定每个成员的角色，并对成员的角色表现予以要求和说明。在此基础上，成员可以根据个人经验和理解进行角色建构。

体育为人们营造出不同于日常生活的、相对独立的、全新的互动情境，满足了个体情感、工具方面的需要。例如，在日常体育活动中，每个人都是这项活动的平等的参与者，都需要不断地练习来提高个人的运动技能、水平，以满足更高的要求；在比赛中，一个团队中的所有成员将彼此联系在一起，协同合作、命运与共，要求实现更高的整体水准以增加比赛的胜算。在一次次训练和比赛中，成员收获了友谊，对团队的归属感增强，体育活动为个体提供了情感支持；团队或个体取得好成绩也满足了个体的工具性需要。

（二）体育帮助实现个体的社会化与再社会化

社会化是指个体在与社会的互动过程中逐渐形成的独特的价值理念、行为习惯等，塑造其独有的个性和人格特征，从生物人转变成社会人②。在体育活动中，个体通过对不同于日常生活的角色进行扮演，逐渐习得和内化比赛规则、赛场秩序、运动规范及运动中的道德规范。这使得个体在比赛、训练中更加得心应手，体育中的文化得以传承和延续，各类体育活动的组织结构，如比赛人数、竞赛规程、评分原则等得以维持和发展，参与体育活动的个体的人格得以健全和完善。

体育作为健康的休闲生活方式之一，有益于提高个体的综合素质。长期参与体育活动有利于个体改善不良生活方式，养成良好的生活行为习惯，在忙碌的生活之余开辟一个全新的生活空间，并且调整生活节奏，调整自我状态，更好地适应社会生活。

体育作为人际互动的重要场所，可以丰富个体的社会资源。无论是与教练、队友还是与竞争者的相处互动，都有利于锻炼参与者与人合作和交往的能力——参与者需要不断学习如何与其他个体和谐相处；同时，在参与体育活动时结交朋友，无形中扩大了个体的社会网络，丰富了个体的信息、人力等资源。

特别值得一提的是，有些人还存在儿童时期在原生家庭中社会化不完全的部分，换言之，存在与当下所处的社会环境不相符的价值理念和行为方式，可以通过体育活动进行进一步的完善和规范，即再社会化。

---

① 万力勇，赵呈领，廖伟伟，等．基于QQ群的网络学习共同体社会互动研究．电化教育研究，2012，33（9）．

② 风笑天．社会研究方法．5版．北京：中国人民大学出版社，2018．

第二节 体育与个体发展

早在 19 世纪，英国学者斯宾塞就从社会学视角提出教育是为完满生活做准备，体育作为教育的一部分，还起到培养健全的人的作用。社会冲突论的支持者齐美尔也曾以体育竞赛分析人的社会化，并将其视为冲突中的一个因素。[①] 从 20 世纪初，美国和欧洲的社会学家就开始关注和分析社会发展的微观过程。他们认为个体的行为和互动构成了完整的社会结构。“互动论”就强调了人际互动的基本过程。哈佛学者詹姆斯（William James）首先提出“自我”概念，“自我”的类型包括“物质自我”“社会自我”和“精神自我”，指的是人类存在、互动交往和认知能力[②]。而库利修正了“自我”概念，认为个体是通过他人的评价标准来衡量自身的，即著名的“镜中我”理论。美国实用主义学派的代表人物杜威（John Dewey）则强调个体在适应环境过程中的调适过程，人们在试图掌握和改造环境的过程中，形成独特的人格，心智逐渐走向成熟。哲学家米德将以上相关理论进行整合，将人类心智、社会自我、社会结构融合于社会互动之中。[③] 米德强调：“角色领会的直接后果是个体能够完全预演自己的反应，从而实现自我控制。协作过程中个体行为的控制可以发生在个体自身的活动中，只要个体能体会和理解他人的角色。通过理解他人的角色来实现对自身反应的控制，使人们认识到在群体中，交流的价值因行为组织化而得以实现。”[④] 最后，特纳发展了米德的角色领会的概念，指出在社会互动中，每个人都在扮演角色并领会角色的实际意义，在交流中理解彼此的行动、预期彼此的行为和调适彼此的反应。

体育能促进个体人格的发展，弗洛伊德（S. Freud）和埃里克森（E. H. Erikson）是人格发展理论的代表性人物。弗洛伊德认为人格发展分为本我、自我和超我三个部分。本我是人与生俱来的自然本能和冲动，超我是按照社会的规范和要求所规训的个体，而自我则是介于本我与超我之间的平衡状态。社会化就是个体从自我向超我发展的动态过程，这期间自我进行有效的调节和协调。维持三者的平衡状态对健康人格的发展至关重要。弗洛伊德的人格发展理论更加强调人的生物因素和情感力量，认为人格发展在儿童早期已经基本定型。埃里克森则认为弗洛伊德过于强调个体生物性的特点而忽视了社会文化因素对人格发展的作用，强调应该将生物本能与社会环境相结合，充分考虑到社会因素与人格发展的关系，并且认为自我意识的发展是个体一生的社会化过程。

体育是社会文化的一部分，是发展人的自然属性的身体活动，以增强体质、促

① 卢元镇．体育社会学．3 版．北京：高等教育出版社，2010.

② JAMES W. The principles of psychology. New York：Henry Holt，1890：292－299.

③ 特纳．社会学理论的结构：第 7 版．北京：华夏出版社，2006：327.

④ MEAD G H. Mind，self，and society. Chicago：University of Chicago Press，2015：254.

进健康、完善人格为目标。从教育的观点来看，《美国韦氏大辞典》将体育定义为：体育是整个教育的一个方面，它采用运动活动和有关经验，从心理上、体力上、道德上、精神上和社会上使个体充分发展，使他成为国家和世界的一个有用的公民。[①] 日本学者阿部忍认为："体育是以身体活动为媒介，同时培养健康的身体和良好的社会性格的一种教育。"[②] 联合国教科文组织阐释，体育为社会培养合格的人，使其具备的生存能力、意志力和掌握的生活方式与社会的要求相契合。就社会来说，体育运动能丰富社会交往和培养公正的精神，这种精神不但对运动本身有必要，对社会也是必要的。[③] 所以说，体育是培养适应社会需求的成员的重要手段。体育可以满足社会系统的需要，促进个人成长并保持组织层次上的社会秩序，对个人和社会都是一种激励。因此，本节从体育对个体成长的影响、体育互动行为中的身份认同，以及体育角色体验中的定位与分工等方面来阐述体育对个体成长发展的重要作用。

一、体育运动促进个体成长

个体在特定的社会文化环境中，学习和掌握知识、技能、语言、规范、价值观等社会行为方式和人格特征，适应社会并积极作用于社会、创造新文化。通过社会化，个体学习社会中的标准、规范、价值和所期望的行为。个体的社会化是一种持续终生的经验。体育不仅是把作为生物个体的婴儿变成社会人的基本途径，也是一个内化社会价值标准、学习角色技能、适应社会生活的途径。[④]

社会是由个体组成的，个体的发展和参与是社会运行和发展的基础。体育活动作为一项广泛存在的社会现象，在促成个体的社会适应、社会融入等方面都起到关键的作用。

个体的发展是一个伴随人一生的、永不止息的过程，美国心理学家埃里克森提出了个体发展的八阶段理论。埃里克森认为，社会文化对人格发展的影响会贯穿人的一生。人在每个成长阶段都会遇到一定的心理问题，都会对客观环境所提出的社会要求做出反应。如果个人能很好地解决这些问题，其心理和行为就会产生积极的反应。如果问题不能得到有效解决，就会导致认同危机，阻碍以后的社会化过程。根据个体在不同阶段的心理反应，因体育运动——不管是专业的还是业余的，团体的还是个人的——而产生的文化，都是特定社会文化的组成部分。个体发展的八个阶段，同样可以通过对体育文化的引入得到解释。

第一个阶段是婴儿时期，也就是 0～1 岁。如果婴儿能够得到父母或亲人的精心照顾，其需求就会得到满足，其就会对周围环境产生信任感；反之，会对环境和

---

① 鲁长芬，陈琦．从当代体育价值观的转变透视体育本质．体育文化导刊，2006（6）．

② 任兵，刘彤伟，王正树．对体育本质的再认识．体育学刊，2000（3）．

③ 熊斗寅．什么是体育．体育文史，1996（5）．

④ 李树旺．西方社会学对体育与社会化研究的理论综述．体育文化导刊，2007（6）．

他人产生不信任感，会造成对今后不同阶段的社会化进程的不良影响。

婴儿出生后的运动能力表现逐渐活跃，从局部四肢的活动到整体的身体动作。如果扶着婴儿站在床上，那么他会有意识地摆动自己的双腿，希望能够走动。让婴儿俯卧在床上，他会尽力抬头。如果用物体抵住他的双脚，那么他还会做出蹬爬的动作。新生婴儿的活动如抓物、翻身等多半属于原始反射。这种运动能力大概在三个月后逐渐消失。随着月龄的增长，婴儿抬头、爬行、站立等能力得到增强。国内外大量的研究表明，婴儿的运动能力尤其是双手的精细动作与婴儿大脑的发育有密切关系。婴儿年龄越小，这种关系越密切，所以说婴儿的双手有开发大脑的神奇功能。对婴儿进行运动能力训练，不仅仅能增强婴儿的身体素质，更重要的是能促进婴儿的大脑、智能和自我意识能力的发展。

第二个阶段是幼儿时期，也就是 2～3 岁。幼儿开始学习自主地控制肢体活动，用感官感受和熟悉周围的环境。家长要多鼓励幼儿的自主性活动，过多的指导、责怪或限制会使幼儿产生羞耻感，并对自身的能力和周围的环境产生疑虑，不利于青年期建立独立自主的个性。①

加利福尼亚大学伯克利分校关于运动动作发展的一系列研究表明，幼儿成长需要的是“身体动作”，他们喜欢通过身体动作的练习来提升运动动作的技巧和肢体活动的整体性协调。那么，幼儿的运动课程其实就是“动作课程”，在重复性的动作练习中提高准确性，以达到身体活动的目的。

第三个阶段是学前时期，也就是 4～5 岁。这时的儿童具备了一定的语言能力并且能够从事简单的游戏活动，开始有主动与他人交谈和参与游戏的冲动。父母如果对儿童主动的要求不予理睬或管束太多，或取笑、惩罚儿童的一些带有创造性甚至有点荒诞的做法，就可能使儿童产生内疚感，影响儿童的想象力和创造力的发展。②

教育家曾提出学前运动不应局限于体育锻炼，各种带有身体活动性质的任务都可以发展学前儿童的身体和智力。它们大致包括戏剧型、工业型、娱乐型。所谓戏剧型是指音乐剧、舞蹈、形体表演等运用身体来表达情绪的形式。工业型一般指需要精细动作的活动，比如木工、雕刻、组装、修理加工等。娱乐型则包含了体育竞赛、游戏、户外探险、拓展训练等。在儿童动作发展的过程中，个体差异性区别很大，个体发展有早晚和快慢之分。但是，动作的多变化、重复和练习能为儿童提供活动经验的联结和巩固，使他们在某个时刻能够有效地发挥自己的身体潜能，进而激发积极的学习动机。

第四个阶段是学龄时期，也就是 6～11 岁。在这一时期，儿童对周围事物的用途和构造充满好奇心，乐于使用工具进行操作活动。这时成年人应鼓励儿童积极动脑，并努力完成自己喜爱的活动，从而培养儿童完成工作的勤奋精神。不理解或压

---

① 郑杭生．社会学概论新修．5 版．北京：中国人民大学出版社，2019.

② 同①.

制儿童的想象力和创造性活动会造成儿童的自卑感。[①]

学龄时期儿童的身体协调性在不断地增强，身体运动能力和运动技能也不断得到提升。随着运动记忆力的发展，他们将视觉、听觉信息转化为本体运动的能力也会增强。运动不仅促进了儿童骨骼、肌肉的生长，也加强了儿童体能的发展。同时，儿童个体对社会的适应能力及与人互动的能力得到加强，开始适应集体的社会生活方式，具有团体归属意识，学会提高学习和做事效率，并逐渐养成良好的习惯。与学前时期儿童相比，学龄时期儿童对运动技能的视觉感应、模仿能力，以及大脑的信息加工能力都大幅度提升，身体及四肢的协调性更加突出，对精细化动作的反应更快、准确性更高。

第五个阶段是青少年期。青少年处于青春期年龄段，特别敏感，善于观察和模仿，注意体会和认知不同的社会角色，并尝试着模仿和扮演角色，实现角色的自我认同。如果个人在这一时期缺乏主动和自信，就会影响其社会互动和交往，他在以后的社会活动中将不能正确地理解各种社会角色的意义，从而在社会生活中出现角色混淆的现象。

青少年期是个体身体、心理和社会适应能力发展的重要阶段。体育运动能够保障身体发育的完善，对促进骨骼、肌肉生长，增强体质起到决定性的作用。同时，通过体育运动，个人能够体形健美、精力充沛，能够把控自己的学习和生活状态，在内心获得一定的满足感，对待生活中的各种事情时变得更加积极和主动，自信心增强。特别是在团体竞技运动中的不同位置的角色能够培养青少年的合作精神和抗挫能力，在运动和团队项目的攻防位置上扮演好自己的角色，承担好自己的职责，履行好自己的义务。所以说，运动中的角色体验加速了个体的社会化发展。

第六个阶段是青年或成年早期。这一阶段的个体将经历求爱和建立家庭等活动。这些活动需要个人学会和异性交往，并具有建立亲密关系的能力。这些活动的失败会使个体陷入难以自拔的孤独感。

体育在个体发展的各个阶段都有不可替代的意义。在青年或成年早期，个体面对的是处理亲密与孤独感的问题，顺利地建立亲密关系有利于个体摆脱孤独感，顺利地进入下一个人生阶段。体育是开放性的，它为社会中的青年男女提供了更多的互动和交流机会。无论什么类型的体育活动都会有大量的人参与，特别是青年群体在体育交流的平台上可以充分展示自我，加强交流与合作。社会新闻报道中有很多年轻人因体育运动而结缘的例子，共同的体育爱好和对体育内涵的领悟是人们建立感情的基础。年轻人在室内健身、户外竞赛场地以及奥运会赛场上遇到人生伴侣，在运动场地求婚成功的例子不胜枚举。

第七个阶段是中年期或成年期。由于个人的社会成就已相对达到顶峰，自己的子女也已逐渐长大，因此个人增加了对他人特别是对下一代人的关心。那些因为各种原因没有形成对后代关心的个人，则会沉溺于对自我、自己的事业和生活的关注

---

① 郑杭生．社会学概论新修．5版．北京：中国人民大学出版社，2019.

之中。

中年期正是年富力强的时期，要承担更多的责任。除了关心自身的事业外，还要关心大家庭和下一代的成长。家庭与社会赋予的双重责任给中年人更大的精神负担，因为身体的健康状态直接影响到个体的生存质量，所以好的生活习惯是中年人实现自我价值的基础保障。其中，体育运动是健康生命的自我维护，好的运动习惯能给中年人提供充沛的精力去学习和工作，使其既有能力关注家庭和孩子的成长，也有余力享受休闲生活，并能积极应对各种困难，处理好事业和家庭的冲突。

第八个阶段是成熟期或老年期。这是人生的最后阶段，在这个阶段个体会经常回忆和总结自己一生的活动。在老年期，个体面临的矛盾是完善与绝望的矛盾，如果无法对自己的一生做出满意的解释，个体就可能会陷入绝望的情绪之中。

老年人的体育运动习惯对个体的健康发展至关重要，经常参加各种体育运动的老年人乐观向上，精神矍铄，能够保持良好的心态。体育运动对老年慢性病的预防和治疗也能起到积极的作用。特别是当今的公园、广场文化使更多的老年人走出户外，与兴趣相同的人结成不同的体育健身群体，进行常规、有效的身体锻炼和情感沟通，使团体归属感增强，生活变得更加有意义，忘却过去的烦恼，开始崭新的生活。所以说，体育不仅丰富了老年人的文化生活，强健了他们的体魄，使他们重新找回自信积极面对生活，同时也减轻了家庭和社会负担，为构建和谐、美丽和健康中国做出应有的贡献。

二、体育互动行为中的身份认同

身份的英语单词来源于拉丁语“idem”，后发展为“identity”，认同的英语单词是“identify”。身份认同在不同学科和领域的定义和共识有所不同。心理学认为，身份认同的达成就是实现心理的完整、统一，强调的是人格、心理品质的确定性、统一性和稳定性。弗洛伊德说，认同是个体或群体在感情和心理上趋同的过程。[①] 社会学强调身份认同是对属于某一特定群体的身份的认同和归属感——明确自己为群体中的一分子及角色和地位，并能够明确表现出该角色期待的行为。需要说明的是：角色往往来自个体外部的期待，个体自愿或不自愿、自觉或不自觉地承担并扮演该角色；而身份认同多数来自个体内部，个体有一套与之对应的完整的价值观和行为体系。

（一）常见的身份认同困境

加拿大哲学家泰勒说：“知道我是谁，就是知道我站在何处。我的认同是由提供框架或视界的承诺和身份规定的，在这种框架和视界内我能够尝试在不同情况下

① 张淑华，李海莹，刘芳．身份认同研究综述．心理研究，2012，5（1）．

决定什么是好的或有价值的，或者什么应当做，或者我应赞同还是反对。”①

身份认同是一种复杂的社会心理现象，随着个体所处环境的变迁，贯穿其一生。正确的身份认同会帮助个体建立良好的世界观、人生观、价值观，提高个体的社会适应能力，有利于个体的身心健康。如何判断个体的身份认同正确与否呢？人生活在社会中，随着社会环境的变化，个体的身份认同或多或少会有变化。在传统社会中，人的身份认同是相对固定的，既坚实又稳定；而在现代社会中，身份认同变得颇为动态、多重化、个人化和具有自我反省的性质，同时还受到变异和革新因素的影响。②

那么，自我的身份认同准确与否该如何感知呢？个体需要进行“自我审视”与“外部审视”，即“我的行为方式和我的身份是否一致？我的行动是否是我内心想法的表达？”“这个群体/社会是否容纳我、允许我存在？群体对我的存在是否表示肯定？”等。所以，并没有一套可量化的标准作为判断个体自我身份认同的依据，更多的是个体内心的自我体验。

人们在忙碌的生活中，常常需要“身兼数职”，在工作、生活、学习、家庭等场所多次转换角色，容易出现焦虑、抑郁等心理问题。很多时候，以焦虑、抑郁为代表的常见心理问题的出现其实是因为我们在身份认同上陷入了困境、出现了危机。著名歌星贾斯汀·比伯在某一时期出现抑郁的心理行为表征，引起舆论一片哗然，后来他的经纪人将他这种状况解释为在一夜成名之后，他出现了不适应、陷入了身份认同困境。显而易见，合理的身份认同需要一个个体可以适应的环境，换言之，在陷入身份认同困境后，需要一系列事件来刺激和影响个体重新建构一个合适的身份。

（二）体育促进个体的身份认同

1. 体育帮助个体更好地完成身份认同

身份认同在个体身上常常以心理现象表现出来，当身份认同遭遇困境或危机时，个体便会出现各种心理问题（但并不是说所有的心理问题都是由身份认同困境导致的）。社会组织可以运用适当的体育活动帮助个体缓解压力，个体也应该主动采取积极的运动休闲方式，参与集体活动，在互动中收获安全感和归属感，帮助自己逐步建构可与当下环境和自身相匹配的身份认同，使生活步入正轨，减少身份认同危机带来的不利影响。

体育可以帮助个体明确身份。在体育活动特别是团体比赛中，每个人的身份都通过对竞赛规则的学习和日常训练时的各司其职变得更为明确。例如，在足球比赛中，规则会反复强调守门员、前锋和后卫所处的位置，通过训练和比赛，球员们对

---

① 泰勒．自我的根源：现代认同的形成．南京：译林出版社，2008：32-37.

② 凯尔纳．媒体文化：介于现代与后现代之间的文化研究、认同性与政治．北京：商务印书馆，2013：441-442.

自己的职责更为明确，可以在赛场上有更好的发挥，从而加快个体对自我身份的明确。

体育也可以帮助个体融入身份，即个体内在对该身份的认同并学习其行为规范。在参与不同的体育活动的过程中，个体在不同群体中的感受也有所不同。他们内心会产生对特定群体的归属感即把自己划分在内，同时通过反复的参与练习，根据个人理解和实际经验创造出一套与该身份相对应的完整的价值观和行为体系。

体育可以帮助个体反复确认身份，以防出现身份混乱和认同危机。对某一身份产生内在认同并不等于身份认同或身份建构彻底完成。在初期产生不稳定的认同后，一旦遭遇挫折或失败，就很可能在短时间内又产生混乱、不安等感受，从而陷入身份认同困境。此时，就需要在常规体育活动的参与行为中帮助个体对其原有身份进行反复确认，使其进一步走出困境，防止身份认同危机的发生。

2. 体育帮助个体走出身份认同困境

在生活中“身兼数职”的人很容易出现身份认同危机，但危机出现后我们该如何有效应对呢？有研究表明，体育活动可以缓解生活压力带来的焦虑和紧张。体育活动作为排解压力的有效手段，在缓解身份认同困境初期的作用不容忽视。首先我们要明确，人的身份随着年龄的增长、生命事件的发生和所处环境的变迁一定会发生变化，此时我们需要辨认我们的身份认同危机是来自对自我的不自信还是对所属群体的集体自尊感降低。

社会学者郭星华与邢朝国提出了“社会认同内在二维性”的概念，指出认同来源于个体对社会群体本身的认知与评价，以及对自身与社会群体关系的认知与评价。二者的交叉关系将社会认同分为三类：积极性的社会认同（在个体对社会群体本身的认知与评价以及对自身与社会群体关系的认知与评价都高时出现，其余两种情况以此类推）、矛盾性的社会认同和消极性的社会认同。有研究从群体偏好视角对社会认同内在二维性理论做了补充，指出个体会自觉地将自己所在群体与其他群体进行比较，从而产生高或低的集体自尊，进而带来积极或消极的社会身份认同。

总而言之，人们会根据社会比较的结果进行自我归类，当无法进行自我归类或自我归类失败时，挫败感、抑郁感、焦虑感便极易产生。体育作为重要的社会文化活动，同样也是积极健康的生活方式，可以为个体创造新的社会互动情境。个体在活动中更多地运用非语言沟通的方式进行互动，有机会产生全新的、更为亲密的人际空间，在扮演的角色被接受、肯定后建立信心，重塑角色，脱离身份认同困境，加快新的身份建构和形成的步伐。比如，很多有在学校运动队训练的经历的学生在进入社会后，社会适应能力更强，精力更加充沛，更容易在各自的岗位上取得不俗的社会成就。

三、体育角色体验中的定位与分工

社会化是维持整个社会系统良性运行和协调发展的基础。个体的社会化过程就是自我终生学习的过程，其间通过对不同角色的学习和体会，明确自己在社会群体和社会机构中的地位，正确履行自己的责任和义务，以期符合社会对角色规范的期待，促进整个社会机构的协调发展。

美国社会学家乔治·米德是符号互动论的代表人物之一，他创立的角色扮演理论表明了"主我""客我"相互建构，逐步形成完善自我的过程："社会化是人们终生的社会相互作用的过程，通过这一过程，人们获得了个性，并且学会了他们所在社会的生活方式。"[①]

体育场域就是一个小社会。而体育活动本身亦如此，其中尤以集体项目最具代表性。在任何一个社会群体中，都需要明确各个成员的身份和定位，规定各个成员的职责和任务。在团队中，对完成一项特定的任务或维持稳定的运转来说，成员的定位和分工显得至关重要。体育比赛中成员的定位和分工更加明确，职责和任务更加清晰。这种定位和分工主要体现在两个维度上：一是主次定位，这主要取决于团队中参与比赛的运动员的个人技术能力；二是角色定位，这主要取决于团队中参与比赛的运动员的位置和职责。从社会学的角度来说，前者类似于社会地位（status），后者类似于社会角色（role）。正如拉尔夫·林顿（Ralph Linton）所言："一个人占有的是地位，而扮演的是角色。"地位与角色两者之间存在一定的联系，但又有所差别。以下我们分别来谈。

（一）角色扮演中的地位

社会地位，指某一社会个体或群体在整个社会结构系统中所处的位置。体育的社会分工指的是体育的组织者、管理者、领队、教练员、裁判员、运动员、后勤服务人员等分别承担不同性质的工作，他们具有不同的社会职能。而体育比赛中的主次位置，是根据不同体育项目竞赛团队的内部分工及成员在集体竞赛中的地位来决定的。比赛成员的地位主要是指运动员在竞技比赛中所处位置的重要性。这种位置一般由运动员的专业技术能力和个人影响力决定。

一般来说，在人数较多的集体竞技中，运动员的地位按照主次顺序大致可以分为以下几类：核心队员、主力队员、半主力队员、轮换队员、边缘队员等。层次地位较高的运动员有时还会被赋予一些其他职责，如竞技队伍的队长、副队长等，从而在队伍的日常训练和比赛中需承担更多的责任。个体通过对在体育竞技团队中所属地位的模拟体验，来感受对自我的评价和认知，这有助于个体理解和领悟日常生活中处于不同社会地位的群体的想法和立场，促使个体在不同的群体和场域中完成角色转换。

以篮球为例。在比赛中，一般而言，得分能力最强的球员是球队的进攻主力，他在球队中就处于重要地位；他会比其他队员拥有更多的进攻机会，教练员也往往会针对他的位置布置战术，将关键球交给他来执行。主力队员除了具有较强的个人

---

① 罗伯逊．现代西方社会学．郑州：河南人民出版社，1988：177.

能力以外，还具备出色的决断力和执行力。在球队中具有这样的身份的人，就像在任何一个群体中专业技能最强的人一样，往往会在团队工作中执行难度最大、技术含量最高、最为重要的任务。队长作为球队的核心队员，在球队中不仅具有很强的技术能力，还具备出色的引领、协调与沟通能力，能带领大家团结一致，为了共同的目标齐头并进。在一般情况下，队长往往由资历深、技术强、经验丰富的队员来担任。就如社会普通群体中的任务发起者或牵头人，他们既是任务的引导者，又是团队的精神领袖。需要强调的是，这种负责人或带头人与团队的其他成员之间并不是上下级、管理与被管理的关系，而是一种同级之间的统筹和信任关系。其他一些层次的球员，每个人都会根据自身的技术特点，担负起各自的职责。球队可能不需要他们具有突出或全面的掌控能力，但需要他们在某一位置体现其价值。球队可能不需要他们去做更多的进攻尝试，但需要他们做好防守、掩护和策应，把握全队的得分机会，为球队的核心、主力球员提供有力的帮助和支持，并在必要的时候挺身而出，牺牲自我，为团队的最终胜利做出贡献。在球队中具有这样的身份的人，就像在任何一个群体中，除那些核心、主要人员之外的所有参与工作的成员。虽然他们在岗位上可能默默无闻，但他们是不可或缺的。虽然他们可能缺乏创造力，没有很强的个人能力，但他们可以处理团队中最基础、最琐碎的事情。他们是一个团队中的普通工作者，在自己的岗位上踏实工作，为整个团队做出应有的贡献，为整体工作的顺利进行提供有效的保障。

（二）角色扮演中的角色

社会角色，是指个人在群体或社会机构中的地位及与其地位身份相符的一整套权利、义务的规范与行为方式。它是人们对这一特定地位身份的人的行为期望，构成社会群体或组织的基础。

体育中的角色定位，是指在不同的竞技项目中，个体在不同的比赛场域因位置不同而发挥不同的功能，承担不同的责任。类似地，在任何一个社会群体中，不同的人会因为其所具有的技能，而被赋予不同的工作和职责。他们需要分工合作，才能出色地完成任务。在体育竞赛中，不同位置角色的承担是对社会生活中的角色的模拟和体验。在体育活动中，我们可以体验不同的角色，通过角色定位，模拟承担不同的职责和义务。这些不同的位置会对个体的某些能力提出具体的要求，参与者在扮演这些角色的体验过程中，提升了综合素养和全面的能力。

下面我们以竞技体育队伍比赛时的攻防位置，来对角色的职责要求进行具体分析。在足球比赛中，后卫（back）的主要任务是通过抢断、拦截等方式，阻止、破坏、干扰对方的进攻。他们需要和对方队员进行身体对抗，果断地处理紧急情况，并且不畏惧用身体去封堵对方的射门路线；他们还需要谨慎地观察场上的情况，避免冒失地行动而犯规或失去防守位置，让对手获得得分良机；他们需要更强的责任感，对于自己防守区域的险情，要尽全力去化解，尽量不给本方守门员或其他后防队员制造麻烦。在美式橄榄球比赛中，四分卫（quarterback）是进攻组的核心。他处于进攻阵型的中央，通常是进攻的指挥官和领袖，球队的大部分进攻由他发动；他需要具备出色的大局观以观察比赛，寻找最好的进攻机会；他需要灵活的应变能力，根据场上形势及时做出战术调整；他需要精准的投掷技巧，以便能躲避防守，按照期望和路线设计将球传到需要的地方。

在有些体育项目中，一些队员会被规则赋予特殊权利，如球类项目中的守门员（goalkeeper）、排球的自由人（libero）等。在足球比赛中，守门员被要求穿着颜色有别于其他场上队员的服装。他被允许在本方罚球区内用手或手臂触球，受伤时也被允许在场内接受治疗。守门员在比赛中拥有一系列特权，是因为他具有特殊的角色定位，承担着比其他位置的队员更重要的防守任务，因此在技能上，也会进行与其他队员显著不同的日常训练。类似地，在某些群体中，会有部分个体因为工作职能的需要而被赋予某些特权，承担特殊的角色。而特权身份是有限制的，不能肆意妄为，目的是更好地为团队服务。通过足球比赛中的守门员我们可以认识到，拥有一些特权绝不意味着具有优越感，因为这些特权是为了匹配工作需要而赋予个人的。拥有特权就意味着需要承担更多的责任，并合理地利用这些特权为团队做出贡献。例如，警车、救护车、消防车等在执勤时可以鸣笛让其他车辆让行，甚至可以无视交通标识和交通信号等，都是为了更好、更及时地为人民服务。他们拥有特权，是因为他们承担了更为重要的使命。但这种特权是有限的，在足球比赛中，守门员的特权区域仅限于本方球门区，当离开本方球门区，他便和其他队员没有差别了。类似地，在一般状态下，上文提到的特殊车辆的驾驶员同样需要严格地遵守交通规则，与驾驶其他车辆无异。所以，角色特权是相对的，在体育比赛和社会生活中都如此。

在社会学中，角色和地位具有一致性，即角色是地位的外在表现。而很多时候，体育中的角色地位与主次地位也同样关系密切。例如在冰壶比赛中，四垒作为主力队员，在队伍中具有核心地位。他负责每局比赛整体的指挥，以及本队最后两只壶的投掷。他需要具有优秀的大局观、出色的“读冰”能力，需要精通各种战术、分析场上形势，需要强大的抗压能力和投壶技巧。四垒也因其全面而强大的能力，获得场上领导者的角色定位，负责组织指挥比赛，在竞赛的主次定位中也占据主要位置。

体育比赛，除了运动员参与外，还有其他人以不同的方式参与其中。他们既包括教练员、裁判员、比赛官员、场地工作人员等，也包括观赏比赛的观众。他们也在各自的位置上，履行着自己的职责。他们和运动员一起，共同构成了体育比赛的社会成员。比如教练员需要具有充分的理论知识、出色的管理能力、敏锐的观察力、优秀的大局观和快速的应变能力。对于球队来说，他们是老师、管理者和指挥官。裁判员和比赛官员则需要具备过硬的心理素质和优秀的身体素质，负责维持比赛秩序，保障赛事的公正公平。他们既是执法者、管理者，也是赛事服务者。所有这些角色，都是体育的一部分。通过这些比赛内外的角色体验，个体同样可以收获在社会生活的其他活动和场合中有用的经验和技能。

拓展阅读

体育对个体成长的作用

美国的许多精英人士在青少年时期经历过自卑、贫穷或不被主流社会认可的困难阶段，许多人曾经踏入逃学、酗酒、吸毒等叛逆的迷途。但美国体育文化氛围浓厚，崇尚体育运动精神。运动竞赛的盛行给青少年的正向发展提供了再塑的机会。美国青少年特别喜欢体育，在学校积极参加各种运动、训练和比赛，特别是橄榄球、冰球、棒球、篮球等团队竞赛项目深受大众喜爱。从中学到大学，他们一直参加各种比赛并取得不同的成绩，他们在体育运动中找回自信，学会规范和认知、坚强和自律。身体的强健增强了个体的自信心和抗挫能力，使他们能够坚定自己努力的方向，一步步地走向人生的巅峰，长大后成为美国的行业精英和领袖。那么，体育是如何对个体产生作用的呢？

戈夫曼在其《日常生活中的自我呈现》一书中，引用戏剧学的术语，分析了社会中个体与群体的互动过程，以及自我形象在他人心目中的产生与维持。在社会互动交往过程中，个体在他人眼中树立形象，这种形象的建构与个人角色需求、群体角色期待息息相关，并在很大程度上取决于个人所运用的方法和技巧。

事实上，这种社会互动与交往中的戏剧式的隐喻，同样适用于解释体育互动的发展与作用。首先，体育相当于为个体提供了一个自我呈现的舞台，这种自我呈现寓于体育活动中，而目标却指向日常生活。也就是说，社会互动与交往能够被浓缩于体育中，个体在其中进行全新的体验——表演，并且逐步感受、认可、积累、同化，最终塑造个人性格、形象和价值；特殊化的体育活动经验得以向外拓展，最终作用于常态化的个人社会活动，甚至是整个社会人格的培养和社会价值取向的建构。其次，体育活动的整个过程都离不开教育者、组织者、管理者、裁判员、运动员、观众等参与者，参与者的人际互动、互动的效果都直接体现出体育活动的社会化成效。

下面我们运用戏剧角色互动理论对体育的实施过程进行分析，从而更深层次地挖掘体育中的角色体验和个体发展的教化实践，以促进个体的社会化完善。社会生活是个大舞台，体育是个预模拟舞台，每个人都在这个舞台上扮演着不同的角色，并在角色表演中增进彼此的了解，在角色互动中认识自我、调适自我，从而成为符合社会期待的人。

我们从体育的教育实践与具身体现性来分析。

首先是“剧本”。人们在舞台上表演——扮演特定角色，是根据剧本进行表现的。剧本是社会系统产生的社会规范和角色期待。在一个相对稳定的社会系统当中，社会规范和角色期待也是相对固化的，什么是成功的表演，不仅仅由表演者决定，更多地是由外部环境做出评判。比如说，社会对于体育有相对一致的评价标准，一个人若想被认可作为某个体育角色而存在，就必须符合社会对此体育角色的期待，如执裁者的公平公正，竞技者高超的运动技能，运动队成员确定位置的严防死守，不同参与者的行为举止所体现出的气质和个人修养，运动员健美的形体姿态，内在美与外在美的结合，等等。而在体育互动中，参与者相当于接受体育的这一剧本，或者说，重新认知和熟悉剧本，并按照剧本的要求规范自己的行为，履行自己的职责，为日后完美的社会性表演做准备。

其次是“表演”，即角色自我呈现的过程。表演的本质在于通过有意识的自我呈现给他人留下特定的印象，这种“特定”一方面是自己所希望得到的赞美、欣赏，另一方面是符合观众的期待与社会价值规范的要求。所以说，这一部分就是个人主观能动性与社会价值规范的结合。在体育中，个体对体育知识的学习和尝试是一种表演，是对在“体育文化”这一特定场域下的角色期待的表现。在这种表演中，个体或许还不能完全适应体育锻炼与比赛的要求，但在各种外在示范效应或社会规范的要求下，不得不进行表演。然而，在经历长时间、多次反复的表演之后，体育所蕴含的健康价值理念和精神就逐步深入表演者心中，不断得到强化甚至同化，从外部的建构和强加，发展到由内而外的自发认同。而这时候，表演就不只在“体育活动”这一特定场域发生，而是在更大的日常生活和社会舞台上发生，个体也就成了符合社会期待的表演者，即把角色要求内化于行为，并自如表达。就如现代社会政治、经济、文化等场域的精英人才，在青少年时期多参与过体育运动的训练和具有相关的竞赛体验，这使他们在成年期能够拥有旺盛的精力和坚毅的品格。

再次是“舞台”，分为前台和后台。前台是表演最终发生的场域，即个体对观众的角色呈现。后台则是观众所不能察觉和进入的，同时也是表演者得以卸下面具的地方。就如同上面所提及的，体育就是一个舞台。从一个场域（体育活动）到另一个场域（社会生活）不断拓展的过程，同时也是表演者在前台所表现的参与运动者的角色，与在后台卸下面具后仍具备的运动体验的价值本质相契合的过程，也是社会化的价值内化过程。比如在前台（球场上）的“守规矩”“听从教练员指挥”“接受裁判员的公正判罚”“输得起放得下”等心路历程是对个体心理品质与行为方式的历练，其成效会在后台（个体的社会互动中）呈现，从而增强个体的社会适应能力。

最后是“剧组”。表演永远不只是前台表演者一个人的努力，它需要多人的配合，这就要求表演者与其他表演者以及幕后工作人员、组织管理人员等各方的协调，这也是在社会互动中个人与他人、群体关系的关键所在。在体育的团体性活动中，参与者不仅仅要擅长自我表现，更要学习与队友配合，服从团队指挥，从运动到精神，从自我认知到共同追求，互相配合、协调、理解、让步和包容，不只学会体育本身的精髓，更为日后多元的社会交往做好准备。

复习思考题

1. 体育对个体的社会化功能有哪些?
2. 简述个体从生物人发展为社会人的必备条件。
3. 如何理解体育中的自我认知与角色体验?结合体育项目举例说明。
4. 体育竞赛活动的育人功能是如何实现的?举例分析。
5. 体育运动是如何促进个体的身份认同的?

推荐阅读书目

1. 陈嘉明．现代性与后现代性十五讲．北京：北京大学出版社，2006.
2. 邓伟志．社会学辞典．上海：上海辞书出版社，2009.
3. 风笑天．社会研究方法．5 版．北京：中国人民大学出版社，2018.
4. 戈夫曼．日常生活中的自我呈现．北京：北京大学出版社，2016.
5. 吉登斯．现代性与自我认同．北京：生活·读书·新知三联书店，1998.
6. 卢元镇．体育社会学．3 版. 北京：高等教育出版社，2010.
7. 罗伯逊．现代西方社会学．郑州：河南人民出版社，1988.
8. 泰勒．自我的根源：现代认同的形成．南京：译林出版社，2008.
9. 王柯平．《理想国》的诗学研究．北京：北京大学出版社，2005.
10. 希林．身体与社会理论．北京：北京大学出版社，2010.
11. 郑杭生．社会学概论新修．5 版. 北京：中国人民大学出版社，2019.

第五章

体育与其他社会领域的关系

本章要点

- 自 20 世纪以来，体育现象延伸到社会的很多领域，并呈现出更加复杂化的态势，成为体育发展过程中的一个显著现象。
- 体育社会学将体育这种社会文化现象看作一个处于不断发展变化的过程中的主体，对内研究体育与人的社会行为、社会观念的关系，对外研究体育与其他社会领域、社会现象的相互关系。通过这两方面的研究，达到推动体育和社会合理发展的目的。本章将着重讨论体育与政治、经济、文化、科技等领域之间的关系。

关键概念

体育外交、举国体制、体育创新、体育文化、奥运经济、冰雪产业

第一节　体育与政治

究竟如何看待体育与政治之间的关系？这一问题始终受到国际体育界的关注。有人主张体育与政治无关，认为“当你把一只脚跨进奥林匹克大门的时候，就把政治留在了门外”①。但是将二者完全分离的想法是理想化的，在现实生活中几乎不可能实现。体育无法在一种社会政治的“真空”中生存，它作为人类社会这一有机系统中不可或缺的一部分，必然要受到系统中其他因素的影响，其中就包括政治因素。还有观点从“工具论”的角度出发，认为在阶级社会中，作为社会文化活动的体育，必然要体现统治阶级的意图，甚至成为政治斗争的工具②。需要指出的是，政治与体育并不属于同一个层次。在社会形态结构中，体育是政治统领下的文化活动。政治处于优势地位，起着主导和决定作用；体育处于从属地位，起着补充和推进作用。

① 李卞婴，樊奇．奥林匹克运动与政治的关系．武汉体育学院学报，2003，37（2）．

② 彭程．谈体育派生功能的变化．教师，2008（8）．

符号互动论作为一个社会学名词，自体育社会学发展至今，已被广泛运用于体育领域。符号互动论认为，通过体育活动，可以实现人与人、人与社会的互动，而随着如今国际形势愈演愈烈，体育也成为政治权力争夺的一种符号，每一场体育表演、每一场国际体育竞赛，都成为各国身份加固的符号①。

目前，学者们已基本达成共识：一方面，接受政治对体育的介入，承认体育与政治的相互影响、相互融合；另一方面，也坚持体育不能服务于政治、成为政治的附庸。在国际政治与世界经济相融合已是大势所趋的背景下，近几年的研究主要集中在对体育与政治融合及发展的讨论上。奥运会作为全世界影响力最大的体育盛会，自然成为国际社会角力的主要“战场”。有学者从俄罗斯索契冬季奥运会以及巴西里约热内卢夏季奥运会出发，分析了各国由政治因素所引起的以奥运会为“战场”的博弈，将体育国际赛场看作促进经济增长及争夺话语权的地方②；有学者则认为某些国家借奥运会之机来实施自己的“政治图谋”③；也有学者通过对历届奥运会政治事件的回顾，呼吁国际社会抵制某些国家为了狭隘的政治利益而导致奥运会“政治化”④，并通过分析体育发展史上政治介入体育和体育摆脱政治的事实，指出体育和政治各按其规律发展才能达到良性互动⑤。此外，越来越多的学者开始探讨体育与政治融合发展路径的问题，提出应深入研究和正确把握二者的关系进而分析其发展趋势，重视科学指导体育道德标准建设、体育决策体系构建和体育创新⑥。

一、体育与外交

2017 年 1 月，一场特殊的“颁奖仪式”在瑞士洛桑的国际奥林匹克博物馆隆重举行，习近平主席受邀登上博物馆陈列的奥运冠军领奖台。国际奥委会主席巴赫说：“就推动奥林匹克运动而言，习近平主席是当之无愧的冠军。”在习近平主席的外交镜头中，体育贯穿始终。这不仅仅是出于他的个人爱好，更是他以政治家的敏锐眼光，牢牢地把握体育在国际外交中的重要地位，极大地发挥体育在推动国际友好交流，展现友善、包容的中国中的作用。由钱其琛主编的《世界外交大辞典》将“体育外交”定义为：对一国体育部门或体育组织旨在促进国家间关系所进行的对外体育交往和交流的一种提法⑦。体育作为社会现象和外交途径，逐渐变成处理对外事务的辅助手段，得到越来越多国家的重视，是因为它具有以下几个特点：

一是人民参与性。体育运动不分种族、民族、国界和阶级，具有广泛的人民参与性。因此，通过体育交流可以增强人民之间的友谊，并改善国家间的关系。

---

① 刘晖．自我、体育与社会：论符号互动理论在体育研究中的应用．武汉体育学院学报，2011，45（3）.
② 吴君静．体育与政治的舆论博弈：以俄罗斯索契冬奥会为例．青年记者，2014（16）.
③ 张耀．树欲静而风不止：体育与政治的纠葛．山东画报，2016（15）.
④ 程晓勇．国际政治视阈中的体育：基于奥运会的考察与分析．体育与科学，2017，38（5）.
⑤ 刘泽玉．论体育与政治的互动．山东体育学院学报，2018，34（4）.
⑥ 李婧．体育政治“融合”下体育发展的路径．当代教育实践与教学研究，2015（8）.
⑦ 钱其琛．世界外交大辞典．北京：世界知识出版社，2005.

二是稳定性。国际形势不断变化，各国间的关系经常因为政治、经济等方面的利益冲突而产生变动，因此常常存在不确定性。体育外交将重点放在各国民间体育交往活动上，无形中为国家间的关系注入稳定性因素。体育交流的发展，为国家总体外交奠定稳定的基础。

三是灵活性。体育交流可以穿过其他外交手段无法跨越的障碍，实现建交国家、存在冲突矛盾甚至处于敌对状态下的国家间的民间友好交往，实现外交的突破。

中国的体育外交活动内容丰富、历史悠久、影响深远，特别是被誉为“小球转动大球”的“乒乓外交”，更是成为体育外交史中的一段佳话。体育外交加强了中国与世界各国人民的友好往来，扩大了我国的政治、经济、文化影响，架起了与世界各国友好关系的桥梁①。

不仅仅是中国，世界历史上通过体育交流改善国家间交流关系的案例不胜枚举。开始于 20 世纪 50 年代后期的中国与日本的“围棋外交”，有力地促成了中日邦交正常化。印度和巴基斯坦数十年来的外交关系矛盾不断，然而 2011 年两国领导人因为板球世界杯再次相聚在一起。土耳其和亚美尼亚因为历史原因和领土争端而未建立外交关系，却在 2008 年 9 月因为两国同时参加 2010 年南非世界杯预选赛，两国总统实现了历史性的会晤。

最近的例子发生在朝韩之间。2018 年 2 月 9 日晚，奥运圣火在韩国平昌熊熊燃起。韩国和朝鲜运动员持半岛旗帜共同进入冬奥会开幕式会场。以此次冬奥会为契机，韩朝两国迅速恢复了半岛军事热线，促成了高级别会谈，并就举行军事会谈达成了共识。韩朝借冬奥会的机会加强沟通，在对话中培育信任、积累共识、探讨出路，为半岛局势缓和创造了良好条件。

和平与发展是当今世界的主题。虽然国家和地区之间存在争议、隔阂、对立，但是体育有其自身的共性，各个国家和地区之间能够通过体育外交的手段拓展政治上的“对话空间”。并且，体育外交在很大程度上不受限于正常的外交利益，而是通过运用更友好的方式，在人民之间构建友谊，进而进行思想文化以及政治、经济上的交流。体育交流不仅可以在国家关系比较良好的时期加强人民之间的信任关系，还可以在特殊时期通过特殊方式缩短各国间的距离，而不是囿于由历史问题导致的成见和敌意。随着社会不断发展和人类文明不断进步，体育将会在外交活动中起到更大的推动作用。

二、体育与军事

体育与军事，既有密切的联系，又有明显的区别。它们相互影响和促进，在人类历史进程中始终保持着特殊的亲缘关系。发展至今，世界已经形成了一个既是体育的组成部分，又可被纳入军事领域的相对独立的军事体育系统，该系统继续在体

① 王润斌，熊晓正．新中国成立以来我国体育外交决策的历史审视．首都体育学院学报，2012，24（2）．

育与军事活动中，发挥着独特、双重的作用①。

体育与军事相伴而生。一方面，在古代社会，军事技能往往大量地转化为民族传统体育的资源，并且不断得到开发和利用，从而促进了普通民众参与体育活动，提高了其体育技巧。因此，很多体育项目包含着军事训练的内容。另一方面，军事在不同的时代，都以不同的方式借助体育，使自身的基础变得更加牢固。例如，体育锻炼可提高军人的战斗力，培养他们的优良品质。成功的体育普及还可以为国家提供大量合格的后备役人员，增强国防力量。

军事对体育的影响主要有三个方面：

一是军事影响体育的内容和手段，推动体育发展。许多军事项目逐渐在民间保留下来，成为民间传统体育项目便是例子。

二是军事影响体育的规模，客观上锻炼人的体魄。许多国家在面临战争威胁时，会采取全民皆兵的体制，对所有能作战的人员都进行身体素质和军事技能的训练，这实际上强制性扩大了体育的规模。

三是军事也会给体育带来负面的影响。战争造成的破坏影响和平安定的环境，干扰体育发展，甚至造成大量人员伤亡，这与体育增进人类健康的宗旨是相违背的。

尽管在现代化战争中，体能训练、搏击术甚至射击术等在战争中的重要作用不像在冷兵器时代那样表现得赤裸裸。但归根结底，实际作战仍必须靠人来完成。现代战争的复杂性、多变性、高强度、高密度，对作战人员的适应能力、心理素质、野外生存能力、耐力体能、灵活机动能力以及快速应变能力等都有极高的要求。因此，有针对性地开展科学的军事体育训练对军事来说显得更加重要。

近年来，我国推行了在新形势下的强军目标，其中就有加快军事体育训练改革发展，全军进一步改进加强军事体育训练的要求，切实打牢部队战斗力基础。从颁发《军事体育训练改革发展纲要（2015—2020 年）》，到新修编的《军事体育训练与考核大纲》在多个部队开展试点；从全军第一套士兵健身操正式推广，到两会人大代表提出“构建符合现代战争特点规律的体能训练体系”：如此种种，不难看出，军事体育训练改革正在全面稳步推进。

三、体育对国内国际政治的影响

在研究现代社会中体育与政治的关系时，社会学家观察到体育对国内和国际政治的影响主要体现在以下几个方面。

（一）体育在国内政治中的作用②

1. 体育可以维护社会的稳定团结

体育有助于维护社会的安定团结。体育是一种半开放式的自由活动，为人们宣

① 胡小明．体育与军事．解放军体育学院学报，2002（2）．

② 张江南，唐宏贵．对现代社会中体育与政治关系的再认识．上海体育学院学报，2000（2）．

泄情绪提供了最适宜的途径。对体育运动的参与者来说，他们可以在规则允许的范围内发挥体能、心理和智能等方面的最大潜能，宣泄自身的人体能量；对体育运动的旁观者来说，他们在观看各种体育比赛和表演过程中，满怀激情地为运动员加油鼓劲，有时可达到执着忘我的境界，这也是一种精神能量的排遣。因而，体育在一定程度上对维护社会安定、维护我国的社会政治制度产生着实实在在的影响。

2. 体育可以更好地为现代化建设服务

"健康投资"可以有效提高劳动力工作年限和劳动生产率，促进"人口红利"更多地转化为"健康红利"。"每天锻炼一小时，健康工作五十年，幸福生活一辈子"是2006年教育部叫响的口号，旨在倡导健康的生活理念①。通过体育运动，人民可以增强自己的体魄，而良好的身体又是学习的基础。同时，通过发展体育增强人民体质，也符合人民群众对于健康、长寿的美好愿望，使人民群众能够全身心地投入社会主义现代化建设。

3. 体育可以增强民族凝聚力

体育之所以能够增强民族凝聚力，是因为它具备竞赛性和国际性这两大突出特点。正因如此，体育活动才具有如此大的感染力。

竞技体育的优胜对人民的鼓舞作用大大超出体育范围。在中国的体育发展史中，可以找到很多重大体育胜利给全国人民带来巨大鼓舞的事例，例如我国登山健儿登上世界最高峰，中国乒乓球队常胜不败，中国女排在世界比赛中五连冠，以及近期在奥运会、冬奥会、亚运会等国际赛事中不断取得胜利，等等。不仅这些事例对国内人民有着鼓舞和振奋作用，而且其所产生的凝聚力、向心力对海内外侨胞和港澳台同胞同样有着很大的影响。

4. 体育具有"安全阀"作用

体育的"安全阀"作用被国内外学者们看作体育十分重要的作用之一。一方面，体育可以提供合理的、有节制的排遣社会压力的渠道，使社会保持稳定。另一方面，体育产业的开发可以提供一定的就业机会，缓解社会矛盾，维持社会安定。

（二）体育在国际政治中的作用

1. 体育具有独特的外交功能

有学者将体育特别是竞技体育的政治功能，阐释为竞技体育具有搭建公共外交平台、模糊意识形态与社会制度的界限、促成政治文化互补、推动人类价值观融合与重铸、争取政治正义等政治功能。然而，体育的政治功能在宣传过程中也会被异化，可能会被用作社会麻醉剂，甚至被种族主义者鼓吹利用。②

无论是前文提到的新中国外交史上浓墨重彩的"乒乓外交"打开了中美建交的

---

① 每天锻炼一小时 健康工作五十年 幸福生活一辈子．（2006-12-25）［2020-10-18］．http://www.gov.cn/zhibo43/content_478075.htm.

② 马冠楠，刘桂海．竞技体育政治功能新探．体育文化导刊，2011（7）．

大门，起到了“小球转动大球”的外交目的，还是朝韩军事对峙半世纪之后，通过2018年的平昌冬奥会，开启了半岛局势趋向和解与合作的新篇章，体育的外交功能都非常明显，并且意义深远。周恩来总理曾极具洞见地把体育誉为“外交的先行官”，由此可见一斑。

2. 体育是宣扬国际威望的一种特殊竞争手段

当今世界，国与国之间的竞争主要表现为综合国力的竞争。因此，作为综合国力的体现的体育必然为各国政治家们所运用，体育已成了当代国际政治斗争的工具之一①。

兴奋剂滥用一直是竞技体育当中无法回避的问题之一。历史上多次曝光的兴奋剂滥用事件使得某些荣誉、纪录明珠蒙尘，失去了其原有的光辉。最近一次大规模的兴奋剂滥用事件发生在2016年俄罗斯奥运代表团的身上，这一问题一经曝光，便迅速成为大众关注的焦点。大国之间的政治角力化身为一股股暗流，围绕在国际竞技体育赛场四周。一枚枚代表着综合国力、国家荣誉和国民素质的金牌也被某些国家过分夸大，失去了其本身的体育内涵。兴奋剂滥用，是对奥林匹克精神最彻底的破坏。②

体育作为一种特殊的文化现象，对国内和国际政治的影响是显而易见、不可避免的。但我们还须注意到，体育就是体育，体育不等于政治。体育既有服从和服务于政治的一面，也有自身发展的一面。在这一方面，既要反对过分强化体育的政治功能的弊端，又要坚决消除淡化体育的政治化倾向的思潮。实事求是地看待体育这一特殊的社会现象，发挥体育本身的多元功能，为广大人民群众的健康服务，同时发挥体育对我国社会和经济的积极促进作用，为社会主义的“两个文明”建设做出应有的贡献，应当是新时代中国体育的重要任务。

四、体育的举国体制

什么是体育的举国体制？体育的举国体制是指以国家利益为最高目标，国家体育管理机构在全国范围内调动相关资源和力量，国家负担经费来配置优秀的教练员和软硬件设施，集中选拔、培养、训练有天赋的优秀体育运动员参加奥运会等国际体育赛事，在比赛中与他国竞争，争取优异的比赛成绩、打破纪录、夺取金牌的体育体制③。

随着社会主义市场经济改革的不断深入，体育的举国体制所赖以生存的社会大环境发生了巨大变化，原有的举国体制管理模式及运行机制中存在的问题与缺陷日

---

① 张江南，唐宏贵．对现代社会中体育与政治关系的再认识．上海体育学院学报，2000（2）．

② 徐斌．世界政治博弈阴影下的竞技体育兴奋剂滥用反思．南京体育学院学报（社会科学版），2016，30（6）．

③ 秦椿林，张春萍，魏来，等．再论“举国体制”．北京体育大学学报，2005（4）．李元伟，鲍明晓，任海，等．关于进一步完善我国竞技体育举国体制的研究．中国体育科技，2003（8）．

渐暴露，竞技体育自身孕育的改革需求也逐渐显露出来。这主要表现在以下几个方面：

第一，政府包办体育。政府通过计划的方式对资源进行配置，通过行政手段对体育事业进行管理。政府既是办体育的主体，又是管体育的主体。这种身份上的二重性使得现有的体育制度与社会主义市场经济要求的体育产业化、社会化相去甚远。

第二，机构运行高度依赖于政府行政手段。以往，体育事业的建设与体育项目的创立主要依靠行政部门。行政部门通过层层下达政策、文件、指示等维持整个机构的运转，这显然与市场经济的要求存在冲突。

第三，资金来源高度依赖于计划手段和政府财政投入。中央与各级政府通过财政预算和财政拨款为体育事业的发展提供支持。各级体育部门的行政经费和人员工资福利、国家与省市两级专业运动员的训练比赛经费及运动员薪金福利、体育训练比赛场馆的建设经费等等，都离不开政府的支持①。这一定程度上抑制了社会主体办体育的积极性，使得整个体育系统无法完成自我“造血”。体育事业自身发展的需求与资金不足之间的矛盾日益突出。

第四，体育人才难以合理流动。教练员、运动员均按行政区划统一管理，只能上下调动，横向流动困难。

第五，以行政区划为单位组织的全运会与“奥运战略”错位。

第六，运动员退役和再就业问题难以解决。由于运动员职业的特殊性，因此竞技体育的发展在某种程度上是以大量运动员牺牲自己接受普通国民教育的权利换来的。

随着中国的改革开放，中国的经济从计划经济向市场经济转型，如何让举国体制更加适应时代的发展，发挥更大的作用，成为一个重要课题。

第二节　体育与经济

体育和经济有密切的关系，经济是体育发展的基础，体育对经济的发展起着促进作用。体育与经济的相关研究较多，伴随着体育与经济的结合，体育经济学应运而生，劳动经济学、城市经济学、产业经济学等多种体育经济学分支也得到了很好的发展②。姚晓芳指出，体育的发展必须与国家的经济相协调，并且经济发展的速度与水平决定了体育发展的规格和方向③；宋璟认为，体育事业的发展离不开经济的支持，经济的发展也受惠于体育提高劳动者素质所带来的高效率④。此外，学者

① 周志平．从法网冠军审视中国体育体制．学习月刊，2011（15）．

② 游贵兵，张瑞林．体育经济学的科学理论思考．首都体育学院学报，2017，29（6）．

③ 姚晓芳．体育与经济的关系．武术研究，2016，1（2）．

④ 宋璟．体育与经济浅议．合作经济与科技，2017（16）．

们纷纷对体育领域进行细化分类，并分析其与经济的关联。除了奥运会是国际社会各国之间政治博弈的“战场”外，奥运经济的发展历程也促进了各国经济的发展，并且为民族传统体育的继承和发扬提供了启示①。除了竞技体育外，我国的休闲体育行业对于经济发展也有着巨大的价值，且其处于起步初期，仍有较大的发展潜力有待发掘②。近些年来，飞速发展的体育产业同样受到了越来越多的关注，在一定经济、文化和政治基础上发展的体育产业除了需要经济为其提供资金支持外，也与文化联系紧密，需要文化提供底蕴和内容③。在我国面临着经济下行压力时，体育产业很有可能成为新的经济增长点，体育所创造出的体育文化也对经济发展有着显著的积极作用④。

一、经济水平影响体育发展

（一）经济是社会对体育产生需求的前提

经济水平反映了社会生产力水平，决定了人们的收入水平以及在生存资料、发展资料和享受资料上的消费结构。体育属于发展资料和享受资料的消费，人们只有首先满足对生存资料的需要，才能够进行发展资料和享受资料的消费。

根据国家国民体质监测中心发布的《2020年全民健身活动状况调查公报》，2020年，我国成年人人均体育消费达到1 758.2元（约275美元）⑤，而发达国家的这一数值普遍达到300美元以上。在2021年，我国人均体育消费同比增长30%，呈现出快速增长的趋势。随着经济持续发展，我国在增加体育消费方面仍有很大的提升空间。

（二）经济制约体育运动规模和竞技运动水平

1. 经济制约体育运动规模

（1）经济决定了体育运动开展的客观条件。

物质资料是人类社会存在和发展的基础，经济发展水平决定了物质材料的丰富程度，从而决定了体育运动开展的客观条件。在国家范围内推广科学的体育运动需要大量的人力、物力和财力，同时涉及公共体育发展、体育赛事承办、体育竞技水平提高、体育市场扩大、体育体制完善等各个方面的内容。如果没有足够的资金支持，体育运动的开展就将举步维艰。随着经济的发展，体育产业的产值不断增加：2021年全国体育产业总规模突破2.7万亿元，预计2025年将达到5万亿元。2022

---

① 周仲彧．民族传统体育与奥运经济的碰撞．赤峰学院学报（自然科学版），2015，31（6）．

② 洪秀岩．试论休闲体育对经济的价值及开发．经济研究导刊，2017（7）．

③ 李丽．我国体育产业化发展的经济因素．中国商论，2018（17）．

④ 孙宏斌．体育文化对经济发展影响的探究．经济研究导刊，2017（17）．

⑤ 国家国民体质监测中心发布《2020年全民健身活动状况调查公报》．（2021-12-30）［2022-03-15］．http：//zjtks. tyj. zj. gov. cn/art/2021/12/30/art_1373454_58697267. html.

年北京冬奥会/冬残奥会总费用约为 31 亿美元，其中赛事预算 15.6 亿美元，场馆建设耗资 15.1 亿美元；如果包含高铁、公路等基础设施建设，则总体投入约 310 亿美元。

（2）经济影响体育运动大众化的主观条件。

大众体育运动规模不仅受国民收入的制约，还受人民体育意识的影响。在传统体育观念里，一些体育项目由国外传入，相对应的体育消费观同样影响着体育发展程度。同时，专业的体育训练由于种种原因费用较高，人们的消费意愿不强，同样影响着体育运动开展的规模。

2. 经济制约竞技运动水平

一个国家竞技运动水平的高低与经济支持有密切的联系。国民的体质、体育制度、运动训练规模等都是影响竞技运动水平的重要因素，但在 21 世纪，物质技术条件和科学训练水平是决定竞技运动水平的主要因素。

（1）物质技术条件。

俗话说："巧妇难为无米之炊。"专业的竞技运动对运动器材、运动场馆甚至运动医疗等的要求都十分苛刻。落后的经济会制约竞技运动。我国的体育代表团在 1984 年洛杉矶奥运会上获得了第一枚金牌，到 2008 年北京奥运会，我国取得了 51 枚金牌、21 枚银牌、28 枚铜牌的优异成绩，除了国家的重视和全国人民的支持外，我国经济迅速发展的作用也不可小觑。

（2）科学训练水平。

科学训练水平对整体提高竞技运动水平起着至关重要的作用。科学训练水平不仅仅意味着教练水平的提高，更意味着国家体育运动理论体系的成熟和完善，包括训练内容、训练方法、训练体系、运动员心理等方面的综合提高。因此，建立在多学科研究成果之上的科学训练水平是一个国家竞技运动的软实力。

二、体育在经济发展中的作用

体育的经济功能即体育对经济各方面的促进作用。人们往往对体育的强身健体、休闲娱乐功能比较熟悉，却较少关注体育的经济功能。马克思认为："生产劳动同智育和体育相结合，它不仅是提高社会生产的一种方法，而且是造就全面发展的人的唯一方法。"① 因此，体育不仅仅在个人的发展中实现了其价值，更促进了社会生产力的提高。体育在实现其价值的过程中对于相关产业和整体社会福利都有着促进作用。

---

① 马克思，恩格斯．马克思恩格斯选集：第 3 卷．3 版．北京：人民出版社，2012：710.

（一）体育对经济发展的作用

1. 体育对提高劳动生产率的作用

（1）劳动力。

劳动力是人们征服自然、改造自然以获得物质生活资料的能力。体育主要通过提高人们的身体素质来提高劳动力水平，这体现在以下三个方面：第一，体育可以改善人们的健康状况，经常参加体育锻炼可以使人身体强健，拥有健壮的体魄，增加人体对疾病的抵抗能力，从而提高生产力水平。第二，体育对人的精神有较好的改善作用，既包括工作状态、精神状态的改善，也包括对人坚韧意志的磨炼。第三，体育可以延长人的劳动寿命。随着年龄的增大，身体机能的衰减，人们身体的劳动能力会逐渐下降，而长期体育锻炼可以维持身体机能缓慢下降，预防老年疾病的发生。

（2）劳动力再生产。

劳动力再生产是指劳动者劳动能力的恢复和更新。体育作为劳动力再生产的手段，通过改善人们的健康状况、强健体魄，减少了人们患病的概率，使劳动力整体素质提高，劳动力效率增加；体育作为一项休闲娱乐活动，使人们得到身体和精神上的放松，有助于劳动力的恢复。

2. 体育对第三产业发展的作用

（1）促进服务业、餐饮业、旅游业等第三产业发展。

体育产业的发展能促进相关产业——服务业、餐饮业、旅游业等的发展，如体育场馆的维护及开放使用、运动饮料的推陈出新、体育文化城市的旅游推广等等。各种大型体育活动，特别是世界级赛事，会在短期内增加举办城市的服务业需求，包括游客、运动员、新闻媒体人员等的食品、住房、交通等需求。

（2）促进承办大型体育赛事的城市的交通运输、通信产业的发展。

承办大型体育赛事对城市的交通运输业、通信业的水平有较高的要求，以满足赛事的各项需求。因此，体育产业的发展必然会促进城市的交通运输、通信等相关产业的发展。

（二）体育对社会福利的影响

1. 体育对提高人们生活水平的作用

（1）满足人们对美好生活的需求，丰富人们的精神生活。

随着经济的发展，越来越多的体育活动进入人们的生活，如篮球、足球、羽毛球、乒乓球等对场地设施要求较低的活动已经成为广大群众休闲时不可或缺的一部分。

（2）提高人们的身体素质。

体育锻炼可以强健体魄，使人们的健康水平得到提高，预防疾病，这对于人们的生活水平有明显的提高作用。

2. 体育在增加就业机会中的作用

（1）体育产业的发展增加了体育设施建设、体育用品生产等工业部门的就业。

体育产业的逐渐发展，增加了人们对体育的需求，促进了更多的体育设施的建设、体育用品的生产。体育企业的数量、体育企业对市场的供给随之增加，从而企业对劳动力的需求也会增加，这是体育从需求层面带动就业的作用。

（2）体育课程教授、体育服务等第三产业的发展带动就业。

随着人们的体育观念的改变，越来越多的人愿意进行体育健身消费，或为体育项目的专业训练支付学费，第三产业相关服务的社会需求增加，对教师、教练员、裁判员等的需求也会相应增加。

（3）大型体育赛事的举办增加临时和长期就业岗位。

这不限于工业部门，还包括赛事举办地的文化旅游业、交通运输业等。举办大型体育赛事意味着对城市中的住宿、餐饮、交通、旅游、通信等行业的需求将在短期内猛增，并需要规划和建设体育场馆。

三、现阶段我国体育的经济特征

习近平主席在十九大报告中指出：我国社会主要矛盾已经由人民日益增长的物质文化需要同落后的社会生产之间的矛盾，转化为人民日益增长的美好生活需要和不平衡不充分的发展之间的矛盾。体育的发展必须依存于社会主义初级阶段的社会和经济特征，如此才能加快推进体育强国建设。

我国体育产业发展逐渐壮大，在 GDP 中所占的比重逐渐增加，对国民经济的影响程度越来越深，社会对体育经济也更加重视。我国体育产业的资源配置方式是基于国家的宏观调控，以市场机制为基础性调节机制的资源配置方式。在市场机制的调节下，体育资源可以得到合理配置，在竞争的条件下有利于我国体育事业的发展。但是市场有时也存在缺陷，导致产业竞争过于激烈，市场规则的灰色地带被扩大利用，此时政府就应执行管理体育行业的基本职能，把握体育市场的整体发展方向和战略重点。

（一）体育产业与市场经济的关系日益密切

体育产业中的大部分要素在市场中进行流转，包括体育用品、体育博彩、场馆租赁、体育赛事及体育赛事转播权等。尽管有些行业竞争性较强，有些行业垄断性较强，但总体而言，供求关系是决定价格的关键。竞技体育在近年来发展迅速，而它所带来的市场经济效益也逐渐在体育产业中大放异彩。

（二）体育发展需要政府的宏观调控

体育事业的发展不仅包括市场作用相对有效的竞技体育、体育用品市场的发展，还包括全民健身体育、体育体制建设、体育工业水平等各个方面的发展。在一些领域，市场是失灵的，如在社会和学校体育等经济效益较低而能够带来社会福利的领域，资本不会进入市场，只能由政府进行宏观调控。在经济欠发达地区，体育事业发展不平衡，也需要政府进行资源的规划与合理配置。又如在体育竞争的公平性领域，为防止赛事举办方和参赛者共谋，政府需要成为规则的制定者和监督者。

（三）现阶段我国的体育事业正蓬勃发展

习近平主席在十九大报告中总结了过去体育发展的概况：全民健身和竞技体育全面发展。他同时指出，未来要广泛开展全民健身活动，加快推进体育强国建设，筹办好北京冬奥会、冬残奥会。中国在国际大型体育赛事中的竞技体育水平不断提高，普通民众的体育意识也不断加强，国家在建设体育强国的道路上不断前进。

四、体育消费

体育消费有两种形式：一是指那些与体育活动有直接联系的个体消费行为，比如购买运动服装、运动器材，购买体育比赛、体育表演门票，等等；二是指一切与体育活动有间接联系的个体消费行为，比如观看体育赛事所花费的路费、其间的食宿费等等。

体育消费体现了人们对参与体育活动的支付意愿，同时体育消费也是体育产业发展和体育市场扩大的基石。

（一）体育消费的性质

个人消费按照生活消费目的分为生存消费、发展消费和享受消费。体育消费属于发展及享受消费，是个人在满足基本生存需要之后，在个人发展和享受方面的追求。

随着社会发展，我国已进入全面建成小康社会的决胜期，人们的生活质量得到了很大的提高，体育作为一种健身、休闲、娱乐的项目，已成为人们的美好生活需要的不可或缺的一部分。

（二）体育消费的特点

1. 体育消费与经济增长具有同向性

体育消费属于个人消费中的发展消费和享受消费，这也就意味着人们只有在满足生存消费的需要之后才会进行体育消费。体育消费同时属于正常品或奢侈品消费，其消费水平与个人收入息息相关。因此，体育消费与经济增长必定是同向提高的。

2. 体育消费需求弹性大

体育消费不属于生存消费，当体育产品大幅涨价时，人们对体育的消费水平会大幅下跌。就体育这一行业的商品性质而言，其需求弹性相对较大。

3. 体育消费地区和个体间差异较大

（1）体育消费地区差异较大。

体育消费与当地的经济发展水平密不可分。体育消费是以较大固定成本投入为前提的，在经济发达地区，政府或者私人机构拥有充足的资金建设体育场馆、购买大型体育器材，并且居民的收入水平较高，从而有能力进行体育消费；而在经济欠发达地区，体育消费水平较低。

(2) 体育消费个体间差异较大。

体育消费个体间差异较大，具有较强的个人偏好。专业的体育运动员所进行的体育消费显然多于非体育行业工作人员，体育业余爱好者所进行的体育消费与非体育爱好者相比也相对较多。

(三) 体育消费的类型

1. 体育实物消费

体育实物消费是指对以实物形式存在的，由体育有关产业部门生产的产品的消费。这类消费一方面是消费者直接参与体育活动所产生的消费，比如购买运动器材、运动服装等；另一方面是消费者购买体育报纸、体育杂志等所产生的消费——虽然消费者没有直接参与体育活动，但是这是为关注体育活动资讯而进行的消费。

2. 体育服务消费

体育服务消费属于第三产业消费。这类消费可以分为两个部分：一是消费者为了进行体育运动而支付的训练费用、场地费用等，这些费用使消费者自身得到体育锻炼或体育理论等方面素质的提高。二是消费者为购买体育赛事门票、体育彩票等而进行的消费，这些消费是为了获得体育资讯或者满足自己的娱乐需求。

五、体育产业概述

(一) 体育产业构成

体育产业构成情况如图 5-1 所示：

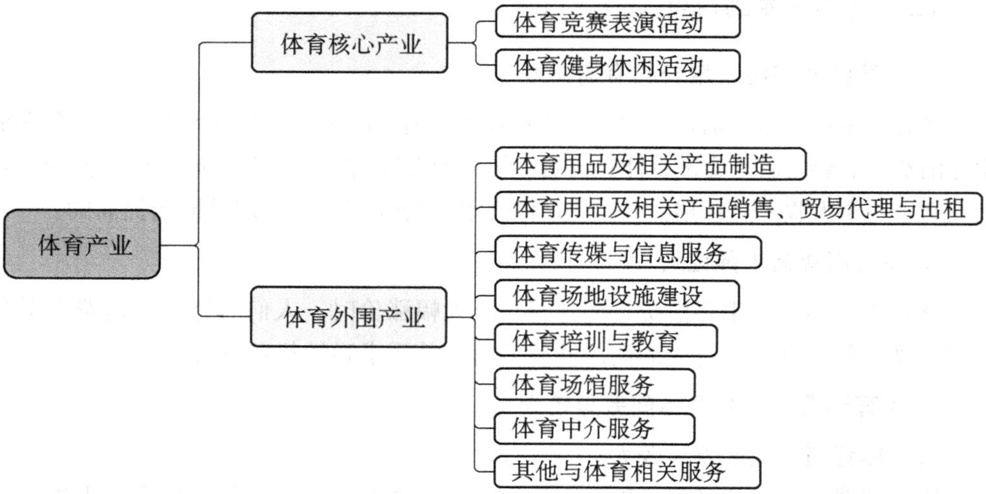

图 5-1 体育产业构成

（二）体育产业关联

产业关联是指经济活动中各产业间存在的广泛的、复杂的、密切的技术经济联系。体育产业不是一个独立的产业，它在进行经济运作的同时需要结合各个关联产业：既有行业内部的关联，如竞技体育经营业与休闲娱乐健身业之间相互促进、共同发展；也有行业之间的关联，如体育赛事与新闻媒体之间相互合作、互利共赢。

1. 前向、后向、环向联系

（1）前向联系是指产品向下一部门或产业流动而形成的关系，如生产部门与销售部门之间是前向联系，体育制造业与体育用品零售业之间是前向联系。

（2）后向联系是指产品由上一部门或产业流入而形成的关系，与前向联系相对，如生产包装部门与零件加工部门之间就是后向联系。

（3）环向联系是指产业或部门之间由产品流动形成的产业链条而组成的环向关系，如制造部门、销售部门与售后部门之间就是环向联系。

2. 单向和双向联系

单向联系是指上一部门生产的产品直接流入下一部门，不再返回，即流动是单向的。虽然体育产业之间较少有单向联系，但其生产部门的流水线作业则大多是单向联系。

双向联系是指上一部门生产的产品流入下一部门后，会返回上一部门。这在体育产业之间较常见，如体育赛事需要赞助商提供举办经费，赞助商则需要借助体育赛事来提高知名度。

（三）体育产业市场概况

1. 体育用品市场

体育用品市场是为了满足人们进行体育运动的物质需要而形成的商品市场。它主要提供体育用品，包括体育用品的生产、销售等。它的发育程度相对成熟，在进行体育资源配置的过程中发挥了较大的作用。

2. 健身娱乐市场

健身娱乐市场主要是为了满足大众的健身娱乐的需要，提供运动器材、教学指导等服务的市场。随着大众健身的日益普遍，健身娱乐市场获得了快速发展。在发达国家，健身娱乐市场是体育产业中规模最大、效益最好的市场。

3. 竞赛表演市场

竞赛表演市场主要是提供满足消费者需要的观赏性的体育赛事和体育表演的市场。其性质特殊，一直是政府、大众、新闻媒体关注的焦点。我国的竞赛表演市场从 1980 年广州网球精英大赛起步，从无到有，如今已有一定的规模。但在发展的过程中，由于发展时间较短、基础较差，部分竞赛表演市场发展得并不顺利，出现了许多困难和问题，导致竞技水平不高、受众较少。如何使竞赛制度更加健全完备、使运动员培训体系更加完善，是我国俱乐部发展须首要解决的问题。

4. 其他体育市场

除了上述规模较大的体育市场外，还有一些具有特色的体育市场，如体育中介市场、体育博彩市场、体育传媒市场和体育旅游市场等。如就高山滑雪、攀岩、登山等体育项目来说，借 2022 年北京冬奥会的机遇，为满足人们的健身娱乐需求，响应冬奥会号召，一些"冰雪小镇"开始出现和发展。

（四）体育产业政策

作为一个新兴产业，体育产业在中国产业转型升级中的作用日益明显。2014 年，国务院颁布的《关于加快发展体育产业促进体育消费的若干意见》提出：要把体育产业作为推动经济社会持续发展的重要力量，开发体育产业巨大的潜在市场空间，利用体育产业扩大内需，促进消费，到 2025 年体育产业总规模达到 5 万亿元。2021 年 10 月，国家体育总局发布的《"十四五"体育发展规划》提出，我国的体育发展要努力实现以下主要目标："全民健身水平达到新高度，竞技体育实力再上新台阶，青少年体育发展进入新阶段，体育产业发展形成新成果，体育文化建设取得新进展，体育对外交往作出新贡献，体育科教工作达到新水平，体育法治水平得到新提升等。"① 政府出台的一系列政策为体育产业的发展提出指导意见并做出产业规划，在中国产业进行转型升级的重要时期，体育产业将越来越被重视，并作为新兴产业在经济发展格局中逐渐提高在国民经济中的地位。

（五）我国体育产业发展概况

我国体育产业发展概况如表 5－1 所示：

表 5－1　2020 年全国体育产业状况

体育产业类别名称	总产出		增加值		
	总量（亿元）	构成（%）	总量（亿元）	构成（%）	增速（%）
体育产业	27 372	100.0	10 735	100.0	－4.6
体育服务业	14 136	51.6	7 374	68.7	－3.2
体育管理活动	880	3.2	459	4.3	1.5
体育竞赛表演活动	273	1.0	103	1.0	－15.6
体育健身休闲活动	1 580	5.8	736	6.9	－11.5
体育场地和设施管理	2 149	7.9	808	7.5	－20.2
体育经纪与代理、广告与会展、表演与设计服务	316	1.2	98	0.9	－16.9

① 国家体育总局．"十四五"体育发展规划．（2021－10－25）［2022－03－15］．https://www.sport.gov.cn/n315/n330/c23655706/part/23656158.pdf.

续表

体育产业类别名称	总产出		增加值		
	总量（亿元）	构成（%）	总量（亿元）	构成（%）	增速（%）
体育教育与培训	2 023	7.4	1 612	15.0	5.7
体育传媒与信息服务	847	3.1	339	3.2	18.9
体育用品及相关产品销售、出租与贸易代理	4 514	16.5	2 574	24.0	0.5
其他体育服务	1 554	5.7	645	6.0	−8.8
体育用品及相关产品制造	12 287	44.9	3 144	29.3	−8.1
体育场地设施建设	948	3.5	217	2.0	2.4

资料来源：国家统计局．2020 年全国体育产业总规模与增加值数据公告．（2021－12－30）［2022－03－15］．http：//www.stats.gov.cn/xxgk/sjfb/zxfb2020/202112/t20211230_1825764.html.

我国体育产业规模不断扩大，到 2020 年，全国体育产业总规模（总产出）为 27 372 亿元，增加值为 10 735 亿元。从内部构成看，体育服务业增加值为 7 374 亿元，占体育产业增加值的比重为 68.7%；体育用品及相关产品制造增加值为 3 144 亿元，占体育产业增加值的比重为 29.3%；体育场地设施建设增加值为 217 亿元，占体育产业增加值的比重为 2.0%。以非接触性聚集性、管理活动为主的体育服务业的增加值保持增长，其中增速最快的是体育传媒与信息服务，增长 18.9%，其次是体育教育与培训，增长 5.7%。①

下面将以 2022 年北京冬奥会为例分析我国体育产业的发展前景。

案例分析

冰雪产业：以 2022 年北京冬奥会为契机

2015 年，国家提出了“3 亿人上冰雪”的目标，到 2022 年冬奥会来临之际，我国将以多种方式实现这一目标。但需要正视的是我国冰雪产业起步晚，起点高，发展潜力大。借 2022 年冬奥会的大好契机，我国可加速发展冰雪产业。《冰雪蓝皮书：中国冬季奥运会发展报告》指出：全面实现对冰雪运动相关产业资源的整合与开发，完善冰雪产业链，实现设备装备国产化，加速行业的整合，对推动我国冰雪产业的蓬勃发展具有十分重要的现实意义。

以张家口崇礼区为例。2015 年冬奥会申办成功，张家口崇礼区凭借其得天独厚的地理和自然资源优势被确定为冬奥会滑雪赛事举办地，这对崇礼区的发展有着重要的影响。

---

① 国家统计局．2020 年全国体育产业总规模与增加值数据公告．（2021－12－30）［2022－03－15］．http://www.stats.gov.cn/xxgk/sjfb/zxfb2020/202112/t20211230_1825764.html.

（1）京张高铁崇礼支线。

在崇礼成为冬奥会滑雪赛事举办地后，京张高铁崇礼支线建设提上日程，通车后，两地之间的路上时间不到1小时，十分有利于冬奥会的开展以及崇礼地区冰雪休闲事业的市场推广。

（2）产业资源集群整合。

截至2017年，崇礼建成雪道102条，共112.6公里，索道、魔毯、拖牵38条，共26公里，其中8条雪道通过国际雪联认证。借冬奥会的契机进行产业资源集群整合，不仅仅是为了赛事举办的需要，更是为了提高现有的基础设施与服务水平，实现产业结构升级，完善产业链。

（3）旅游产业战略。

依托京津冀协同发展的规划以及承办冬奥会赛事的需要，大力发展冰雪休闲产业必然会带动经济发展。崇礼兴建了太舞滑雪小镇与富龙四季小镇，将从全产业角度合理规划发展以冰雪旅游为龙头，以避暑、文化、民俗、农场旅游为支持的旅游模式。春赏花、夏避暑、秋观景、冬滑雪，以冬季冰雪季转型带动四季旅游均衡发展。

资料来源：孙承华，伍斌，魏庆华，等．冰雪蓝皮书：中国冬季奥运会发展报告（2017）．北京：社会科学文献出版社，2017.

第三节　体育与文化

文化，是构成社会的一个重要参数。体育文化自然也是社会文化的有机组成部分之一。本节讨论的重点在于：体育文化产生、发展的规律及其社会功能，东西方体育文化、奥运文化的意义；现代教育的目标是培养德、智、体、美、劳全面发展的受教育者，体育是教育中的重要和基础组成部分；体育与艺术之间的区别与联系。

近年来，有关体育与文化的研究范围十分宽泛，研究成果丰硕。作为与经济关联最紧密的因素之一，学者们对于体育与文化的研究常常伴随着对体育经济发展的思考。朱海源认为体育文化与体育经济之间是一种相互促进、共同发展的关系，体育经济的快速发展需要体育文化作为发展依据，体育文化同时又可以为体育经济的发展指明方向①。李进朝将视线投在新兴的体育文化产业上，认为体育文化是广义文化的重要组成部分，可以展示国家、民族的形象，带动体育文化产业的发展，同时，发展我国的体育文化产业也可以推动体育文化的繁荣②。奥运会的“重在参与”“团结友谊”“公平竞争”等理念同样对中国体育文化产生了深刻的影响③。此外，

① 朱海源．浅谈体育文化与体育经济和谐发展的有效对策．经营管理者（下旬刊），2017（21）．
② 李进朝．论体育文化与体育文化产业．现代交际，2018（9）．
③ 罗雪．奥林匹克文化及其对中国体育文化的影响．当代体育科技，2014，4（18）．

以NBA为代表的西方体育赛事作为新兴的元素符号，在融入中国后与中国原有的传统符号发生碰撞，不断丰富着体育爱好者的体育文化①。

教育作为文化传播的重要途径之一，也成为众多学者探究的重点。郭可雷等提出体育须回归教育，顺应教育与体育发展的规律，如此，精英体育与学校教育才能培养出祖国需要的人才②。随后，周建东等指出“体育回归教育”的复辟论断是不符合关于体育和教育发展规律的假想的，将两者的优势更好地结合，才是破解“学训矛盾”等实际问题的关键③。

艺术在体育文化中同样是不可或缺的部分。在现代体育运动中，体育与艺术的融合已经成为现代体育生活和审美生活中的普遍现象，这种融合有利于体育与艺术的双向发展④。花样滑冰正是体育与艺术完美融合的一个例子，体育与艺术的关系，是量变到质变的联系与过渡，是一种由体育跨越到艺术的体现⑤。

一、文化简述

文化有狭义和广义两种含义：狭义的文化，主要指人类社会意识形态及与之相适应的制度和设施；广义的文化，指人类所创造的物质财富和精神财富的总和及其创造过程。从古至今，文化的概念都是不断发展变化的。本节所讨论的“文化”，从词源角度来源于拉丁文“cultura”，本义主要是指耕作、培养、教育发展出来的事物，是与自然存在的事物相对而言的。如前文所述，随着历史的演变，文化一词在不同时期，其含义也有所变化。总的来说，文化是一种综合体，包括实物、知识、信仰、艺术、道德、法律、风俗和习惯。这种复杂综合体不仅具有非遗传性和超个人性（因此非物质文化遗产只能靠人传承），还具有复合性和象征性。

体育也是一种文化，是文化的重要组成部分，因此也具有文化的特性，如文化的继承性、文化的时代性、文化的民族性、文化的世界性和文化的阶级性等。

在文化运行与发展的过程中，必然会出现文化争论，主要表现为传统与反传统（时代的）之争、民族化与国际化之争，这存在于文化的每个形态中，如语言文字、医药、保健、饮茶品酒等等，体育文化也不例外。

对于文化运行与发展的客观态度，既不能是盲目排外、故步自封，将眼光局限于本民族的文化，也不能是崇洋媚外，唯外来文化马首是瞻，而是坚持古为今用、洋为中用的原则，批判地继承和吸收传统文化和外来文化。只有这样才能避免步入歧途，才能建设具有中国特色的先进体育文化。简而言之，民族化与世界化并非截然对立的两个方

---

① 段斌，蔡水莲，王维．武术表演进入大型单项体育赛事的必要性与可行性研究：符号互动论视角．湖北体育科技，2014，33（4）．

② 郭可雷，平杰．论教育中的体育和体育中的教育．体育学刊，2016，23（1）．

③ 周建东，于涛．亦论体育与教育：兼与《论教育中的体育和体育中的教育》作者商榷．上海体育学院学报，2017，41（4）．

④ 郗鹏．体育与艺术关联的身体社会学考察．南京体育学院学报（社会科学版），2014，28（1）．

⑤ 杜娟．文化谱系下体育与艺术关系研究．当代体育科技，2018，8（4）．

面，它们之间是你中有我、我中有你的相互包容的关系，二者共同发展才是文化发展的正确方向。在我们掌握中国体育文化发展的方向的时候，无疑应该秉持这种观点。

二、体育文化

（一）体育文化的概念

体育文化是关于人类体育运动的物质、制度、精神文化的总和，大体包括体育认识、体育情感、体育价值、体育理想、体育道德、体育制度和体育的物质条件等。体育的技术方法属于体育认识的范畴，是人类认识过程的一种特殊形式。体育文化这个概念，不同于传统的体育理论、体育概论给体育运动所下的定义。体育文化是指人类在体育实践过程中创造和保存的一切体育活动形式、体育精神和体育制度的发展水平、程度和质量的总和。广义的体育文化是指人类在历史发展进程中，在体育方面创造的一切物质文明与精神文明的总和；狭义的体育文化往往是指有关体育的精神文明或观念文化。[①]

1. 体育文化的含义

体育文化的含义包括：（1）体育运动可以被看作一种文化现象；（2）研究体育运动产生的文化背景，观察体育运动与文化的关系；（3）考察体育运动的文化意义，确定体育运动在人类文化大系统中的地位；（4）研究如何自觉地塑造具有独立形态价值的体育文化；等等[②]。

2. 体育文化的形态

体育文化的形态产生的文化背景是西方文艺复兴与工业革命，旨在谋求身体的健康和发展，保持积极的心理、生理状态，发展体育理想、体育意识，最终维护社会稳定，促进现代化建设。其体育行为主要是个体性的保健活动和群体性的经济活动，以及各种类型的娱乐性活动。其目的在于实现身、心、群的合理发展，为社会造就和提供时代所需要的具有完整人格、优秀品格的社会成员。

3. 体育文化的重要性

体育文化的重要性正在不断提升，其作为现代体育不可或缺的基本要素，主要可分为三个层面。

（1）精神层面与制度层面：包括体育的精神、道德、思想、理论，以及体育组织的章程、规则、制度、法律等。

（2）推广层面：指运用各类文化形态与手段包装、推广体育，如新闻报道、赛事转播、广告、海报、会议、会旗、会歌、徽章、吉祥物、服装设计、啦啦队表

---

① 卢元镇．体育社会学．2版．北京：高等教育出版社，2006．李春晖．当代中国体育文化的内涵、特性与体育人文精神建设．北京体育大学学报，2015，38（12）．

② 马良．从体育礼仪看中国体育文化的演变．体育文化导刊，2008（2）．

演等。

（3）文创层面：指以体育为题材、内容的各类文化形态与文化产品，如体育教育、体育影视、体育会展、体育文物与博物馆、体育出版物、体育学术与科研、体育艺术、体育摄影、体育邮票、体育网游等。①

对体育文化的认识和对其重要性的理解是一个不断加深的过程。从整体上来看，体育文化的发展还处于初级阶段，目前，仅国家体育总局宣传司设置了体育文化处，国家体育总局下属有体育文化发展中心和中国体育博物馆；而地方上除个别省市体育部门下设了体育博物馆外，大多数省、市、自治区未设开展体育文化工作的专门机构②。因此，继续坚持宣传体育文化在体育发展中的重要性，梳理体育文化的意识与理念还需要多方力量共同努力。

（二）奥林匹克文化和后奥运文化遗产

奥林匹克文化的形成并非一蹴而就的，而是有自身发展的历史过程。从古希腊时代的奥运会到现代奥运会有着数千年的发展历史，在这漫长的发展过程中，奥运会在保持自身内核稳定延续的前提下，逐步吸收了各个时期人类社会不同领域的先进成果，渐渐形成了别具一格的文化体系。

具体而言，古代奥运会所形成的以古希腊文化为基础的多元文化，以及以现代奥运会为主体的奥林匹克运动的全部思想体系和活动内容，是奥林匹克文化的主要组成部分③。前者为我们提供了一系列宝贵的文化财富，需要我们对其进行批判继承；后者为我们指明了现代奥林匹克文化的发展目标与方向，需要我们在坚守中实现创新。奥林匹克文化谋求的是体育与文化、教育的融合。

奥林匹克标志性文化元素是奥林匹克运动留给我们的最具特色的文化遗产。诸如奥林匹克标志，奥运会会旗、会歌、会标、宣传画、吉祥物、火炬、奖牌、项目图案，奥林匹克绘画，以及奥林匹克雕塑，等等。此外，奥林匹克音乐、邮票、吉祥物、文学艺术、影视，奥运会颁奖仪式，以及奥运会开、闭幕式上的文体表演，等等，都是奥林匹克文化的重要元素。除此之外，奥运会还给我们留下了规模宏大的物质遗产，那就是为了举办奥运会而建造的奥运会场馆、体育设施及其相关文化附属设施。

奥运会主体育场既是奥运会最重要的场馆设施，也是各个国家花费心力最多的奥运会设施。通过妥善地维护和利用，主体育场还可以成为人民日常进行体育活动的重要场所之一。如何充分发挥其实用性，也是目前设计者和管理者需要考虑的问题之一。

奥运会训练中心是与奥运会有关的最重要的体育设施。随着近代竞技体育水平

---

① 郝勤．我国体育文化“十三五”规划刍议．上海体育学院学报，2016，40（2）．

② 李柏，郑秀丽，毕红星．打造体育强国和实施全民健身战略目标的理论思考．沈阳体育学院学报，2012，31（3）．

③ 崔乐泉．奥林匹克文化论．体育文化导刊，2009（9）．

的迅猛发展，能够在激烈的竞争中不落下风、取得优胜的体育强国，必然将建设高水平的现代化竞技运动训练中心作为重要目标。北京在 2008 年成功举办第 29 届夏季奥运会，展示了中国人民昂扬自信的精神面貌和热情好客的开阔胸襟。北京奥运会所体现出的多姿多彩的中国文化元素成为世界瞩目的焦点。在北京奥运会结束之后，这纷繁众多的文化财富为北京、为中国增添了浓墨重彩的一笔，成为新世纪中国的时代印象。体育场馆的功能演化更是让民众切身感受到了“奥运福利”。

在奥运会这个面向世界展示文化的大舞台上，中国也在为奥林匹克文化持续增添新的内容。2017—2022 年，中国陆续发行以冬奥会会徽、吉祥物、场馆、冰雪运动等为主题的纪念邮票，表现北京冬奥会从筹备到举办的一系列重要事件，记载北京冬奥会关键进程，以邮票的形式讲好中国故事，向世界展示健康中国、活力中国、文化中国的美好形象。北京举办奥运会，不仅是我们这一代人留给后人的精神和物质遗产，也是中国贡献给奥林匹克文化和全世界的独一无二、极具特色的宝贵遗产。

三、体育与教育

从教育方面来讲，体育是教育的基石之一。教育是民族进步、社会发展的基石，这是优先发展教育的理论基础。从教育的“德、智、体、美、劳”五个方面来看，最重要的基础还是“体”。毛泽东同志在《体育之研究》一文中对“体”做了一个非常高度的概括：“体者，载知识之车而寓道德之舍也。”① 我国著名教育家顾明远先生也提出，体育是基础教育的基础。在教育中，体育是最基础的。

学校体育的目标是什么？从国家和民族的层面来讲，学校体育解决的是国民身体素质的问题。国民身体素质包括很多内容，如饮食习惯、工作习惯、生活习惯、体育锻炼习惯等等②。此外，建设完善的校园医疗体系，也是提高国民身体素质的重要举措，具体包括医疗保障、意外伤害保险等等。总而言之，提高国民身体素质是发展学校体育非常重要的内容。

从个人的层面来讲，身心健康是未来成功和幸福的基础。学校体育的价值，无论是对国家、民族，还是对教育本身，抑或是对每一个人来说，都是绝对不能忽视的。③

体育运动的基本手段是身体练习，各种身体练习是人们生存生活、劳动工作、军事技术等所包含的内容的提炼和升华。人们掌握体育的身体练习，实际上也是在锻炼各项技能，这对他们适应社会的需要是极其重要的，甚至能影响他们的一生。

体育运动是一种特殊的社会文化活动，其特殊性在于每一个人都能在激烈的对抗竞争中获得强烈的自身参与感，以及在形式多样的体育活动中进行频繁的人际交

---

① 熊晓正，林登辕．启蒙与重构：读《体育之研究》．体育科学，1997（5）．

② 王登峰．教育中的体育和体育中的教育．体育科学，2017，37（12）．

③ 同②．

往。因此，在这一领域中，必须确立明确而细致的行为规范。奥林匹克精神、体育道德风尚、运动员竞技精神、各项比赛的规则等都是这种行为规范的体现。虽然体育运动中的道德、规范具有强制性，但它毕竟是通过游戏娱乐和运动比赛体现出来的，是人们乐于接受的，况且它发挥效用的范围也仅限于运动和比赛过程，在运动和比赛结束后不会给人造成精神压力。

能够经常参加丰富多彩的体育运动是许多儿童、少年和青年追求的生活目标。有不少人把能够进入运动员行列作为一个中短期的生活目标。体育目标的确立有助于他们今后职业的选择、家庭的建立和积极人生态度的培养，这是因为体育运动能够锻炼人的独立性和自立能力。

体育运动对社会角色习得具有重要的作用。在完整的体育运动中，参与者进入临时的“体育社会”当中。在这个社会中，每一个角色扮演者都可以通过对这一角色的学习，体会到在遵守规范的情况下发挥人的主观能动性是可以改变最终结果的。这对人的成长大有裨益。

因而在现代社会中，体育的社会化功能越来越受到重视。体育教育一方面向人们传授生活技术、技能，另一方面向人们提供体验社会规范教育的场所和实践社会规范的模拟机会，可以进一步引导人们融合进社会共同的价值观念体系。如上文所述，少年儿童可以在体育运动中体验到各种各样的“社会角色”，这可以促进少年儿童个性的形成和发展。当前全面推行的素质教育为体育教育、健康教育提供了一个良好的发展契机。体育运动反过来也是配合开展素质教育的有效途径。总的来说，体育运动可以提高参与者的竞争意识，拓展参与者的视野，丰富参与者的情感生活。

四、体育与艺术

艺术，是审美意识物化的集中表现，能够让人们感受到强烈的美感，艺术品作为人的审美对象可以在社会生活中发挥其特有的作用。通俗地说，艺术就是人的知识、情感、意识、想象通过某种特殊的方式结合而形成的有机产物，它通过审美创造活动，能够再现现实场景、表现作者的情感。体育也是人类独有的一种社会活动，是人们为了锻炼身体、提高运动技术水平、丰富社会文化生活而从生活实际中抽象出来的一种教育过程，是以身体活动为媒介，以谋求个体身心健康、全面发展为直接目的，以培养身心健康全面发展的社会公民为终极目标的一种社会实践活动。

体育与艺术，在最初的发展阶段是同出一源的，在进入文明时代后，才分为不同的文化形式。但是在进入现代社会以后，体育与艺术在相互促进、相互借鉴的过程中又出现了融合的发展趋势。体育与艺术是息息相关的，它们产生的来源和发展的动力都有着很大的相似之处，是两种交互融合的艺术形式。①

---

① 王姣．浅析如何做好体育与艺术的交互融合．艺术科技，2013，26（12）．

体育与音乐的结合主要在于两个方面。其中一方面是音乐元素在体育运动中的应用。花样游泳、自由体操和花样滑冰等都属于这种应用范畴。将音乐的韵律感同肢体的协调感结合起来，同时给予人听觉和视觉上的双重享受，因而产生更具有内涵的美学价值。

另一方面是体育元素在音乐中的体现。随着体育运动的发展，音乐作为一种极富创造力和表现力的艺术形式，运用人声和乐器，来抒发对体育之美的赞颂。比如我们所熟知的《运动员进行曲》《We are the Champion（我们是冠军）》等，在欣赏这些乐曲时，我们不仅获得了对音乐之美的享受，也被唤起了对奋勇争先、友好竞争的体育精神的美感的享受。这些都是音乐与体育相结合的产物，都具有多元化的美学价值。

此外，文学、戏剧、摄影、影视、绘画、雕塑等许多艺术领域，分别从各自的观察视角描绘体育运动的美感，歌颂顽强拼搏、自强不息的体育精神。通过分析体育与艺术相结合的历史和形式，可以看到其中蕴含着美学价值的巨大潜力和创造力。

第四节 体育与科技

迈入 21 世纪，现代科学技术的发展为认识和改造世界——当然包括体育在内——提供了强大的动力。科技成为现代体育的主导，体育成为现代科技的重要展示舞台。现代科技在体育中的应用基本上可概括为辅助、主导、依赖三个阶段，科技对体育的作用也由弱变强，由扶持变为牵制，由此引发了体育中仰仗经济和科技势力争取体育霸权、肆意违背人的自然生长规律、践踏体育精神等异化现象。因此，我们应该辩证地看待科技为体育各层面带来的利弊得失，正确地认识两者间的互生相长的关系。只有这样，才能正确地使用科技手段促进体育发展。

近年来，学者们有关体育与科技之间关系的争论从未停息。科技被应用于体育中，犹如一把“双刃剑”，在给体育带来巨大进步的同时，也由于人类的不当行为，使体育陷入了背离其本身价值的困境。这在竞技体育中的体现尤为明显。一方面，科技促进了竞技运动自身的技术发展，极大地提高了运动训练的科学水平，也增加了比赛的观赏性①；而另一方面，竞技体育中兴奋剂和超级跑鞋、“鲨鱼皮”泳衣等“科技兴奋剂”的使用，以及基因技术非医学目的的滥用所导致的科技的异化已成为当前形势下体育界最严重的矛盾，这种竞技体育的博弈冲突已变相成为社会暴力现象②。有学者认为，消除竞技体育异化应以奥林匹克精神的复归为取向，弘扬竞技体育中的人文精神和生态体育理念③；还有学者认为，需要彻底改造技术理性得以产生和存在的文化基础，重建“以人为本”的体育文化，以此消解现代体育对科

---

① 阿英嘎，王宇．科技进步对竞技体育影响的辩证观．体育文化导刊，2006（9）．

② 马林，张建华．竞技体育博弈冲突及其根源异化思考．山东体育科技，2018，40（3）．

③ 李响．竞技体育异化的哲学思考．大连：大连理工大学，2017：34．

技的异化[①]。科技除了对体育自身产生直接的影响外，还对体育涉及的其他社会领域产生作用。陈小平通过分析奥运会中的强大对手在竞技训练硬件、软件方面的系统训练环节，提出要探索奥运训练的科学化发展之路[②]，以此作为彰显我国国际地位的符号。高杰和匡萍认为，体育科技带动了体育产业的发展，为体育产业的创新发展提供了依托，同时促进了经济的发展[③]。同样，科技孕育的“互联网＋教育”模式被运用于体育学习中，为体育教学提供了新的思路[④]。

一、科技对体育的促进、提升作用

（一）科技对竞技体育的促进

竞技体育因其具有的激烈的竞争性、广受关注的焦点性而被赋予了极高的经济价值和政治希冀。竞技体育舞台也就成为人民的素质水平、国家的经济实力和国际地位的重要展示场所。而要想在比赛中取得最终的胜利，就要不断地提高运动员的成绩。有两个重要因素能够直接影响运动员的成绩：一个是运动员内在身体素质及运动水平的提升，另一个是外在的运动场地、设施、装备的革新。新装备的使用、高浓缩生物营养制品的研发、科学运动训练理论与监测手段的创新、智能管理系统的开发等等，无不展现着科技对体育竞赛做出的卓越贡献。不可否认的是，现代科技的确促进了体育运动的科学化。越来越多的高科技成果被应用到现代体育运动中。在科技的帮助下，现代竞技运动水平正在逐渐逼近人类自身能力的极限。

科技的进步还促进了体育竞赛公平性的提升。公平竞赛是体育赛事的根本原则。高新科技为体育带来更为精准的计量设备，为竞赛公平保驾护航。其中最为典型的例子是兴奋剂检测技术，它充分彰显了科技对体育的贡献。

（二）科技为体育产业经济插上翅膀

体育并不是单纯的消费现象，体育产业正在成为我国国民经济新的增长点。科技促使体育产生的经济贡献，不仅体现在体育器械、运动服装、运动营养补剂、健身器械与监测软件等有形产品上，还体现在相当一部分如运动治疗、健康资讯服务、感官精神享受等无形财富上。这些成果既优化了产业结构、解决了劳务问题，又增加了社会财富及国家收入，是国民生产的重要组成部分。[⑤]

亚洲体育产业协会秘书长、台湾师范大学体育系教授程绍同认为，体育产业与科技产业为当今人类舞台上两大当红巨星，体育产业本身就是科技、经济与体育强

---

① 杨辉．现代体育的科技异化与消解．体育世界（学术版），2018（8）．

② 陈小平．科技助力奥运训练：形势、进展与对策．体育学研究，2018，1（1）．

③ 高杰，匡萍．促进体育产业发展的政府机制研究．山东体育科技，2012，34（5）．

④ 荆雯，李洋，刘元国．“互联网＋教育”背景下泛在化新型体育学习模式研究．体育学刊，2019，26（1）.

⑤ 张朋，阿英嘎．科技与体育的对话：利弊述评．福建体育科技，2015，34（4）．

强联手的结果，荣景可期，影响全球经济甚至扩及人类政治、文化、社会所有层面①。

体育产业未来就是人类移动生活中的“大数据”＋“云端”＋“互联网”＋“增强现实（AR）”＋“虚拟现实（VR）”＋“人工智能”的整合运用。现代信息技术在体育产业中的应用，对体育产业从形式到内容再到发展模式的创新都起到了促进作用。在当今以“智能”为潮流的科技的引领之下，体育产业的各个领域也纷纷推出高科技智能产品，如智能衣、智能鞋、智能球，还有为无法亲临比赛现场的观众准备的各种观赛渠道与互动方式，对训练器材的挑选、训练场地的维护、比赛的安排也可以通过“智能”的方式解决，再如运动员与粉丝在社交媒体上的互动交流，以及下面将会提到的科技与体育教学相结合，等等。凡此种种，都是科技渗透进体育领域的表现。

普华永道的数据显示，2010—2015 年全球运动市场收入达 1 450 亿美元（年增长率 3.7%）②。而 WinterGreen Research 公司的调查报告亦指出，运动数据分析市场的开支将在未来呈现爆炸性的增长，其主要是因为受到智能手机、社群媒体与云端运算的高科技发展的影响③。由此可见，高科技为体育产业蓬勃发展提供着源源不断的动力。

未来的消费趋势表明，科技与体育产业的结合点越来越多，利用空间也越来越大。正如《中国体育报》原常务副总编张乐年表示，我们要重新认识科技对体育的作用，如果说体育改变着世界，那么也可以说科技在改变着体育④。

（三）科技在群众体育中的作用日渐凸显

虽然竞技体育引人瞩目，但是能真正参与到像奥运会、世锦赛这样的大赛中的运动员少之又少。对于人民群众来说，群众体育才是更加需要的。要推动竞技体育与群众体育协调发展，推动我国由体育大国向体育强国迈进，就要提高科技在群众体育当中的使用范围，通过现代科技提高群众体育的科学性，这是新时期“科技强体”的重要任务。⑤

现代科技对公共健身起着至关重要的作用。科技对发展群众体育和促进体育产业做出了巨大贡献，比如为解决广场舞扰民问题而开发的降噪音响、同步耳机，为体育锻炼者提供健身时间、心率、强度等参数的电子、传感、移动终端运动软件等

---

① 高科技＋体育产业将颠覆人类想象．(2017-03-26)［2018-11-03］．http：//www.sohu.com/a/130398559_482792.

② 斐讯“智慧”布局．(2017-08-26)［2018-12-20］．http：//www.eeo.com.cn/2017/0826/311476.shtml.

③ 沈浩．改变世界的大数据．时事报告，2013 (6)．

④ 科技的力量有多大：“中国鹰眼”看未来．(2015-12-30)［2018-12-11］．http：//www.sohu.com/a/51394414_115533.

⑤ 刘延东：为我国从体育大国向体育强国迈进做贡献．(2011-12-27)［2020-12-11］．http：//www.gov.cn/ldhd/2011-12/27/content_2031123.htm.

的开发与普及，大型体育场馆的 LED 灯的绿色节能照明系统的使用，等等。科技可以让运动者拥有更好的体验，让运动达到更好的效果；新型的建筑材料也让体育场馆的清洁方式更加便捷；此外，高科技空气净化装置的安装，可以使场馆内的空气得到彻底清洁；等等。另外，体育通过科技媒介的宣传拉近了与现代人的距离；具有 360 度环视效果的直播和虚拟现实直播等技术的使用，提升了人们观看体育直播的效果，拉近了观众与赛场的距离，促进了体育的普及化。

（四）科技丰富了体育教学内容

科技体育进入学校是体教结合、体科结合的必然要求。现代科技能促进体育学科的科学化、系统化。体育学科在成长、发展过程中形成了自己的科学和知识体系。许多其他专业学科与体育学科综合，形成了一些交叉学科，比如运动生物化学、运动生物力学、运动心理学等。这一方面丰富了现有的体育理论，另一方面也推动了体育科研朝科学化、定量化的方向发展。同时，科技体育项目的完成也离不开大量的身体活动参与。如定向运动不仅能培养学生规划路线的逻辑能力以及辨识地形和方位的空间能力，而且能加强学生的有氧耐力和定向攀登爬越的能力，可以促进学生的运动能力和体质健康。

在体育教学中，教师要配合多媒体的影像效果，刺激学生的视觉记忆；扩充课程教材，塑造体育的新形象，加速普及体育知识，提高学生的整体学习动机与满意度。

二、科技对体育的扭曲和侵害

（一）科技进步带来了人的生理功能的衰退和健康水平的下降

科技进步不仅减轻了体力劳动，也带来了由运动不足导致的肥胖症、低头族、文明病等后果。以我国青少年体质健康水平为例。随着科技进步，我国青少年体质健康水平在最近的 30 年里部分指标持续下降，虽然造成这一现象的原因不是单一的，但是科技进步对青少年生活习惯养成的影响无疑是重要原因之一。

此外，大量的科技训练手段的使用导致数据代替人的经验。不断用数据来解析运动员身心的潜能极限，剥夺了运动员的运动竞技乐趣与幸福体验，致使人的主体地位缺失。

（二）科技导致竞技体育的不公平竞争

在竞技体育当中，一方面，高新科技造就了体育璀璨的成就，如体育舞台的炫目效果、体育器械的高效优质、体育信息的快速获取等；另一方面，体育比赛被简化为科技实力的竞争，导致运动竞赛的起点不再位于同一水平线上。如“刀锋战士”皮斯托瑞斯凭借价值 1.5 万英镑的高科技碳纤维假肢，在奥运赛场屡获佳绩。

速比涛（Speedo）公司研发的新型“鲨鱼皮”泳衣，更是让运动员在奥运会中打破多项世界纪录，大放异彩。体育利益追求下的不公平竞争、对科技手段的过度依赖或滥用等，使得运动员的功利主义、道德缺失、体育核心价值观偏移等等问题屡见不鲜。不可否认，如果科技手段在体育领域被滥用，就会破坏体育的公平、公正原则，甚至污染社会空气，对整个社会的道德水平造成不良影响。

（三）科技致使运动道德缺失

体育的工具功能、政治功能通过科技手段过分扩大化，导致竞赛方为争取竞赛获胜而采取一系列不择手段的非道德行为，如使用兴奋剂、赌球、欺骗裁判或监测设备、基因工程介入等。科技的不恰当使用使人的主体性在体育活动中占比减少，削减了体育文化内涵。人在体育中的主体地位和尊严受到严重挑战，工具性体育致使人文精神和体育道德缺失。

（四）科技使体育的负面效应无限放大

科技催生出现代互动。即时、便携、快捷的传播媒介使体育明星的丑闻、受贿、赌球、假球等体育负面信息快速传播与无限放大。虚假、欺诈的体育新闻举目可见，严重影响人们对体育真、善、美价值观的理解，体育事业的良性成长和社会核心价值体系的建立。

三、体育对科技进步的促进作用

体育与科技之间的关系并非单纯的是体育依靠科技、体育越来越受制于科技，而是两者相互推动和促进。从辩证的观点来看待体育与科技，我们可以这样理解体育对科技的反作用：

一是体育从本质上来说是人类的一种认识世界、改变世界的劳动实践，包括认识人类自身的体能、极限和对自身运动机能的控制和释放等。无论是新技术、新材料的体育用品，还是竞技赛场上的影像记录技术、反兴奋剂技术，抑或是方兴未艾的智能手机运动 App，都需要依靠运动员或使用者反复测验、改进、优化甚至推翻重建，才能够排除内在的偏差、故障并投入正式应用。

二是形成了体育学科，体育已经逐渐成为一个重要的学科门类。我国早在 20 世纪 80 年代初便成立了中国体育科学学会，其宗旨就是开展体育科技活动，促进体育科技事业的发展和体育科技人才的成长，为增强人民体质、提高运动技术水平服务。体育事业发展的需要，催生了体育学科以及与其他相关学科的交叉学科。

三是运动技术也是一种特殊的技术。运动技术的分析、改进、优化正越来越依靠科学研究的支撑。对运动技术的深入认知、诊断与分析，综合运用了包括运动生物力学、运动录像分析系统技术等多种技术，是其逐渐走向科学化的过程。而对运动技术的深入研究，也为提升运动员成绩、减少运动伤害、运动康复、仿生学、运动型机器人研发等提供了技术支持。

社会的发展终将以人的发展为基础，体育科技的运用也必将坚持以人为本的原则。科技在体育中的运用不能以牺牲人的主体性为代价，以违背和制约人的成长发展规律来换取体育的功利性价值，以违背体育的本质来践踏体育的“真、善、美”之精神。正确地处理科技与体育的关系，探究科技在竞技体育中的角色规范，让体育回归生活，使科技回归理性、顺应人性，将是未来体育发展的康庄大道①。

总体而言，体育与经济、政治和社会进步及发展之间是作用与反作用、制约与被制约的关系。经济、政治在整个人类社会中起基础和主导作用，体育必然受到经济与政治的制约和影响，并为一定社会的经济与政治服务。但是，体育也不是简单、被动地受制于一定社会中的经济与政治，它具有相对独立性，并反作用于一定社会中的经济与政治，对经济发展和政治稳定有积极作用。而相对于体育与经济、政治之间这种较为密切的关系，体育与其他社会领域之间，则是相互影响、相互制约、相互促进的关系，体育的独立性相对更大。

复习思考题

1. 如何理解“体教结合：让体育回归教育”？
2. 国际体育组织中的话语权体系如何构建？
3. 2008 年北京奥运会后，国家的体育发展战略有哪些变化？请分析原因。
4. 你认为在当今世界，体育与政治的关系是变得更加紧密还是更趋于各自独立？请举例说明你的观点。
5. 目前我国体育产业的结构性问题有哪些？新时期体育产业的范围和规模不断扩大，应从哪些方面考虑体育产业的发展前景？

推荐阅读书目

1. 卢元镇．体育社会学．4 版．北京：高等教育出版社，2018.
2. 科克利．体育社会学：议题与争议：第 6 版．北京：清华大学出版社，2003.
3. 马奎尔，扬．理论诠释：体育与社会．重庆：重庆大学出版社，2012.

① 张朋，阿英嘎．科技与体育的对话：利弊述评．福建体育科技，2015，34（4）．

第六章 体育制度问题

本章要点

- 制度的实践体现了组织与个人之间的张力。体育组织内的个人行动既要在制度框架内开展，也对制度本身形成影响。
- 体育制度的发展体现了体育与社会的嵌入、脱嵌、再嵌入的变迁历程。传统体育制度是人与自然、社会、国家有机融合的产物。现代体育更加纯粹化，已经融合在日常生活、体育产业等社会结构中。
- 由于体育制度在社会中的嵌入，体育制度内部的权力结构构成了个体与组织之间对抗和支配的重要影响因素。个体在体育制度框架内形成的参与网络既是体育制度的产物，也是某种体育制度诞生的诱因。
- 体育制度的内核具有稳定性，体育制度的变迁是由表及里的过程。体育制度变迁的研究者和推动者的理论立场不同，对制度变迁的阐释也不同。

关键概念

制度理论、传统体育制度、现代体育制度、权力、网络、制度变迁

在社会领域中存在着多种多样的制度，从类型学上对制度进行清楚的界定是本章的首要目标。体育社会学吸收了社会理论中的制度思想，对体育制度的类别划分有多种标准。基于这些类别划分，可以更好地透视我国从传统社会到现代社会的变迁过程与体育制度之间的对应关系。

制度不仅在一定的时间和空间中具有稳定性，也会随着环境的变化而发生变迁。经济学与社会学理论中都有制度变迁方面的理论，两个学科在对制度变迁的理论阐释上依旧存在着基本假设的差异。当前引用经济学的制度变迁理论的文献，对体育制度变迁问题的认识具有一定的局限性。

当前我国的体育制度已经面临新的实践环境，围绕举国体制下的职业竞技体育制度、群众体育制度等有关体育制度的变迁问题涌现出大量文献，但真正系统深入

地运用社会学视角的体育制度研究较少。

第一节　制度概念

社会科学的科学追求是自该学科诞生之初就存在的，为实现“科学”的目标，对所关注的概念进行清晰的界定非常重要。就制度而言，本节首先介绍几位重要的社会学家提出的制度理论。他们理解制度的方式各有所长，因此对制度概念的解释也不一样。目前关于体育制度的研究，或是仅对制度的概念做一个简单的阐述，或是仅从某一方面的含义出发来研究体育制度问题。

一、社会学的制度思考

当从社会学的视域来看待制度问题时，如何理解制度是我们首先面临的理论问题。不同学科关于制度的不同视域会带来不同的解释。关于体育的研究如果过于关注运动行为本身，而在思考制度问题时只从日常生活中理解的制度概念出发，就无法从社会学的视域来找到全新的解释思路和有效的解决办法。

制度实践明显地体现了个体与社会之间的张力。社会学理论的一个重要领域就是关于社会实在的讨论，即就“社会是否是一个实在”而分化出“唯名论”与“唯实论”两种流派。唯名论的理论主张认为社会规律都将被还原成个体行动的规律，而唯实论的理论主张认为社会是真实存在的，是一个内在有机联系在一起的统一整体①。制度既不是作为社会这个庞大的整体而存在，也不是单个的行动者的行动规律的直接体现。若按照日常的理解，我们只会将制度视为对个体行为具有约束力的外在结构。虽然制度的实践是基于个人的，但是制度的作用主要还是在于保证社会的有序运行。在认识制度的时候，社会理论家也会从不同的方向着手。

（一）结构性的制度理论

最初的社会学家过于强调制度的结构性，主要代表性学者包括斯宾塞、威廉·G. 萨姆纳（William G. Sumner）。作为社会进化论的提出者，斯宾塞把社会系统内部的不同的制度部分视为制度子系统，希望通过研究这些子系统的普遍规则和原理来认识整体社会②。萨姆纳进一步丰富和拓展了斯宾塞的思想，认为制度构成的基础是观念和结构。所谓观念就是人们的思想、概念和价值取向等，表达了制度的目的和功能，而结构就是把这些观念付诸实践的具体手段③。斯宾塞和萨姆纳的制度观念具有浓厚的生物进化色彩，至今仍有很多学者延续了这种思想，把制度与具体

---

① 于海．西方社会思想史．3 版．上海：复旦大学出版社，2010：148.
② HERBERT S. The principles of sociology. Lodon：Appleton-Century-Crofts，1910.
③ SUMNER W G. Falkways. Boston：Ginn & Co.，1906.

的组织等同起来，因为这些“功能专门化领域”就是某个部门或者组织①。

这种制度观对后来的帕森斯有一定影响。在帕森斯看来，制度是一种规范系统，它主要的功能是调节人际关系、界定人际关系的取向。他关于一般系统的 A-G-I-L 功能图示中包含的适应、目标达到、整合与潜在的模式维持四种功能对应了四种类型的规范系统。帕森斯为后人所批判的是其制度概念过于强调制度的外在性，几乎就是价值约束，个体只是内化制度规范的载体，致使主观维度缺失②。

（二）互动化的制度理论

受库利影响的一批学者则注意到，制度与个体之间的关系是相互依赖的。个体一贯都是制度的原因和结果③。当我们说个体是制度的原因时，无论基于何种人性假设，如理性人假设、社会人假设或复杂人假设，只要一群人要围绕某个主题展开合作，就都需要一套制度来保障各项细节工作的有序进行。当我们说个体是制度的结果时，无论是组织的制度的结果还是某种行为机制上的制度的结果，在制度环境中的个体都会发生行为、认知和人格等方面的改变。

埃弗里特·休斯（Everett Hughes）也持有相同的看法，他在研究职业制度结构时，发现了制度与个体的多种互动形式④。同样注意到制度与个体相互依赖关系的还有米德和舒茨，只是前者注意到符号系统在互动中的作用，后者关注的是“意义”如何通过互动得以形成。他们从微观的角度注意到互动中的个体与制度之间的联系，虽然没有过于直接地提到制度。

（三）吉登斯的制度理论

在当代社会学理论家中，不得不提到英国社会学家吉登斯对制度的思考。吉登斯的结构化理论是在社会学理论经历了功能主义这种强调结构的宏大叙事与社会互动论等强调微观叙事的思潮的背景下，对结构与行动进行整合的一次理论探索。在他看来，个体一直保持着既是制度的原因又是制度的结果这样一种状态。他对制度进行了一个解释：“一个社会就是一套制度化行为模式的集结（cluster）或体系。所谓社会行为的‘制度化’模式，指的是跨越长久时空范围而一再发生——或者用现代社会理论的术语来说，就是社会性再生产——的信念和行为模式。”⑤

---

① SCOTT R S，MEYER J W. The organization of societal sectors//MEYER J W，SCOTT R S. Organizational environments：ritual and rationality. London：Sage，1983：129-153.

② DIMMAGGIO P J. Constructing an organizational field as a professional project：U. S. art museums，1920—1940// POWELL W W，DIMMAGGIO P J. The new institutionalism in organizational analysis. Chicago：University of Chicago Press，1991：267-292.

③ COOLEY C H. Social organization. New York：Free Press，1956.

④ HUGHES E C. Men and their work. New York：Free Press，1958.

⑤ 吉登斯．批判的社会学导论．上海：上海译文出版社，2007.

在吉登斯的定义中，跨时空是制度的重要特征。这种说法极具社会学想象力，与日常理解的制度概念有较大不同。他经常以语言为例子，因为每个人都使用语言，而且往往是创造性地使用，但却没有单个的人创造语言。所以，在吉登斯的理论框架中，那些被包含在社会总体再生产中的最根深蒂固的结构性特征被称为结构性原则（structural principles），而在总体中时空延伸程度最大的实践活动就是制度（institution）①。因此，他的定义比之前的理论视角更进一步的是，他看到了全球化背景下社会的时空延伸特性，在制度是个体与结构相互依赖的产物的基础上，加入了时空的维度。

上述关于“制度”的社会学定义是体育社会学在思考制度问题时应当具备的出发点。在研究我国体育制度有关问题时，一般的倾向，如从管理的角度和体育本身发展的角度出发，都显得不够深入和全面，也难以找到合理的解决路径。

在我国体育诸多制度的发展过程中，对个体与制度之间所发生的持续互动需要予以深入探究，其中涉及的主要问题就有现代体育发展环境中人的个体化与我国现有体育制度之间的对立，体育制度如何塑造个体的行为模式，等等。然后，才应该思考如何促进当前体育的各个制度问题的解决。

二、体育制度概念与内涵

当把制度具体到体育制度时，需要把体育所构成的社会领域作为各种体育制度的基础环境。这个社会领域里的角色有运动员、教练员、体育组织领导、赞助商、体育爱好者、体育参与者、体育中的各类粉丝等等。他们在体育实践过程中，自觉或者不自觉地采取了某些结构化的行为取向，这些取向一旦成为跨时空的存在，就是我们关注的体育制度。但是现有的体育制度研究，对体育制度概念的把握缺少对社会行为主体的审视。

（一）常用体育制度概念

有文献在分析体育制度的概念时，认为体育制度是指国家体育机构和社会组织，以及由它们制订并实施的各种规章制度、条例、办法的总称；但同时也补充说明，体育制度是依据社会制度并在体育实践基础上建立与发展的②。这种定义也得到了其他体育制度研究者的认可③，但这种定义很明显是结构性的，不仅缺乏互动视角，也容易步入自上而下地审视制度问题的分析模式。

仅把体育制度看作具体的机构或组织的情况最为常见。我们经常能听到的体育

① 吉登斯．社会的构成．北京：中国人民大学出版社，2016：16.

② 雷震．从社会学的角度审视体育制度的构成要素与功能．北京体育大学学报，2005，28（6）.

③ 冯晓丽．我国社会体育制度研究．体育文化导刊，2010（12）.

制度有体育训练体制、竞赛体制、产业体制和管理体制，还有最为宏大的举国体制[1]。我国的体育发展历程促使我国走上了举国体制的道路，并在初期取得了不错的成绩。但近年来，对这种体制存在的问题的思考越来越多。在思考制度出路的时候，如果单纯地发挥某种理性的力量，就会导致制度趋同性。

在组织社会学理论中，对这个问题的表述就是：为什么越来越多的组织采取了相似的组织形态？在目前有关的研究中，迪马吉奥（Dimmaggio）等人通过研究归纳出三种制度趋同的机制：强制、模仿和社会期待[2]。强制来源于其所依赖的其他组织和社会文化期待施加给组织的正式和非正式压力。当体育组织所处的环境中有外在的压力迫使其制度发生变迁时，体育组织会因为强制性的制度选择而产生与其他地区或者其他领域的制度相似的趋势。而模仿与强制是不一样的，它是指组织在解决制度问题并做制度决策的时候，如果对解决的方案没有清晰的选择和认识，那么模仿其他现存组织的制度就是一个取巧的解决策略。最后一种情况，即社会期待是由广泛存在的专业化带来的。当一个组织内部包含越来越多不同专业的人员时，它就显示出和其他专业同行组织的相似性。

所以，仅从结构性的制度观念角度去认识制度，就对我国的各类体育制度的优劣问题进行研究和讨论，势必带来由各种原因导致的组织趋同，而这种趋同并不能注意到某类体育制度在我国实际所处的环境中的效果。也就是说，广泛存在的制度无法说明其针对组织问题的适度性高低——它们甚至可能是低效或者有负面效果的制度。

（二）体育制度的社会内涵

要考察我国体育事业的发展，就不得不从我国当前的社会环境来思考制度问题。体育社会学关注体育制度，除了解决体育事业发展的制度瓶颈外，更应该看到体育制度与社会之间的互动关系。

现代体育事业在我国的发展使得我国的体育制度不断理性化，解决体育事业制度问题的理性化只是体育制度的显功能。在具体的体育实践中，体育制度对于社会的建设和发展的潜功能没有得到足够的重视。有学者归纳分析得很准确，他认为，体育制度具有几个重要的功能，包括：（1）以规范协调的制度要求，使得人们的体育生活协调有序，即行为导向功能；（2）通过制度的强制要求，使得国家、团体和个人之间，以及其他社会系统之间得到有序整合，即整合功能；（3）基于文化形成的体育制度由于其长期的稳定性而延续和传递了文

---

① 在多数场合下，举国体制是指为了提高我国体育综合实力和在国际赛事中取得成绩而实行的全国统筹选拔，集中训练，专项资金支持的一种体育发展战略。在此处，举国体制指的是在这一战略下形成的一系列体育制度。

② DIMMAGGIO P J，POWELL W W. The iron cage revisited institutional isomorphism and collective rationality in organizational fields. American sociological review，1983，48（2）.

化，即文化传递功能①。

就具体例子来说，足球和乒乓球是我国对比比较明显的两种运动。一种是讲究团队协作的运动，另一种是注重个体技能和双方对抗的运动。简单来看，中国目前的足球运动在国际赛事中的成绩并不理想，而乒乓球发展成了国球，两种不同的发展轨迹的形成是有一定的社会环境原因的。

在此，我们只就足球包含的体育精神和社会性来看组织制度与个体之间的社会互动。足球项目的人才制度、比赛制度以及国家与社会关于队伍培养的制度会形成一个关于足球的综合制度丛。所有这些制度会塑造一个关于足球运动员的社会环境。就如同当乒乓球成为国球以后，在全国的很多角落都能看到人们打乒乓球的场景。在我国当前的环境中，不管人们是单纯地热爱足球，还是基于某种国家荣誉感热爱足球，受到场地限制以及文化氛围的束缚，都并不能形成常态化、制度化的热爱足球的氛围。总之，可以说体育制度是一套镶嵌在社会环境中的具有社会潜功能的一系列跨时空存在的社会行为规则，研究体育制度需要充分挖掘其社会内涵。

三、制度问题分析框架

本章的结构主要是在理清关于制度的概念和理论之后，从这些概念和理论出发来看待我国的体育制度问题。在此我们需要说明一下，提及问题并不仅仅是强调目前的体育制度存在问题，更重要的是说明在探讨我国的体育制度问题时可以有哪些社会学的问题视野——也可以将其表述为体育制度研究议题。

本章期望达到抛砖引玉的效果，毕竟体育制度这个话题太过庞杂，仅仅用一章的内容无法详细说明和展开。本章会从中国传统体育制度与现代体育制度的比较分析出发，试图从历史的视角向大家展示制度分析的新向度。在得出一些基本结论的基础上，进一步讨论现代体育制度究竟可以包括哪些方面的内容。并且，本章将结合一个研究实例来具体分析制度问题研究的多种可能性。

我们关于制度的社会学理论已经十分成熟，其核心基于对社会、组织的长期行动规则和模式的思考。从这一套理论出发，可以初步推演出关于体育制度的理论。在理论视野中思考体育制度的现代性以及问题，会让体育制度研究产生更多的理论贡献。沿着这个思路，我们不仅可以通过对现代体育中的各种问题的研究丰富体育社会学理论（也包括关于制度的理论），还能从传统体育制度中总结出现代社会所能参考的体育制度建设方案。这整个过程，需要研究者关于体育制度的想象力。

体育制度问题的分析框架如图 6-1 所示：

---

① 雷震．从社会学的角度审视体育制度的构成要素与功能．北京体育大学学报，2005，28（6）．

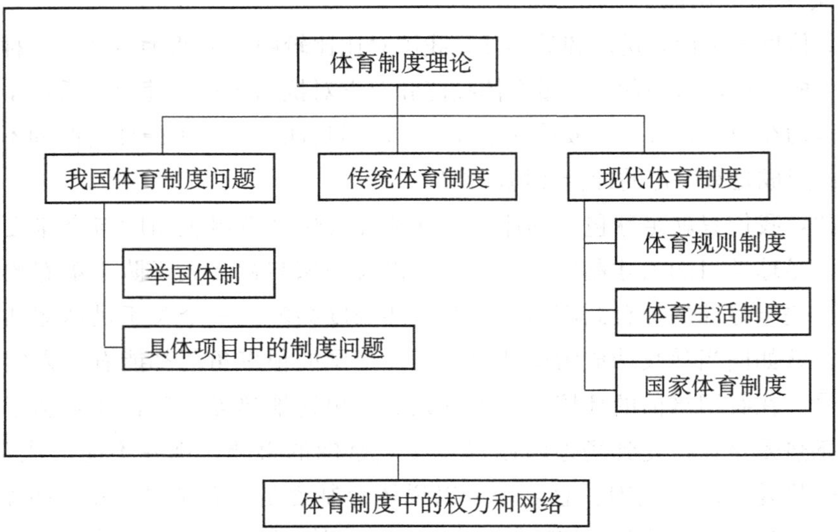

图 6-1 体育制度问题的分析框架

第二节 传统体育制度与现代体育制度

身处现代社会的人们大多不会去思考体育是不是现代化的产物这一问题，因为体育的代名词就是“身体的运动”，那么只要是有人类社会的时代，就必然会有各种形式的身体运动和锻炼。但实际上，目前的体育是现代性的产物①。比如足球发源于英国，其诞生和发展过程与英国资本主义的发展密不可分。

当我们把体育制度看作一套镶嵌在社会环境中具有社会潜功能的一系列跨时空存在的社会行为规则时，考察因体育实践与社会的互动而诞生的制度是认识体育制度所需要的历史视角。在认识现代体育制度时，如果结合与中国传统社会体育制度实践的对比，我们就会发现我国现代体育的宏观制度在逐渐与社会脱嵌，而群体体育项目兴盛则有了新的解释视角。

一、我国传统体育制度

人类社会在生产力不发达的早期，大部分时间用于生产劳作和养育等生计方面。到农业和手工业逐渐发展，人类社会逐步从奴隶社会发展到封建社会后，才可能有一些时间用于娱乐性质的游戏以及其他需要身体力行的活动。

① 陆小聪，曹祖耀，张修枫．体育社会学研究视域的构筑．体育科学，2010，30（11）．

（一）军事需求与传统体育制度

《周礼·地官司徒·保氏》中写道："掌谏王恶，而养国子以道。乃教之六艺：一曰五礼，二曰六乐，三曰五射，四曰五驭，五曰六书，六曰九数。"这就是所谓的"通五经贯六艺"的"六艺"，即礼、乐、射、御（驭）、书、数，也就是常说的"小六艺"，区别于《诗》《书》《礼》《乐》《易》《春秋》的"大六艺"。这是在公元前1046年的周朝，周王所办的官学中要求学生掌握的六种基本才能。其中的射和御，用今天的眼光来看，可以算是体育项目。"射"就是射箭，而具体的"五射"是指"白矢、参连、剡注、襄尺、井仪"，这五个词指的是具体的射箭形式。"五驭"也是如此，包含了"鸣和鸾、逐水车、过君表、舞交衢、逐禽左"。这是站在国家教育的高度推广的两种体育项目。在具体的操作中，像"襄尺"和"过君表"等形式带有儒家的"礼"的内涵，而且，主要是指君臣之礼。

我们完全可以把从这一时期开始的射箭和骑马理解成为了传统社会运转而产生的体育运动。虽然这些技能体现了一定的军事意义，但根据其形式和内容来判断，它们就是现代意义上的体育。这种制度是一种体育教育制度，能够培养一大批懂得射箭和驾乘技术的体育人才。

从阶层的视角来看，这一制度属于贵族教育，体现了体育的阶层性。有些体育项目，无论是作为一种生活品位还是由于国家权力的重视，都会因为某种稀缺性而成为某个阶层的独特标识。这个时期的射箭和御马之术便是阶层的符号之一。也正因如此，这些体育项目在国家宏观层面的治理之术与社会的阶层表达结合在了一起。

（二）脱嵌与再嵌入

从现代体育项目反观我国传统社会的体育项目，武术是一个值得关注的项目。中国武术在现代体育中不断通过表现自己的体育价值而被纳入一些国际赛事中。我们如果以武术的制度脉络为例，就可以更加清晰地看到体育制度是如何在中国传统社会中寻求微观社会与宏观体制之间的有机结合的。

中国武术历史悠久，在先秦时期就已经开始萌发。如果说篮球的诞生源自医学上的体能提高的目的，那么武术的诞生可以说基于人与动物之间的搏斗，其目的在于满足食物方面的基本生理需要和安全的保障①。不同的是，中国武术是一个逐步演化的过程，并没有从诞生那一刻起就被提炼为一项纯粹的体育运动。也正因如此，武术运动中嵌入了文化的元素，并且把有关的文化符号延续至今。

由于射箭等活动在战争中经常出现，因此其历史基本上能追溯到部落时期。但我们要考察武术，不妨将其范围缩小到以肢体的纯粹运动为主的武术活动。而类体育的武术活动演化成成形的体育运动，大致要追溯到东汉时期。著名的"项庄舞

---

① 张耀庭．中国武术史．北京：人民体育出版社，1997．

剑”所展示的，是当时武舞的发展已经很成熟。所以在那个时候，武术已经提炼出了套路，我们可以把打完一套武术动作视为一次体育运动。

在魏晋南北朝时期，武术摆脱了军事需要，其娱乐性质发展到兴盛的阶段。也正是在这个时候，武术的健身作用和愉悦作用都得以突显和强化。不仅在军营中，就连宫廷中也兴起了娱乐性的武术项目。随后，武术便一直延续这种脉络，在习武人群的精进钻研和不断开发，以及武术与国家权力、政治背景、哲学思想的互动中不断发展。如受白莲教、少林寺、天地会等所影响的武术风格，其实难以摆脱社会结构的影响。

围绕武术发展起来的武学制度、武举制度是我国传统社会的体育制度。在中国古代，围绕一门技艺往往会形成一种师承关系，这算是我国传统社会的体育制度的精华。正是因为有了师承关系，各种武术亚种——如拳术等——才会形成按照地域和风格划分的不同流派，这属于社会结构的嵌入。而国家为了军事需要，发展了武举制度，目的在于选拔一批身手好且通晓军事理论的人才来保家卫国。这属于国家体制下的体育制度。

中国武术与中国社会的发展一直都是紧密联系在一起的。到了近代，由于遭受殖民主义的压迫，为了弘扬民族文化、树立民族自信，中国武术便有了新的精神宗旨和理念。霍元甲开办的精武体操会，追求的是摒弃门派之见、共同精进武艺、增强武术素质的武术宗旨。

综合来看，我国传统体育制度源于实际的社会需求，并且也在社会需求的不断刺激下逐步调整，通过不断与社会环境的脱嵌和再嵌入来适应环境，实现体育的社会整合功能、模式维持功能、目标达成功能。

二、我国现代体育制度

从词汇意义上来说，体育是指以身体练习为基本手段，结合日光、空气、水等自然因素和卫生措施，有组织、有计划地锻炼身心的一类社会活动。其目的在于增强体质，提高运动技术水平，丰富文化生活，陶冶道德情操。体育是社会文化教育的组成部分，有狭义和广义之分。狭义的体育指身体教育，与德育、智育和美育共同组成教育的整体。广义的体育也称体育运动，包括身体教育、竞技运动和身体锻炼三方面。现代运动项目虽然或许残留着传统社会结构的影子，但与传统社会相比更加纯粹化了。比如篮球就是为了锻炼身体而发明创造的，是为了纯粹意义上的身体教育。正因为如此，我们往往不会去思考体育背后的社会学内涵，在关注与具有社会性的个体之间有着持续张力的体育制度问题时，更不容易去考虑体育背后的社会嵌入问题。

着眼于当前我国体育的制度建设，从社会学的角度来具体考察体育制度，有如下三个方面值得我们深入研究。

（一）各类体育项目的制度

这类制度包括比赛制度和该项目制度的社会属性等方面。法国社会学家布尔迪厄是经常被提到的体育社会学理论家。如果要讨论具体体育项目的制度，那么可以从他关于体育社会学的大纲性文章中汲取营养。他认为，不同种类的体育运动拥有不同的社会属性。要理解一项体育运动，就必须将其定位在运动空间中。这个运动空间可以通过一系列指标来构建。

这些指标，或是根据人们在社会空间中的地位来确定体育实践者的分布；或是根据体育成员的数量、资产、这个体育组织的董事会成员的社会特征等来确定联盟的分布；又或是每种运动所偏好或者需求的身体关系的类型，如它是否包括直接接触，或者是像在摔跤或美式橄榄球运动中的身体与身体之间的对抗，或者相反，像高尔夫运动一样排除了所有的身体接触，又比如只允许通过一个球或是特殊设备作为中介达成身体的联系，如网球、击剑。

布尔迪厄认为，这一运动空间必须与它所表达的社会空间相关。只有做到这一点，才能避免受普通直觉所启发的将一项运动与一个群体直接联系起来的错误。如布尔迪厄所说，目前一个人可以立即把握摔跤与工人阶级之间或合气道与新小资产阶级之间的优先关联性。布尔迪厄认为，这些都是人们理解得太快的东西。社会学家的工作包括识别出制造了某一特定的运动与某一确定的社会类别的兴趣、品味和喜好之间的密切关系的社会关联属性（the socially pertinent properties）。① 在摔跤和合气道的例子中，布尔迪厄认为，偏好制度的决定因素是与身体的关系，这与社会地位以及物质和社会世界的原始经验相联系。

对这类制度的考察，我们经常会从一些司空见惯的问题出发。比如目前关于广场舞的大量研究，正是看到了群众体育的社会制度性嵌入。为什么跳广场舞的大多是中年女性？有学者通过研究，把这个问题的答案追溯到了“集体的大众”向“个体的大众”转型这个宏大的社会背景中②。在类似的研究中，研究者专门将体育项目与暴力倾向联系起来，探究哪种体育项目以及哪类群体会有更多的暴力倾向。研究表明，足球和摔跤运动中的专业运动员，相比棒球、篮球、羽毛球以及其他运动中的专业运动员更可能出现严重暴力行为③。

所以，一项体育实践活动会成为生活当中的一项制度化产物，长期地在某一空间中反复存在，表达着每一个体育实践者的社会符码。一群中年女性通过常态化的广场舞实践活动，无形中表达了某种社会化的自我，集体呈现出了“个体的大众”这样的社会形态。在现代体育中，除了各类比赛，如 NBA 和世界杯等等，日常生

---

① BOURDIEU P. Program for a sociology of sport. Sociology of sport journal，1988，5（2）.

② 黄勇军，米莉．喧嚣的个体与静默的大众：广场舞中的当代中国社会生态考察．北京：中国社会科学出版社，2015.

③ KREAGER D A. Unnecessary roughness?：school sports，peer networks，and male adolescent violence. American sociological review，2007，72（5）.

活中的打篮球的群体以及足球爱好者群体，他们处于何种社会空间呢？这是社会视域中的体育制度研究所要关注的。显然，这是一种比较微观的视野，我们可以在丰富多彩的体育赛事中挖掘出各种体育项目的具体制度背后的社会学隐喻，这是目前体育制度研究可以关注的方向。

案例分析

退赛风波：体育组织管理中的制度思考

2017 年 6 月 23 日，在成都举行的菁英航运 2017 国际乒联世界巡回赛中国公开赛男子单打 16 进 8 的比赛中，中国乒乓球运动员马龙、许昕、樊振东未按时出现在赛场上，放弃参赛。国际乒联随即要求中国乒乓球协会就此事提供详细报告，尤其是让在场的国际乒联相关官员努力查清三位运动员未能按时参赛的具体原因。

此次事件对中国乒乓球运动的国际形象造成了严重的影响，国际乒联持续高度关注并严肃对待此事。国际乒联与国际乒联运动员委员会展开通力合作，查清了此事的起因。原来，这一事件源于中国乒乓球管理制度的变革。

2017 年 5 月 29 日，孔令辉因涉讼被暂停中国女子乒乓球队主教练工作。以刘国梁为首的国乒主要人员提出了“二次创业”“三次创业”的口号，目的就是在世界范围内推广、普及乒乓球，帮助更多的国家和地区提高乒乓球运动水平，增强人才输送以及培养。正是在这样的努力之下，乒乓球运动的普及和水平有了很大的改观。

国乒的爆火让刘国梁看到了机会，他致力于将国乒及其队员全方位地展示在球迷和粉丝面前。开微博、做直播、拍大片、录综艺，刘国梁不仅自己做，也带着队员一起做，在很短时间内就让中国乒乓球队成了中国体育界的“超级流量”。就在很多人担心明星化的国乒还能否保持以往的优势时，杜塞尔多夫世乒赛男女冠亚军的包揽足以说明这种担心是多余的。

为更有效地加强队伍建设，减少管理层级，提高奥运备战效率，中国乒乓球协会决定对国家乒乓球队管理模式进行改革，不再设总、主教练，改为分设男、女两个教练组。鉴于刘国梁对中国乒乓球队的贡献和其个人能力，协会提名他担任中国乒乓球协会副主席，希望他在更高的平台上继续发挥队伍管理、训练、比赛等方面的专业特长，同时为协会改革发展做出更大的贡献。协会为此专门与刘国梁进行了沟通。

媒体认为，这种安排实际上是让刘国梁“明升暗降”，所以才出现了乒乓球队队员在重要赛事上退赛的事件。虽然队员和中国乒乓球协会纷纷在网络上致歉，但是组织的管理问题已经暴露。

结合上述材料，谈谈你对体育制度的理解。

分析提示：

(1) 在国家长期的体育制度建设中形成的人才管理制度和培养制度是紧密联系的，不同制度之间具有多种关系，有时候是部分矛盾的。

(2) 组织跟刘国梁商量、沟通是为了实现自己的决策目标，忽略了刘国梁在组织中原有的声望地位和影响力，造成了“退赛风波”，说明体育制度内部镶嵌着丰富的社会网和权力结构。

(3) 体育制度在这个事件中可以被理解为正处于一个适应环境的过程中。

资料来源：国际乒联：退赛事件严重影响乒乓球形象 将严肃彻查．(2017-06-25) [2019-10-25]. https://news.china.com/domestic/945/20170625/30826702_all.html.

（二）民间体育活动的日常制度

具体来说，体育活动的日常制度就是社会生活中的体育活动开展的制度性规律。这类体育制度更加社会化，可以说是日常生活中的体育制度。日常生活是社会学十分重视的一个维度。现代化和工业化对人们的影响是多方面的。其中一个重要的影响就是大多数人被卷入不同的工作岗位中，因此很大一部分群体会感受到作为生活的重要组成部分的工作带给自己的社会控制（social control），因而观看或者从事体育活动就是寻求兴奋的情绪体验以及摆脱常规化生活的一种追求[①]。这里涉及各种体育项目在日常生活中开展的时间和空间特征。我们可以发现，一些周期性的体育赛事会改变人们的生活安排，比如 NBA、世界杯、奥运会等等。在某种程度上，甚至可以这样评价这一现象：体育活动与人们的工作一样塑造了人们生活的社会时间。此处的社会时间不是单纯的物理意义上的时间，而是指围绕社会实践而产生的时间节点和时间长度等。类似的社会时间还有节日、纪念日等等。

为摆脱例行化的生活轨迹、寻找刺激而开展的体育实践活动是多种多样的，且这些体育实践的空间分布也是不一样的。就目前我国的一些体育项目来看，空间分布越来越多样化。骑行和马拉松运动在全国的空间分布越来越广。无论是为了摆脱日常工作的控制还是出于对自我的挑战，抑或是因为对其他自然环境的天然亲近，越来越多的骑行爱好者喜欢到青藏线上骑行，其中有些骑行爱好者甚至不远万里奔赴青藏高原骑行。就跑步而言，许多马拉松爱好者以类似“打卡”的方式在全国甚至全球各地完成马拉松比赛，也有部分跑步爱好者以“连续跑步几天”的方式从学习或工作的地方跑步回家。

所以，这一领域的制度不仅与现代社会结构息息相关，还与具体体育项目的时空特征相关。体育实践者作为单独的个体，不会以社会学的制度视野来审视自己的体育实践。而体育社会学家们要思考我国现代体育制度存在的问题，但他们在这一方面的工作还做得较少。现在的很多学者对体育制度的研究大抵是从下面将提到的更宏大的角度来着手的。

（三）国家发展体育的制度系统

此为第三类体育制度，具体包括体育人才选拔和培养、国民体育发展建设，以

---

① DUNNING E. Sport as a male preserve：notes on the social sources of masculine identity and its transformations//ELIAS N，DUNNING E. Quest for excitement：sport and leisure in the civilizing process. Oxford：Basil Blackwell，1986：267-283.

及体育产业的政策等方面的制度。它是我们最容易想到的体育制度，即国家发展体育事业的各类制度。自新中国成立以来，为了能在国际比赛中拿到好的成绩，彰显国家的综合实力，我国通过发挥国家的制度优势，采取了举国体制的体育发展道路。在这种大的体制下，衍生出了一套与之相关的体育制度。就人员选拔而言，有时候会跳出组织框架，在各地选拔最优秀的体育人才。随着我国经济建设的不断进步，这个体制内的物质、人力、资金投入不断加大，因此我国的体育事业取得了巨大的进步。

但是，目前国内开始发现这一体制的一些问题，并把一些体育项目的发展困境归咎于这一宏观体育制度。这种趋势是比较明显的，从目前能搜集到的文献来看，大多数文章在讨论举国体制的利弊。

站在全球化视角来看我国的体育制度建设，有助于拓展研究视野。我们不仅要把体育看作现代化的产物，洞察其传播和拓展的规律与全球化进程的对应关系，还要结合国家体育发展的历史道路和制度建设实践，即中国传统体育制度和现代体育制度的社会环境，来研究我国的体育制度问题。欧美国家与我国所具有的不同国家制度和国情决定了我国会有不同的体育制度选择。我国目前的体育制度建设，需要在借鉴的基础上，深入挖掘体育制度的社会和文化底蕴。

站在一个宏观的视野直面体育制度，仿佛是一种最直入人心、深入病根的解决各种体育问题的方式，但其实它忽略了在国家体育制度建设的背后还有更大的全球化社会环境，更不用说一些微观层面的亚文化、社会结构等因素。

我国的现代体育制度如何建设既不是一个简单的制度选择和设计的问题，也不是一个从某一个微观和宏观层面就可以深入把握的问题，而是一个需要在个体、体育与社会三者之间的复杂关系中全面探索才能更加合理和科学地解决的议题。

第三节 体育制度中的权力和网络

体育制度如同体育本身一样，无法摆脱其政治维度。我国的体育制度是在国家的广泛介入下逐渐建立起来的，因而体育制度内部存在的权力和权威是值得探索的维度。一般来说，权力通常是指一个人或者集团、机构能够操控并塑造人们观点和行为的能力。而权威与权力并不一样，它常常是指自身运行于其中的一套制度以及制度化的安排。[①] 无论是现代政治社会学家，还是经典政治思想家，在思考制度中的权威问题时关注的核心都是合法性。一旦一套制度没有了合法性，这一制度的权威性也就没有了保障。

一、韦伯的权威概念

关于权威的合法性，马克斯·韦伯总结出了一套知识框架，至今仍然具有重要

① 奥勒姆，戴尔. 政治社会学（第五版）. 北京：中国人民大学出版社，2017：2-5.

的影响力。他提炼出三种权威类型：

（1）基于对现有的规则之合法性的信仰，以及对根据这些规则发挥作用的领导者之权力的信仰而形成的法理型权威。

（2）基于对悠久传统的神圣性以及根据这些传统行使权威的人的正当性的牢固信仰而形成的传统型权威。

（3）基于对某个个人的罕见神性、英雄品质或者典范特性以及他所启示或创立的规范模式或秩序的忠诚而形成的超凡魅力型权威。这里的“超凡魅力”用来指称个人的某种特殊品质，这个人因为这种品质而被看作不同寻常的人物，被认为具有超然或超人的，至少是特别罕见的力量和素质。而且那种特殊品质往往是普通人不可及的，有时候被认为出自神圣来源或者被当作楷模。①

在我们三个层面的现代体育制度中都可以看到权力和权威的作用。在对抗性体育项目中，要达到一些目的，有些运动员会采取暴力征服的方式。这属于权力的直接体现。虽然不值得提倡，但是像“拳王泰森咬耳朵事件”等暴力犯规事件体现了运动员对权力的操作。在制度问题上，权威比权力更值得关注。一套比赛规则建立的是法理型权威，完善的规则可以有效避免比赛中的不公平。

在现代体育组织中，无论是俱乐部还是国家队，教练往往都是具有个人魅力的。他们往往是早前比赛中的优秀运动员，或者是有着完备的训练知识的专业人员。有些队伍如果没有在比赛中取得理想的成绩，那么往往会选择引进优秀教练来提高整个队伍的水平。在一些团体运动项目中，有些占据关键位置的运动员也被人们认为是超凡魅力型权威，但这些运动员是否会在组织中运用他们的权威就是另一回事了。在一些采访中我们了解到，一些中国的明星运动员在具有一定的知名度以后，若要接拍广告，有时候依然需要获得教练以及团队的同意。

传统权威在现代体育制度中也有所体现。新中国成立以来，我国的国家队建设已经越来越成熟。在建设过程中，采取什么样的运动员培养模式，采取哪种参赛策略都已经形成一种传统，这些传统会成为体育组织内部承认的一种权威类型。

二、体育制度中的参与网络

对于一项制度能否高效运转、制度的参与者对一项制度运转的贡献大小等方面的问题，需要考虑体育实践者的参与网络。能够形成参与网络的体育俱乐部本身就为一些社会制度提供了有效运转的良性土壤。

早期的政治学家就已经在思考民主制度如何有效运转了。托克维尔（Alexis de Tocqueville）在《论美国的民主》中提到了美国的民间社团和组织发展为美国的民主奠定了基础，他把民间社团和出版自由看作美国与欧洲各国之间政治差异的重要原因。而其追随者帕特南在《使民主运转起来》一书中借鉴了托克维尔的思想，继

---

① 韦伯．经济与社会：上卷．北京：商务印书馆，1997.

续从社会资本的角度来关注意大利南北不同地区的地方政府的制度绩效，也发现了类似的相关性[①]。

体育制度，尤其是中观和宏观层面的体育制度，其运转的目标是体育事业的发展和体育人才队伍的壮大等等。体育制度的满足运动员和体育发展的需求这一目标，与民主制度的运行要确保满足人民的利益的目标具有相似性。所以很巧合的是，帕特南在关注地方社会资本的时候，其中一个指标就是地方社区中结社的情况，而结社的社团中占比最高的就是体育俱乐部。之所以选择这个指标，是因为帕特南认为结社是具备公共精神的公民才具有的一种社会行为。

费孝通先生在《乡土中国》中论述过中西方之间有着团体主义与个体主义的差别。在中国如何让民主运转起来，这个问题值得去系统论证。在这个方面的研究中，社会学家们大多停留在抽象的社会学或者政治学理论视野中，而体育学家们仅仅把目光放在如何搞好体育这件事情上。如果二者的研究目标稍微中和一些，那么或许会互相促进。

可以说，只要体育社会学关于制度的研究在学理上引起了其他学科的关注，就不仅能为自己找到学术话语地位，还能为自己找到政治地位，从而很多关于体育制度的焦点论题可以得到破解。

第四节　体育制度变迁与困境

一、制度变迁理论

我们所处的社会环境一直处于变化之中，一成不变的制度无法适应不断变化的现实环境。这也是嵌入理论者的一贯视角。卡尔·波兰尼（Karl Polanyi）、哈里森·怀特（Harrison C. White）和马克·格兰诺维特（Mark Granovetter）是嵌入理论的重要贡献者。他们的研究结论指出，某一社会制度的产生并不是简单的制度供给或者需求那么简单，就如同不能简单地根据对举国体制还有没有需求来决定我国的体育制度方向和选择一样。体育制度在不断变化的现实社会中是否需要变迁以及按照怎样的规则变迁，这就是制度变迁理论所思考的。

在社会学的研究议题中，研究者更多地提到社会变迁，因此关于社会变迁的理论较多，甚至在关注制度变迁时，研究者认为有关中国组织和制度的创新与变迁之社会过程的研究，应以社会变迁而非制度类型学为基本范式。他们进一步指出，组织和制度变迁的社会过程，指的是特定组织和制度的硬核从“量”和“质”两个方面逐渐发生变化的过程[②]。此处所谓的硬核，就是制度文化和制度化

---

① 帕特南．使民主运转起来．南昌：江西人民出版社，2001：104-113.

② 李汉林，渠敬东，夏传玲，等．组织和制度变迁的社会过程：一种拟议的综合分析．中国社会科学，2005（1）.

的行为取向。

在李汉林等看来，制度的硬核具有隐匿性、抗逆性和稳定性，所以一般的改革所涉及的只是制度的表层或表现，其内核常常被厚厚的一层保护带包裹着、维护着。硬核周边的一些制度、规范经过调整，为保护硬核形成了一片区域。从他们的研究结论来看，社会学的视野能够发现制度研究的新维度和重要侧面。其中最重要的，就是把制度置于社会环境中，把社会关系网络、社会层级、性别、民族等重要的社会维度纳入分析的范畴，使得制度问题更加贴近人们的客观生活实际，而不是停留在逻辑推演或者验证一些西方制度理论的层次。

（一）诺思的制度变迁理论

就目前有关制度变迁的一些文献来看，经济学家所提出的制度变迁理论成为思考当前我国制度问题的理论支撑。比如在研究高校体育改革的问题时，李冬梅通过对经济理论中的投入-产出受到制度变迁影响的类比分析，发现高校体育制度很难改变①。这类分析比较缺乏实证资料的有力支持，而且缺乏社会学想象力。

在经济学理论中，制度变迁是经济增长的重要影响因素之一。经济学家道格拉斯·诺思（Douglass North）从新古典经济模型出发，分析了以往的经济分析中存在的不足，进而提出制度对于整个国家总产出具有重要贡献。诺思把按时序解释经济结构及其产出作为经济史的研究任务。某种经济结构中生产了多少产品、其中成本与收益如何分配，以及生产过程的稳定性如何都是经济学家所关注的产出问题。而诺思所说的"制度"是指那些我们相信是决定产出的基本因素的社会特征，因此他把一个社会的政治和经济制度、技术、人口及意识形态都包括在里面。②

在诺思所处的时期，经济史的研究对于通过建立关于经济结构的理论来解释结构的稳定和变迁还不够重视。所以他从对古典经济模型的分析开始，在阐释人口规模与经济增长之间的诸多模型关系的基础上，引入制度变量。他在著作中明确地表达了自己的两个基本观点：

（1）历史上存在着两个重要的人口与资源比例的转折点。诺思称之为第一次和第二次经济革命。

（2）在两次革命之间，存在着马尔萨斯所说的人口压力，而克服这种压力，有时通过生理和社会的相应调整来实现，有时则通过能够改变资源基数的经济制度效率的改进来实现。③

从经济理性的基本假设出发，诺思的分析认为经济组织和政治组织具备一些共同的基本特征，它们通过发展出严密的规则来保证组织福利的最大化。甚至，为降

---

① 李冬梅．制度变迁理论对高校体育改革的借鉴及思考．黑龙江高教研究，2012，30（2）．

② 诺思．经济史中的结构与变迁．上海：上海三联书店，上海人民出版社，1994．

③ 同②15．

低组织的交易费用。有些伦理和道德规范也被明确纳入组织的规定中。所以在诺思的分析中，制度是一系列被制定出来的规则、守法程序和行为的道德伦理规范，旨在约束追求主体福利或效用最大化的个体行为①。这类制度的存在隐含着某些意识形态，从而解释了一些古典经济模型所忽略的问题。比如，人为什么也会存在利他主义的行为选择?

综合来看，诺思的制度变迁思想依旧在一个理性的框架中。由于制度是一个导致投入-产出发生变化的变量，因而制度的变迁也是在这个理性框架中发生的。

(二)规范制度主义的制度变迁

更加强调制度的结构性的制度理论多是早期的制度理论，政治学研究把这一类制度理论主张命名为“规范制度主义”。其最重要的特点就是在解释行为的时候，赋予组织的规范和价值以核心地位②。这一派别的两个代表人物是马奇（James G. March）和奥尔森（Johan P. Olsen)。他们关于制度变迁的理论逻辑十分清晰有力，其中最引人关注的就是垃圾桶决策模式。

在关于大学组织机构的模拟分析中，科恩（Michael Cohen)、马奇和奥尔森三人发现，现有大学采取的预案应对的垃圾桶决策模式，是事先将已有问题的解决办法固定下来，当政策被认为需要调整的时候，制度就储备一套反应机制以供调用。所以，这种制度变迁模式虽然不能很好地解决问题，但是能够提供解决问题的办法。因而，制度变迁是一个预制行动取向与当时的行动契机相结合的结果。③

“垃圾桶”的特点表现为组织遇到的问题、解决的方案和参与者是混合在一起的，而且参与者不断地从一个选择机会向另一个选择机会转移。在这种模式下，选择的时机、特点和解决的问题都受到各种内部纠缠的元素的影响。组织的这种解决问题的模式是伴随着多种元素的混合的，从组织内部到组织外部都是一团乱麻的状态。在这个模式下做出的诸多选择导致了组织制度的变迁。

制度变迁成为一种在环境刺激下发生的结构变迁。奥尔森和马奇等人沿着这一思路，逐步深入地阐释了制度变迁的特征，发现制度变迁是一个以调适为主要方式的学习过程④。制度不断识别环境的变化，然后通过学习的过程来适应环境。所以，制度变迁对于现有的行为模式是一种威胁，但同时也是一种机会。基于这种理性推论，公共组织的变迁将会产生一个随机的结果。

---

① 诺思．经济史中的结构与变迁．上海：上海三联书店，上海人民出版社，1994：225-226.

② 彼得斯．政治科学中的制度理论：“新制度主义”．上海：上海人民出版社，2011：25-44.

③ COHEN M，MARCH J G，OLSEN J P. A garbage can model of organizational choice. Administrative science quarterly，1972，17（1）.

④ OLSEN J P，PETER B G. Introductions：learning from experience? // OLSEN J P，PETER B G. Lessons from experience：experiential learning in administrative reform in eight democracies. Oslo：Scandinavian University Press，1996.

从制度本身来看，制度本身的危机也会导致变迁[①]。制度内部会出现一些内生的危机，同时随着环境条件的变化，环境会对制度提出新的需求。当现有的制度的规范与这些需求不匹配时，也会加重制度内部的危机。

虽然规范制度主义这一制度变迁思维是当下的诸多研究者容易接受的，但是必须看到其变迁视野的局限性。既然强调了制度作为强大的外部存在对组织问题的解决起到至关重要的作用，那么这种制度如何形成？其变迁又遵循何种逻辑？这一立场把对制度变迁的动力的注意力更多地倾注在了将制度具体化的努力上。

（三）理性选择理论的制度变迁

与上述的规范制度主义的变迁视野不同，理性选择理论把行动者的理性思维作为制度形成的基本假设，通过一系列逻辑推论来考察制度的形成和影响。虽然这一流派的代表人物较多，但从理性个体出发思考制度有三个主要的问题。第一个问题被称为“阿罗命题”，主要是思考一个群体如何不通过等级制度的方式来满足社会基本福利需求[②]。第二个问题是，在既定情形下，理性的个体行动会形成集体的非理性，通常的解决办法就是创立制度。但是这种制度如何通过发展志愿性合作来解决问题？第三个问题是，在委托-代理模式下，基于减少交易成本而形成的制度，如何确保理性的个体能够服从领导者？[③]

当理性选择理论关注上述问题时，制度变迁对其而言就是外在于其分析范围的，在更多情况下只是一种理性选择的结果。在其分析框架中，当现有制度的某一个方面出现不均衡的情况时，制度内部的行动主体会通过理性的考量重新制造均衡，从而实现制度变迁。

（四）历史制度主义的制度变迁

诺思的研究把路径依赖的思想运用到了对经济制度变迁的思考中，他个人也因此获得了诺贝尔经济学奖。但在研究制度变迁的其他学科领域，其实也有类似的思想表述。政治学科领域的历史制度主义者如西达·斯考切波（Theda Skocpol）、斯泰因莫（Steinmo）、西伦（Thelen）和朗斯特雷斯（Longstreth）对政治制度的分析采取了历史主义的方法。有学者认为，历史制度主义的基本观念会给人一种太过简单的假象，即制度创设或政策最初发起时所选择的政策将持续和在很大程度上影响未来的政策[④]。在很早的研究中，就已经有学者把这种制度特征描述为“路径依赖”。

因此在历史制度主义中，学者更关心制度为什么长久地存在，而非制度会如何

---

① BOIN A，HART P. Institutional crises and reforms in the public sector// WAGENAAR H. Government institutions：effects，changes and normative foundations. Dordrecht：Kluwer，2000.

② ARROW K J. Social choice and individual value. New York：Wiley，1951.

③ 彼得斯．政治科学中的制度理论：“新制度主义”．上海：上海人民出版社，2011：50.

④ PIERSON P，SKOCPOL T. Historical institutionalism in contemporary political science//KATZNELSON I，MILNER H V. Political science：state of the discipline. New York：Norton，2002.

变迁。后来有学者用“均衡断裂”的概念来解释变迁，这与理性选择理论的制度主义有相似之处。只是历史制度主义认为制度在大多数时候是处于均衡状态的，只是均衡点有多个，且不会永久均衡，所以会出现“均衡断裂”①。

秉持历史制度主义的学者为我们提供的分析制度变迁的理论思考是有限的，如果借鉴他们的理论来分析一些制度变迁问题就会产生一些后果。比如，保罗·皮尔逊（Paul Pierson）等人认为“演进”应当是历史制度主义的重要变迁过程。他们认为制度应当在大部分时间内是稳定的，而制度变迁可以通过渐进式的变迁来实现②。当基于这种理论观点来解决有关制度问题时，也许会低估问题的严重性。以一种保守的解决问题方式或许非但不能解决部分制度问题，反而可能会增加问题的严重性。

（五）经验制度主义的制度变迁

对制度的思考除了从理性逻辑方面进行推理和推论，学者们也注意到了理论与经验之间的相互支撑。一项制度理论主张是否真的像理论家所分析的那样具有某种制度效率，需要由经验事实来验证。

制度的“绩效”成为这类分析的一个重要变量。大量文献讨论了总统制政府和代议制政府的绩效差别。学者们利用第三世界国家兴起的新兴民主化政权选择总统制的经验事实作为分析这一论题的经验支撑③。

经验制度主义者虽然更少关注变迁问题，但也有所涉及。他们大多不关注某一结构性制度是怎么起源的以及变迁的动力来自哪里，而更关注现有制度结构的影响。诸多现存的制度是已经存在的经验事实，所以，他们不会花太多精力去分析这一事实是如何产生的。通过对经验事实的分析，如对国家立法机构专业化和制度化过程的分析，这一流派的理论家们更倾向于认为制度变迁更多的是对外部刺激的反应，变迁的动力并非主要来自制度内部。

围绕经验的核心来选择制度变迁的合理理论取向与社会科学研究的基本精神是一致的。在关注制度变迁的诸多理论视角时，经验的可复制性以及理论的经验支撑是否足够是我们吸收制度变迁理论时进行鉴别的重要方面。当然，纯粹的理论推演并非不可取，但是当面对中国实际问题时，对于如何发展出符合具体制度环境实际的制度变迁理论，提供有针对性的制度改进方案，需要结合理论探索和经验分析。

（六）社会学制度主义的制度变迁

组织和制度是社会学至今关注的核心，但社会学家关注制度时与上述一些政治

---

① KRASNER S. Approaches to the state：alternative conceptions and historical dynamics. Comparative politics，1984（16）.

② PIERSON P，SKOCPOL T. Historical institutionalism in contemporary political science//KATZNELSON I，MILNER H V. Political science：state of the discipline. New York：Norton，2002：708－709.

③ LINZ J J. The peril of presidentialism. Journal of democracy，1990（1）.

学家和经济学家的着眼点不一样。与政治学的制度理论相比，社会学不会把关于不同制度差异的理论与关于制度形成过程的理论进行严格的划分。但正因为这样，社会学的制度理论能更好地把制度形成过程说清楚。在前文中也提到过，关于制度究竟是一种组织还是一系列规则，社会学的理论家们并不总是能达成一致。

社会学制度主义是对理性选择理论的制度主义做出的重要补充。社会学对行动者的假设更丰富，重视对行为意义的阐释和对行为价值的分析。新制度主义者，如马奇和提出集体行动理论的奥尔森，基本都受到了社会学制度概念的影响①。

虽然社会学其实更关注社会变迁，但社会学理论中的制度变迁有类似于社会变迁的特征，其中之一就是注重变迁过程。一项制度体系在面对变化的环境时需要通过不断的制度化和去制度化过程来实现制度的变迁。不同的社会学理论家会有几个基本的制度变迁立场。功能主义者会从组织功能缺失或者紊乱等开始，分析组织如何调整策略以适应环境，完成制度的重建。冲突论者会从对立的产生与解决办法中找到制度问题的解决方向。社会学在解释制度变迁的时候，不把行为者简单地看作一个纯粹理性的个体，而是更加重视多种多样的行为意义、价值和道德规范等对环境变化做出的反应，以社会关系网中的个体来动态地阐释制度变迁。

二、我国体育制度变迁

关注我国体育制度问题的研究者，主要将目光集中在当前的体育制度上。大部分关于我国体育制度的文献把国家的建立作为思考我国现代体育制度的时间起点，这基本上是关注我国体育制度问题的学者们的基本共识。虽然新中国成立以前的体育制度在前文中只有一个简要的展示，但是深入地分析我国的历史长河中的体育制度对认识今天中国的体育其实具有深远的意义，尤其是对未来中国体育制度建设来说具有培育“四个自信”的重要价值。

我国传统社会很好地将体育制度与国家的建设和发展相互融合，这既有利于体育事业的发展，也有利于国家的兴旺和繁荣。传统社会中体育制度建设的诸多具体智慧——比如“六艺”的倡导是如何与知识分子阶层构建，进而发展出知识分子话语权威相联系的——都能为今天的体育制度建设贡献新的理论活力，而且扎根中国本土的制度建设智慧更能适应中国的社会环境。单纯用现有的西方理论框架来认识和分析中国制度变迁，不仅仅缺乏实地经验支撑，更缺乏本土意识。

有著作将中国体育制度变迁划分为分工负责制、体委集中制和集中双轨制三个阶段②。第一个阶段大致为 1949 年到 1960 年初，在这一阶段，国家对体育建设采取“新体育”的思路，围绕中国共产党一贯的群众路线方针，提出新体育应该是民族的、科学的、大众的，反对为体育而体育、脱离实际、脱离人民的思想和方法。那个时期

① 彼得斯．政治科学中的制度理论：“新制度主义”．上海：上海人民出版社，2011：106－107.

② 熊晓正．我国竞技体育发展模式的研究．北京：人民体育出版社，2008：13－15.

的人民是要投入劳动生产和国防建设的人民，因而那时的体育也是围绕劳动和国防建设来开展的。第二个阶段为1960年初到20世纪90年代前，在这一阶段，国家调整了策略，加强和完成了竞技体育的举国体制建设。第三个阶段是20世纪90年代后，在这一阶段，社会主义市场经济得到发展，自发的体育制度与举国体制并存，但以举国体制为主。

实行举国体制是我国结合具体国情制定的重大体育发展战略，参考历史制度主义的立场，我们把这一过程描述为路径依赖。在现有文献中，把我国体育制度的问题归结为路径依赖的并不少。有文献认为，中国走举国体制道路始于对苏联的制度模仿，从而逐渐步入制度的惯性之中①。一篇分析中国职业篮球制度的文章，也运用了路径依赖的概念来解释这一领域体育制度的发展问题②。类似的文章都把中国体育制度问题放入了这些根据西方国家经济制度和政治制度搭建出来的理论框架中。

我国体育制度变迁的重要外在影响因素是经济制度的不断调整。当前我国的经济制度不会出现太大的调整，但经济结构处于发展变化过程中。在思考当前我国的体育制度变迁的方向时，如果继续秉持历史制度主义的制度变迁观念，就将采取温和的演进变迁策略。如果走规范制度主义的制度变迁道路，就将强调强制性的规范设计和制度引进，而如果坚持经验制度主义的制度变迁理论，就必然会纳入对经济和社会结构的分析。

要用社会学制度主义来思考我国体育制度的出路，注重体育制度中行动者的意义建构和价值取向。无论是由国家体育总局与各个地方的体育委员会构成的国家科层体育组织，还是民间体育组织与机构，面对现代化的经济实际和全球化的体育发展现状，这些组织为的制度是否满足其体育需求决定了其是否会进行制度的学习型适应。但是，不同类型、不同级别的体育组织在进行体育制度调整的过程中理解环境变化的方式将直接影响制度变迁的过程。体育制度的相关群体和角色扮演者是根据变化的环境，结合自己的偏好、价值观念等，做出制度变迁选择的直接主体。体育制度的研究，需要重视和总结他们的经验，建构出符合实践规律的体育制度变迁理论。

任何一项体育制度的优点和缺点都是随着时间和地点而不断丰富和发展的。如果只针对某一时期的制度优缺点进行对比，那么将永远找不到隐藏在制度变迁内部的客观规律，这将让我国的体育制度的发展陷入理论和实践的长期困境中。

三、体育制度发展的困境

我国的体育制度发展至今已经走过了较长的历程，无论是取得的成就还是积累

---

① 陈秀娟．我国体育制度改革路径依赖研究．体育文化导刊，2008（12）．

② 闫艺．路径依赖理论视域下中国职业篮球制度变迁研究．南京体育学院学报（社会科学版），2015，29（4）．

的问题都比较多。现有的研究围绕成就和问题展开了不同的研究，对举国体制的争议也大多来源于这种区分。这是我国体育制度发展在理论上陷入困境的重要原因。

大家普遍关心的一些竞技体育和群众体育项目也面临着一些发展上的困境。比如对中国的足球，不仅中国的体育研究者在持续关注，连国外也有较多的相关文献存在。一方面，围绕这些体育项目建立的各种体育、政治、经济和社会制度等带来了阻碍；另一方面，这些体育项目的有关制度本身也许也存在着发展困境。

（一）对举国体制的反思

目前关于我国举国体制的期刊文章已经很多。在中国知网中输入“举国体制”进行全文搜索，可以得到历年关于举国体制研究的文献的数量变化趋势图（见图 6-2）。从这幅图中可以看出，提到举国体制的文献数量是从 2000 年开始逐渐增加的，到 2012 年达到最大数量。之后关于举国体制的文献数量虽然出现迅速下降的趋势，但截至 2019 年依然有 1 000 篇以上。2000 年中国在悉尼奥运会上取得了很好的成绩，这一时期的文献都在关注如何更好地发挥举国体制的优势，让各项体育项目取得更好的成绩。2012 年中国在伦敦奥运会上的成绩也很优秀，金牌数仅

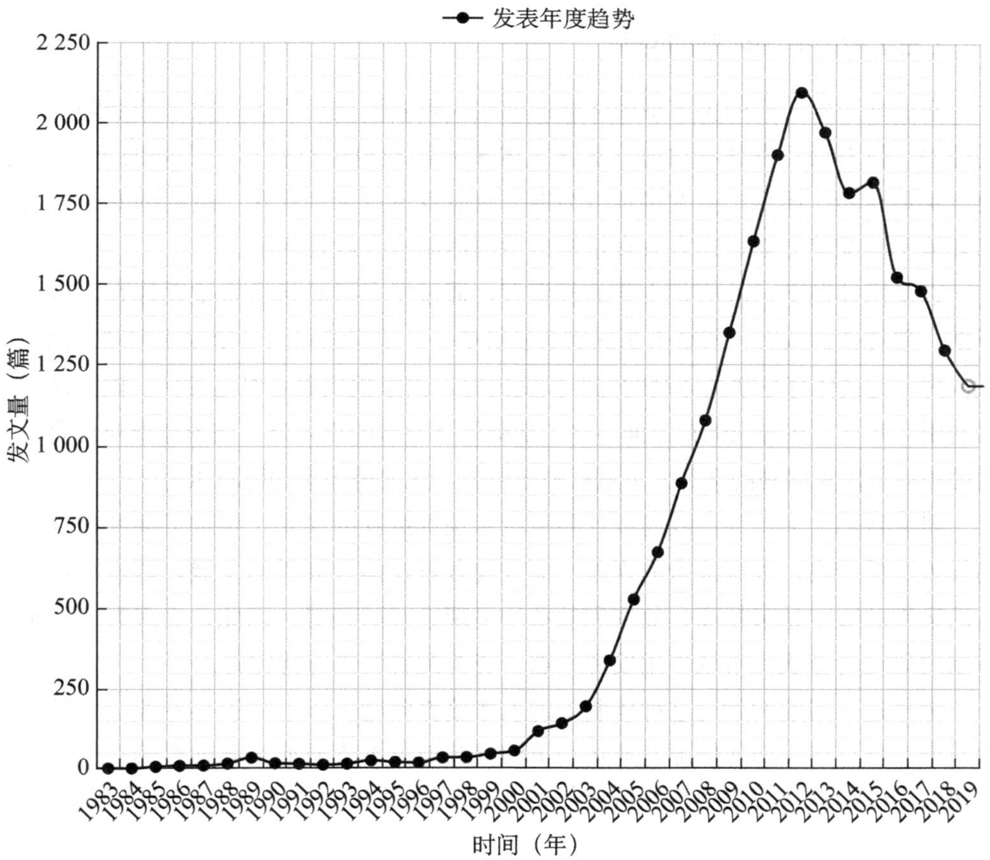

图 6-2　“举国体制”文献数量变化趋势图

少于2008年的北京奥运会。这一年的文献在继续关注如何发展体育制度的同时，也有大量针对现有体育制度中的各种问题进行的分析。

（二）举国体制发展背景

在新中国成立初期，为了达到政治上的目标，国家以竞技体育为中心，发挥社会主义国家的优势，由国家集中对体育资源进行综合配置。这一举措加快了体育的发展，形成了一套管理机制及相应的组织机构。这一套管理机制和组织机构就是举国体制的直接体现，它是体育管理组织体系同与之相对应的管理规范的有机统一。①

发展到今天，我国的体育管理机构主要分为政府管理型和社会组织管理型两种。在政府机构中，主要由设立的隶属于国务院和各级政府的体育管理机构来从事对体育事务的管理。在我国的单位制国家治理模式下，许多其他组织机构内部也会设立一些专门的体育管理部门，也有一些专门围绕体育事业发展成立的组织。根据丁怡清的归纳，这类组织主要有三种：第一种是社会组织，如中华全国体育总会、中国奥委会；第二种是群团组织，例如中华全国总工会、全国妇联、共青团、全国学联；第三种是民间体育组织②。

（三）我国举国体制的问题

我们能经常听到的关于举国体制的问题大致有资金压力大、效率开始降低、流动性差、体育项目发展不均衡、实践主体多元化与组织目标单一之间的矛盾加剧、政府决策专断、体育产业发展难以为继、政府身份过于多样化、运动的专业化与市场环境不匹配等方面，还有人直接提出举国体制本身就是问题。

在举国体制下，政府是主要的投资者，通过发布行政指令来推动体育发展。在早期，单纯依靠政府，资金来源确实会显得单一。政府的收入又依赖于财政。因此有人认为，竞技体育是举国体制的主要投资内容，国家担负着各级运动队、国家队的一切费用。并且，在群众体育方面，除了基础体育设施的投入外，国家还要对体育系统内的被列入国家编制的全部人员进行财政供养，这使得国家的财政压力十分巨大。

研究者们大多认为，政府以计划手段和预算拨款的模式，导致了某种程度上的高投入、低产出、资源浪费的现象。而且随着竞技体育规模的发展，国家维持专业队的运作的成本越来越高，效率和效益均呈现递减的趋势。因此，大多数关注举国体制的研究者会认为市场作用发挥不够，资源配置机制有待完善。

承接这一问题的就是这种体制下的人才培养问题：该怎样引导专业运动员的职业发展？现有体制如何保障专业运动员的社会地位不受职业生涯的影响？从社会学的角度关注职业，较多地从经济阶层的角度进行考虑，所以当职业生涯结束以后，

---

① 丁怡清．中国体育体制研究．教育教学论坛，2018（12）．

② 同①．

有些运动员无法巩固其原有的社会声望地位，在经济和社会地位上出现向下流动的现象。虽然关注体育制度的研究者也关注到了这一问题，但他们只是把这种社会阶层向下流动的现象作为制度改革的证据，并未分析这种流动背后所隐藏的深层次的体育社会机制。比如，是否因为该体育项目的社会价值不高？是否因为该体育项目的社会嵌入性不强？类似的问题都值得深入研究。

就培养体育人才来说，在当前国际范围内主要分为国家主导和市场主导两种基本模式，这与经济发展的道路类似。有的地方也采用国家和市场结合培养的模式。当看到国家主导培养竞技体育人才面临问题时，对于其解决办法，很容易想到的就是走市场主导培养的道路。但是目前的文献只对选择何种道路进行了决策分析，鲜见有文献用本土经验来说明我国采取市场主导体育人才培养模式是否适宜。市场化的体育也会有一些自发性存在，赌球、贿赂、假球、黑哨等情况也会危害相关体育事业的发展。

面对如此多方面存在的问题，研究者给出了各种解决办法。如加强政策制定、完善社会保障体制、优化体育教育顶层设计等等。就解决问题的办法来说，这些方面本身就是体育发展需要不断完善的方面。但是，如果对某一体育问题的核心把握得不够严谨、系统和深刻，就既不会有人注意到这一问题的价值，也不会有人采取有针对性的举措来促进问题的解决。

（四）我国举国体制的成就

我国体育的举国体制的成就如表 6－1 所示：

表 6－1　历年奥运会中国金牌数

年份	金牌数
1896（雅典奥运会）—1908（伦敦奥运会）	0
1912（斯德哥尔摩奥运会）—1924（巴黎奥运会）	0
1928（阿姆斯特丹奥运会）—1980（莫斯科奥运会）	0
1984（洛杉矶奥运会）	15
1988（汉城奥运会）	5
1992（巴塞罗那奥运会）	16
1996（亚特兰大奥运会）	16
2000（悉尼奥运会）	28
2004（雅典奥运会）	32
2008（北京奥运会）	48
2012（伦敦奥运会）	38
2016（里约热内卢奥运会）	26
2020（东京奥运会）	38
总计	262

资料来源：刘文远，苏龙章，曲继海．举国体制下中国体育体制的发展趋势分析研究．体育科技文献通报，2015，23（9）．

同样是对举国体制进行分析，有文献指出坚持举国体制应当有充分的历史自信[①]。在其看来，举国体制是老一辈国家领导人和体育事业建设者努力的结果，是体现了中国特色的体育方针，在举国体制下我国也取得了突出的成就。坚持举国体制，应该发挥这一体制的理论优势、政治优势和组织优势等多种优势。诚然，举国体制带来的成就是有目共睹的，所有关心举国体制问题的人也注意到了这一点。

如表 6-1 所示，中国在奥运会上的成绩与我国的社会经济发展步调基本一致。关于举国体制具备哪些优势，为何能带来中国体育事业的发展，或许并不能仅仅归结于其可以快速有效地集中优势资源这么简单。举国体制在我国发展至今走过的道路是一笔丰富的经验资源，除了分析其问题如何产生以外，从功能主义理论视角去发现该体制如何发挥功能也是需要大量工作的。

本章就我国体育制度研究的现状，围绕“举国体制”这一战略下的多种体育制度的问题和特点进行了分析。在社会学研究中，制度并不是一套简单的规范系统，而是既有组织形态化的制度、规则化的制度。制度在社会学的视野中是一直处于个体与社会之间的张力之下的。它在一段时间内稳定存在，也随着环境的变化而不断调整或者演进。

社会要关注体育制度问题，需要一些历史的分析视角。研究者把对当前的体育制度的思考追溯到传统社会的体育制度，可以获得对当前社会制度建设的启发性思考。现代社会制度应当关注三个主要领域的制度问题：一是具体体育制度建设的问题，二是民间活动的体育制度，三是国家发展体育的一系列制度。

制度建设就是制度变迁的过程，关于制度变迁的理论受到不同制度主义理论的影响，研究者在分析中国的制度如何变迁和发展时要善于发现不同制度主义理论的适用范围。规范制度主义、理性选择理论、经验制度主义、历史制度主义和社会学制度主义者们有不同的制度变迁理论，理论的保守或冒进风格也不同。

最后，现有的关于举国体制的研究陷入了“找问题”和“找优势”的自说自话的境地，这本身构成了体育制度研究的困境，使得在中国不仅体育制度存在问题，对体育制度的研究本身也存在问题。

复习思考题

1. 社会学制度定义可以有别的类别划分方式吗？这说明了制度的含义具有什么特征？

2. 传统社会的体育制度如何给现代社会的体育制度带来有效的启发？

3. 体育制度如何通过权力、参与网络来培养人的平等意识、社会参与等基本方面？

4. 如何区别不同制度主义理论的制度变迁观点？

---

① 刘睿．论坚持“举国体制”的历史自信．湛江师范学院学报，2014，35（3）．

5. 我国的体育制度研究出现了什么问题？我国体育制度的最大的问题是什么？

推荐阅读书目

1. 吉登斯．社会的构成．北京：中国人民大学出版社，2016.

2. 奥勒姆，戴尔．政治社会学（第五版）．北京：中国人民大学出版社，2017.

3. 诺思．经济史中的结构与变迁．上海：上海三联书店，上海人民出版社，1994.

4. 彼得斯．政治科学中的制度理论："新制度主义"．上海：上海人民出版社，2011.

第七章

体育参与中的不平等

本章要点

- 作为社会中最为常见的体育现象，体育参与是社会成员实现社会化的重要途径，历来受到体育社会学家的关注。
- 随着社会的发展和文明程度的提升，体育参与中的不平等现象大大减少，其特征逐渐由直观的、强制性的显性不平等转变为社会结构中存在的隐性不平等。
- 对体育参与中不平等现象的分析通过性别、种族、地区和社会阶层四个维度具体展开。

关键概念

体育参与、不平等、生理性别、社会性别、种族、民族、社会阶层

体育不是一种孤立的运动过程，而是一种社会文化现象，它能反映社会的深层结构。当社会成员在社会网络结构中处于不同的位置时，其获得资源的数量、种类和途径不一样，因此每个成员的社会地位产生分化，不平等就产生了。不平等问题是政治学、哲学以及社会学等众多学科经久不衰的研究热点，产生了许多经典著作。柏拉图描绘的理想国充分反映了人们对于构建一个平等、自由的社会的强烈渴望，但理想国终究只是一个乌托邦，仅存在于人们的美好想象中。在现实世界里，不平等充斥在社会的每个角落，体育领域也不例外。随着社会的发展变迁，体育参与中的不平等现象同社会领域中的其他不平等现象一样在特征上发生了明显的转变：由直观的、强制性的显性不平等转变为社会结构中存在的隐性不平等。通过本章的学习，我们能够更容易发现体育参与过程中所存在的隐性不平等现象，进而正确地认识和看待这种现象，为进一步减少不平等提供可能。

第一节　核心概念界定

不平等伴随着人类社会的起源而产生，从古至今未曾绝迹。随着社会的不断发

展和文明进程的持续加速，虽然直接的、暴力的不平等现象大大减少，但不平等仍未根除，且形式越来越隐蔽、手段越来越柔和。当不平等现象被披上一层鲜艳的外衣时，其真相往往为表面的薄雾所笼罩，给人一种平等的假象和错觉。因此，透视不平等现象的前提是了解平等概念的内涵和外延，体育不平等也不外乎如此。参与奥运会的男女运动员数量日益趋近能否说明体育领域性别平等呢？美国职业体育联盟里黑人的平均收入高于白人能否说明体育领域种族平等呢？要想回答这些问题，就必须对平等的一系列核心概念有所掌握。另外，要想对体育领域的不平等现象进行深入的了解和剖析，除了必须厘清核心概念之外，对以往的研究进行总结和归纳也十分必要。因此，本节的内容既包括对平等的概念和分类的介绍，也会对相关研究进行回顾与展望。

一、平等的概念

平等乍一看似乎是一个易于理解、不言而喻的概念。人们在日常生活中，往往将其当作一种清晰明白的概念加以使用，即使是在一些学术讨论中，也把它当作既定的概念为自己所用。事实上，平等具有丰富的概念内涵。它是一种衡量标准，而且是针对某种具体事物进行比较与衡量的尺度，既不是独立存在的，也不具备独立存在的价值①。平等包含相同性和相同对待两部分意思，其中一个是作为描述性范畴使用的相同性的平等概念，另一个是作为规范性范畴使用的相同对待的平等概念。平等的描述性概念，即“作为相同性的平等”，主要表示两事物在某方面、某种属性或某种特征上无差别。这一概念主要是用来描述事实的，属于实然范畴。平等的规范性概念，是指人们在哪一方面应该得到相同对待，是一种价值追求，属于应然范畴，用以说明人们的价值取向②。

事实上，平等常常和平均、公平等概念混淆在一起不做区分。平均既是平等的一个基本义项，也是人们对于平等的要求的历史最为悠久的内容。平均是一个与分配有关的概念，即不考虑人与人之间的自然差异和社会差异，将某一项社会收益或所有的社会收益完全均匀、相等地分配给每一个社会成员③。从孔子的“不患寡而患不均”思想到太平天国的“无处不均匀，无人不保暖”的理想，无不反映出这一理念的实质。但是，我们从平等的两个概念内涵来看，平均只是“作为相同性的平等”，并没有涉及平等的规范性概念。因此，平均不能与平等混用。同样，公平强调衡量标准的“同一个尺度”，带有明显的工具性色彩，用以防止社会对待中的双重标准或多重标准④。它只强调平等的规范性概念，却没有涉及平等的描述性概念。因此，公平也不能与平等混用。

---

① 韩水法．平等的概念．文史哲，2006（4）．

② 王元亮．平等概念的学理辨析．伦理学研究，2014（5）．

③ 同①.

④ 吴忠民．关于公正、公平、平等的差异之辨析．中共中央党校学报，2003（4）．

二、平等的分类

平等这一概念自诞生以来就在政治哲学中占有基础性地位，并且产生了不同的理论流派。以分配方式为标准，可以将平等划分为机会平等和结果平等。机会平等是指在某个社会中，所有社会成员被给予相同的机会依靠个人的天赋和后天努力参与竞争，个人的天赋高低和后天努力程度决定了社会成员获得资源的数量和种类。与机会平等不同，结果平等是一种“补偿性的平等”。它是指忽略社会成员在家庭出身、自然天赋等方面的差异，通过制度设计保证所有社会成员最终获得的利益相同。① 简而言之，机会平等为所有社会成员提供了同一个起点，排除了性别、种族、阶层等一系列影响竞争的不公平因素的干扰，让社会成员能够在相同的条件下完全依靠自己的能力和努力获得相应的回报，因而也可称为“形式平等”。而结果平等强调即使由于社会成员的天赋高低和后天努力程度不同造成社会资源的分配不均，社会也能通过再分配手段进行调控来弥补这种差距。结果平等侧重于终点的平等，因此也被称为“实质平等”。

形式平等即平等的形式定义，指“在某方面相同对待”。形式平等由于没有具体的内容所指，因此可以纳入任一方面的实体，能够包含的内容极其丰富。但这样就会产生另外一个问题：只存在于抽象意义上的形式平等由于没有被赋予具体的实质内容，因而往往被认为是虚假的平等。但是一旦人们赋予其具体的实质内容，抽象意义上的平等概念便有了实指，形式平等也就转变成了实质平等。② 虽然关于平等概念有很多种理解，但是所有的平等观都拥有同一个形式内核，即支持平等的形式原则。各种各样的平等观都依赖于“相同的人相同对待，不同的人不同对待”的形式原则，在对这一原则达成共识的基础上产生了对平等的不同理解。因此，平等的逻辑最终只能还原到平等的形式原则。③ 这一原则支撑着形式平等和形式正义，其核心在于按规则行事。一个没有规则的社会必定是一个混乱的、充满暴力的社会。只要建立规则，就是一种进步，因为有明确的规则远胜于没有规则。虽然平等的形式原则决定了形式平等并不能确保实质平等，但没有形式上的平等，实质上的平等便无从谈起，形式平等是实现实质平等的基础。

形式平等在人类追求平等的历史进程中发挥着极其重要的作用。例如，在资产阶级革命时期所宣扬的“法律面前人人平等”的观点，由于法律是建立在私有制基础之上的，因而所谓的平等掩盖了实际存在的经济和社会地位上的不平等，常常被视为一种虚假的形式平等。但是它对封建阶级特权的否定，在人类社会发展史上无疑是一个巨大的进步。这绝对不是毫无意义的伪平等。一旦将废除等级特权、保障人人平等的权利写进法律，赋予平等的形式原则以具体内容，形式平等便转化为具

---

① 杜威．对机会平等与结果平等的思考．法制与社会，2017（34）．

② 王元亮．论形式平等与实质平等．科学社会主义，2013（2）．

③ POJMAN L. Theories of equality：a critical analysis. Behavior and philosophy，1995，23（2）．

有丰富内涵的实质平等。因此，形式平等只有过渡到实质平等，才能指导具体的实践和行动。近代以来的平等原则和平等主张逐步走向具体化和实质化，确立了全体公民身份的平等，逐渐取消了基于种族、性别等先天特征的区别对待，直到种族平等、性别平等这些基本原则确立。

最后，让我们来重新审视一下最开始提出的两个疑问：参与奥运会的男女运动员数量日益趋近能否说明体育领域性别平等呢？美国职业体育联盟里黑人的平均收入高于白人能否说明体育领域种族平等呢？虽然参与奥运会的女性运动员数量日益趋近男性能够说明女性地位的不断提升，但这显然不能作为证明体育领域性别平等的充分条件。同样，黑人平均收入高于白人虽然能够说明黑人地位得到显著提升，但也不能作为证明体育领域种族平等的充分条件。这两个问题的核心在于数量上的形式平等并不能代表真正的实质平等，但是形式平等也是一种进步的体现，没有形式平等，实质平等便也无从谈起。在当前阶段，我们更应该关注机会平等，即让不同性别、不同种族、不同地区以及不同阶层的社会成员能够消除其身份特征所带来的限制而享有同等参与体育的机会。虽然绝对的平等不可能实现，但是通过整个社会和每个个体的努力可以一点点地改变不平等的现状，使更多的社会成员能够感受到体育所带来的魅力与乐趣。

三、研究回顾与展望

尽管关于不平等的研究探讨可以追溯到几千年前，但是学界对体育领域不平等问题的关注时间却很短暂。因为体育与经济、政治、文化、教育等社会领域相比，长期以来被认为是无关紧要、无足轻重的，从而一直处于被边缘化的位置。另外，体育的公共物品属性并未被社会成员熟知，由社会结构因素导致的人们在体育参与上的不平等状态往往被归因于个体之间的自然差异。因此，相较于其他领域，体育领域的不平等研究，无论是研究的深度还是广度都有待提升。通过对文献的梳理可以发现，关于体育参与不平等的研究主要聚焦在以下四个方面：性别、种族、地区和阶层。

第一，关于性别与体育参与不平等的研究主要集中在女性体育参与问题，以及男性气质、女性气质与体育运动的关系上。虽然随着社会观念的进步，女性的社会地位得到显著提升，但是体育领域针对女性的不平等现象仍然不容忽视。正如国际奥委会前主席萨马兰奇（Samaranch）在世界妇女与体育大会开幕式上所说："妇女在体育运动中所取得的巨大成就并不意味着在奥林匹克运动中，女子同男子已经平等，事实上还存在着很大的差距。"范长云、王智慧、李星星等学者试图通过对奥运会历史中女性角色的研究来探讨性别地位的变化过程①。彭杰通过研究发现，在国际体育组织中，女性官员的数量远远少于男性官员的数量②。王乐的研究也表明，

---

① 范长云．妇女在奥运会中地位的转变与提高．山东体育学院学报，2004（4）．王智慧，李福祥，周惠娟．女性参与现代奥林匹克运动的百年历程对女性思潮嬗变的影响．体育与科学，2007（1）．李星星．女性参加奥运会的历程和展望．当代体育科技，2015，5（20）．

② 彭杰．论社会发展视野中的妇女与体育运动．中国体育科技，2001（9）．

在国际体育组织中，权力的核心部分几乎全部被男性把持，这致使女性不能充分地参与体育决策，从而丧失了部分话语权①。性别气质也是学者们研究的重点，他们认为应该打破生理性别的刻板印象，在体育参与层面赋予女性更多的话语权②。

第二，种族与体育参与不平等的最直接表现就是种族歧视，这类研究的客体由于历史和现实原因主要集中在北美和欧洲国家。王策指出，一些优秀运动员在赛场上经常莫名遭到对手、观众的具有种族歧视倾向的攻击，而这一切仅仅是因为肤色、文化或者信仰不同③。种族歧视导致有色人种特别是黑色人种在体育运动中遭受到经常性的不公平对待。长期研究种族与体育的关系的美国社会学家哈里·爱德华兹（Edwards）曾说过：在具有极端种族意识的社会里，所有的少数族裔运动员进入运动赛场时都会背负着某种包袱。针对社会中存在的一系列基于种族的不公平对待现象，苏珊·比雷尔（Susan Birrell）、张晓义、闫静等学者对种族歧视产生的原因及逻辑进行了理论解释④。

第三，关于地区与体育参与不平等的研究一般从两个层面展开。首先是国与国之间的不平等研究。张晓义和刘彤指出，国际大赛中的几乎所有运动项目都发源于欧洲，因此在世界体育文化中占有主流地位的西方体育在国际竞赛中具有明显的竞争优势，这种不公平的竞争造成了体育竞赛市场的不平等。与此同时，国际体育组织也为发达国家所控制，落后国家在规则的制定、比赛地点的选择上缺乏话语权，从而形成了事实上的不平等。⑤ 其次是国家内部不同地区之间的不平等研究。蔡睿等对我国居民参加体育锻炼的区域差异进行了比较，发现居民的体育锻炼参与情况与社会经济水平显著相关，具有明显的东、中、西部区域差异⑥。我国特殊的城乡二元结构体制，使得体育资源的分配也表现为一种事实上的不平等，许多学者对此进行了一系列研究思考⑦。

第四，关于阶层与体育参与不平等的研究主要集中在两个方面。第一个方面是关于体育与社会分层的理论解释。布尔迪厄对体育参与与社会阶层的关系进行了专门的讨论。徐茜梳理了社会学领域对体育参与与社会阶层的关系进行解释的五大理论流派⑧。第二个方面是关于不同社会阶层体育参与机会和模式的研究。许风等根

---

① 王乐．女性与奥林匹克运动发展关系研究．浙江体育科学，2006（6）．

② 方刚．男性气质多元化与“拯救男孩”．中国青年研究，2010（11）．周财有，龚成秋，徐海虹，等．社会性别视域下女性体育边缘化的形成与消解．北京体育大学学报，2016，39（9）．

③ 王策．老特拉福德红魔的“梦剧场”．足球世界，2003（12）．

④ BIRRELL S. Racial relations theories and sport：suggestions for a more critical analysis. Sociology of sport journal，1989，6（3）．张晓义，李勇勤．国际体坛种族歧视现象存在的根源分析．武汉体育学院学报，2009，43（8）．闫静，仇军．论体育运动与种族逻辑．山东体育学院学报，2015，31（6）．

⑤ 张晓义，刘彤．国际体坛不平等现象的社会学分析及中国竞技体育的使命．北京体育大学学报，2008（6）．

⑥ 蔡睿，李然，张彦峰，等．中国居民参加体育锻炼的区域差异比较．体育科学，2009，29（7）．

⑦ 汤际澜．我国基本公共体育服务均等化研究．苏州：苏州大学，2011．姚磊，田雨普，余涛．文化强国战略下农村体育文化服务供给的困境与建议．上海体育学院学报，2012，36（3）．

⑧ 徐茜．国外“体育参与”与“社会分层”关系的五大理论流派述评．体育学刊，2008（9）．

据各社会阶层的特点总结归纳了不同阶层的休闲体育文化模式[①]。经济差异作为社会阶层最为重要的划分标准之一历来受到研究者的重视，经济收入越高的群体参与体育运动的积极性越高，这一结论得到了许多研究者的印证[②]。同时，一些学者发现家庭经济地位对于青少年体育参与的影响十分显著[③]，这也形成了一种事实上的不平等。

随着平等意识的提升和女权主义的兴起，在未来的学术研究中，体育领域的性别不平等仍将是学界的研究重点。体育社会学的两大权威期刊《体育社会学国际评论》（*International Review for the Sociology of Sport*）和《体育社会学杂志》（*Sociology of Sport Journal*）中有大量关于性别不平等的研究。并且，作为体育社会学发展前沿的西方国家多为种族多元社会，因此研究热点除了性别不平等这一人类社会普遍存在的现象之外，必然绕不开对西方社会最为棘手的种族问题的关注，这既是理论发展需要，也是现实所趋。除了上述研究热点之外，LGBT 群体、残疾人、老年人等弱势群体参与体育的机会问题也日益受到学者的关注。从国内来看，体育社会学——甚至是其母学科社会学——的话语权至今仍然掌握在西方学者手中，国内学者鲜有理论创新，大部分研究几乎照搬国外的基础理论和研究范式，完全通过西方理论话语体系来解释中国的国情与实践难免有失偏颇。因此，对于国内学界来说，亟须构建一种具有中国特色的本土化知识理论体系来解释和指导我国的体育研究实践。

第二节 体育参与中的性别不平等

在历史长河中，人类长期处于生产力极度低下的农耕时代。男性由于生理上的特点在劳动分工中占据着优势地位，无论是耕种狩猎，还是保卫家园，男性都发挥了女性所替代不了的作用。在这种原始的社会关系中，男性的社会地位高于女性是历史的必然产物。男女平等只有在性别差异不断被缩小、所占资源日益接近的工业化社会才具备与之对应的社会存在基础。因此，性别不平等是普遍存在的社会现象，即使在文明高度发展的现代社会中，性别歧视仍然屡见不鲜，性别不平等议题一直受到学界的持续关注。要分析体育领域中的性别不平等现象，就必须首先准确理解和把握性别的概念内涵。在社会学范畴内，我们往往将性别分为生理性别（sex）和社会性别（gender）。生理性别指的是男女生理结构方面的差异，是生物学或生理学意义上的性别，是与生俱来、在一般情况下既不可更改也无须更改的性别特征；社会性别指的是因为社会对两性特征、角色、责任及两性关系的期待、要求和评价标准不同而产生的差

① 许凤，柏慧敏．城市不同社会阶层的休闲体育文化模式．上海体育学院学报，2012，36（6）．

② WHITE P，WILSON B. An investigation of Bourdieu's "habitus", socioeconomic status and sport spectatorship in Canada. International review for the sociology of sport，1999，34（3）．彭大松．不平等视角下体育参与与差异的经验研究．上海体育学院学报，2014，38（4）．

③ BALL K，CLELAND V J. Socioeconomic position and children's physical activity and sedentary behaviors：longitudinal findings from the CLAN study. Journal of physical activity & health，2009，6（3）．

异，是社会意义上的性别，由社会制度及个人社会化过程所决定，可以随着社会性别理念的变化而改变[①]。换句话说，属于生理性别方面的特征不会因为处于不同的社会而改变，而属于社会性别方面的特征却会因为处于不同的社会而大不相同。本节讨论的性别不平等问题主要从生理性别和社会性别两个方面来加以分析。

一、基于生理性别的不平等

基于生理性别的不平等主要体现为体育运动参与机会以及对运动员的支持等方面的不平等。说起体育就不得不提奥运会。作为体育领域规模最大、影响力最强的综合性运动会，它不仅是一场体育盛宴，还是加强国与国之间的交流、增进各国人民的感情的纽带，更是维护世界和平的国际性社会运动。但是，作为影响力如此之大的体育象征，奥运会自创立之初就排斥女性参与。自奥运会在 2 000 多年前的古希腊诞生以来，在长达 1 000 多年的历史长河中，女性一直被奥运会排斥在外，她们既没有参赛的资格，也没有观看的权利。即使在尚武的斯巴达，女性也只能和男性一同进行体育训练，奥运会的大门一直未能向她们敞开。因此，在古代，奥运会只是男子奥运会的同义词。“现代奥林匹克之父”顾拜旦（Coubertin）在古代奥运会停办 1 500 年之后提出了重新举办现代奥运会的倡议，为奥运会的恢复与发展做出了不可磨灭的功绩。作为英国绅士教育体系的倡导者，顾拜旦认为体育是一种不受任何职业限制的、能够完善自我的不朽源泉，但是在对待女性参与奥运会的问题上，他却延续了古代奥运会排斥女性参与的传统[②]。他在 1912 年《奥林匹克评论》中奠定了现代奥林匹克的基本意义框架：“以国际主义为基础、以忠诚为手段、以艺术为环境、以女性的喝彩为奖赏的庄严的、周期性的男性体育精神的展示。”他甚至在同年举办的斯德哥尔摩奥运会上宣称：“女子奥运会是无趣的、缺乏美感的，甚至是不正确的，真正的奥林匹克英雄属于成年男子。奥运会必须仅限于男子参与，女子的首要角色应该是为获胜者加冕。”当然，随着女权主义的兴起和性别观念的进步，对女性参与的区别对待现象得到有效遏制，奥运会的男女运动员比例趋于接近，2020 年东京奥运会女性运动员占比达到 49%。

基于生理性别的不平等除了表现在体育参与问题上，还表现在不同性别的运动员所获得的资源支持的差异上。温布尔登网球锦标赛（Wimbledon Championships，简称“温网”）作为一项历史悠久、最具声望的世界性网球公开赛事，由全英俱乐部和英国草地网球协会于 1877 年创办，是网球四大满贯中唯一的草地比赛。所有比赛均设男女组，在不同场地同时进行。但是如此久负盛名的赛事曾经因为性别歧视引发过广泛的讨论，温网被指出在比赛场馆的安排上长期对男女运动员区别对待，存在性别歧视。在温网的众多比赛场地中，“中心球场”（Centre Court）可容纳观众

---

① 宋健．社会性别视角下的中国社会政策．北京：社会科学文献出版社，2012：1-2.

② 王智慧，李福祥，周慧娟．女性参与现代奥林匹克运动的百年历程对女性思潮嬗变的影响．体育与科学，2007（1）.

15 800人，1号球场可容纳观众11 400人，2号球场可容纳观众4 000人，3号球场可容纳观众2 000人。中心球场是温网举行决赛的场地，在这里比赛既是自身实力的体现，也是外界对运动员的认可，代表着一种尊重和荣耀。但是在赛程安排上，被安排在中心球场的男性运动员的比赛的数量要大大超过女性运动员。在2017年温网小组赛中，被安排在中心球场的男子比赛有14场，而女子比赛只有7场。具有相同世界排名的男女运动员在比赛场地的安排上也被区别对待。在比赛中，排名世界第一的女选手安杰利克·科贝尔（Angelique Kerber）在中心球场进行了揭幕战，但这却是科贝尔唯一一次出现在中心球场，而同样排名第一的男选手穆雷（Andy Murray）则三场小组赛都被安排在中心球场。男单四号种子选手纳达尔（Rafael Nadal）有两场小组赛被安排在中心球场，而女单四号种子选手斯维托丽娜（Elina Svitolina）的四场小组赛均被安排在了其他场地，且其中一块场地仅可容纳1 000余人。在同等条件下，场馆的安排在很大程度上体现了对女运动员的不公平对待。

除此之外，体育领域基于生理性别的不平等还表现为男女运动员、运动队在经费和赞助上的差异，男女运动员往往同工不同酬；男女运动员在宣传报道方面也会遭受相应的区别对待；在奥运会比赛中还有针对女性运动员的性别测试，女性运动员必须在相关人员面前展示自己的性别特征，还须进行睾酮测试，而对男性则无此要求。

二、基于社会性别的不平等

基于社会性别的不平等主要体现在意识形态和社会结构上，最具代表性的就是体育运动中男女运动员身份和形象的建构存在着严重的刻板印象。在漫长的体育史中，女性能够参与的运动项目存在着明显的性别刻板印象，并且长期受到男性中心话语的控制。花样滑冰、体操、游泳等温和的、具有美感的项目可以吸纳女性参赛，而需要极强爆发力和攻击性的项目，如田径、拳击等往往拒斥女性的参与。很难想象，女子拳击在2012年的伦敦奥运会上才成为正式比赛项目。这些选择背后隐藏的话语逻辑就是女性只适合符合自身“气质”的运动项目。

性别气质来源于性别角色理论（sex role theory），它强调根据生理特征差别对男女角色进行解读，往往将生理性别与社会性别或性别气质相等同。性别角色是指在任何社会中男性和女性都需要满足人们对某一性别角色的一整套期望。任何文化背景下都有两种性别角色——男性角色和女性角色，与之相对应的就是男性气质（masculinity）和女性气质（femininity）。男性气质是指男性具有成就取向和关注完成任务的行动取向等一系列性格和心理特点。通常与男性联系在一起的是进取心、主动、竞争力、抽象认知等等。女性气质是指女性具有同情心、令人感到亲切、对他人关心等一系列亲和取向的性格和心理特点。男性气质和女性气质很容易被解释为内化的性别角色，它们是社会习得或社会化的产物①。在这种理论视角看来，男

① 方刚．男性气质多元化与“拯救男孩”．中国青年研究，2010（11）．

人就该做男人的事，女人就该做女人的事，“男主外、女主内”是理所当然的，针对男性女性化的戏谑称呼“娘炮”和针对女性男性化的称呼“女汉子”都是所谓的违背性别气质的直接体现。该理论忽视了个体对性别气质的定义与再生产，掩盖了权力和物质层面的不平等的实质。性别角色扮演是由生理差别及男女两种性别所定义的结构，而不应由社会关系来建构。所谓女性天生柔弱的“女性气质”并不能成为其参与体育运动的限制，女性也有参与跟男性同样规则和强度的体育运动的权利。

三、性别平等的核心要素

要实现体育领域的性别平等，我们不仅仅需要在参与机会上对男女一视同仁的形式平等，更需要深层次的实质平等，而实现性别平等的前提是正确认识性别差异、尊重性别差异。随着时代的进步，性别平等观念深入人心，性别歧视的现象正在逐渐减少。历届奥运会女性运动员参与人数及参与项目数量的变化可以在一定程度上反映出女性地位的不断提升。如表 7-1 及表 7-2 所示，奥运会对待女性的态度从一开始的拒斥到逐渐接纳。随着时间的推移，奥运会运动员中男性与女性的比例越来越接近，女性可以参与的奥运会项目数量也越来越多。至 2020 东京奥运会，女性运动员占运动员总数的比重已经达到 48.6%，女性运动员人数多于男性的代表团数量也越来越多，并且奥运会所有大项均允许女性参加。

表 7-1 历届奥运会女性运动员人数及所占百分比（第 6、12、13 届因战争未举办除外）

奥运会届数	女性人数	总人数	女性占比	奥运会届数	女性人数	总人数	女性占比
1（1896）	0	331	0	19（1968）	780	5 530	14.1%
2（1900）	19	1 225	1.6%	20（1972）	1 008	7 123	14.2%
3（1904）	6	689	0.9%	21（1976）	1 247	6 028	20.7%
4（1908）	36	2 035	1.8%	22（1980）	1 124	5 217	21.5%
5（1912）	57	2 547	2.2%	23（1984）	1 567	6 797	23.1%
7（1920）	78	2 669	2.9%	24（1988）	2 186	8 465	25.8%
8（1924）	136	3 092	4.4%	25（1992）	2 708	9 367	28.9%
9（1928）	290	3 014	9.6%	26（1996）	3 512	10 318	34.0%
10（1932）	127	1 408	9.0%	27（2000）	4 069	10 651	38.2%
11（1936）	328	4 066	8.1%	28（2004）	4 525	11 099	40.8%
14（1948）	385	4 099	9.4%	29（2008）	4 540	11 438	39.7%
15（1952）	518	4 925	10.5%	30（2012）	4 650	10 500	44.3%
16（1956）	371	3 184	11.7%	31（2016）	5 194	11 523	45.1%
17（1960）	610	5 348	11.4%	32（2020）	5 669	11 669	48.6%
18（1964）	683	5 140	13.3%				

资料来源：李星星．女性参加奥运会的历程和展望．当代体育科技，2015，5（20）．

表 7-2　历届奥运会女性参与大项数量及所占百分比（第 6、12、13 届因战争未举办除外）

奥运会届数	女子项目数	项目数	所占百分比	奥运会届数	女子项目数	项目数	所占百分比
1（1896）	0	9	0	19（1968）	7	18	39%
2（1900）	2	18	11%	20（1972）	8	21	38%
3（1904）	1	17	6%	21（1976）	11	21	52%
4（1908）	2	17	12%	22（1980）	12	21	57%
5（1912）	2	14	14%	23（1984）	14	21	67%
7（1920）	2	22	9%	24（1988）	17	23	74%
8（1924）	3	17	18%	25（1992）	19	25	76%
9（1928）	4	17	24%	26（1996）	21	26	81%
10（1932）	3	14	21%	27（2000）	22	27	81%
11（1936）	4	19	21%	28（2004）	23	28	82%
14（1948）	5	17	29%	29（2008）	25	28	89%
15（1952）	6	17	35%	30（2012）	26	26	100%
16（1956）	6	17	35%	31（2016）	28	28	100%
17（1960）	6	17	35%	32（2020）	33	33	100%
18（1964）	7	19	37%				

资料来源：李星星．女性参加奥运会的历程和展望．当代体育科技，2015，5（20）．

从形式上来看，在体育领域中基于性别而产生的区别对待现象日渐减少。参与体育的女性人数越来越多，女性能够参与的项目范围越来越广，男女之间趋于平等。但仅从奥运会参与人数和参与大项数量的变化来反观女性体育的发展难免会有一叶障目的嫌疑。数量上的平等只代表了形式平等，而并不能代表性别平等的真正内涵。许多貌似性别平等的竞争往往具有欺骗性，只是看似公平，实际上其竞争规则早已订立，且订立规则的时候没有女性参与，自然也不可能考虑女性的诉求。这种隐性的男性话语霸权可能导致女性自主意识不断削弱，从而接受主流的男性价值观念，塑造出具有从属地位的女性形象。同时，只有尊重性别差异，才能超越现有“平等”。我们不能无视男女之间天然存在的生理差异，将“平等”简化为“对等”和“相同”。只有承认差异、尊重差异，拒绝绝对的、同样的平等，转而追求差异化的平等，才是符合人类发展规律和时代潮流的正确之举①。

案例分析

中国足球队赛绩中的性别差异

2018 年年底，中国男足意大利籍主教练、足球名帅里皮（Marcello Lippi）宣布在 2019 年 1 月份亚洲杯结束后不再与中国队续约，国足选帅问题再次引发热议。里皮从 2016 年上任伊始就由于天价年薪引发过广泛的讨论，与主教练的天价年薪相对应的是中国男足糟糕的成绩，有无必要引进外国名帅成为人们争论的焦点。足

① 关锦媛，陶玉晶．女性主义哲学思潮对女性体育观的影响．体育学刊，2016，23（4）．

球作为世界第一运动，是全世界参与人数最多、全球体育界最具影响力的单项体育运动。但是提到中国足球，尤其是中国男足，往往会引起无数人的唏嘘感叹。因为与中国男足相关的话题往往都是负面的，输球成为一种常态，踢假球、炫富、缺乏拼搏精神等一系列态度和行为一直以来都饱受诟病。赢不了强队情有可原，但是在2018 年面对巴勒斯坦、印度、巴林等数支弱旅时仅取得一场比赛的胜利，实在是让人大跌眼镜。虽然男足成绩不好，但是球员的收入却随着中超职业化进程的加剧而水涨船高。

中国女足的情况与男足形成强烈反差。女足自 1991 年第一届女足世界杯以来，只在 2011 年没有进入世界杯决赛圈，入围的比赛都取得了非常不错的成绩。而中国男足在新中国成立后的 18 届世界杯中只有一次进入决赛圈，并且未尝一胜、未进一球。女足光鲜成绩的背后却潜藏着一系列隐忧。据《足球》报等媒体报道，2016 年，在女超、女甲 16 支球队中，有 4 支球队的月均工资在 3 000 元以下，有 9 支球队的月均工资在3 000元到 10 000 元之间，只有 3 支球队的月均工资在 10 000 元以上①。而女足第一人王霜转会到法甲豪门球队巴黎圣日耳曼之后的年薪也不及男足球星的零头。

结合上述材料，谈谈你对男足与女足待遇呈现显著差异的理解。

分析提示：

（1）男足与女足在发展中所存在的差异属于事实上的不平等，而这种不平等的结构是国家、社会与个体三方面共同作用的结果。

（2）男足与女足之间的不平等现象并不是特例，这种不平等不仅仅出现在足球领域，也不止出现在体育领域，而是整个人类社会普遍存在的共性问题。

（3）绝对平等是一种理想化的状态。当面对性别不平等的现实时，需要理解性别差异，尊重性别差异，特别强调要追求差异化的平等而非绝对均等化的平等。

第三节　体育参与中的种族不平等

美国是全世界体育商业化最成功的国家，其体育产业已经成为国家经济增长的重要支撑。通过商业运作，美国创立了影响全球的、每年吸引数亿人次观看的四大职业体育联盟，即 NFL（National Football League，美国职业橄榄球大联盟）、MLB（Major League Baseball，美国职业棒球大联盟）、NBA（National Basketball Association，美国男子职业篮球联赛）和 NHL（National Hockey League，国家冰球联盟）。热衷于篮球比赛的体育迷不难发现一个现象，在 NBA 中，虽然黑人球员的占比非常高，但无论是球队老板还是联盟高管，都很少有黑人。同样的现象还发生在其他联

① 蒲垚磊．超八成女足球员月薪几千 足协难设最低工资标准．（2016－12－13）［2019－03－26］．http://sports.sohu.com/20161213/n475731552.shtml.

盟。一个不争的事实是，美国四大职业体育联盟的主席都是白人。将这个经验事实放大来看，自现代奥运会起源至今总共产生了九任国际奥委会主席，毫无疑问都是白人。从经验事实结合现有理论可以得出一个明确的结论：体育领域存在着种族不平等，而且白人一直处于统治地位。本节的主要内容是介绍种族的概念以及种族不平等的具体表现，并分析这种以种族特征为依据进行区别对待的逻辑是如何形成的。

一、种族与民族

在讨论体育领域种族不平等的问题之前，我们必须厘清种族的概念内涵。在中国的文化概念体系中极少涉及种族，学界更多的是探讨民族问题，而这两个概念显然是不一样的，所以厘清种族和民族概念的异同是理解本节内容的首要前提。

首先，从种族和民族的定义来看，对二者的理解至今尚未达成共识。人类种族简称人种，一般的定义是指“在体质形态上具有某些共同遗传特征的人群”，人类学家和民族学家更倾向于将其理解为“经常的在内部进行婚配和繁育的种群”[①]。种族概念强调的是遗传和环境影响带来的物理特征上的显著差异。而民族则是一个历史文化范畴。斯大林在《马克思主义和民族问题》中将民族定义为“人们在历史上形成的一个有共同语言、共同地域、共同经济生活以及表现在共同文化上的共同心理素质的稳定的共同体”[②]。

其次，从种族和民族的基本特征的区别来看，种族差异是先天性的可以遗传的生物差异，而民族差异则是由后天所处的社会文化结构决定的。举例来说，一个人在出生之前就已经决定了种族的归属，其头发的卷直、皮肤和瞳仁的颜色等身体特征就是种族的标记，后天无法改变。民族特征则是通过后天习得的，无法遗传，具体表现为不同的语言和习俗等。例如，孩子被外族收养后，能够习得与亲生父母截然不同的民族特征。

再次，从种族和民族的形成原因的区别来看，种族是人类在漫长的进化过程中自然适应的结果，种族间的差异在人类进入文明社会之前就已经成型。而民族这一概念被包含在历史文化范畴之中，是人类长期社会适应的结果，它的产生伴随着文明社会的发展并持续至今。

最后，从种族和民族的种类划分来看，种族是以共同的自然体质特征为依据进行划分的，而这种自然体质特征是能够遗传的。对于种族的划分，最具权威并得到广泛认同的分类方法由美国著名体质人类学家、哈佛大学人类学系教授胡顿（Hooton）所创。他将人类分为三大人种，每大人种下面有若干分支。三大人种分别是蒙古人种、赤道人种和欧罗巴人种。蒙古人种也被称为亚美人种，就是我们所说的黄色人种。其主要身体特征表现为肤色浅黄，头发色黑形直，鼻梁不高，颜面

① 李彬．论种族与民族的区别．黑龙江史志，2013（11）．

② 斯大林．斯大林选集：上卷．北京：人民出版社，1979：64.

扁平，胡须和体毛较少。赤道人种也被称为尼格罗-澳大利亚人种，就是我们所说的黑色人种。其主要身体特征表现为皮肤深色，头发色黑形卷，鼻型底宽，脸型较窄。欧罗巴人种也被称为欧亚人种或高加索人种，就是我们所说的白色人种。其主要身体特征表现为肤色浅淡，头发颜色不一，发型波状，胡须和体毛旺盛，鼻高唇薄。民族是根据语言、宗教、历史渊源、风俗习惯、社会制度等社会性因素进行划分的，是在一定历史发展阶段形成的具有共同心理认同的稳定共同体①。一般来说，同一民族使用相同的语言，具有相同的宗教信仰、社会制度和风俗习惯。但是随着现代性和社会流动的加剧，民族的特征正在被主流文化侵蚀，民族的边界越来越模糊，民族间的差异越来越小。

二、体育领域的种族歧视

提到种族不平等就不能回避种族歧视问题。种族歧视是一种根据种族的生理特征而予以区别对待的行为。1965 年 12 月 21 日联合国大会通过的《消除一切形式种族歧视国际公约》对“种族歧视”概念做了如下界定：“基于种族、肤色、世系或民族或人种的任何区别、排斥、限制或优惠，其目的或效果为取消或损害政治、经济、社会、文化或公共生活任何其他方面人权及基本自由在平等地位上的承认、享受或行使。”体育与种族的关系问题曾在国际体坛上引发过无数次争论和冲突，但是随着人类文明的不断进步，人们逐步达成了一项基本共识，那就是种族歧视已经成为众矢之的。全球范围内反对种族歧视的声音日渐高涨，示威游行活动频频爆发，种族歧视行为已经受到越来越多的指责和控告。但是，在当今社会种族歧视“人人喊打”的情况下，这一现象仍没有得到彻底根除。在发展过程中，现代体育也长期遭受着种族歧视的干扰和影响。尽管国际奥委会和各国的体育组织都明确反对种族歧视，并禁止种族歧视现象干扰体育比赛现场，但仍有少数极端分子屡屡在赛场上制造种族歧视行为②。

在现代民族国家形成之后，由于历史、文化与现实政治需要等原因，种族歧视逐渐演变成国家内部某些掌握权力的种族对无权力种族的一种统治手段，具体表现为少数白人对多数有色人种的绝对统治——有色人种不仅包括黑人，还包括亚裔、拉丁裔等少数族群③。南非曾以其臭名昭著的种族隔离政策而恶名远扬。1964 年，南非拒绝派出种族混合的代表团参加国际比赛，在其他非洲国家的干预和施加压力下，国际奥委会决定拒绝南非参加当年的奥运会，此举赢得了大多数国家的声援和支持④。事实上，在此后的很长一段时间内，南非一直被排斥在奥林匹克大家庭

---

① 李彬．论种族与民族的区别．黑龙江史志，2013（11）．

② 郭阳．文化社会学视野下的欧美竞技体育领域种族歧视．价值工程，2010，29（17）．

③ 汪诗明，王艳芬．种族歧视·种族主义·种族和解．史学集刊，2016（2）．

④ 历史上的今天丨国际奥委会禁止南非参加奥运会．（2018－08－18）［2019－03－26］．http：//www.sohu.com/a/248632435_505431.

之外。

在种族歧视最为严重的足球赛场上，带有侮辱性质的言语和行为时有发生。在白人至上主义者眼中，有色人种是“猴子”，所以他们经常会通过模仿猴子的叫声和扔香蕉来进行种族歧视。几乎所有的著名黑人（有色）球员都“被扔过香蕉”，连巴洛特利（Barwuah）、内马尔（Neymar）、罗伯特·卡洛斯（Roberto Carlos）、克利希（Clichy）、马塞洛（Marcelo）等球星都难逃一劫。需要注意的是，种族歧视不仅发生在黑人身上，华人等亚裔群体也是遭受种族歧视的重灾区。2017 年 7 月，英超球队切尔西受邀做客北京国家体育场进行友谊赛。赛前，队中年轻的巴西球员肯尼迪（Kenedy）在社交媒体中发布了两段视频并配了文字说明。其中，第一段视频中的文字说明带有“Porra China”的字样，而葡萄牙语中的 Porra 是一个带有侮辱性质的脏字。在第二段视频中，他偷拍了一名安保人员靠在门上休息的情形，并配文道“醒醒了，中国”[①]。肯尼迪的错误言论一经发布便引起了轩然大波，虽然他事后删除了相关内容并道歉，但仍然给自己留下了种族歧视的污点。

三、种族歧视背后的种族逻辑

种族主义是种族逻辑的基础。种族主义是一种将人类群体按种族分类并以价值高低进行优劣划分的理论，它将种族之间的差异夸大为物种之间的差异，生物进化论和不平等主义是种族主义的两个基本特征。需要注意的是，不能将“种族中心论”与种族主义混为一谈。以自我中心为特征的种族中心论伴随着人类历史进程的发展而形成。法国著名人类学家列维-斯特劳斯（Levi-Strauss）将种族中心论视为人类“最古老的态度”，认为其是一种普遍存在的人类学现象。美国社会学家威廉·萨姆纳（William Sumner）在《民俗论》中将种族中心论界定为“人们认为所属的群体是世界的中心，也是衡量所有其他群体的准绳的观点；每个群体都维持自身的傲气和虚荣，展示其优越性，赞美自己的神灵，蔑视外人”。因此，种族中心论是群体封闭在一定环境中，受到经济文化因素制约而产生的一种群体自我欣赏的态度。虽然这种态度显然会导致内群体对外群体的蔑视或排斥，但不能将这种态度等同于种族主义。举个例子来说，在种族中心论看来，最为核心的问题是谁属于内群体。如果黑人属于内群体，那么黑人对白人的蔑视就属于种族中心观。而在种族主义者看来，无论谁是内群体，白人都比黑人高等。所以说，种族主义是经过人为培植后逐步形成的，是人类发展到特定历史阶段的产物。[②]

以反黑人为主的种族主义的形成过程与欧洲列强在美洲和非洲进行殖民扩张的历史相吻合。随着科学技术的进步，出现了为种族主义寻找“科学”依据以论证其“合法性”的思潮。西方列强将种族间的生理差异扩展到经济、社会、文化等多个

---

① 肯尼迪辱华事件梳理.（2017-07-25）[2019-03-26]. http://www.dongqiudi.com/archive/386843.html.

② 张宏明.反黑人种族主义思潮形成过程辨析.西亚非洲，2008（1）.

方面来论证种族间的优劣性，进而通过反黑人的种族主义理论来为奴隶制、殖民主义辩护。现代种族主义伴随着殖民主义、帝国主义的出现，逐渐成为侵略、掠夺和压迫他人的工具。欧洲殖民者不仅将黑人的生活贬斥为未开化的野蛮状态，还将黑人视为一种类似于猿猴的特殊人种。部分学者从生物学和遗传学的角度来"论证"不同种族的优劣程度，并宣扬白人优于其他有色人种；深色人种（尤其是黑人）所表现出的卓越的身体天赋代表着他们是依靠体力而非智力的，代表着他们更接近于原始动物。法国社会学家戈比诺（Gobineau）在《论人类种族的不平等》中将人类种族分成不同等级，并宣称日耳曼民族是最优秀的。他的优生学思想深深地影响了希特勒，在 1936 年德国柏林奥运会上，希特勒提出了"白人优越论"的荒谬理论，这也为日后的战争埋下了伏笔，使得整个人类直到现在都还没从战争的创伤中完全恢复。社会达尔文主义认为，在人类社会"优胜劣汰、适者生存"的规则下，白人是优胜者，应该充当统治者的角色。这种对种族进行优劣划分并赋予相应社会意义的思维方式被称作种族逻辑（race logic），通过这种逻辑，一套关于肤色、智力、性格、身体特征和技能的种族理论得以制度化①。

虽然种族主义成为众矢之的，但是种族不平等现象仍然广泛存在。那么，在现代文明社会，这种不平等的结构是如何生产和维系的呢？

随着文明进程的加快和法律约束能力的增强，原来那种外显的、暴力的种族主义行为愈发减少甚至消失殆尽，但是隐性的、结构性的种族不平等现象仍然广泛存在。虽然后者看起来没有前者危害大，但其实它对种族平等所造成的阻碍更为持久。而真正的可怕之处在于，它事实上建构和维系着种族不平等的社会结构，但处在这种社会结构中的被压迫的种族却毫不自知。

经过长期的熏陶和发展，种族逻辑这种制度化的"知识"已经浸入意识形态领域。它使得黑人相信自己的智力不如白人，而在体育运动中更能发挥自己的身体优势。更为可怕的是，这种基于种族特征而产生的刻板印象已经深入人心。越来越多的非裔美国人通过体育特长拿到奖学金进入大学，从而提升自己的社会地位，NFL、NBA 等职业联赛中黑人球员的比例远远超过白人。黑人通过体育获得成功的事实又会反过来强化人们对于黑人身体优势的刻板印象，从而维系了种族间不平等的社会结构。

第四节　体育参与中的地区不平等

公民体育需求的保障、竞技体育水平的提升，以及体育产业的发展都离不开资源的投入。资源的投入涉及政府财政和社会资金的使用，能否提供数量充足、质量

---

① 闫静，仇军．论体育运动与种族逻辑．山东体育学院学报，2015，31（6）．

合格的场地，能否成功组织各类体育活动，都反映出该地区的经济发展水平。通过实际观察不难发现，一个地区的体育事业发展水平与当地的经济发展水平呈现出一种显著的正相关关系。由于全球范围内的国家之间以及国家内部的地区之间的经济发展水平存在明显的非均衡态势，因此必然导致体育事业发展的不平等，而且这种不平等往往呈现出扩大化的趋势。总体来说，导致体育参与中的地区不平等的原因，从世界范围来看，主要是发达国家与发展中国家的体育发展不平等；具体到中国国情来看，主要是东部、中部和西部地区的体育发展不平等，以及城市与农村之间的体育发展不平等。

一、国家之间的体育发展不平等

发达国家和发展中国家是一个政治性概念，是基于世界范围内不同国家发展水平进行的划分。发达国家和发展中国家在经济社会发展水平上的差异体现在多个方面，体育发展是其中一个重要的衡量指标。

从竞技体育来看，目前大多数主流体育项目发源于或者成熟于欧美发达国家，规则的制定和修改都由发达国家决定，发达国家参与比赛的专业运动员和民间业余爱好者数量也远高于发展中国家，国际著名大型赛事的举办基本上被发达国家垄断。

从现代奥运会的举办地来看，已举办的 32 届现代奥运会中有 27 届的主办方属于发达国家。奥运会的 28 个竞赛大项中，绝大多数是由欧美发达国家主导的运动项目，属于发展中国家的非常少，这必然会导致不同国家的运动员在竞争的过程中处于不平等的地位。从 2004 雅典奥运会到 2020 东京奥运会的金牌分布来看，如表 7-3 所示，在参与奥运会的 200 多个国家和地区中，24 个发达国家所获得的金牌总数几乎都占据了金牌总数一半。

表 7-3　近五届奥运会发达国家金牌数及占比

	第 32 届东京奥运会	第 31 届里约热内卢奥运会	第 30 届伦敦奥运会	第 29 届北京奥运会	第 28 届雅典奥运会
发达国家金牌数	198	170	156	150	150
金牌总数	340	307	302	302	302
发达国家金牌数占比	58.2%	55.4%	51.7%	49.7%	49.7%

注：发达国家以公认的 24 个国家为准，具体包括美国、加拿大、英国、法国、德国、意大利、瑞士、奥地利、荷兰、比利时、卢森堡、丹麦、瑞典、挪威、芬兰、冰岛、爱尔兰、韩国、葡萄牙、西班牙、澳大利亚、新西兰、日本、新加坡。

资料来源：据新浪奥运金牌榜整理而得。

从国际体育组织来看，这些组织更多由发达国家掌握着实际话语权，决定着整个组织的发展走向和具体的运行规则，发展中国家往往处于明显的弱势从属地位。所以说“话语权的差异，直接导致了在体育资源的获得及分布等权利上的差异，从而导致了事实上的不平等”①。

从大众体育发展情况来看，这种不平等体现得更为明显。发展中国家虽然人口众多，地域广阔，但无论是体育资金的投入、体育设施的建设、体育消费的能力还是体育锻炼的质量都与欧美发达国家有着不小的差距。即使是像巴西、阿根廷这样在奥运会上表现较为优异的发展中国家，大众体育的发展程度也存在明显的短板和不足，更不用说非洲的一些还处于全球贫困线以下的国家和地区。

从体育产业的发展情况来看，发达国家和部分发展中国家的体育产业已经成为整个国民经济发展的重要组成部分，并形成了完整的产业链条。例如，2020 年，美国体育产业总规模约为 5 200 亿美元，居世界首位，约占当年该国 GDP 的 2.5%；而同年，中国体育产业总规模为 2.7 万亿人民币，占 GDP 的比重为 2.72%。而更多发展中国家的体育产业仍处于初级发展阶段，规模小、附加值低，甚至处于空白状态。

这种不平等在一定程度上使得体育无法发挥其增强国与国之间友谊的作用，甚至体育运动“成为强大国家拓展对世界大众文化控制的重要工具”②。发达国家与发展中国家的体育发展不平等从根本上来说是经济因素所导致的。一些发展中国家经济发展水平较低，当前的主要任务是满足民众的基本生存需求，需要把更多、更有效的资源投入经济建设，“对体育的促进国民经济发展、提高国民身体素质、加强国际交往、维护社会稳定的多方面功能或无暇顾及或认识不足”③，对于体育事业的投入只能尽量缩减。还有一些发展中国家政局不稳，社会动荡，甚至局部冲突和战争连绵不断，因此政府把主要精力放在维持政权和社会稳定方面。在这种战火纷飞、民不聊生的情况下，发展体育事业就变成了奢谈。

二、我国不同地区之间的体育发展不平等

改革开放四十多年来，我国的各项事业都取得了突飞猛进的发展，GDP 总量、居民人均收入、人均寿命、城镇化率均得到了显著提升，失业率、贫困率也在不断降低。在这种背景下，仅仅是基本物质需求的满足已经不能满足人民日益增长的美好生活需要，人们开始追寻更高层次的需求的满足。体育运动作为人类美好生活需要的重要组成部分，日益成为人们关注的焦点。人们参加体育锻炼活动的时间和次数日益增多，在这种情况下，体育设施的种类、数量和质量被赋予了越来越高的要求，同时，人们参与和欣赏各类体育赛事的愿望也越来越迫切。虽然自新中国成立以来，我国一直十分重视体育事业的发展，并取得了相当不错的成绩，但是我国的体育事业在满足广大人民群众的体育需求方面仍然存在较大的进步空间。以体育事

① 张晓义，刘彤．国际体坛不平等现象的社会学分析及中国竞技体育的使命．北京体育大学学报，2008（6）．

② 科克利．体育社会学：议题与争议（第 6 版）．北京：清华大学出版社，2003：506．

③ 王建国．发展中国家体育发展的制约因素研究．沈阳体育学院学报，2007（1）．

业投入的经费规模为例，2017年，我国体育事业财政支出占当年GDP的比重为0.06%[①]，这个比重是相当低的。而西方发达国家的体育事业经费投入占本国GDP的比重一般都保持在1%以上。这种资源投入不足的情况放到中国国情中来看，表现为各地区间的不平衡，主要是指东部、中部、西部的体育事业发展呈现出一种非均衡的状态。

东部地区尤其是东部沿海地区，由于拥有雄厚的经济实力，能够为本地区的体育事业的发展提供强有力的物质支持。大量的资源投入和政策支持使得东部地区无论是在竞技体育层面还是在群众体育层面都具备非常大的优势。从竞技体育层面来看，东部地区的职业俱乐部发展迅速，体育人才储备丰富，竞赛水平较高。王晔等的研究显示，一个地区的竞技体育发展水平与该地区的经济发展水平高度相关[②]。从全运会各省区市（不包括港澳台）所获奖牌数量来看，如表7-4所示，无论是从奖牌总数还是从地区平均数来看，东部发达地区的竞技体育水平都远远高于中西部地区。从群众体育层面来看，东部地区的体育社会化发展水平较高，运动场地相对充足，设施完备、功能齐全的大众体育锻炼器材也能够配套到位，能够在一定程度上满足人们参与体育锻炼、强身健体的需求。同时，东部地区的体育产业发展也处于全国领先地位，某些城市的体育产业已经成为推动当地经济转型、实现创新发展的特色亮点和重要增长点。而中西部地区的体育事业发展状况与东部地区相比呈现出一定的差距。根据《体育事业统计年鉴（2003—2010）》对全国各地人均体育经费状况的统计调查，东部地区年人均体育经费为14.24元，中部地区为4.86元，西部地区为6.38元，从数据就可以看出差距较为明显。中西部地区由于经济发展处于相对较为落后的位置，因此对体育事业的投入难以达到东部地区的水平，往往只能完成最基本的指标要求，无法实现进一步的产业提升和发展。因此，中西部人民群众由于经济上的不平等导致体育需求得不到有效满足。

表7-4　近三届全运会奖牌数量地区分布

东部	第14届	第13届	第12届	中部	第14届	第13届	第12届	西部	第14届	第13届	第12届
北京	50	67	74	山西	28	32.5	20	内蒙古	23	29	22
天津	44	59.5	36	安徽	33	26	27.5	广西	22	11.5	14
河北	44	64.5	40	江西	19	20.5	15.5	重庆	12	8.5	10
上海	91	86.5	110	河南	44	48.5	38.5	四川	64	56	51
江苏	116	110.5	103	湖北	60	42.5	38.5	贵州	15	14.5	10
浙江	116	114	78	湖南	47	31.5	36	云南	24	22.5	14
福建	60	53	49.5					西藏	6	4	2
山东	160	174	136					陕西	57	30	25

① 王玲．我国体育事业财政支出研究．财务管理研究，2021（8）．

② 王晔，裴立新，武志峰，等．社会主义初级阶段我国东西部体育发展比较研究．天津体育学院学报，2000（3）．

续表

东部	第14届	第13届	第12届	中部	第14届	第13届	第12届	西部	第14届	第13届	第12届
广东	142	116.5	101.5					甘肃	11	13	7
海南	7	5	5					青海	6	7	4
								宁夏	0	3.5	2
								新疆	21	17	14
总计	830	850.5	733	总计	231	201.5	176	总计	261	216.5	175
省均	83	85.1	73.3	省均	38.5	33.6	29.3	省均	21.8	18	14.6

注：地区划分采用国家统计局标准。东部地区包括北京、天津、河北、上海、江苏、浙江、福建、山东、广东和海南。中部地区包括山西、安徽、江西、河南、湖北和湖南。西部地区包括内蒙古、广西、重庆、四川、贵州、云南、西藏、陕西、甘肃、青海、宁夏和新疆。

三、我国城乡之间的体育发展不平等

与东、中、西部地区的体育公共服务发展不均衡、体育事业发展不平等的情况相类似，目前我国城市与农村之间的体育发展进程也存在明显的不均衡、不平等，这是城乡二元体制在体育领域的具体体现。即使在体育事业发展相对较快的东部地区，城市与农村的体育发展也存在着显著的不平等。就农村来说，这种不均衡、不平等具体体现在以下几个方面：

一是体育资金投入不足，体育设施较为短缺。经济基础是制约体育事业发展的决定性因素，农村的财政支出能力远低于城市，因此农村没有足够稳定的资金投入体育事业中。基层农村更加重视农业生产方面的投入，对社会公共服务事业的投入本身就很少，而对体育事业的投入更是捉襟见肘，平均到每个人身上可以说是寥寥无几。虽然在新农村建设中，一些农村利用闲置土地建造了篮球场、乒乓球桌以及其他一些健身器材，但是它们数量少，覆盖面不广，种类不够齐全。

二是体育活动相对较少，缺乏科学的体育指导。“在农村，由于农业生产的季节性、住所的分散性和传统思维的禁锢性，如果没有政府和社会团体的组织，体育比赛和文体活动就很难开展起来。”① 从目前体育活动开展的情况来看，一些经济较为发达或者作为旅游景区的农村地区，会定期举行综合性的或者具有民俗特色的体育活动，比如龙舟赛、花鼓舞等，但是这些活动更多的是表演性质的，普通农民的参与度不高。而一般的农村地区，只能开展一些相对比较简单的体育活动，体育活动在内容的丰富性和形式的多样性方面存在明显不足。对于偏远山区和贫困地区的农村来说，体育活动的开展更难以得到保证。体育运动具备一定的风险，如果没有科学的指导，那么身体受到损伤的概率会大大提升。根据《全民健身计划纲要》要求，每千人要配备两到五名社会体育指导员，但从现实情况来看，农村地区远远达

① 姚磊，田雨普，余涛．文化强国战略下农村体育文化服务供给的困境与建议．上海体育学院学报，2012，36（3）．

不到这个标准，农民开展体育健身活动缺少科学有效的专业指导。

三是农民体育锻炼意识淡薄，缺乏全民健身氛围。从公共产品供给的角度来看，近年来政府部门对农村体育设施建设进行了大量投入。但是与城市相比，由于农村地区仍然相对封闭保守，现代体育意识和健身理念难以对普通农民产生影响，加上部分农村的人口结构主要以中老年和留守儿童为主，因此农村的体育观念相对落后，能够积极参与体育活动的人数很少。此外，政府部门在发展农村体育事业的过程中，往往只基于完成指标和规定任务的目的，很少去考虑体育设施的使用率以及体育活动的参与率。真正能够满足农民需要、符合农民期待的体育活动在数量和形式上仍较为缺乏。因此，总体上看，我国农村地区在鼓励农民进行体育锻炼、营造全民健身氛围方面与城市相比还存在较大差距。

第五节 体育参与中的社会阶层不平等

在很多人看来，体育运动是一种相对较为公平的人类活动。因为体育运动是针对所有人开放的，不论是富人还是穷人都能够参与其中。在竞赛中，成绩作为唯一的评判标准不会受到其他因素的干扰，成绩的好坏只与个人天赋能力和努力程度相关，而不会受到财富或权力的影响。但事实真的如此吗？显然不是。拿培养一名专业运动员为例，在一般性的门槛较低的运动项目中，富裕家庭的子女不仅能够购买昂贵的运动装备，接受专业教练的培训，还能承担外出比赛的费用，而这些是一般家庭所负担不起的。在门槛更高的较为小众的运动项目（例如马术）中，由于客观条件的限制，一般家庭根本没有参与的机会。所以，由个人或家庭的社会经济地位不同带来的阶层差异早已决定了社会成员参与体育运动的机会以及参与方式的不平等。不同的社会阶层具有不同的体育价值观念、体育参与方式、体育消费水平和体育活动场所。“体育参与”（sports involvement/sports participation）作为社会中最为常见的体育现象，是社会成员实现社会化的重要途径之一，历来受到体育社会学家的关注。因此，本节内容的重点在于分析不同的社会阶层对体育参与的影响。

一、不同的解释范式

要理解社会阶层与体育参与之间的关系，就必须首先弄清社会阶层的概念内涵。任何社会都有其社会分层结构，整个社会就是一张巨大的网络，每个社会成员都按照其获得资源的能力高低以及拥有资源的数量和种类的多寡在社会网络结构中占据不同的位置。处于同一等级的社会成员拥有相似的态度、行为模式和价值观念，于是社会阶层就产生了。

体育不仅具有强身健体的功能，从社会学的角度来说，它也是社会化的一种手段。通过参与体育运动，社会成员能够习得相应的社会文化和角色知识并逐渐适应社会生活。通过对人们“体育参与”倾向的塑造，我们可以发现社会结构在一定程度上被再生产了。那么，社会阶层与体育参与之间到底是什么样的关系？这种关系如何被塑造出来？针对这些问题，不同的理论流派从不同的角度出发给予了相应的解释，我们对此加以归纳，以期能予以读者启示①。

（一）炫耀说

“炫耀说”的代表人物是美国著名经济学家、制度学派创始人凡勃伦（Veblen），其著作《有闲阶级论》从多个维度分析了有闲阶级的产生和发展，他认为有闲阶级与劳动阶级最明显的区别在于是否从事生产性的劳动。“有闲”并非指懒惰、毫无作为，而是指非生产性地消耗时间。他进而论证了有闲阶级通过“明显有闲”和“炫耀性消费”的竞争，推动了整个社会经济的发展。他在书中生动地讨论了上流社会与底层社会在体育参与方式上的区别。当时社会普遍认为，从事农业或手工业等生产性劳动会导致社会地位低下，劳动阶级为了基本的生存才需要进行生产性工作，而有闲阶级通过非生产性地消耗时间来证明自己的财富足以使自己安闲度日，以此来彰显自己更高的社会地位。所以，上流社会通过参与各种体育休闲活动来消磨时间和花费金钱，以此来炫耀自己优越的社会地位。消费越高、越能消磨时间的体育运动项目越受到上流社会的青睐。

有闲阶级热衷于体育运动竞赛，这基于传统的“弱肉强食”的掠夺习性。“有闲阶级制度有助于运动比赛和歧视性侵占这类活动的持续存在。”② 有闲阶级将掠夺和战争视为获得荣耀的最佳途径，而在和平年代，以冒险和攻击为主要特点的竞技比赛正是满足有闲阶级愿望的最佳方式。他们不但会在精神上对此类竞赛活动给予支持，而且会身体力行地直接参与。③ 凡勃伦支持有闲阶级参与体育运动竞赛，因为体育运动竞赛能够彰显男性气质，如强健、勇敢、果断等。除此之外，体育运动竞赛还能塑造精英品质，成为身份区隔的符号和政权维系的手段。有闲阶级，尤其是王侯贵族们坚持不懈地参与体育运动——如狩猎、赛马和板球等运动项目，除了乐在其中外，还有其他原因，如能够展示自己的力量，能够获取统治通行证所要求的健康活力从而提升执政的合法性。④ 但是作为资产阶级的捍卫者，凡勃伦从自身利益出发，不提倡社会竞争，将劳动阶级摒弃在运动竞赛之外。

（二）区隔说

法国著名社会学家布尔迪厄并不认同凡勃伦的“炫耀说”中对上流社会参与体育运动的理解。他认为，上流社会参与体育休闲活动并非为了通过消耗时间和金钱

---

① 徐茜．国外“体育参与”与“社会分层”关系的五大理论流派述评．体育学刊，2008（9）．

② 凡勃伦．有闲阶级论．北京：商务印书馆，1964.

③ 马燕．浅谈经济学家眼中的运动比赛：读凡勃伦的《有闲阶级论》．体育科技文献通报，2012，20（10）．

④ 贝林格．运动通史：从古希腊罗马到21世纪．北京：北京大学出版社，2015：188－190.

来进行炫耀，而是为了将自身与其他社会阶层区隔开来，体育参与方式正是实施这种社会区隔的有效途径之一。对体育运动所持的理念以及对运动项目的选择代表了一种品味或者趣味，布尔迪厄将趣味视作阶级区隔的标志。在他看来，趣味并不是所谓的天赋，而是与教育资本和社会出身密切相关，趣味的形成决定于阶级群体各自拥有的资本状况。资本的数量、结构及轨迹是建构社会分层的主要依据，因而趣味与社会空间存在着结构性同源的关系。[①] 上流社会的趣味与底层社会的趣味显然不同。统治阶级的趣味属于自由奢侈的趣味，其特点是不考虑直接的物质需求，注重形式和精神上的享受。而被统治阶级的趣味则属于大众流行趣味，强调经济物质需求，形式往往简单直接。两种趣味的直接区别反映在不同阶级参与体育项目的差异上。上层阶级偏爱形式复杂、身体接触较少、姿态优雅的运动项目，例如高尔夫，昂贵的消费和辽阔的空间所体现出的排他性，代表了上层阶级所处的社会地位的优越性。而以工人阶级为代表的被统治阶级则崇尚冒险、竞争，其参与的运动项目往往需要直接的身体接触或带有暴力色彩，例如拳击、摔跤等。当然，阶级趣味的表现形式并不是一成不变的。当其他阶级的社会成员都试图通过模仿上层阶级的体育参与模式而向上流动时，上层阶级就会改变原来的形式，从而将自己与其他阶级继续区隔开来。譬如说，被视为“贵族运动”之一的高尔夫在很长一段时间内一直受到上层阶级的青睐，但随着越来越多的“土豪”“暴发户”的加入，原先的上层阶级为了与他们区隔开来，转而寻求其他新的体育项目。

（三）冲突论

布尔迪厄的“区隔说”并没有得到学界的一致认同，因为其忽视了体育运动自身的特质。下层阶级偏爱的体育项目，如拳击、摔跤等，往往与暴力等反社会特质联系在一起。体育参与成为一种表达阶层之间及阶层内部冲突、矛盾、敌意的形式和手段。因此，持冲突论的学者关注的重点在于社会规范准则如何通过影响现代体育运动来实现人的社会化——换句话说，潜在的阶级敌意和阶级对立是如何通过体育运动化解，从而避免对整个社会结构造成破坏的。作为“精神分析社会学”的奠基人之一，弗洛姆认为西方文化是一种病态的文化，这种病态的力量摧毁着人们的身心，制造着无数的社会不稳定因素，而体育运动是一种“维护社会缺陷的麻醉剂”[②]，所以西方发达国家的体育运动一直盛行。如果失去体育运动这种强刺激的麻醉剂，西方社会中的各种病症就会完全暴露出来。奥地利著名动物学家、诺贝尔奖获得者洛伦兹（Lorenz）从控制动物行为模式的角度看到了体育的社会控制功能。他认为：“体育运动的最大功能就是替那些最不可或缺但又最危险的攻击类型——战斗热情——加上一个健康而安全的阀门……国际运动竞赛之所以有利，是因为它替种族的战斗热情找到了宣泄的途径。”[③] 所以，在冲突论者眼中，体育运动成为统治阶级进行社会控制的有效工具，体育运

① 刘晓春．布尔迪厄的“生活风格”论．民俗研究，2017（4）．
② 弗洛姆．健全的社会．上海：上海译文出版社，2011：15.
③ 洛伦兹．攻击与人性．北京：作家出版社，1987：294－295.

动中的暴力和反社会因素不断受到规训与控制，社会的稳定由此得以维护。

（四）社会流动说

社会分层是对社会结构的静态描述，而社会流动是对社会结构的动态的历时性描述，主要分为横向的水平流动和纵向的垂直流动。水平流动是指个人或群体在阶层内部的不同社会集团之间的变动过程，社会地位不会发生显著变化。而垂直流动是指个人或群体由一个社会阶层向另一个社会阶层转变的过程，分为向上流动和向下流动。对许多学者来说，体育参与作为一种提升社会地位的有效手段也被认为是社会流动的重要形式之一，因此产生了“社会流动说”。科举制度作为中国古代政府选拔人才的最为重要的手段，不仅包括文举，也包括武举。武举从某种意义上来说便是通过体育参与实现向上流动的例证。底层民众通过科举制度实现了“鲤鱼跃龙门”的梦想，从一介布衣摇身一变成为主政一方的朝廷大员。而对西方发达国家的黑人来说，体育参与已经成为他们提升社会地位的重要手段之一。由于历史文化原因，黑人一直处于被压迫、被歧视的社会底层。但是，随着种族政策的不断改善以及体育领域的逐渐开放，拥有出色身体条件的黑人的运动天赋逐渐展现，越来越多的黑人在体育领域获得成功，跻身上流社会。黑人拳王梅威瑟（Mayweather）在 2013—2018 年这六年的时间里有三年雄踞全球运动员收入榜榜首的位置，无数的贫民窟黑人小孩通过体育参与完成了自我蜕变。

以上四种理论范式分别从不同的角度解释了社会阶层与体育参与之间的关系，虽然涉及很多不平等的内容，但不平等始终没有作为一个核心概念被提出。直到 20 世纪末期，以吉登斯为代表的英国学者开始关注作为一种社会化手段的体育参与在整个社会结构再生产中的作用，社会不平等通过体育参与被复制了，因而形成了“不平等论”。尽管随着社会的不断进步，社会各阶层成员的体育参与的差距不断缩小，但实际情况仍不容乐观。虽然体育运动对所有人平等开放的合法性毋庸置疑，但财富和权力仍然是影响不同社会阶层的体育参与的最为重要的因素之一。

二、体育参与和阶层不平等的相关研究

经济因素作为影响社会成员阶层地位的最重要的因素之一，历来受到学者们的关注。简 · E. 鲁塞斯基（Jane E. Ruseski）和卡捷琳娜 · 马雷索娃（Katerina Maresova）利用 2007 年国际社会调查项目（International Social Survey Programme，ISSP）的“体育和休闲时间”专题调查，对 34 个国家和地区的民众参与体育锻炼的频率进行了横向比较研究。结果显示，收入与参与体育锻炼的频率呈显著正相关关系，人均 GDP 越高的国家，民众参与体育锻炼越频繁①。事实上，许多

① RUSESKI J E，MARESOVA K. Economic freedom，sport policy，and individual participation in physical activity：an international comparison. Contemporary economic policy，2014，32（1）.

体育活动的参与成本很高，进行体育锻炼需要一定的装备，部分运动项目需要场地费，有的还需考虑异地的往返交通和食宿开支，收入越高的人越有能力负担这些费用。

体育消费行为是社会成员在理解体育功能价值的基础上，根据自身的需要和条件，寻求、购买和使用体育用品、劳务和服务的过程①。在社会阶层出现分化的前提下，消费作为阶层地位的重要表现形式也呈现出一定的差异。同样，不同社会成员对体育消费的态度和行为也反映出背后所代表的社会阶层差异。而这种差异往往带有明显的身份区隔，是阶层不平等的直接体现。许风、柏慧敏对不同社会阶层参与体育项目的差异进行了归纳，如表 7 - 5 所示，社会阶层越高，其体育消费水平越高，并且他们一般更倾向于参与个人的、没有直接身体接触的难度较高的运动项目。社会成员参与休闲体育的文化模式带有十分明显的阶层色彩：与社会上层相对应的是以文化为特质的自我实现文化模式，该模式强调精神层面的自我认同与发展；与社会中层相对应的是以娱乐为特质的情趣体验文化模式，该模式主要注重追求精神层面的娱乐消遣；与社会下层相对应的是以健身为特质的康乐文化模式，该模式强调体育参与的主要目的在于强身健体。②

表 7 - 5　社会阶层休闲体育项目差异的相关性理论模型

类别	上层	中上层	中层	中下层	下层
时间与消费比例	低	较低	一般	较高	高
消费水平	高	较高	一般	较低	无
体能投入	低	较低	一般	较高	高
技术难度	高	较高	一般	较低	低
集体/个人	个人	偏向个人	集体/个人	偏向集体	集体

田虹、杨洋等利用修正后的社会经济地位量表对 10 个城市的 4 372 个随机样本进行了阶层划分——划分主要依据学历、职业和收入三个维度，并进一步研究了不同阶层的体育消费态度和消费行为。结果显示，无论是消费意愿还是消费行为，社会上层都明显高于社会下层。也就是说，社会成员的地位越高，其进行体育消费的意愿越强烈，而消费意愿转化为实际消费行为的比例也越高。③

复习思考题

1. “平等”的概念内涵包括哪些方面？它与“平均”“公平”的区别是什么？

2. 简述生理性别与社会性别的差异，并回答基于二者的不平等的主要表现

① 陈善平，李树茁，闫振龙．体育消费认知决策模型的研究．体育科学，2006（10）．

② 许风，柏慧敏．城市不同社会阶层的休闲体育文化模式．上海体育学院学报，2012，36（6）．

③ 田虹，杨洋，刘英．5 大社会阶层体育消费意愿和行为的比较研究．北京体育大学学报，2014，37（10）．

形式。

3. 比较种族与民族的差异，并简述种族逻辑的生成过程。

4. 请列举出地区之间体育不平等存在的几种表现形式。

5. 简要论述各理论流派对不同社会阶层体育参与的解释。

推荐阅读书目

1. ASHE A R. A hard road to glory：the history of the African-American athlete. New York：Warner，1988.

2. BOURDIEU P. Sport and social class. Social science information，1978，17（6）.

3. BIZLEY K. Sport in Society. London：Heinemann Library，2007.

4. VERMA G K，DARBY D S. Winners and losers：ethnic minorities in sport and recreation. London：Falmer Press，1994.

5. HARGREAVES J. Sport，power，and culture：a social and historical analysis of popular sports in Britain. New York：St. Martin's Press，1986.

6. 董进霞．女性与体育：历史的透视．北京：北京体育大学出版社，2005.

7. 科克利．体育社会学：议题与争议（第 6 版）．北京：清华大学出版社，2003.

8. 潘丽霞．中国社会体育参与中的妇女与性别差异．北京：北京体育大学出版社，2008.

9. 熊欢．性别、身体、社会：女性体育研究的理论、方法与实践．北京：中国社会科学出版社，2016.

第八章

体育参与中的失范问题

本章要点

- 失范的理论生成与演化具有悠久的历史，自“失范”一词被提出并引入学术领域，居约、涂尔干、默顿、迈克埃威和索罗尔等学者从不同的视角出发对失范理论进行了不同的探讨。
- 社会现象的复杂性和对失范理论理解的多义性催生了与失范相近的概念的产生，越轨和解组就是典型的代表。越轨通常指超出或者违背一个群体或社会规范的行为，表现为对社会文化和社会期待的偏离。社会解组是指社会失去既有的规则，进而造成群体统一性的衰退以及社会控制力的崩溃。
- 社会转型时期的体育文化失范主要表现为：体育政策导向阶段性失衡、体育公共服务资源供需矛盾加剧、体育文化发展的规范解组。
- 社会转型时期的体育参与者失范主要表现为：体育政策管理者失范、体育运动实践者失范、体育文化传播者失范。
- 体育参与中失范的类型主要包括：体育伦理信念型失范、体育规范解组型失范、体育文化型失范。
- 体育参与中失范的社会发生机制主要有：社会变迁所带来的现代化发展改变了传统的体育伦理价值观念，亚文化与反规范互构形成的“社会思潮”影响了个人的体育价值理念和行为选择。

关键概念

失范、越轨、解组、体育文化、体育参与者、体育伦理信念、体育规范

第一节　失范理论研究概述

一、失范的理论生成与演化

（一）国外失范理论思想史梳理

“失范”（anomie/anomy）一词最早来源于希腊文，最初的意思是指16世纪的神学中不守法、亵渎神灵的行为。大约300年后，怀特海（Whitehead）把这一概念引入学术研究和政治领域，这一概念于是得到了广泛传播和运用。然而在此后的一段时间内，失范的概念及内涵研究陷入了低迷状态。到了19世纪，法国社会学家居约（Jean-Marie Guyau）在其所著的文章中对失范的概念进行了界定和再认识。在居约看来，达成道德整合的目的才是失范研究的根本。他把失范理解为一种具有创造力的新生事物，是对过去的、传统的、近乎僵死的观念的一种挑战。在居约的失范概念中，失范被看作一个事实的起点、一种伦理学进步的表现，是个体逐步自治所带来的逻辑后果，也就是说个体不再受到外在规则的控制。不同于居约对失范的理解，法国社会学家涂尔干认为：“失范是所有道德的对立面，失范造成了经济世界中极端悲惨的景象，各种各样的冲突和混乱频繁产生出来。”① 在涂尔干看来，失范是工业社会的产物，是工业社会的病灶，失范的具体表现包括以下几个方面：（1）各个阶层相互倾轧侵占，传统的伦理规范消解；（2）无规范即无尺度、无界限，法律的治理让位给公众意见（舆论）；（3）强力法则至上，到处都是对抗和防范机制，赢者通吃；（4）个体层面上自由泛滥，政治层面上党派纷争；（5）世俗化进程加快，人们既无敬畏感，也无归属感。涂尔干所说的失范实际上就是“normlessness”，即集体秩序断裂导致道德行为与个人的私欲行为失衡，进而背离了正常的道德秩序。虽然涂尔干并不是失范及其理论体系的开拓者，但是他的贡献在于将失范视为一种与正常的社会秩序相对的社会状态。涂尔干所提出的失范概念及他的社会理论在当时乃至现在都产生了一定的影响。

20世纪的美国社会学界涌现出两股关于失范理论探讨的思潮。一股思潮是以默顿（Robert King Merton）为代表的关于失范社会结构方面的讨论，另一股思潮则是以索罗尔（Leo Srole）为代表的关于失范理论的心理学方面的讨论。默顿在1964年对失范进行了新的阐释，将“anomie”与“anomia”进行了分别的表述。他认为，“anomie 指涉的不是某些特别的人的条件，而是某种社会环境的条件”，是从相对于其他目标的某些目标中梳理出来的过程，是系统意义上的目标匮乏状态；anomia 指在特定的社会条件下，特别的人所具有的特殊状态，是具体私人从

① 涂尔干．社会分工论．北京：生活·读书·新知三联书店，2000：14，336－338.

社会规定的目标和规范中梳理出来的过程①。在默顿看来，“anomie”是“anomia”产生的前提和条件，比较而言，“anomie”强调的是社会结构的宏观背景，是在社会结构的层面上对行为做出的规范和解释。同时，默顿提出了社会结构功能失调的普遍意义②。

作为一种社会经验事实，失范也引发了社会心理学领域的关注，美国学者迈克埃威（MacIver）和索罗尔就是这一领域具有代表性的学者。迈克埃威在其著作《我们守卫的高墙》中从心理学的角度将失范定义为“个人对社会依附感的断裂”。在迈克埃威的研究中，失败、孤独、迷茫、空虚和无助等失范现象的根本动因在于价值和文化发生剧烈变迁时个体自身价值体系的崩溃。索罗尔在其著作《社会整合及其后果》中也从社会心理的角度对失范进行了阐释。他将失范划分为五个维度，并围绕这五个维度构建了测量失范程度的量表，量表包含以下问题：第一，个体是否感觉到社区对他们的需要漠不关心，同时感到社区领袖距离自己很远；第二，个体是否感觉到社会目标无法实现；第三，个体是否感觉到人际关系复杂，指望不上任何人给予帮助；第四，个体是否感觉到生活毫无意义；第五，个体是否感觉到社会秩序变化无常，不可预测③。在对失范这一命题进行研究的过程中，索罗尔并没有把研究的重点放在对失范概念的理论解释上，而是倾向于将失范作为一种个体的心理层面加以测量。

除此之外，西曼（Seeman）、戈夫曼和福柯等学者也从不同的视角对失范进行了阐释。从整体上来看，西方学者对于失范理论及其现象的研究介入较早，这与早期西方工业化社会进程所带来的社会问题有一定的联系。虽然涂尔干、默顿、迈克埃威和索罗尔等学者从不同的视角出发对失范理论进行了探讨，但是从秩序层面进行讨论是西方学者的失范研究的共同点。

（二）国内失范理论研究进展

随着我国社会的发展以及社会学学科的恢复，社会学领域的专业术语“失范”也引起了我国学者的重视。特别是伴随着我国社会变迁与社会结构的转型，在实践中一些社会及文化失范现象的频发更加引发了学界的研究兴趣，研究成果以及对多维社会发展问题的探讨也随着时间的推移呈现多元化和复杂化态势。截至 2018 年，通过在中国知网上以篇名进行检索可以发现，在已有研究中，我国研究者主要借用西方学者提出的失范理论，并以此为视角将其运用于我国社会发展的实践，研究视域主要呈现为以下几个维度。

1. 失范理论的中国化呈现及其演化

在已有的研究中，研究者尝试在引入失范理论和概念的同时，使其与中国社会

---

① MERTON R K. Anomie，anomia，and social interaction//CLINARD M B. Anomie and deviant behavior. New York：Free Press，1964：226 - 228.

② 渠敬东．缺席与断裂：有关失范的社会学研究．上海：上海人民出版社，1999：52.

③ SROLE L. Social integration and certain corollaries：an exploratory study. American sociological review，1956，21（6）.

发展的具体实践相融合，其中对西方学界关于失范研究的界定和论述成为主要论题之一。自失范理论诞生并在社会学领域得到关注伊始，西方社会学家对该理论的研究始终扮演着引领者的角色，我国学者对于这一领域的理论研究仅仅停留在继承和应用的层面，结合中国社会发展的实践对该理论进行补充和超越值得期待。

2. 农村失范的具体表现与矫治的理论研究

近年来农村失范问题也成为研究者所关注的热点问题，学界围绕着代际失调、农村扶贫政策实施、农村公共权力运行、农村留守儿童行为、基层关系、土地征用、基层干部竞选等领域进行了系列研究。既往对农村失范问题的经验研究基本没有突破失范理论的框架约束，绝大多数学者认为农村社会的失范同样源于急速的社会转型，同样呼唤新的社会治理制度的有效约束。

3. 教育失范的具体表现与矫治的理论研究

教育失范实际上是社会文化失范的具体表现，正是不良社会文化风气在教育领域滋生，进而演变为失范越轨行为和现象。在既有的研究中，绝大多数学者从不同的角度提出了关于教育失范的矫正策略。对教育失范行为的审视应该追溯到教育制度的变革和现实诉求，但是教育的发展不是孤立存在的，因此，造成教育失范的原因也是复杂的，并且随着时代的发展呈现多元化倾向，对这一领域的研究需要与时俱进。

4. 文化失范的具体表现与矫治的理论研究

关于文化失范的研究论题所涉及的方向甚广，这与文化本身概念的"复杂性"有关，因此对于这一论题，不同的学者从不同的角度进行了诠释。既有的研究所涉及的范围涵盖社会文化、网络文化、大众文化、传统伦理文化、影视文化、书法文化、校园文化、政治文化、性别文化和文化观念等诸多领域。虽然这些研究关注问题的视角以及解决问题的策略不一，但是失范矫治与重建仍然是诸多研究的核心命题和理论解释框架。

5. 经济与政治失范的具体表现与矫治的理论研究

伴随着改革开放的进程，以及在由工业化社会向后工业化社会演进带来现代性体验的制度惯性之下，中国社会发生了史无前例的剧变①。在政治、经济领域取得举世瞩目成就的同时，急剧的社会转型所带来的政治与经济失范同样在所难免。在既有的研究中，学者围绕着经济和政治运行过程中的失范现象进行了研究，虽然失范所表现出的行为与现象各不相同，但是制度、法律规制、执政权威的重建，道德与伦理重构，以及信仰的强化成为失范矫治的重要举措。

6. 社会失范的具体表现与矫治的理论研究

在中国的社会转型时期，经济、政治、文化等诸多领域的发展呈现多元化趋势，社会矛盾与冲突频发，社会失范与社会风险接踵而至，特别是新的社会规范缺

---

① 王智慧．解组与重构："健康中国"背景下的社会心态适应：基于大众体育参与的分析．体育与科学，2020，41（2）．

乏，以及个体主导性精神价值缺失和道德秩序混乱，进一步引发了社会焦虑与失范现象的普遍蔓延。现有的关于社会失范的研究主要集中在腐败、伦理失范、道德失范、网络失范、公德失范、行为失范、留守儿童行为失范、诚信失范等领域。

二、体育学领域中的失范研究

体育作为特殊的社会文化现象，受到经济、政治与社会文化的制约和影响，转型期社会文化所表现的失范现象也同样体现在体育的发展实践过程之中。当前体育学领域对于失范的研究主要从以下几个维度展开。

（一）体育道德和伦理失范的表现及规制策略的研究

体育学领域早期对于体育失范的研究倾向于对失范现象、成因的分析与叙述，并在此基础上提出规避策略。随着社会科学领域对失范研究的深入，有学者将失范研究引入伦理范畴进行论述。一些学者对竞技体育、职业体育中的失范现象进行了阐释，认为道德失范和市场化冲击进一步影响了体育伦理价值的建立，并破坏了体育伦理和体育精神的有序状态，进而提出了“法道共治”的矫治策略①。

（二）学科学术规范、政府及体育组织行为失范的研究

对于体育学科及其学术规范的失范研究在国内的呼声早已有之，并且这种认识伴随着体育学科的发展呈现愈演愈烈之势，一些学者认为“体育学科呈现一种综合的、整体的学科失范，体育学与体育实践的准确定位是关键”②，对于体育科学研究领域的失范，建立体制约束机制、加强惩罚力度是关键③。同时有研究指出：“完善体育组织管理的责任追究，透明体育组织行为，加强监督和组织关联机构的正确定位是规制体育组织公信力失范的举措。”④

（三）体育教育诉求与教师行为失范的研究

伴随着学校体育在教育领域重要性的提升，以及在学生健康素质提升的时代背景下，体育教育的诉求、价值与体育教师行为也成为失范研究关注的命题。有研究认为：“社会文化赋予体育教师的边缘化地位以及缺乏育人意识、语言和行为表述不当等是体育教师行为失范的具体表现，提高社会地位、建立相关的行业管理制度是规避失范行为的举措。”⑤ 还有研究认为：“体育学科理论建设薄弱、功利性的教

---

① 李江，王正伦，唐永干，等．当代中国竞技体育伦理失范及其规制．体育与科学，2013，34（3）．于英，戴红磊．体育道德失范的表现及伦理救援．体育学刊，2013，20（3）．

② 王学敏．中国体育学学科认识的困境与出路．成都体育学院学报，2009，35（6）．

③ 曹春宇，赵进．体育科学研究现状反思．体育文化导刊，2008（5）．

④ 张青．社会学视角下我国体育组织公信力失范行为分析．西安体育学院学报，2010，27（6）．

⑤ 王清生．体育教师行为失范及调控．北京体育大学学报，2008（6）．孙利红．体育教师课堂语言失范的表现、成因及矫正．教育理论与实践，2012，32（5）．

育理念以及对课程地位与教育角色的错误认知是体育课程价值失范的重要表现，提高学科地位、强化体育课程的学理性思考以及强化课程情景认知则是规范之道。”①

（四）体育报道与传播中的失范表现及规制研究

语文失范是体育新闻报道中的失范内容之一②；此外，大众媒介对体育新闻的报道也存在仅仅局限于对竞技表层以及竞技结果的关注，而忽视竞技精神背后的人文精神和教育意义的现象③。已有研究指出，新闻价值失衡与人文关怀的缺失是网络体育报道中道德失范的具体表现④。对于体育文化传播报道中的失范现象的规制，既有研究所达成的共识认为，自律与行业规范的约束是解决之道。

（五）传统体育文化传承与发展的失范研究

伴随着社会变迁以及体育全球化进程的加快，民族传统体育文化的传承与发展也成为体育学界关注的重点论题之一，已有研究将失范理论引入民族传统体育文化的研究领域，并有针对性地提出了规避与矫治的策略。郑国华等认为：“民族传统体育文化失范的具体表现为行为目标与手段、行为目标与意义之间的不平衡，进而导致行为冲突、组织混乱、意义匮乏、核心形式丢失。原因在于社会发展的消极影响、政策失误与政策执行的偏差。”⑤

三、失范、越轨和解组

社会现象的复杂性和对失范理论理解的多义性催生了与失范相近的概念的产生，越轨和解组就是典型的代表。越轨（deviance）的中文译名较多，比如离轨、背离、偏离等等。越轨通常指超出或者违背一个群体或社会规范的行为，表现为对社会文化和社会期待的偏离。虽然通过对失范理论范畴的梳理我们会明显发现，失范不等同于越轨，但是失范与越轨有着某种程度上的联系。这是因为从广义上来看，失范（anomie）是一个类属概念，包括了由此产生的具体行为，比如越轨/越轨的（deviance/deviant）、犯罪（crime）、违法（delinquency）等。如果我们从失范概念的微观层次体现个体行为的角度来看，那么失范与越轨、离轨、偏差、反常等概念具有同义性指向。需要说明的是，失范与越轨有着正相关的关联性，也就是说社会失范越明显，越轨行为的发生率就越高。

社会解组（social disorganization）就是社会失去既有的规则，进而造成群体统一性的衰退以及社会控制力的崩溃。无规范、文化冲突、崩溃是社会解组的三

① 高鹏飞，周小青．社会距离与行业失范：学校体育课程价值的反思．体育与科学，2016，37（3）．

② 姜降红．体育报道中的语文规范．传媒观察，2007（7）．

③ 徐叶彤，康健．论大众媒介体育传播中的竞技化失范．甘肃社会科学，2013（5）．

④ 王定明，李喜燕．网络体育报道的道德失范与规范．新闻战线，2016（12）．

⑤ 郑国华，丁世勇．我国民族传统体育失范的类型：以广西富禄村、平安村为例．上海体育学院学报，2008，32（6）．

种形式[①]。从宏观上来看，社会解组与社会失范的概念和理论范畴存在一致性，可以说社会解组是宏观层面上的社会失范，正如涂尔干所认为的，是指“社会规范缺乏、含混或者社会规范变化多端，以至于不能为社会成员提供指导的社会情景”。由工业化、移民、科技发展、文化冲突等变量组成的社会变迁是造成社会解组现象的根本原因。因此可以明确地说，社会不稳定和解组是反映社会失范的核心要素和度量标准[②]。

体育作为一种特殊的社会文化现象，其发展始终是与社会文化紧密相关的。在一定程度上，体育文化也是社会文化发展的具体反映。体育发展的实践中也同样存在着失范的事实，基于上述梳理，下面将借鉴失范理论的分析工具，从失范的微观和宏观两个具体层面，阐释中国体育发展进程中的失范问题及其发生机制。

第二节　社会转型时期的体育失范

一、社会转型时期的体育文化失范

（一）体育政策导向阶段性失衡

一直以来，中国的体育发展被赋予了强大的政治功能，竞技体育成绩被看作民族崛起和国家富强的符号[③]。中国体育的发展经历了从竞技优先到体育大国再到体育强国建设的转变。在推动体育发展的进程中，虽然在理论和政策的制定层面我国早已确立了“发展体育运动，增强人民体质”的战略目标和口号，然而在实践层面却出现了因执行力不足等原因而导致政策走样等问题。我国的体育发展也随着不同时期的不同需要，而呈现出不同的发展侧重。例如：1959 年 4 月，有关体育工作的普及与提高的战略方针以及广泛开展群众体育运动等内容被写入《政府工作报告》[④]，表明了政府对群众体育发展的重视。1978—1980 年连续 3 年的全国体育工作会议明确提出“省一级以上体委在普及与提高的基础上，侧重抓提高”的战略思想[⑤]。这一阶段“体育强国”的提出[⑥]，则表明我国对竞技体育发展的逐渐侧重。1984 年颁布的《关于进一步发展体育运动的通知》（中发〔1984〕20 号）正式确立了中国体育的“举国体制”发展模式。此后，伴随着举国体制在获取竞技体育成绩方面的显著效果，举国体制的发展模式在我国逐渐固化，各级体育主管部门的工作也主要以夺取金牌、追求锦标主义和国家荣誉为基本目标。在这样的政策和实践导

---

① RUBINGTON E，WEINBERG M S. 社会问题导论：五种理论观点．台北：巨流图书公司，1988：112.

② LI H，ATTESLANDER P，TANUR J，WANG Q. Anomie scales：measuring social instability//ATTESLANDER P，GRANSOW B，WESTERN J. Comparative. Aldershot：Ashgate Publishing Ltd.，1999：23.

③ 王智慧．论体育强国视域下的国家体育话语能力．西安体育学院学报，2014，31（3）．

④ 国家体育总局．改革开放 30 年的中国体育．北京：人民体育出版社，2008：8－12.

⑤ 同④.

⑥ 易剑东，任慧涛，朱亚坤．中国体育发展方式历史沿革研究．北京体育大学学报，2014，37（11）．

向下，群众体育和学校体育发展呈现出一定程度的边缘化趋势。而以竞技体育为中心、以群众体育为边缘的体育治理结构体系，则在体育领域衍生出一些失范行为与现象。具体表现为：

竞技体育与群众体育、学校体育在治理结构和政策实践方面运行失衡，导致群众体育、学校体育发展出现一定程度的滞后，国民体质出现一定程度的下降。举国体制在发展竞技体育方面的成效是举世瞩目的，单从竞技成绩来看，我国已经进入竞技体育强国的序列。但从我国群众体育、学校体育的发展来看，我国的体育强国建设仍任重而道远。根据中国新闻网 2013 年的一则报道，“随着儿童肥胖的增多，高血压、高血脂、Ⅱ型糖尿病等以往认为只在成年期发生的疾病在儿童中也呈流行趋势。研究显示，本市儿童高血压患病率为 9%、血脂异常为 9.8%，Ⅱ型糖尿病已占儿童糖尿病总人数的 43%”①；2014 年国家体育总局发布的《2014 年国民体质监测公报》显示，“大学生身体素质继续呈现下降趋势”②。虽然影响体质健康的因素是多元的，但不容否认的是，缺乏体育参与是造成这些现象的重要原因。

体育作为一种社会现象，其本质也具备一定的政治功能，体育与政治的“联姻”也的确给体育的发展带来了促进的作用，但是过分地追求政治和金牌必然违背体育精神③。

（二）体育公共服务资源供需矛盾加剧

1. 政府主导下的资源配置不均衡

体育文化发展政策的制定与历史背景和社会环境是密不可分的。自“金牌战略”被提出后，体育资源被大量集中于竞技体育领域，从而导致了群众体育、学校体育的发展不均衡与滞后。有数据显示，国家体育总局 2001—2005 年连续 5 年在群众体育方面的经费投入不足体育事业的 1%④。2014 年我国拥有体育场地 169.46 万个，人均拥有体育场地的面积为 1.46 平方米；而截至 2017 年年底，我国拥有体育场地已经超过 195.7 万个，人均拥有体育场地的面积为 1.66 平方米⑤。如果从纵向来看，那么上述统计指标显示我国的体育服务有所提升；但如果从横向来看，那么我国与发达国家相比仍然相差甚远。比如美国和日本的 2010 年统计数据显示：美国人均拥有体育场地的面积为 16 平方米，在人口密集的日本，这一数据则达到了 19 平方米。通过对比可以发现，我国的体育资源配置尚有较大的改善空间。

---

① 北京儿童血脂异常 9.8% 肥胖让儿童患上“成人病”．(2013-02-22)[2021-10-10]．https://www.chinacdc.cn/jlm/mxfcrxjbxx/201302/t20130225_78067.htm.

② 2014 年国民体质监测：大学生身体素质仍呈下降趋势．(2015-11-26)[2021-10-10]．http://edu.people.com.cn/n/2015/1126/c1053-27859671.html.

③ 王智慧．论体育强国视域下的国家体育话语能力．西安体育学院学报，2014，31(3)．

④ 国家体育总局．改革开放 30 年的中国体育．北京：人民体育出版社，2008：8-12.

⑤ 刘国永，戴健，曹可强，等．中国群众体育发展报告(2018)．北京：社会科学文献出版社，2018：151-155.

2. 多元主体下的资源抢夺

从当前我国体育发展的现状来看，我国虽然已经开始告别政府全权负责的体育管理模式，转向政府主导、市场与社会并行的发展模式，但是由于前期在政策导向和资源配置中所遗留的各种问题依然存在，完全适应时代和社会发展的规范尚未建立，因此新的市场和社会运行机制与旧有的体制之间产生摩擦。原有的社会治理体制及体育运行规范已经不能适应社会发展的需要，表现为在社会控制方面的严重解组导致冲突和越轨行为的发生。近年来由争抢体育场地资源而引发的冲突屡见不鲜，例如广场舞参与者为了争夺场地资源而发生的个体之间或群体之间的冲突等。这些从表面上看是体育资源缺乏而导致的冲突，但从深层次来看，其中蕴含着深层的社会因素。甚至这些由体育资源引起的冲突已经超越了体育部门的管理范畴，需要整合体育、政府以及社会多元力量进行治理。

（三）体育文化发展的规范解组

当今时代文化的影响力日益凸显，与以往的社会相比，无论是文化发展形式还是文化发展内容和条件都发生了巨大变化。文化在今天的影响力比在历史上的任何时期都要深刻而广泛，以至于有学者将当今时代称为“文化时代”①。体育文化的发展在某种程度上表征着体育所根植的社会背景和发展的运行逻辑，中国体育文化的演进从整体上来看经历了从“为国争光”到“文化软实力”的变迁过程。体育文化作为竞技体育、群众体育、学校体育等领域运行与发展的集中体现，其发展引领着中国体育发展的方向，而体育参与的具体现象和行为也同时反映了体育文化的走向。2016 年里约奥运会中傅园慧关于“洪荒之力”的个性化表达，彰显了新时代中国运动员的个性文化。这种个性化表达有别于早期中国运动员被赋予的政治化刻板印象，表明了体育参与者对体育功能和价值的认识的转变，体现了从为国争光到彰显个性文化的时代变奏，这是中国体育乃至中国社会发展的象征。但体育文化在发展的过程中也同样存在着规范解组的现象，并在新的社会变迁背景下呈现出新的文化发展特征，具体表现为：

第一，体育文化呈现交融化。伴随着生产技术的发展，社会分工进一步加剧，与前工业社会相比，当代社会文化的价值趋向更加多元，全社会的现代性发育进一步促进了文化的多元化发展②。在现代化背景下，构成体育文化的各个子系统之间呈现出一种相互影响、相互渗透的发展格局。社会文化中的体育文化，在与其他领域的文化相互贯通和交融中呈现出模糊化和弥散化特征，并表现为体育文化与经济、产业、政治和社会等诸多领域的交融。体育文化超出了原有的轨道，深刻地影响着人们的生活方式、思想观念和价值认同。

第二，体育文化驱动的资本化倾向加剧。在传统社会时期，体育文化的发展主

① 谢弗．经济革命还是文化复兴．北京：社会科学文献出版社，2006．

② 丰子义．当代文化发展的新特征．北京大学学报（哲学社会科学版），2018，55（2）．

要依靠等级和权力的推动，因此在历史上产生了适用于不同等级的体育文化及表现形式。进入现代社会，资本成为体育文化发展的驱动力量。传统社会体育文化发展的“内容决定形式”开始转向现代社会的“形式决定内容”，体育文化资本化和资本文化化成为新的价值取向。而体育文化的商业化、娱乐化与“麦当劳化”虽然强有力地驱动了体育文化发展，但在一定程度上扼杀了体育文化的人文性，降低了体育文化的品位。

第三，体育文化的发展趋向差异化。孤立、多点与全球化是人类社会发展的历史过程，经济利益一体化、文化多样化发展是今天全球化发展的基本格局①。在全球化进程中，差异化与多样化的文化存在方式必然导致东方与西方、传统与现代、地方性与全球性的体育文化冲突，这种具有差异特征的体育文化之间的冲突演变为全球化与本土化之间的冲突，伴随而来的是同质化与异质化之间的矛盾。

第四，体育文化产业呈现个性化发展趋向。传统的体育文化产生与发展的“似自然性”为现代社会的“组织化”的文化生产模式所取代，现代体育文化呈现标准化、规模化、刚性化的“生产”方式和垂直化的组织形式。随着社会文化的演进开始由组织化向个性化方向发展，相应的体育文化也表现出主体多元化、文化生产去中心化、文化结构扁平化等特征。

第五，体育文化风险呈现集聚化倾向。从宏观上来看，文化所面临的风险是由文化与文明之间的冲突所导致的，体育文化所面临的风险同样如此。文化与文明之间的冲突所导致的风险使许多民族传统体育文化遭受风险甚至走向毁灭。

二、社会转型时期的体育参与者失范

社会结构的转型常常因新旧体制共存而引发冲突，并由此伴生结构性的张力，这种状况往往是引发人们迷惑、混乱和越轨行为的导火索。体育作为一种社会文化现象，其参与的群体也呈现多元化倾向。体育参与者泛指与体育文化活动相关联的群体。体育参与者既包括以政府部门为代表的体育政策管理者，也包括以运动员和普通体育爱好者为代表的体育运动实践者，同时还包括以媒体和观众为代表的体育文化传播者，等等。转型期所引发的社会规范解组构成了宏观意义上的失范，而具体的体育参与者则构成了微观意义上的失范。

（一）体育政策管理者失范

在体育的管理层面所出现的失范行为与竞技成绩和个人利益息息相关。一些官员利用手中的权力，掌握对运动员的“生杀”大权，甚至为了获取个人利益而操纵比赛，金牌“内定”、操纵赛事审批等均是真实发生过的案例。以 2009 年中国足球

① 丰子义．当代文化发展的新特征．北京大学学报（哲学社会科学版），2018，55（2）．

反腐为例，最高人民检察院指定辽宁省检察院成立专案组，在中国足坛发起了历时3年的“反赌打黑”行动，其间有数百人到辽宁协助接受调查，有57人受到法律的制裁。2014年中央巡视组对国家体育总局的巡视更是揭开了“让你上，拿金牌；不让你上，你无名”的诸多体育“潜规则”，由此也导致国家体育总局的多名官员相继被查处①。

（二）体育运动实践者失范

由资源矛盾和利益而引发的失范行为是体育运动实践者个体失范行为发生的主要动因之一，具体表现为为了争夺体育资源而引发冲突，以及运动员为了取得优异的竞技成绩而服用违禁药物等行为。诸如2017年6月洛阳王城公园篮球场上打球的年轻人与跳广场舞的大爷大妈因为场地产生争执并引发肢体冲突的体育资源争夺事件在我国并不鲜见②。而在竞技体育领域，为了获取运动成绩和利益，运动员使用违禁药物的行为也时有发生。此外，由体育比赛而引发的运动员之间或者球迷之间的冲突也曾频繁发生，从1985年5月19日中国队世界杯预选赛失利引发的球迷群体性事件，到2004年亚洲杯决赛中国队不敌日本队而引发的冲突，再到2010年10月12日中国巴西男篮群殴事件，都是典型的体育运动实践者失范的例子。

（三）体育文化传播者失范

信息的高度交流已成为现代社会的主要特征，媒介的传播在一定程度上对社会文化的构建起到重要的作用③。媒介传播作为体育文化的重要部分，在一定程度上决定了体育文化的发展和流行方向。若引导不当，媒介传播的失范往往会造成严重的后果。以体育报道中的暴力符号植入为例，诸如将教练员形容为“掌门人”，将队员形容为“杀手”，将国家之间的比赛冠以“德意志血洗英格兰”“高丽战车碾过巴林”等充斥着暴力与江湖气息的标题的体育赛事报道④，非但未将体育文化的积极性凸显出来，反而弱化了其文化内涵，无益于体育文化的正向传播。此外，体育新闻报道中的功利倾向蔓延、娱乐化倾向泛滥、夸大化倾向严重、性别倾向失衡，以及对人物形象的失实报道等现象，不仅影响了受众对体育文化价值的准确判断，而且破坏了文化传播的秩序和社会规范。

第三节　体育参与中失范的类型与社会发生机制

社会失范是社会演进和经济发展过程中不可避免的现象，体育参与中的失范也

---

① 汪文涛，汪宇堂．揭秘体坛腐败潜规则．方圆，2017（1）．

② 国外都有广场舞纠纷，细数四大广场舞扰民事件．（2017-06-02）［2021-10-10］．https：//www.sohu.com/a/145544984_792858．

③ 王智慧．性别差异与女性体育参与的社会距离．武汉体育学院学报，2013，47（7）．

④ 肖鸿波．体育新闻中的语言暴力．新闻知识，2006（3）．

随着社会的发展、技术的进步、环境的改变等而呈现多样化与复杂化趋势。面对体育参与中的失范，有针对性地深挖其产生原因对规避体育失范具有重要意义。下面将从体育伦理信念型失范、体育规范解组型失范、体育文化型失范等方面进行具体阐述，并对不同体育失范类型的具体表现及产生原因进行深层讨论。同时，通过对产生体育参与中的失范的社会结构因素及其社会发生机制进行概括，为体育参与中的失范研究提供思考。

一、体育参与中失范的类型

（一）体育伦理信念型失范

伦理信念在一定程度上代表着具有真理性的价值取向，作为一种真理性的价值信念，它的判别和确认是以实践判断和理性知识为基础的。体育伦理信念是人们对体育崇高价值目标的敬仰和追求，是对体育伦理观念和原则等的正确性与价值性的深刻理解和内在的笃信，并由此产生与体育伦理信念和价值一致的实践行为与责任感。体育伦理信念的形成是长期的、渐进性的积累过程，体育伦理信念一旦形成就具有稳定性、持久性特征。但是，体育伦理信念不是恒久不变的，一旦受到社会变迁和文化冲突的影响，体育伦理信念就会发生变异。自改革开放以来，我国的体育伦理信念就随着社会纷繁复杂的变化而呈现出不平衡的状态。近年来，在体育领域发生的权力型失范行为以及个体失范行为就充分说明了这一点。改革开放以来，我国社会开始由计划经济向市场经济转型，在社会转型的过程中不可避免地会触发各种利益的解构和重组，由利益引发的社会矛盾开始频繁出现。特别是在利益最大化的诱惑和驱使下，体育一旦与利益捆绑在一起，便会导致体育失范现象的发生（见表 8－1）。

表 8－1 体育伦理信念型失范的表现

失范类型	具体表现
年龄造假	2012 年伦敦奥运会，拳击运动员任××的实际出生日期为 1986 年 4 月 26 日，参赛登记出生日期为 1988 年 1 月 26 日；2012 年全国青年乒乓球锦标赛，41 名运动员骨龄检测不合格。
兴奋剂	2017 年天津全运会，曾获得游泳世锦赛 4×200 米自由泳接力决赛银牌的河北 16 岁小将刘××，因尿检利尿剂（氢氯噻嗪）呈阳性被禁赛两年；湖北田径运动员杨××、火车头体育协会摔跤运动员段×也因服用违禁药物各被处以禁赛四年和负担 40 例兴奋剂检测费用（40 000 元）的处罚。
假球黑哨	2012 年 CBA 常规赛，新疆广汇对阵上海玛吉斯，现场计时器出错，裁判不理会，引发球迷高呼“黑哨”。
操纵比赛	2013 年辽宁全运会，“文婷事件”引发操纵比赛风波；2016 年国家体育总局游泳运动管理中心俞×因涉嫌操纵比赛被判处有期徒刑五年。
消极比赛	2004 年雅典奥运会羽毛球半决赛，中国羽毛球队队员周×对阵队友张×，为了让夺冠的可能性更大的张×进入决赛，周×故意输球。

体育伦理信念型失范导致的具体行为是复杂的，体现在体育管理者以及参与者

的行为上则主要表现为两个层面的失范：首先，由政治市场化而导致权力失范。操控比赛、假球、黑哨等就是权力型失范的具体表现。其次，由交往的工具化而导致道德失范。需要强调的是，交往的工具化不仅表现在体育管理者的层面，体育参与者也会因为丧失正确的体育伦理信念而陷入“交往的工具化”的畸形伦理价值认知体系之中。交往的工具化强调“支出-效益”的个人利益最大化状态，这种状态所带来的社会影响是非常恶劣的，会导致社会颓风、社会病态和社会犯罪的恶果。运动员在赛场上辱骂和殴打裁判，在赛场下参与黄赌毒活动，在训练、比赛中罢练、罢赛，在体育赛事的现场大声喧哗制造事端，教练员和运动员为了一己之私服用违禁药品、收受贿赂，等等，这些表现均是个体体育伦理信念缺失或者发生变异的结果。此外，集体体育伦理信念的缺失也会导致失范行为的发生，如在体育赛事和管理运行的过程中出现的“权力资本联盟”和“腐败利益联盟”等等，这些群体在利益的驱使之下形成了连锁效应，社会影响非常恶劣。例如，上海中远足球俱乐部为了不被降级，就曾经以亿元资金换取了主场全胜、客场只赢一场的“奇迹”[①]。体育伦理信念型失范是体育工具化与世俗化倾向的具体体现，其深层原因则是体育参与个体的精神世界庸俗化和伦理信念动摇，进而表现为极端的利己主义、拜金主义以及道德冷漠的社会现实。

(二)体育规范解组型失范

体育规范是保障体育文化良性运行与协调发展的条件和机制。体育能够保持既有的目标和核心价值发展和演进，规范起到了关键作用。然而，伴随着改革开放的深入，中国社会开始进入转型的关键时期，社会转型所带来的冲击无处不在。对于体育领域而言，旧有的规范已经不能够完全满足新时代体育发展的实际需求，而新的体育运行规范又没有完全建立，一些体育规范约束失效或者相互之间发生冲突，进而呈现体育规范约束能力降低的社会状态。因不同规范之间的矛盾或因规范的自身品质和效应问题而导致规范不能发挥功能，也就形成了规范的结构脆性（见表 8－2）[②]。而在转型期，政府制定的政策对体育运行实践的介入存在着缺位、越位和错位现象。

表 8－2　体育规范的结构脆性及其表现

规范制定和实施的状况	具体政策手段及表现	政策结果
政府政策介入不当（缺位）	《全国运动员交流暂行规定》（已废止）规定：“地方之间实行有偿转让的后备运动员，在协议期间只能代表新单位参加全国比赛，所取得的成绩，只能计给新单位。”“办理运动员交流手续时，可由新代表单位向原培养单位支付一定的培训费，数额由双方按照运动员培养期限、技术等级、运动成绩、支付能力等情况协商确定。”	该政策为许多省市的运动队支付经济成本换取运动员埋下伏笔，造成“马太效应”。

① 于英，戴红磊．体育道德失范的表现及伦理救援．体育学刊，2013，20（3）．

② 朱力．变迁之痛：转型期的社会失范研究．北京：社会科学文献出版社，2006：141.

续表

规范制定和实施的状况	具体政策手段及表现	政策结果
政府政策介入过当（越位）	《中国足球协会章程》规定："中国足球协会是中华全国体育总会的单位会员，接受国家体育总局和民政部的业务指导与监督管理。"	实际上，中华全国体育总会的职能在国家体育总局的业务范围之内，中国足球协会官员则由国家体育总局任命产生。
政府政策介入失当（错位）	《关于运动项目管理实施协会制的若干意见》规定：目前对运动项目的管理基本上是三种形式，一是由体育行政部门直接管理，二是由事业性的协会实体管理，三是由纯社团性协会实体管理。实施协会制就是要将运动项目的专项管理由第一种形式逐步转变为第二、第三种形式。随着协会制的实施，体育行政部门主要负责对运动项目的综合管理和宏观调控。	实际上，我国的体育项目协会基本上不具备这些特征，根本做不到自主性，政府管理占据主导地位。

每一种规范的建立实际上都是一种权利和权力的再分配，其中也同时涉及各利益群体之间的博弈。规范之间的冲突、工具性规范以及规范的疏漏和虚置都是规范的结构脆性的表现。例如在民族传统体育文化的管理传承与保护的过程中，政府的导向性政策在局部的族群环境中存在着"政府行为的随意性、政府组织行为的不协调性以及政府组织行为的短期化"[①] 的政府导向型失范现象。除此之外，规范实施者的操作也是造成体育规范解组的重要原因。虽然一直以来我国在政策上始终强调对群众体育和学校体育的重视，但是在科层结构管理体制之下，这种政策并没有形成良好的效应。原因在于在群众体育和学校体育——特别是学校体育——的实践操作环节存在着"说起来重要，做起来次要，忙起来不要"的实际现象。基层治理是导致政策执行与学校体育目标定位偏差的深层原因，也就是说政策在嵌入社会环境中的执行效应不足，政策的基层执行者的理性权衡的准则是价值关系理性优于科层理性。在学校体育治理的实践过程中，治理理念、治理目标、治理关系与治理过程等多元变量构成的基层学校体育治理结构与机制，导致了"上有政策，下有对策"的政策变通。

（三）体育文化型失范

文化在由人创造的同时，也为人类的自身需求与社会发展服务。文化存在的特殊形式决定了文化与社会的发展和变迁紧密相连，文化在社会变迁的遴选机制下，实现了演进和发展[②]。体育作为特殊的文化现象，其传播和普及始终与现代化的进程密切相关。从宏观上来讲，人类在发展的过程中所创造的体育成果都属于体育文

① 郑国华，丁世勇．我国民族传统体育失范的类型：以广西富禄村、平安村为例．上海体育学院学报，2008，32（6）．

② 王智慧．民族传统体育文化自信何以成为可能?：基于文化自信生成理论基础与实践逻辑的分析．体育与科学，2019，40（1）．

化的范畴，体育文化的内涵之所以广泛，是因为文化概念具有广泛性与复杂性。正如“文化”一词至今尚不存在学界公认的概念，体育文化同样具有复杂性的特征。本部分所指的体育文化泛指广义上的体育文化概念，包括体育项目形式、赛事、符号传播以及体育参与者的行为特征等。而伴随着现代化的进程，体育文化的失范同样呈现出复杂性特征，具体表现为以下四个方面：

第一，新媒介背景下的体育文化传播失范。在体育文化传播的进程中，媒介起到了至关重要的作用。随着 YouTube、脸谱网、微信、微博、抖音等软件的普及应用，自媒体时代的媒介发展进一步推进了体育文化传播。然而新媒介在丰富了体育文化传播的叙事方式、拓展了文化认同边界、营造了体育文化的审美场景、引领了体育文化的发展方向①的同时，也带来了体育文化传播的危机，表现为：（1）新媒介背景之下所衍生的商业价值信息安全以及信息事故的防控，对相关部门的体育治理提出了新的挑战。（2）媒介的强力开发带来了文化产品的爆炸式增长，在一定程度上影响了体育文化的关注度。文化的泛滥与现代社会背景同样密切相关，工业化背景之下所创造的文化驱动的资本化、文化标准化、“麦当劳化”生产模式在极大地提高了体育文化的生产效率的同时，也进一步扼杀了体育文化的人文性和公益性，降低了体育文化的品位。（3）新媒介容易成为大众逞口舌之快、蹭热度和恶搞的温床，会影响和破坏正确的体育伦理信念的形成。

第二，急功近利的心理导致体育赛事文化失范。这具体表现为体育赛事呈现“泛滥化”趋势，成为商业运作和敛财的工具。自 2014 年国务院出台第 46 号文件，取消对商业性赛事和群众性赛事的审批之后，各项赛事在全国范围内迅速开展。例如，2015 年“健康中国行”广场舞比赛超过 325 场，到 2017 达 517 场②。虽然体育赛事在一定程度上对推动全民健身、繁荣体育文化有积极的作用，但也存在由于赛事的良莠不齐而产生一定的消极影响的现象，比如马拉松比赛中的猝死、对其他居民生活的影响等，同样是体育赛事文化失范的具体表现。

第三，体育教育功能弱化，体育文化传播内涵与精神道德缺失。在一段时期内我国对竞技发展的过于重视产生了两种弊端：一方面，导致了运动员牺牲国民教育而换取运动成绩；另一方面，在体育文化的功利性传播语境之中，体育原本所具有的教育价值被忽视，导致国民的体育认知不足，进而影响了体育的整体发展。此外，在体育传播的实践过程中，体育文化的内涵性下降也成为当代体育文化传播的事实。为了博取“关注度”和“点击率”，一些文化传播者和媒介采取“别具一格”的报道方式，比如借用女性运动员衣着“清凉”来吸引人的眼球，一些体育明星利用微博或微信发泄不良情绪，等等。

第四，体育报道虚假新闻事件频发，娱乐化、低俗化与暴力化倾向严重。虚假的新闻报道不仅有损媒体从业者的行业公信力，也侵犯了公众的知情权。例如，

① 冯雅男，孙葆丽，毕天杨．新媒介对奥林匹克文化传播的影响．体育学刊，2018，25（6）．

② 2017《中国广场舞蓝皮书》发布．（2017-12-08）[2021-10-10]．http：//sh.qq.com/a/20171208/023789.htm.

2015年某专业报纸先后刊登的两篇关于《"中国足球改革领导小组"成立——国务院副总理刘延东任组长、蔡振华任办公室主任》《总局批复足协机构改革方案》的报道，后经证实与事实严重不符。体育文化的传播也同样存在过度娱乐化的倾向，比如，我国南方某报的头条采用了《张继科复出首战告捷，未见景甜但有迷妹，烈日下苦等不嫌累》的标题，将严肃的赛事娱乐化[①]。此外，暴力语言也被频繁用于体育文化传播中，'对战""断杀""××大战""狭路相逢"等暴力和具有导向性的语言，并不利于体育文化的塑造与传播。综上所述，虽然体育文化型失范并不能迅速击垮体育文化的"机体"，但是其却能够持续不断地消磨机体的机能，最终导致机体崩溃。

二、体育参与中失范的社会发生机制

社会失范是社会演进和经济发展过程中不可避免的现象，理论上的无失范的社会在现实生活中是不存在的。在不同的社会发展阶段，失范所表现出来的特征也是不同的。传统社会中的失范行为与现象相对平缓，而处于社会急剧转型时期的社会失范则更为普遍且呈现一种高发的状态。可以说，在社会转型期的失范是一种大规模的失范且具有普遍存在的特征，相应的体育文化失范也表现出同样的特征。转型期复杂的社会环境为体育文化失范行为提供了空间，个体的失范行为如果没有得到有效的矫治和惩罚，就会引发群体的效仿。个体或者集团在面对利益冲突时，极易采取失范手段来获取利益，而这种失范的力量在社会的互动过程中则有可能演变为一种反规范的亚文化，进而在这种畸形的体育文化与伦理价值的作用之下，体育失范的现象与行为就会普遍发生。从这个角度来讲，社会变迁所引起的社会结构的改变为失范现象与行为的发生提供了可能，这具体表现在以下两个方面：

第一，社会变迁所带来的现代化发展改变了传统的体育伦理价值观念。社会变迁通常是指社会生活中最重要的部分的改变。然而，社会变迁所表现出来的"现代性"指向是多元的，不仅包括宏观社会结构以及公共领域的变革，还反映在社会成员个体的伦理信念和行为选择的层面上。在波澜壮阔的历史画卷中，体育文化的改变往往伴随着社会变迁。新的体育文化现象的衍生与重组背后都兼具复杂的社会文化结构特征，而在现代化背景之下的体育文化失范既是对传统的体育秩序的破坏，也是对新的体育规范和体育制度的挑战。正如塞缪尔·P. 亨廷顿（Samuel P. Huntington）所言："作为一种社会动员力量，社会现代化所带来的一系列变化最终转化为一种新的社会需求，这些需求对既有秩序构成挑战，而应对办法就是提高制度化水平。"[②] 作为一种特殊的社会变革，现代化成为社会变化的代名词，从前

---

① 卢守高．我国网络体育新闻报道中的问题与对策．中国记者，2018（8）．

② 亨廷顿．变化社会中的政治秩序．上海：上海人民出版社，2008.

工业社会到工业社会再到后工业社会的嬗变给社会结构、生产、组织和管理方式都带来了新的挑战（见表 8－3）①。

表 8－3　不同社会类型的生产、组织与管理方式比较

前工业社会		工业社会		后工业社会
自发型社会	现代化	生产型社会	后现代化	消费型社会
自然生产（游牧或农业生产）		批量化计划性机械化生产		私人订制式个性化生产
部落、家族、公社		企业组织		网络：信息化＋网络化
家长式管理		企业式管理		网络化管理

资料来源：燕继荣．社会变迁与社会治理：社会治理的理论解释．北京大学学报（哲学社会科学版），2017，54（5）．

社会变迁所带来的现代性给体育文化发展带来了前所未有的挑战：一方面，不断涌现的体育文化行为现象给治理机制和治理体系带来了新的挑战；另一方面，体育文化领域不断涌现的新事物与新现象改变了传统的体育伦理信念认知。二者的共同作用为体育文化失范提供了空间环境。

第二，亚文化与反规范互构形成的“社会思潮”影响了个人的体育价值理念和行为选择。在体育文化发展的过程中，亚文化现象与反规范的行为同样存在。虽然从整体上看，体育文化的主流意识形态在社会中占据主导地位并能够为社会上的多数人所接受，但是亚文化作为某一群体或者部分社会成员所特有的文化，同样具有生存的空间。从表面上看，亚文化一般不会与主文化发生直接冲突，但是相对主文化来说，亚文化中的群体行为规范和潜规则往往为越轨行为提供条件。比如，部分群体为了在高考升学中获取利益而选择在运动员等级证书上造假，“2014 年在辽宁省的 1 072 名体优生中，辽宁本溪高中、鞍山一中等学校产生了 198 个二级运动员，后经有关部门核实，这些所谓的二级运动员都是通过一场名为‘2013 全国足球学校杯’的比赛获得的，随着有关部门的介入，一场围绕高考加分的利益链浮出水面，相关责任人得到了应有的惩处”②。如果人们对规范的遵守能够换来成正比的回报，人们就会心甘情愿地遵守规范以获取公平、正义的赢利；相反，如果少部分人对规范的破坏使规范没能及时发挥约束作用，遵守规范并没有给遵守者带来直接或者间接的收益，那么亚文化和反规范的负面思潮就会产生，进而引发普遍性的失范行为与现象。

复习思考题

1. 何为失范？失范与越轨、解组存在怎样的关系？

① 燕继荣．社会变迁与社会治理：社会治理的理论解释．北京大学学报（哲学社会科学版），2017，54（5）．

② 辽宁本溪高中存国家二级运动员造假：巡考为作弊掩护．（2014－07－23）[2021－10－10]．http：//www.mnw.cn/news/shehui/776689.html．

2. 具体说明社会转型期体育伦理信念型失范的行为及表现。

3. 具体说明体育参与中失范的类型划分。

4. 体育参与中失范的社会发生机制是什么？

推荐阅读书目

1. 朱力．变迁之痛：转型期的社会失范研究．北京：社会科学文献出版社，2006.

2. 涂尔干．社会分工论．北京：生活·读书·新知三联书店，2000.

3. 杨善华．当代西方社会学理论．北京：北京大学出版社，1999.

4. 渠敬东．缺席与断裂：有关失范的社会学研究．上海：上海人民出版社，1999.

5. 鲍曼．道德的市场．北京：中国社会科学出版社，2003.

6. 蒋原伦．媒介文化十二讲．北京：北京大学出版社，2010.

第九章
体育与网络社会

本章要点

- 线上体育运动的兴起源于大众参与体育运动热情的高涨和互联网信息技术的发展。人们将体育运动的视频、记录上传至互联网中分享交流，或者从互联网中获取相关的场地信息和体育训练指导，体育运动的形式日益丰富多样。
- 网络体育社会组织以网络平台为组织生态，由拥有共同体育爱好的网民组成，其组织特征和组织运行明显区别于传统体育社会组织。网络体育社会组织的发展赋予了网络社会和体育社会组织新的意义。
- 网络体育社交是网络虚拟社区中的重要内容，包括社交网络中的体育元素、专业体育网站中的体育社交、体育运动 App 中的体育社交。不同网络平台的专业程度、社交方式和目的各有特色。

关键概念

线上体育运动、虚拟在场、超真实性、互构性、网络体育社会组织、安全阀、网络体育社交

第一节　线上体育运动

一、线上体育运动概况

根据中国互联网络信息中心发布的第 49 次《中国互联网络发展状况统计报告》，截至 2021 年 12 月，我国网民规模已经达到 10.32 亿，互联网的普及率达到了 73.0%，其中手机网民规模达到了 10.29 亿，网民通过手机进入互联网的比例高达 99.7%。信息技术的发展使得智能手机成为人们生活中的必不可少的工具，从上班工作到休闲娱乐，从白天到夜晚，互联网已经深深地嵌入了人们生活的方方面面

和每时每刻。智能手机的普及和人们健康意识的兴起促使互联网与体育结合，从而产生了一系列新兴的体育社会现象。

在互联网迅速发展的背景下，人们的体育运动被深深地打上了“互联网”的烙印。2017年9月，北京市全民健身体育节的组织者顺应互联网时代的潮流，举办了全民健身体育节线上活动，使用“互联网+”方式解决了因名额和场地限制而不能参加体育节活动的健身爱好者们的问题，提升了健身体育节的市民参与度。之所以能采用“互联网+体育”的活动方式，是因为在当前社会中已经有了这一新型的体育运动方式——“线上体育运动”。

线上体育运动，是将体育运动与互联网联系起来的运动，具体联系方式有以下几种：在线预订体育运动场地、网络视频教练指导体育运动、用体育健身类App（应用软件）记录运动轨迹上传至网络社区、将体育运动过程拍成视频并上传到互联网中。这样，从体育运动所需要的场地、体育运动所需要的指导，到对体育运动的分享，都与互联网发生了直接的联系，线上体育运动是当前体育运动的新形式。人们在进行体育运动时不再完全采取传统的方式，如与自己周围认识的朋友一起运动，在单位或者家附近的体育运动场地运动，运动结束后就各自散去。现在的体育运动出现了互联网的元素：在网上寻找与自己有共同的体育运动爱好的人一起运动，在网上预订体育场地，在运动的过程中打开手机中相关的App进行记录；在运动完后，将运动的图片、视频上传至社交网站，供其他人观看并评论。

线上体育运动具有三个特点：第一，虚拟在场。线上体育运动，将线下的体育运动拍摄上传至互联网中，或者在某个体育运动互联网社区中约定在某个时段进行体育运动，或者从线上预订相关的体育场地，从而产生了线上体育虚拟在场的表象。从互联网在线状态来看，用户们都在各自的场域中进行着某项体育运动。第二，超真实性。线上体育运动虽然加入了互联网因素，但并不具有网络社会完全的虚拟性特征，即线上体育运动并不是虚拟的，不是网络游戏中虚拟的对战，因为线上体育运动基于传统真实进行的体育运动，线上体育运动的基点依然是线下的真实体育运动，这种真实性与网络社会中很多社区的虚拟性是对立的。线上体育运动使得网络社会改变了完全虚拟的特点，转变为具有一定程度的社会现实的投射，网络社会中的一部分是现实社会的真实反映。第三，互构性。线上体育运动是体育运动和网络社会相互结合而产生的，线上体育运动具有网络社会的认同特点，即网民因对某项体育运动的喜欢和认同而共同进行某项体育运动，同时以传统的线下运动为基础。网络社会和体育运动的结合——线上体育运动对二者都有建构意义。一方面，体育运动增加了网络社会的真实性，使得网络社会由人完全缺场转变为人虚拟在场，具有一定的真实性；另一方面，随着体育运动社区以及体育健身类App的开发，网络社会改变了传统的体育运动方式，体育运动在网络社会中更具可分享性、可在线性。由此，线上体育运动使得网络社会与体育运动相互影响。

根据体育运动与网络社会关联的方式，线上体育运动可划分为以下三种类型：

第一，分享型线上体育运动。这类线上体育运动是将线下的体育运动的记录上传到相关的网络社区，比如跑者在跑步时用手机 App 记录跑步轨迹与配速等信息，在跑完之后将这些信息上传到某个社交网站中。人们把某项参与过的体育运动的信息分享到社交网络中，通过体育运动在网络社会中进行自我呈现，构建个人的运动特征，表达个人对于自己所属的网络社区和参与体育运动的认同。

拓展阅读

线上马拉松

2015 年 1 月 3 日，在“悦跑圈”和厦门马拉松现场共有 4.5 万人一起奔跑，其中有 4 500 名“悦跑圈”的在线跑友完成了线上马拉松，并收到了厦门马拉松组委会颁发的厦门线上马拉松的定制奖牌。这是中国首次举办线上马拉松赛事，开了线上马拉松的先河。随后，重庆、扬州、大连、兰州、敦煌、北京、上海等地在举办传统线下马拉松时，同时举办线上马拉松。其中，“悦跑圈”第 7 站——敦煌线上马拉松参与人数再创新高，共有 10 万人报名，远超第 6 站北京线上马拉松，最后共有 8 万多跑友完成了比赛。

什么是线上马拉松呢？顾名思义，线上马拉松是在线上举办的马拉松。参加线上马拉松的跑者，在马拉松赛事活动当天，按照活动要求在任何地点使用指定的运动软件跑够线上马拉松要求的公里数，就可以获得该线上马拉松平台颁发的完赛纪念奖牌或电子完赛证书。线上马拉松没有名额和场地的限制，只要按要求跑够规定的距离就可获得赛事主办方认可，和线下完赛者一样免费获得主办方颁发的纪念奖牌。因此，线上马拉松能赢得广大跑友的认可。

第二，指导型线上体育运动。这类线上体育运动指人们在进行某项体育运动时，有在线的体育运动教练进行指导或者陪伴。比如，通过电脑或者手机 App 中的在线教练，指导做瑜伽练习、打太极拳、开展健身项目等。指导型线上体育运动突破了健身运动必须在健身房和有健身教练指导的局限，人们可以不用在规定的时间内去健身房进行健身运动，不用再求教于健身房的教练进行体育锻炼，而只需要打开电脑或者手机中的视频，在自己家中就可以进行相关的健身活动。同样，喜欢跳广场舞或者打太极的人，可以直接根据手机中的视频进行学习和锻炼。指导型线上体育运动促使体育爱好者进行体育运动场域的自我生产，在这种场域中，个体的主体性和主导性得到了释放，改变了在传统体育场域中所处的被动地位。

第三，获取型线上体育运动。这类线上体育运动指通过网络在线信息平台，寻找相关的体育运动场地信息，以较低的费用甚至免费使用体育运动场地。体育运动场地信息的获取是很多体育运动爱好者经常面临的问题，不清楚哪里有相关的体育运动场地，或者是虽了解场地但是场地费用太高，这些都会降低参与体育运动的意愿。如果这些体育运动场地信息都在互联网信息平台上公布，那么一方面可提升获取相关场地信息的便利性（体育运动类网站或者手机 App 的信息平台都会有体育运动场地信息发布，大大增加了体育爱好者获取信息的途径），另一方面大量体育运动场地的供应会在一定程度上降低体育运动场地的费用，而且很多场地是公共设施，可以免费对市民开放。获取型线上体育运动，为体育运动提供了更多的场地设施。这类体育运动依然离不开传统的线下体育运动，或者从某种程度上说，获取型线上体育运动更多是为线下体育运动服务的。

综上所述，三类线上体育运动都是在传统的线下体育运动过程的某个环节中加入了互联网因素，在运动之前从互联网中获取相关场地信息的是获取型线上体育运动，在运动过程中从互联网中获得指导的是指导型线上体育运动，在运动结束后将运动信息分享至相关网络社区的是分享型线上体育运动。这三种线上体育运动只是线上体育运动的理想类型，因为在现实中的线上体育运动可能是其中几种的组合，比如很多运动 App 功能非常齐全，包括发布赛事信息、记录运动轨迹、场地设施预订、线上教练指导、运动记录分享等等，用户打开一个体育运动 App，即可获得线上指导并记录运动情况发布到社交网络，或者单独使用其中的某项功能。因此，实践中的线上体育运动是上述理想类型的结合。

无论哪种线上体育运动，都以传统的线下体育运动为基础，丰富了网络社会的现实性、实践性以及群体性①。网络社会最开始只是现实生活的反映，而发展至今已经转变为就是现实生活本身，线上体育运动就是现实中的体育运动本身。网络社会的实践性体现为网民通过信息交流开展网络活动，其形式和内容还在不断创新和变化，并且蕴含着巨大的能量和实际作用。线上体育运动是网民基于实际体育活动在网络社会中的行动，对于带动人们参与体育运动具有重要作用。卡斯特（Manuel Castells）在其信息社会三部曲的第二部《认同的力量》中考察了网络社会群体形式的变迁。他认为，网络社会的群体从根本上看是以社会认同为核心的，即网络社会的群体在本质上是某种价值观念。体育运动蕴含着崇尚健康和快乐的价值观，通过线上体育运动能够形成较大的网络群体。

二、线上体育运动产生的原因

第一，线上体育运动在传统线下体育运动发展的基础上逐渐兴起，如果没有传统线下体育运动的发展，就没有当前线上体育运动的蓬勃发展趋势。因此，要理解线上体育运动的发展，首先要理解传统体育运动的发展。体育运动在新中国成立以来的发展呈现出“复苏—停滞—再发展”的历史过程。在新中国成立初期，体育运动的发展由政府主导推动。在全能型政府的社会环境下，普通民众被政府动员参加体育运动。这一方面是为了拥有健康体魄，从而更好地从事社会主义劳动生产；另一方面是为了代表国家参加国际运动项目，为国争光。在合法性身份尚未在世界普遍范围内被认可的情况下，新中国试图以体育的方式获得世界的认可。“文革”期间，虽然由于整个社会处于瘫痪或半瘫痪状态，群众体育因失去政府的主导动员而

① 刘少杰．网络空间的现实性、实践性与群体性．学习与探索，2017（2）．

被搁置，但是国家层面的体育运动依然存在，其主要目的依然是为政治服务，具体表现有“乒乓外交”——“小球转动大球”，中国和美国以乒乓球运动开启了对话，改善了关系。随着改革开放进程的推进，单位制的逐渐解体使得国家对民众的控制程度大大降低，民众的主体性得到认可。同时，经济的迅速发展提升了人们的物质生活水平，物质生活的富足为人们追求其他精神文化生活提供了动力和基础，休闲娱乐、体育运动逐渐成为人们的日常生活中的重要组成部分。物质生活的富足逐渐唤醒了人们的身体健康意识，越来越多的人开始关注身体健康。尤其是由物质生活的富足所引起的“富贵病”，比如肥胖、“三高”等，严重地影响了人们的身体健康状况，促使人们希望通过体育锻炼来规避这些因生活水平提高而产生的病症。但是，人们的主体性和健康意识的提升并不意味着国家对于民众的体育运动的影响消失了，国家对民众的体育运动依然发挥着重要影响。首先，国家根据时代和社会的变迁制定相应的体育健身发展规划，为发展群众体育提供了制度性的保障。早在1995年，国务院就出台了《全民健身计划纲要》，提出分三个阶段逐步实现建立中国特色全民健身体系的基本框架。2021年8月，国务院出台《全民健身计划（2021—2025年）》，提出：到2025年，全民健身公共服务体系更加完善，人民群众体育健身更加便利，健身热情进一步提高，各运动项目参与人数持续提升，经常参加体育锻炼人数比例达到38.5%，县（市、区）、乡镇（街道）、行政村（社区）三级公共健身设施和社区15分钟健身圈实现全覆盖，每千人拥有社会体育指导员2.16名，带动全国体育产业总规模达到5万亿元。其次，在这些发展规划的影响下，国家大力加强体育的基础设施建设和赛事制度建设。《中国体育发展报告（2020～2021）》指出，国务院办公厅于2020年10月印发了《关于加强全民健身场地设施建设发展群众体育的意见》之后，全国已有90%的社区配备了健身设施，并在社区的空闲场地“见缝插针”地设置健身设施，在一定程度上解决了群众“健身去哪儿”的问题①。体育场地是人们进行体育锻炼的基础，体育场地的增多有助于满足人们日益增长的体育锻炼需求。最后，国家对于体育赛事尤其是国际赛事的举办和宣传，引发了人们对体育运动的关注，激发了人们进行体育锻炼的动力和热情。随着国家综合实力的增强，我国的很多城市举办过国际体育赛事。以2008年北京奥运会为例，这届奥运会点燃了我国民众参与体育锻炼的热情，并留下了很多运动场馆供民众参加体育锻炼使用。近年来，有越来越多的城市举办马拉松赛事，掀起了一股“全民马拉松热”。相较其他国际体育赛事，在城市马拉松赛事中，不仅有专业运动员参赛，还有数量庞大的普通民众参与，它以直接的方式推动了群众体育的发展。

第二，互联网信息科技的发展，尤其是智能手机的快速发展，直接推动了线上体育运动的兴起。线上体育运动，简单来说，就是人们将传统的线下体育运动搬到互联网上，在互联网中所呈现出的体育运动。因此，将体育运动搬到互联网上就是互联网信息科技发挥的作用。正是体育运动越来越成为人们生活的一部分，才使得互联网将人们的体育运动纳入网络社会中。在互联网发展初期，人们对于信息传

---

① 白宇飞，高鹏．中国体育发展报告（2020～2021）．北京：社会科学文献出版社，2021.

递、人际沟通等功能的需求占据主导地位。互联网能够以简单的方式更广泛地传递信息，并打破现实社会中人们交流互动的时空障碍。但当前，各种门户网站充斥着海量的信息，各种社交通信网站和软件占据了人们越来越多的休闲娱乐时间。因此，当体育运动逐渐成为人们生活中非常重要的一部分时，互联网就会将其纳入其中。那么，如何将线下的体育运动搬到互联网上呢？目前的主要方式是通过手机App，即用体育健身类手机App记录人们的体育运动数据，然后将这些数据上传到相关的社交网站上。因此，体育健身App的发展对于人们的体育锻炼行为有着重要的影响。有学者对体育健身App进行了抽样调查，其抽样调查表如表9-1所示。

表9-1 健身App抽样调查表

应用发布平台	健身相关App数量	样本量
App Store	300	150
Google Play	250	150
Windows Phone Store	521	150
腾讯应用宝	583	200
360手机助手	1 611	200
百度手机助手	401	200

资料来源：陈坚伟．从健身应用分析“互联网＋健身”的现状、问题与前景．体育科学，2016，36（9）．

根据表9-1的统计以及甄别和归类后，我们将分析其中828款体育健身App，这些体育健身App有7项主要功能：健身教学、实时监测、健身社交、健身档案、目标设定、健身商务、健身游戏。

其中，具有健身教学功能的体育健身App有434款，覆盖率为52.4%。健身教学的内容既有常见的体育运动，如球类运动、徒手健身、骑行等项目，也有针对男性、女性以及特殊人群（如残障人士）的项目，被视为基于移动终端的体育慕课。

具有实时监测功能的体育健身App有416款，覆盖率为50.2%。实时监测功能受经典运动干预理论健康信念模型（Health Belief Model，HBM）支持，该模型认为人们对健康状况的感知、对行为结构的期望，以及行为动机和自我效能感等因素对其健康促进行为的开展与坚持会产生影响。在进行体育运动的过程中，人们打开健身应用，即可获取包括运动的地理位置、轨迹、速度、心率、消耗卡路里等在内的数据信息，这些数据信息往往以图文、动画、卡通等形式显示，配套娱乐化设施。这些运动数据信息的获取与呈现有助于提升人们进行体育运动的娱乐感和控制感，进而有助于人们养成体育运动的习惯。

具有健身社交功能的体育健身App有203款，覆盖率为24.5%。很多健身App通过社交平台建立起参与者之间的联系和互动，具体有两种方式：一是自身打造健身社交平台，比如“悦动圈跑步”和“咕咚运动”，有自身的健身社交平台，用户可在运动结束后直接将个人体育健身数据分享到社交平台；二是借助微信、新浪微博等知名的社交网络软件分享个人体育健身数据。通过使用健身社交类App，用户与好友进行互动，可以使健身运动变成一种有趣的直播，从而让用户享受到更欢乐的健身过程。因此，体育健身App通过健身数据的分享，打造了一个微型的健身社交网络，有利于提高用户黏性，营造健身应用的良好生态。

具有健身档案功能的体育健身 App 有 576 款，覆盖率达 69.6%。健身档案的功能对用户来说具有重要意义：通过对健康档案的分析为用户提供一种系统化的学习计划；根据历史健身数据的异常值做出相关预警，并提供有针对性的干预措施。此外，用户还可以对健身档案信息进行统计分析，以作为健康管理的基础数据。这些数据具体包括以下三类：一是运动信息概要，比如项目名称、运动时间；二是运动状态参数信息，比如跑步距离、速度，健身项目训练次数；三是综合统计信息，比如消耗量、运动排名等。

具有目标设定功能的体育健身 App 有 508 款，覆盖率为 61.4%。在具有目标设定功能的健身 App 中，用户可根据自身特点和健身需求设定健身计划和目标，比如每天的健走步数、每月的跑步公里数等。在健身过程中，用户可以实时看到目标的完成情况，在目标即将完成和最终完成时，健身 App 都会有相关提醒，并给出一定的排位信息。目标设定功能与健身教学、实时监测功能相互配合，可以帮助用户管理健身计划，提高用户的健身体验。

具有健身商务功能的体育健身 App 的数量和下载次数都较少，覆盖率较低。因为健身商务类 App 的主要功能在于场馆预订、约练陪练、拼场地打球等，比如“去运动”App 签约了全国 30 多个城市的 2 000 多个体育场馆。这类 App 整合了线上、线下资源，盘活了体育场馆资源，使得普通群众能够享受到价格低廉的公共体育服务。

移动健身游戏是指在移动设备上搭建一个虚拟游戏互动平台，多个用户在平台上实现角色扮演或者同台竞技，从而达到运动健身的目的。相较于其他功能，移动健身游戏功能所涵盖的项目较少，比如跑步、骑行、跳绳、引体向上、俯卧撑等，而且移动健身游戏类 App 的下载量较健身教学、实时监测和健身社交类 App 少。因为相较于其他功能，移动健身游戏功能的操作更为烦琐，并且可能需要一定的资金投入，App 的耗电量也较大，所以用户对这类 App 的下载积极性较低。但是，移动健身游戏有其独特优点：将用户的注意力转移至游戏情景中，并减少用户独自运动时的孤独感，营造快乐体育的氛围。

伴随着传统线下体育运动发展的热潮，再加上互联网信息科技的快速发展，线上体育运动开始逐渐走进人们的日常生活，成为人们进行体育锻炼的重要方式。那么这种线上体育运动将对人们的体育运动产生哪些影响呢？其未来走势又将如何呢？

三、线上体育运动的影响

线上体育运动，尤其是结合智能手机 App 的线上体育运动，在传统体育运动中加入了三个元素：一是运动记录，即运动的距离、速度、心率、消耗热量、爬升高度等相关数据使体育运动变得可视化和可感知化。人们可以在运动时清楚地看到这些数据，对自己的运动过程有更加精确的把握，对运动的掌控得以加强，并可根据这些数据来调整运动。比如，当某跑友以每公里 5 分钟的配速跑了 10 公里后，他可能会在下一个10公里放慢速度，以追求较好的跑步体验。数据记录反馈的精确感在线上体育运动兴起之前是没有的，此前运动者只能凭借比较模糊的感觉或者经验调整自己的运动方式，对运动的具体情况掌控较弱，因此运动者的主体性在线上体育运动中得到增强。二是线上指导，即运动者可通过电脑或手机获得线上教学指导，这些线上指导代替了体育指导员或者教练的功能。线上指导打破了时间和人际交流的限制，使得体育在任何时间都可以进行。人们不必非去健身房进行锻炼不可，也不必非请教练亲自指导不可，而是可以自主选择时间，根据线上体育教练的指导自行进行体育锻炼。三是体育社交，即运动者会将运动数据上传到社交网站中，与他人互动交流。此前，人们在体育运动结束后，最多会与共同参加体育运动的人进行关于体育运动的互动。然而，把体育运动数据上传到社交网站中，既可以作为个人在网络社会中对自己的印象管理或身份建构，又可以实现网络社会对个人的监督，从而使个人保持体育运动的习惯。个人甚至还可以通过体育社交认识更多与自己有共同爱好的人，建立一个线上的体育组织，从而产生线上线下互动的体育互动新模式，这是传统体育运动所无法实现的功能。

由此，线上体育运动是在传统线下体育运动的基础上通过互联网因素加入了新内容，这些新内容增加了人们在运动过程中的主体性，并且使得体育运动的内容变得丰富起来，不再只是简单地跑步或者打球，而是包含了运动数据、指导、音乐、社交等内容。互联网开发出的新技术有助于激发人们的运动热情，未来将会有越来越多的人参与到体育运动中。当然，我们无法排除线上体育运动的终极目的是将体育与互联网绑定，使互联网获利更多这种可能性。但是，如果有人对体育运动完全没有兴趣，或者所生活的社区附近没有体育设施或场地，或者完全不具备相关的经济条件，那么无论互联网技术有多先进或体育运动的体验有多好，都无法使这类人参加体育运动。线上体育运动相比传统体育运动所增加的只是一种新的方式和手段，可以使对体育运动有兴趣并且有能力、有条件的群体更好地享受体育运动所带来的快乐和益处。随着人们生活水平的提高、体育场地等基础设施的完善以及互联网技术的进一步发展，线上体育运动将会日益成为人们参与体育运动的习惯性选择。

第二节　网络体育社会组织

一、网络体育社会组织概况

根据《中国体育社会组织发展报告（2016）》蓝皮书，截至2014年年底，全国正式登记的体育类社会组织有32 799个，其中体育类社会团体有20 804个，占比63.4%；体育类民办非企业单位11 901个，占比36.3%①。2014年6月27日，时

① 刘国永，裴立新，范广升，等．中国体育社会组织发展报告（2016）．北京：社会科学文献出版社，2017：10

任国家体育总局局长刘鹏提出，我国的网络体育社会组织已达到了80多万个[①]。网络体育社会组织在数量上已经远远超过正式登记的体育类社会组织，这种新型的体育社会组织成为人们参与体育运动的重要方式。人们在某个社交网络中加入一个体育社会组织，在有线下体育活动的时候，便与网络体育社会组织中的其他成员一起参与某项体育活动。

拓展阅读

“京外联”足球队

北京“京外联”足球队成立于2009年9月，在成立之初只有8个人，发展到后来有25人。其以网络QQ群的方式进行联络，QQ群中有43人，最多时有50多人。有些成员因工作关系离开北京，但是并没有退出QQ群，25人为经常参加活动的人数。成员的职业五花八门，有国企职员、私企经理、个体户、公务员、学生、教师等等，主要为青年群体，年龄分布在25岁到40岁之间。成员既有通过群内的成员介绍加入的，也有通过网络搜索加入的。从2009年成立以来，球队每个周末都会在北京各大高校的球场组织比赛，除非天气恶劣。如果参加的人数比较少，就自行组织队内的比赛；如果参加的人数比较多，就可以与其他球队进行正式比赛。球队组建之初，创始人是想通过QQ群的方式找到可以一起踢球的人，由于创始人大多是从外地来到北京工作的人，由此将球队取名为“京外联”。

网络体育社会组织，或者称为网络体育社团，指人们通过互联网，突破地域和现实的人际关系等因素的限制，基于共同的体育兴趣与爱好，建立组织成员共同认可的组织目标和行为规范，提供线上交流、线下体育活动的非营利性组织[②]。由此可知，网络体育社会组织是人们在互联网中根据自己的兴趣自由组建或者加入的。组织中不仅仅有线上的交流互动，更重要的是有线下的体育活动。可见，网络体育社会组织构成的核心要素包括拥有共同兴趣的网民、线上的网络互动平台、线下的体育活动。

（一）网络体育社会组织的特征

从上述定义中，我们可以发现，网络体育社会组织具有以下几点特征：

第一，非正式性。这一方面是指大多数网络体育社会组织没有在民政或体育等相关部门登记注册，尚未获得行政合法性身份；另一方面还指网络体育社会组织在组织目标、组织结构、组织制度上具有相当大的模糊性和不确定性。网络体育社会组织往往只是基于一个共同的体育兴趣组建起来的，其组建目的便是让有相同兴趣爱好的人共同参加这项体育运动。然而，网络体育社会组织是基于互联网建立的，

---

① 全国体育社团总数超过15 000个 网络体育组织80多万.（2014-06-26）[2020-09-15]. http://sports.sina.com.cn/o/2014-06-26/13227228699.shtml.

② 黄亚玲，邵焱颉．网络体育组织发展：虚拟与现实的挑战．北京体育大学学报，2015，38（11）．

互联网的匿名性和虚拟性使得组织成员之间的关系比较松散。同时，组织往往少有明确、规范的组织制度，更不用提去登记注册，大多数网络体育社会组织仅在网络上存在，没有登记注册为正式的社会团体法人。

第二，兼具虚实性。“虚”来自互联网，网络体育社会组织是在网络社交平台中组建的，组织成员的身份具有很强的虚拟性。任何网民都可以突破时空、性别、性格、职业等社会因素的限制在某个网络社交平台上与其他成员进行互动，这种互动不是面对面的，而且这种组织形态只存在于网络之中，并不在现实中存在，或者说很难在现实中存在。“实”来自线下的活动，网络体育社会组织不仅仅有线上的交流互动，更重要的是组织成员开展线下的体育活动。组织成员在下线后，共同进行某项体育活动，比如跑步、骑行或者登山，这是组织成员在共同的时空中进行交流互动，参与活动。

第三，边界模糊性。一般的体育社会组织具有比较明确的边界，组织的成员、活动范围、内容等都有较明确的规定。但网络体育社会组织的组织边界较为模糊，组织成员即使在网上加入了组织，也可能并不会参加线下活动。组织内部也没有具体的活动内容或者活动范围，组织成员加入和退出组织也比较自由，使得组织成员的流动性较大，组织边界比较模糊。

第四，组织流动性。网络体育社会组织大多是只存在于网上的虚拟社会组织，在现实生活中没有固定的组织空间，因此在开展具体的活动时会根据交通、环境等因素调整活动地点。另外，网络体育社会组织的成员准入门槛较低，甚至不设任何限制，使得成员的背景复杂、流动性大。

以上是网络体育社会组织的主要特征，网络体育社会组织大多是草根体育社会组织，因此也具有草根性、民间性、自发性等特征。

网络体育社会组织与传统正式体育组织的区别如表 9－2 所示：

表 9－2 网络体育社会组织与传统正式体育组织比较

比较内容	传统正式体育组织	网络体育社会组织
组织形式	以地缘、业缘、血缘为基础	以趣缘为基础
成员互动交流	同时空、同事	纵横交错、互联模式
组织目标	多样性	单一性，较明确
组织边界	组织边界明确	组织边界模糊
成员身份	对成员身份有具体要求	对成员身份无要求
组织规范	有较为严格的组织规章	无严格的规范要求
流动性	成员流动性弱，较为固定	成员流动性强，更替频繁
信息发布	通知、口头相传	借助互联网平台发布

资料来源：黄亚玲，邵焱颉．网络体育组织发展：虚拟与现实的挑战．北京体育大学学报，2015，38（11）．

（二）网络体育社会组织的种类

由于网络体育社会组织是基于互联网建立起来的，因此可根据互联网平台对网络体育社会组织进行分类。网络体育社会组织的常见类型主要有三种：专业的爱好者网站、主题贴吧论坛、体育类 QQ 群或微信群。

专业的爱好者网站吸纳会员，为会员提供咨询和信息服务，会员必须经过注册才能加入其中。会员在其中可找到与自己有共同爱好的人，同时这些网站会定期发布一些活动信息，为会员服务。这类组织（比如绿野户外网）依托于正式的网络组织，组织性较强。主题贴吧论坛指在百度贴吧等类似论坛性质的网站中的网络体育社会组织，这类组织的主要目的在于线上沟通交流，注册会员会进入某个具体的贴吧，参与对某个体育事件，比如世界杯、NBA、各类锦标赛等的讨论。体育类 QQ 群或微信群是网络体育社会组织中最为常见的类型，这得益于 QQ 和微信这两个被广泛应用的社交平台。加入这类组织需要经过群主的同意，或者是经过群内的成员介绍，相比其他两类组织在准入方面具有独特性，成员之间的互动和组织活动都比较频繁。

此外，还可以根据是否有线下活动进行划分，即划分为虚拟网络体育社会组织和半虚拟网络体育社会组织。虚拟网络体育社会组织没有线下活动，仅存在于网络空间中，组织成员之间的互动是组织的主要内容，组织形态极为松散。半虚拟网络体育社会组织则兼具线上交流互动和线下实体活动，在线上虚拟交流与在现实中参加活动进行面对面沟通并存，有利于深化组织成员对组织的认可。从严格意义上说，虚拟网络体育社会组织不能算是严格意义上的网络体育社会组织，其组织形态极为松散，以至于可以忽略不计，成员对组织的认可度非常低。

（三）网络体育社会组织发展的原因

第一，网络全面嵌入人们的现实生活。网络具有跨时空、快速便捷、信息高度共享等特点，越来越多的人将生活的一部分依托于网络社会。如图 9－1 和图 9－2 所示，我国的网民数量逐年攀升，2021 年 12 月网民规模达到了约 10.32 亿，普及率达到了 73.0％，其中手机网民数量约为 10.29 亿，占整体网民的比例为 99.7％，几乎与网民数量一致。

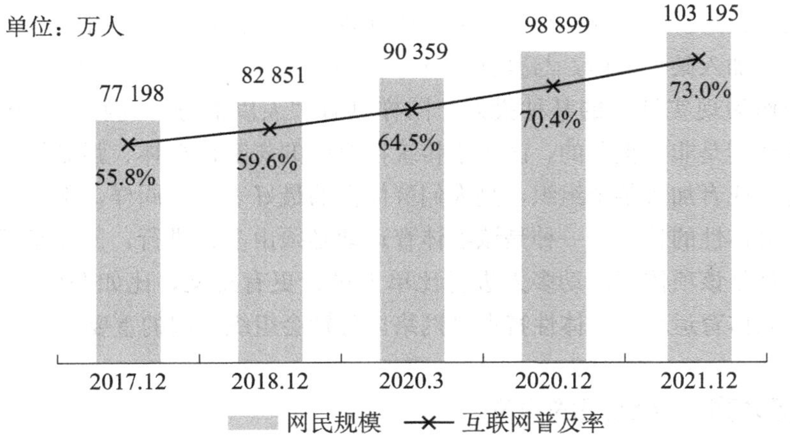

图 9－1　中国网民规模和互联网普及率

资料来源：中国互联网络信息中心．第 49 次《中国互联网络发展状况统计报告》．（2022－02－25）［2022－03－15］．http：//www.cnnic.net.cn/hlwfzyj/hlwxzbg/.

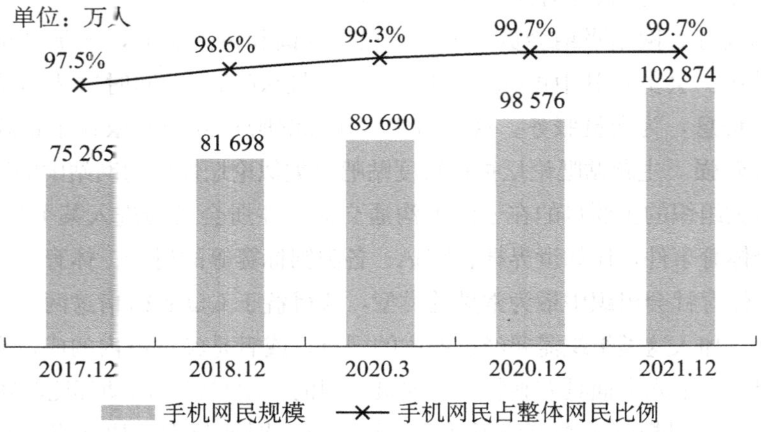

图 9-2　中国手机网民规模及其占整体网民比例

资料来源：中国互联网络信息中心．第 49 次《中国互联网络发展状况统计报告》．(2022-02-25)[2022-03-15]. http://www.cnnic.net.cn/hlwfzyj/hlwxzbg/.

智能手机成为人们生活中必不可少的工具，借助于互联网嵌入人们生活的方方面面。智能手机具有便捷性强、操作更加简单方便、使用人群更广泛等优势。同样，人们也通过智能手机被深刻而广泛地嵌入网络社会中。

第二，体育运动的兴起。物质生活水平的提高激发了人们对丰富的休闲生活的兴趣和需求，唤醒了人们的健康意识，科学技术的进步和产业结构的转型升级则节省了人们的工作时间。这些社会结构性因素的变化使体育运动逐渐成为人们日常生活中的重要部分，越来越多的人在休闲时间选择参加体育运动。当前，网络社会反映人们的现实生活，在人们的生活中越来越重要的体育运动也必然会呈现在网络社会中。人们在网络社会中可以搜集各类体育运动信息，参与讨论体育运动事件，发布体育运动记录，寻找各类体育群体组织。由此，网络社会拓展了人们参与体育运动的深度和广度。

第三，人的群体性和体育运动的群体性要求。群体性是人的社会性的最基本的表现形式。加入某个群体，与其他群体成员进行互动，是人的群体性的重要特点。网络社会作为现实社会的某种投射，同样具有“人以群分”的特征。在网络社会中，群体认同是非常重要的。区别于传统社会中的先赋性群体、强制性群体，通过认同而建立或者加入某个组织，是人们群体性的最好表达。同样，很多体育运动本身也具有群体性的特征：一种是该项体育运动必须由多人进行，比如足球、篮球等等；另一种是该项体育运动多人进行比单人进行更有意义，比如登山、骑行等等。由此，人和体育运动的群体性特点是网络体育社会组织兴起的重要原因之一。

二、网络体育社会组织的意义

网络体育社会组织依托于互联网，是一种虚拟的组织形态，但它对组织成员、体育运动、网络社会和现实社会都有实际意义。

一是全面地满足了组织成员的体育运动需求。在传统的体育社会组织中，大多数组织成员可能只在有活动时进行面对面的沟通互动，而且受限于共同活动的时空。而在网络体育社会组织中，组织成员可以突破几乎所有的社会性因素的限制而进入组织，可以更加精准地找到有共同体育认同的群体而参加体育运动。从线上的体育交流互动，到线下的体育运动，组织成员都更加精准地在目标群体组织中进行，从而使得两者都更加有效。并且，网络社会突破了时空限制，成员之间的沟通互动会因网络而更加频繁，可能针对某个正在举行的国际体育大赛，某个体育运动的贴吧或者微信群里的成员之间就会展开热烈讨论。因而，网络体育社会组织更加全面地满足了组织成员对于体育运动的需求。

二是有效推动体育运动向大众普及。网络体育社会组织摆脱了很多传统体育社会组织的弱点，其规模不受限制，准入门槛低，活动形式多样化，活动不受时空的限制，费用较低，能够满足更多人群对于体育的需求。网络体育社会组织可以实现不同地域之间的体育资源共享，为不同地方的人群带来不同的运动经验，为体育运动的完成提供更多的条件和指导。如喜欢登山、攀岩的网民可以通过网络体育社会组织了解目的地的相关信息，联系到经验丰富的当地向导，提高安全系数，提高该类运动的号召力，从而推动该类运动的普及。此外，我国的网络体育社会组织数量已经超过了 80 万，远超现实中注册登记的体育社会组织，规模庞大的网络体育社会组织对大众体育运动的推动作用会随着其发展而越来越重要。

三是丰富网络社会的内容和性质。网络社会具有极强的吸纳能力和渗透性，当某个领域成为人们生活中的重要领域或者热点时，网络就会将其纳入。当体育运动占据人们越来越多的精力和时间时，互联网就会渗透到体育运动中。此外，网络社会的虚拟性在给人们带来沟通互动的便利性的同时，也是很多问题产生的缘由，如何将虚拟性与现实性结合是网络社会在发展过程中面临的问题。网络体育社会组织兼具虚实性是对网络社会虚拟性问题的解决途径之一。

四是对现实社会具有“安全阀”的作用。网络体育社会组织的活动内容主要有线上交流互动和线下体育活动两类。组织成员——网民在现实生活中所承受的压力可以通过这些活动释放出来。网络体育社会组织中交流的都是其成员感兴趣的话题，加上组织成员之间具有匿名性，使得线上交流互动更加自由且高效，这样的交流互动对于宣泄现实生活中的压力效果良好。线下体育活动将组织成员从线上拉到线下、从虚拟拉回现实聚在一起开展体育活动，营造比个人运动时更加热烈的氛围。群体性活动通过组织成员之间的相互影响带动个人投入体育运动之中，从而达到强身健体、放松心情的效果。此外，组织成员之间还可以在这些活动中加深认识，建立更加紧密的关系，有利于减少在网上或者是在现实生活中的矛盾和不和谐因素，从而起到“安全阀”的作用。

三、网络体育社会组织的问题

相比传统的体育社会组织，网络体育社会组织能够更加全面地满足人们的体育需求，延伸人们的体育活动空间，更加有效地向人们推广和普及体育运动，丰富了网络社会的内涵和性质。但是其自身在发展过程中依然存在一些问题，阻碍了其进一步的发展。

首先，网络体育社会组织制度松散。网络体育社会组织的准入门槛低，退出闸口低，组织内部的成员流动性大。很多成员仅通过注册会员或者是通过熟人介绍，甚至仅通过扫描二维码即可加入一个组织；当成员想要退出该组织时亦可随时退出，不必向组织中的主要成员报告或提出申请等等；即使成员加入组织后没有退出，也很有可能成为不发言、不参加活动的“隐形成员”。此外，组织内部的结构松散，没有具体明确的职能分工部门，传统组织中的科层制结构缺失。在线上交流互动中，成员之间是平等的，虽然可能会有对该体育运动或者事件非常了解的人主导交流互动过程，但是这种主导的中心是多元的，可能在下一次交流互动中就变成了另一个核心人物主导。线下体育活动在组织结构上比线上交流互动略强一些，因为涉及体育活动的组织，所以会呈现出一定的职能分工，但这种组织结构也是临时性的，不具备长期稳定性，即下次活动的组织者可能就是别的人。网络体育社会组织在准入、退出机制和组织结构方面的松散是由网络体育社会组织本身所在的场域——网络社会这一生态环境决定的，网络社会在突破时间和地域的限制的同时，也导致了成员之间的匿名性和组织的松散性，组织对于成员的约束力显然要比传统体育社会组织弱很多。当前的网络体育社会组织满足了人们对于体育运动的沟通与实践需求，但是其组织制度的松散在一定程度上还是会限制其长期发展。尤其是当这类组织越来越多时，就会产生对网络社会进行社会整合的功能，那么就需要网络体育社会组织在一定程度上有一定的结构制度，尤其是在线下体育活动中，一定的准入机制和组织结构对于活动的开展和安全的保障都是非常有益的。

其次，线下体育活动的组织管理人员的能力和专业知识有限，存在较大的安全隐患。很多网络体育社会组织的线下活动是户外运动，而户外运动本身就有着较高的风险，需要组织者非常熟悉活动地点的自然环境，并且自身要有丰富的户外经验和急救知识。而在目前的户外运动中，往往只有领队有户外经验，很多参与者并没有这方面的知识，从而使得线下体育活动具有很大的安全隐患。组建这类网络体育社会组织的一般是有这类经验的群体，他们通过在网上发布活动信息，召集成员参加户外运动，但是他们对于参加者的条件性限制较少甚至没有任何限制，使得参加户外运动的成员良莠不齐，并且很可能只是一些对户外运动感兴趣，而并没有较为专业的知识或者安全意识的群体，从而使得这类活动存在很大的安全隐患。但是，针对这类问题，只能通过组织内部自律来解决，即组织者在组织这类活动时应做出明确的说明——参加这类活动的成员应该具备哪些条件，限制不具备这类条件的成员参加活动，从根源上消除隐患发生的可能性。

最后，相关的法规制度不完善，组织的合法性薄弱。与网络体育社会组织发展如火如荼的蓬勃趋势形成鲜明对比的是，关于这类组织和组织活动的法规制度不完善，甚至还存在空白。虽然《全民健身计划（2021—2025年）》提到提供全民健身智慧化服务、推动线上和智能体育赛事活动开展等内容，但是其对线上体育组织的监管未涉及。体育组织制度法规的缺失问题不仅存在于网络体育社会组织中，也存在于传统体育社会组织中，这是当前我国体育社会组织发展的制约因素。

第三节 网络体育社交

网络空间是利用信息技术将现实中的地理空间、社会空间投射到互联网中，从而形成了充斥着各种信息的网络社会。这些信息在某种程度上是现实社会的反映，海量的信息呈现的是现实世界的表象。当人们遨游在漫无边际的网络社会中时，可以突破时空限制，从网络社会中获取任何信息。但是正如现实社会中存在具有明显边界的民族国家、行政单位，网络社会中也存在具有明显区隔的网络空间，即不同性质的网站中传递着不同性质或者类别的信息，只是当网民在进行网上冲浪时，浏览不同的网站，穿梭于不同的网络空间，远比在现实社会中穿越不同的国家（必须有护照）更为便利。在大多数网站中，网民可以自由进入或者退出，只有一些特殊的网站除外。但这表明，从结构功能主义的角度看，不同的网络空间有着不同类型或者性质的信息，即承担着不同的网络社会功能。

从整个互联网的发展阶段来看，我们正从门户时代、搜索时代，进入今天的第三个时代——社交网络时代①。在互联网时代，社交网络平台依靠其特定的功能诉求，将特定用户群体聚集在该平台上，实现社会关系在网络上的虚拟延伸，使时空不再是交往障碍，社交网络可以覆盖社会全范围、各层次②。可见，社交网络是在网络空间中“拥有相同兴趣爱好的人搭建的在线社区”，其核心理念是让更多的有相同兴趣的人在网络平台上相识相熟，进而形成广泛有效的交流互动。社交网络在全球范围内都呈蓬勃发展之势，各国的社交网络数量激增，用户规模不断扩大。社交网络的发展大致经历了四个阶段：早期社交网络的BBS时代、休闲娱乐型社交网络时代、微信息社交网络时代和垂直社交网络时代③。新浪微博属于微信息社交网络，自2009年8月推出便迅速吸引了海量的用户群体。《微博2020用户发展报告》显示，2020年9月，微博月活跃用户有5.11亿，日活跃用户达2.24亿；在微博月活跃用户中，30岁以下用户近八成，是微博的主力人群；在性别上，男性用户占比45.4%，女性用户占比54.6%④。

当身体健康和休闲娱乐在人们的生活中越来越重要，与这两个主题紧密联系的

---

① 李林容．社交网络的特性及其发展趋势．新闻界，2010（5）．

② 同①．

③ 李娜，胡泳．社交媒体的中国道路：现状、特色与未来．新闻爱好者，2014（12）．

④ 新浪微博数据中心．微博2020用户发展报告．（2021-03-12）［2022-02-21］．https://m.weibo.cn/1642909335/4613864249365413.

体育运动在社会生活中出现得越来越频繁时，体育运动必然会被吸纳到社交网络中。体育在社交网络中的呈现主要有三种形式：一是社交网络中的体育元素，二是专业体育网站中的体育社交，三是体育运动 App 中的体育社交。不同网络空间中所传递的体育信息及其承载的功能都不同。我们将从传递信息的内容、运作方式、对体育运动的影响等视角对这三种含有体育元素的网络空间进行分析。

一、社交网络中的体育元素

社交网络中的体育元素，是指一种以文化内容为载体呈现在社交网络环境中的体育元素，通常表现为针对某种体育赛事的交流互动，或者是针对某个体育社会事件、体育明星而展开的社会争论和探讨。在社交网络日益发展的背景下，一般比较重大的体育新闻事件都会在社交网络上传播。一方面，很多传统的新闻媒体本身也处于社交网络中，在社交网络中有官方账号，并发布相关体育新闻；另一方面，每个参与到体育事件中的主体，包括运动员、裁判员、解说员、观众，都是其所参与的体育事件的信息发布者，即所谓的“自媒体”，他们站在各自的角度，根据自己的知识和经验将体育事件发布到社交网络中。体育事件不仅可以是重大的体育赛事，也可以是群体的体育活动，还可以是个体的体育运动。处于同一网络空间的网民可以浏览这些信息，并对这些信息进行点赞、转发或者评论，这是社交网络中基于体育元素进行体育社交互动的运作方式。

艾瑞咨询在微博平台的调研显示：2018 年俄罗斯世界杯举办期间，选择社交平台作为获取世界杯资讯的途径的用户从 2014 年的 59.0%上升到了 2018 年的 90.2%。此外，在俄罗斯世界杯举办期间，用户日均使用微博的有效时长在 2018 年上半年达到了峰值——640.2 亿分钟，微博移动端也出现了同样的现象，用户日均使用微博的有效时长在 6 月份达到了 42.3 亿分钟（见图 9－3、图 9－4）。[①] 这表明在世界杯举办期间，社交网络中的强大的体育元素——世界杯的引入使网民在社交网络中的浏览时长明显增加，网民对社交网络的依赖性明显增强。微博用户流量和浏览时长的增长表明了体育元素在社交网络中具有强大的号召力。当然，世界杯本身在全球范围内就有着强大的号召力，受众范围极为广泛。

那么，我们不禁要问，为什么人们会越来越多地依赖于社交网络来获取对体育事件的了解呢？因为，不仅仅是在社交网络中，很多门户网站有专门的体育频道，负责报道体育事件新闻。社交网络中的体育事件新闻具有其独特性，吸引了越来越多的人。

相较大型的门户网站而言，社交网络的特点是互动性和主体性强。在门户网站中，网站与用户之间是不平等的。门户网站站在较高的位置发布权威性的新闻信

① 艾瑞咨询．2018 年中国球迷世界杯行为洞察报告．（2018－08－02）［2021－02－21］．http：//report. iresearch. cn/report/201808/3252. shtml.

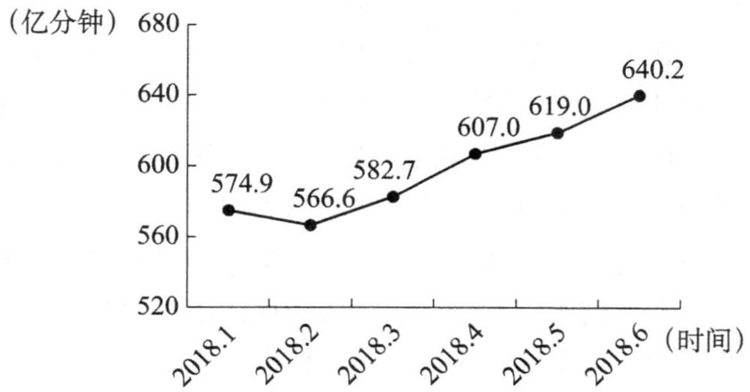

图 9-3 用户微博使用总时长

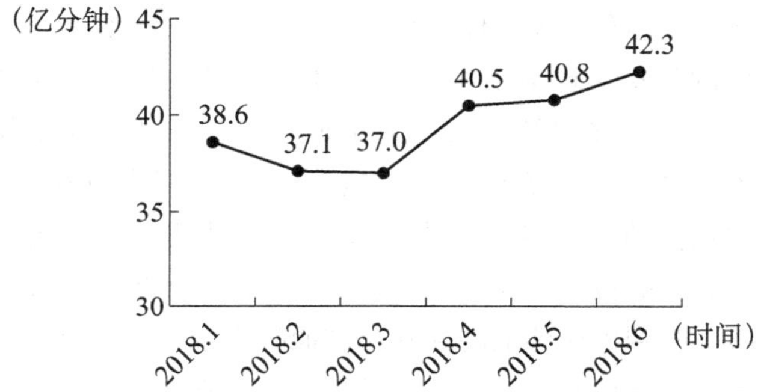

图 9-4 用户微博移动端使用总时长

息，用户在门户网站只能作为信息的接收者或者是评论者。但是在社交网络中，用户既是信息的接收者、评论者，同时又是信息的发布者。由此，用户在社交网络中不仅是新闻信息的“消费者”，还是新闻信息的“生产者”，人人都是自媒体。社交网络的发展推动了自媒体的迅速发展。自媒体的信息传播突破了传统媒体和新媒体传播的时空限制，传播过程不再是以传统的大众传播方式通过某种机械装置定期向社会公众发布信息，取而代之的是依托移动互联网络，随时随地、方便快捷地实现“一点介入，全球分享”。只要有终端——智能手机、平板电脑，人们就可以通过微博、微信等社交网络在任何时间与地点发布信息①。另外，社交网络的受众广泛，体育元素类型多样，任何群体都能在社交网络中找到感兴趣的体育运动——既有大型的体育赛事，也有小众的体育活动，还有个人体育运动记录。体育元素越丰富，用户在其中找到感兴趣的体育元素的可能性就越大。

比如，在俄罗斯世界杯的一场球赛的现场，传统媒体可以对这场比赛进行直播，赛后可以对这场比赛进行整体性的报道。在现场看球的球迷，可以直接拿出手机在微博上对赛事进行直播，或者在微信朋友圈发布某个进球的瞬间。从在传统的媒体传播中用户仅仅作为信息的受众，到在现在的自媒体传播中用户可以全方位深

---

① 向晋文．自媒体时代的网络舆论及其引导策略：基于比较视角的分析．湖北民族学院学报（哲学社会科学版），2017，35（3）．

入地参与到信息的生产制作和评论的过程中，用户的主体性在社交网络中不断放大。即使是那些没有在现场的球迷也可以从微博上选择自己对世界杯感兴趣的某个点来制造话题、发表评论观点，网民也可以根据自己的喜好就某个话题与其他网民进行深入交流互动。比如，"英格兰队求生欲强大""法国队夺冠"等与世界杯相关的词条都成了热搜词条，是网民进行社交互动的关键词。

相比传统的大而全的信息传播方式，社交网络中的自媒体对体育元素的传播显得更加简短、片面，即所谓的碎片化。网民所传递的信息可能只是球赛中很小的一部分。但是在这些碎片化信息的背后，依然有体育元素在起作用。它们可以引起人们对体育赛事的兴趣，推动人们去探索这些碎片化信息背后的意义，从而深化对体育事件的认知。

除了传统的新闻媒体和网民对体育事件进行传播之外，体育运动员，尤其是体育明星对体育事件的传播，也能引发人们对体育的极大兴趣。在社交网络出现之前，体育运动员很少有直接向社会发声的渠道，体育运动员与粉丝之间的互动很少。在社交网络兴起之后，体育运动员可以随时在社交网络中发布赛事情况，其粉丝群体则会对这些信息进行评论、转发。体育运动员从参赛的角度对赛事进行传播，不是简单的比分上的报道，而是还会加上自身对于比赛的感受，传播的内容更加丰富，更加能够引起网民情感上的共鸣，进而扩大这项体育运动的传播面。当社交网络中充斥着大量的体育元素时，尤其是当这种元素成为整个社交网络的热搜词条时，社交网络中就会形成想象中的体育狂欢。在该社交网络中的所有用户都被笼罩在这种狂欢的氛围之中，无论是否对这种体育元素感兴趣，用户都会深深地被这种氛围感染和影响。

因此，体育元素与社交网络之间是一种"互赖共促"的关系。就世界杯、奥运会等极具影响力的体育运动而言，这类体育元素在社交网络中的传播能够大大提高社交网络的使用率。在当前网络时代中，社交网络已经深入人们日常生活的方方面面，社交网络的使用人群非常广泛，其中的体育元素不仅有世界杯这类体育盛会，也有一些具有地方特色的或者小众的体育运动，比如冰雪运动和民族特色体育运动。这类体育元素借助社交网络平台，能够让更多的网民获取体育信息、了解体育运动，扩大体育运动的影响广度和深度。社交网络中的体育信息传播方式具有多层次性、参与性和互动性，极大地改变了传统体育传播的权威性、单向性和固定性。体育元素以更广泛、更深入的方式传递给大众，提升了大众对体育运动的认知，进而影响了大众的体育观念意识，甚至促进了大众对体育运动的现实参与。

总之，体育已经成为社交网络中不可或缺和具有强吸引力的元素，并且社交网络是人们参与体育实践（包括体育运动参与、体育新闻浏览、体育话题讨论等）必不可少的途径。社交网络不仅仅为大众提供了自主而个性化的参与机会，更在这种广泛的社会互动中推动着体育本身的社会性发展。

案例分析

俄罗斯世界杯

根据“今日头条”网站发布的《世界杯全景洞察报告》，在2018年俄罗斯世界杯举办期间，“今日头条”平台一共发布了192 677篇世界杯资讯，产生了30亿次阅读，收藏数达到了10 311 365，评论数达到了9 509 230，分享数达到了478 075，总阅读的时长超过了3 000万场次足球比赛，其中C罗、内马尔、博格巴和厄齐尔等多名球星以及刘语熙、刘建宏、张斌、贺炜等主持、解说员入驻微头条，相关内容一共产生了6.7亿次阅读①。

如此庞大的阅读量和参与讨论量，表明了世界杯这项体育赛事与网络社会之间紧密的“互赖式”关系。一方面，人们越来越依赖于网络社会来了解世界杯相关信息，并且在网络社会中对世界杯进行充分的讨论；另一方面，网络社会因世界杯而用户大增，每一次世界性的体育盛会都会引起广泛的关注，而相关网站在这段时间的用户和流量都会呈现一定峰值。

二、专业体育网站中的体育社交

社交网络中的体育元素大多数是对体育赛事信息进行发布或者讨论，而且往往只是在一些体育赛事举办时进行报道，在赛事空档期则较少有这类新闻信息，这就难以满足很多体育迷对某项体育运动的其他需求。而专业体育网站就能满足体育迷对某项体育运动的这些需求。所谓专业体育网站是指单独针对体育领域建构的社交网络环境，其参与者皆是与体育相关联的个体，如运动员、教练员、体育爱好者、体育媒体、体育产业经营者等等，所讨论的话题会根据专业化程度各有不同的倾向性。比如美国的LockerDome网站，该网站致力于为体育爱好者搭建与自己喜欢的运动员、球队、体育品牌互动交流的社交网络平台；澳大利亚的PlayUp是一款移动体育社交App，主要功能是为用户提供赛事信息——可依据用户的个人偏好，有针对性地提供与其所关注的球队、球员和赛事相关的信息，并在此基础上为有共同兴趣的体育爱好者提供交流互动平台②。再比如国内的虎扑网，该网站是针对篮球运动的专业化网站，它能即时推送篮球赛事的相关信息，以及与篮球运动有关的视频等，供该网站的用户讨论；爱羽客，是针对羽毛球运动的网站，主要功能为推送羽毛球的赛事信息，以及羽毛球教学视频、羽毛球产品等等。

从技术手段和传播方式来看，专业体育网站在进行体育新闻和相关信息的传播时，与传统体育媒体相比能取得更好的传播效果；从时效性来看，专业体育网站能

---

① 中瑞调研．今日头条：2018年俄罗斯世界杯全景洞察报告．(2018-07-24)［2021-02-25］．https：//www.toutiao.com/a6581589292638798349/．

② 杨韵，邹玉玲．体育社交网络研究．体育文化导刊，2013（11）．

够快速将体育新闻及相关资讯发布到网络上供网民浏览，为受众提供最迅速、最全面的比赛信息；从受众反馈来看，专业体育网站与传统体育媒体相比也能更快地收集受众的评论等反馈信息，进而促进自身传播策略的改进。因此，专业体育网站的出现不仅提升了体育新闻特别是网络体育新闻的传播效果，还改变了国内受众对体育新闻及相关资讯的获取方式，大大提升了用户体验。

从满足体育需求的角度看，专业体育网站的用户是因对这项体育运动感兴趣，才聚集到这类网站之中。他们在这类网站中能够找到更符合他们需求的信息，如相关赛事的信息、专业的赛事评论、体育运动场地和产品、拥有共同爱好的网友，对于某项体育运动的需求可以在这类网站中得到满足。因此，用户在此不仅能获得关于体育赛事的更具专业性的信息，还可以找到很多拥有共同爱好的网友，由此可能发展为网络体育社会组织，进而开展一些线下体育互动；同时，这些网站中有相关的商品推荐和教学类视频，对想在这类领域提高自己成绩的网民能提供一定的帮助。

专业体育网站中的体育社交，往往围绕着某个具体的体育运动项目，比如篮球社区、羽毛球社区等。这些网站只关注该领域的体育赛事，网站的用户有共同的体育爱好。体育运动赛事的信息会发布在网站中，与这个运动相关的其他信息也会发布在网站中，比如该领域的著名运动员、该领域的体育运动技巧、相关体育设备的购买等等。用户在网站中主要围绕该领域的赛事或者人物、运动本身进行交流。

拓展阅读

虎扑网

虎扑网于2004年1月诞生于芝加哥，其前身是虎扑篮球论坛（Hoop China）。创始人程杭和几名体育迷利用业余时间管理网站，旨在为中国篮球迷提供一个网上家园。在虎扑前身阶段，程杭团队专门提供NBA咨询报道，受到不少国内球迷的关注。2007年，程杭团队在上海成立上海雷傲普文化传播有限公司，在中国正式运营虎扑网，并创建足球、F1和网球、娱乐等频道。2012—2014年，虎扑体育的手机客户端上线，虎扑开始发展体育营销事业，签约体育明星打造大型体育赛事。发展至今，虎扑网已成为国内最大的篮球运动网站，并且已经向电竞、足球和羽毛球领域发展。与其他体育网站最大的区别在于，虎扑网是将新闻报道与论坛讨论相结合的产物，而其他体育网站只单纯地传播新闻资讯。

三、体育运动 App 中的体育社交

社交网络中的体育元素和专业体育网站所传递的体育信息主要是正规的体育赛事信息。在这些赛事中，普通网民都只是体育赛事信息的接收者和评论者，而不是体育赛事信息的参与者——除非是参与体育赛事的运动员，但他们只是庞大网民中

的极少数。体育运动 App 中的体育社交的体育元素都是网民自己参与实践的体育运动，是与社交网络中的网民最为接近的体育运动。体育运动 App 是指与体育运动相关的移动设备软件，从功能上可分为运动健身 App、健康管理 App、塑形瘦身 App。体育运动 App 的快速发展主要得益于宏观政策、网络技术和民众健身意识等因素。经过近几年的发展，体育运动 App 的功能从最初的轨迹、步数等数据的采集及初步分析，发展到智能装备的联动运行，再发展到 O2O 垂直媒体、多维运动信息拓展以及不断丰富的社交功能。以苹果手机应用商店为例，截至 2016 年 10 月，在苹果手机应用商店中上架的体育运动 App 多达 4.3 万个，且这一数据仍在每日递增[①]。体育运动 App 正逐渐改变人们的体育运动行为方式，即从单纯的个体运动发展成“运动＋社交”的多向度体育运动。

体育运动 App 中的体育社交是完全基于网民亲身实践的体育运动进行的体育社交。这类体育社交具有以下特点：

第一，社交体育元素的参与性。体育运动 App 里的社交体育元素，几乎都是网民在使用该体育运动 App 记录自己的运动之后，上传到社交网络中的。在互联网语境中，“晒文化”极为盛行，人们将与自己相关的旅游、美食、阅读活动以文字、图片或视频等方式“晒”到社交网络中，体育运动亦是如此。相比非亲身参加的运动，人们更愿意将自己参加过的体育运动相关信息上传到社交网络中。并且，在大多数体育运动 App 中，当用户使用该 App 运动完之后，App 界面会自动弹出相关的选项，询问用户是否要将运动记录分享到社交网络中。可见，体育运动 App 鼓励用户将这些信息上传到社交网络中，分享体育运动的快乐。有些体育运动 App 本身就有社交空间，所有用户都可将运动记录传至该平台。

第二，社交体育元素的比较性。用户开启体育运动 App 进行运动后形成的运动数据会不断累积，并在每个用户的社交网络中进行排名，用户能够清晰地看见自己在排名中的位置情况。从大众心理看，大多数用户希望看到自己的排名尽量靠前，这便会激发用户参与体育运动的积极性。体育运动 App 将运动记录排名迎合了人们对于自己在意的事物争强好胜的心理，进而激发了用户使用体育运动 App 进行体育锻炼的积极性。

第三，社交体育元素的专业性。在体育运动 App 中记录的内容是用户的真实运动数据，这类数据相对而言更为专业，因为这类数据在传统的体育运动中是较难获得的，尤其是如此精准的数据。并且，这些数据记录对于用户自身而言具有自我比较的功能，有助于强化用户自身的体育运动习惯。同类体育运动 App 用户能看懂专业数据，其他人则对这类体育元素并不一定有所了解。

第四，社交体育元素互动的频繁性。在体育健身意识的影响下，尤其是当健身与个人自律产生联系时，体育运动元素逐渐成为社交网络中的新宠儿。用户会在社

---

① 蔡卫清．体育运动 App 对全民健身活动的影响研究．青海师范大学学报（自然科学版），2016，32（4）．

交网络中对体育运动记录等信息积极地点赞和评论，这有利于激发网民通过实际的体育参与活动来与他人互动，进而在社交网络中形成良好的体育运动氛围。在体育运动 App 的社交平台中，用户如果长时间不在 App 内参与体育运动，就很难得到群体认可。由此，这类活跃的体育运动社交平台的监督有助于用户积极参与体育运动。

综上，网络体育社交的三种类型的网络空间各有特点，相互之间也有联系。社交网络中的体育元素种类丰富，主要是大型体育赛事信息的传播空间和个人体育运动记录的发布空间，人们就各类体育信息互动交流，营造了浓厚的体育氛围。专业体育网站只发布与主营体育项目有关的信息，精准地为体育迷们提供其想了解的体育信息，体育迷们在这类网络空间的交流互动中更能找到认同感。体育运动 App 是用户自身参与体育运动实践的网络应用软件，用户使用 App 运动完之后可以将运动记录发布到社交网络或者 App 内的社交空间中，有助于提高用户的体育锻炼积极性。一般而言，专业体育网站和体育运动 App 都有与社交网络链接的功能，用户可将这两个网络空间中的信息直接通过链接发布到社交网络中，以丰富社交网络中的体育元素。

网络体育社交的意义在于营造网络体育社区，线上体育运动和网络体育社会组织是网络体育社交的重要元素，网络体育社交是线上体育运动和网络体育社会组织的重要活动空间。用户在网络体育社交中可以发现有共同体育爱好的群体并加入其中，这类群体就共同体育爱好进行持续的互动交流，甚至组织开展线下体育活动，进而强化体育认同，营造体育运动氛围。

复习思考题

1. 线上体育运动发展的条件和特征是什么？
2. 网络体育社会组织的特点是什么？
3. 网络体育社会组织发展的制约因素是什么？
4. 不同网络体育社交的区别和联系是什么？

推荐阅读书目

1. 郭玉锦，王欢．网络社会学．北京：中国人民大学出版社，2017.
2. 卡斯特．网络社会的崛起．北京：社会科学文献出版社，2006.
3. 戴俊．体育社会学．南京：南京大学出版社，2017.
4. 张伟，刘媛媛．网络体育新闻传播概论．广州：暨南大学出版社，2017.

第十章
群众体育和社会治理

本章要点

- 在广义上，群众体育包含了社会体育、学校体育和军队体育，它同竞技体育一起构成了我国体育事业的整体，这一层次上的概念使用多见于我国体育管理部门。但在狭义上，虽然群众体育同社会体育一样，将活动参与对象局限于城乡居民，强调了体育活动中的健身、娱乐等要素和活动的丰富多样性，但它除这些之外更强调了民众在参与体育活动时的“余暇性”“自愿性”和“社交性”。由此，我们可将“群众体育”定义为：社会各个阶层、职业和年龄的民众在余暇时间自愿参加的，以健身、健美、医疗、消遣、娱乐和社交为目的的，在公共空间所进行的内容广泛、形式多样且组织灵活的体育活动。
- 群众体育同竞技体育一样，也具有一定的政治、经济功能，但除此之外，在现有的关于群众体育的热点研究中，其所具有的文化和社会功能则更为显著。
- 本章以社会治理转型、社会自治背景下对国家治理模式创新的呼吁为背景，对群众体育的历史发展脉络加以梳理，着重分析群众体育在社会治理中发挥的功能，通过围绕群众体育发展和社区治理等进行展示与分析，展望群众体育给社会治理带来的新的可能性和在新时代的历史背景下的光明前景。

关键概念

群众体育、社会功能、社会治理转型、源头治理

改革开放以来，我国社会发生了史无前例的巨大变迁，社会、经济、文化等各个领域都随着时代的大潮滚滚向前，无时无刻不在发生着规模庞大、程度深刻的转型。在众多转型中，社会治理模式的转型和社会自治的趋势逐渐明晰，从而对国家治理模式创新提出了更高要求。从整体上看，新型治理模式的构建是一项系统全面的复杂工程，需要多维度、多方面地进行治理创新及相关理论建构。从具体学科层

面来讲，则更需要考虑的是依据客观现实，推动具体问题的创新实践，进而实现理论创新与理论自觉。

从体育社会学的视野出发，群众体育可以成为新时代国家治理创新的有效路径之一。在历史的时间轴上，100多年前，群众体育的前身社会体育便已出现，并在协调社会关系、加强社会团结等方面发挥了重要作用。百年岁月，沧海桑田，在不同时代、不同背景、不同社会结构中，群众体育始终在社会治理中扮演着极为重要的角色，发挥着无可替代的重要功能。基于理论演绎和实践经验，我们完全可以做出这样一个判断，当前社会治理对群众体育提出了新的更高要求，群众体育也将在源头治理逻辑的指导下，在社会治理中起到更为重要的作用。但落于具体实践，在新时代历史背景下，群众体育该如何确定其角色，把握历史发展脉络，充分发挥作用与功能呢？这便是当前体育社会学亟须探究和回答的问题。

第一节　群众体育概述

本节主要对群众体育的基本概念、特征、分类以及我国群众体育的发展历程进行介绍，使读者对群众体育形成直观印象和初步了解。

一、群众体育的概念与特征

我国当前的体育工作和体育实践活动经常会将“社会体育”和“群众体育”两个概念混杂使用。譬如，《辞海》认为，“社会体育”亦称“群众体育”“大众体育”，是体育的重要组成部分，是根据国家的体育方针和社会的需要，依据参加者的实际情况，通过多种多样的形式进行的身体锻炼活动，旨在使广大职工、城镇居民、农民等通过锻炼达到健身、健心、健美、娱乐、保健和医疗康复的目的。在我国的一些政策性文件中则经常出现两个概念的交替使用，如《中华人民共和国体育法》中用社会体育概括除学校体育和竞技体育以外的体育现象，而在2002年发布的《中共中央国务院关于进一步加强和改进新时期体育工作的意见》中，则用群众体育来概括除学校体育和竞技体育以外的体育活动。虽然笼统地从字面意思来理解，这两个概念所指的对象和所包含的内容大致相似，但如果严格来看，就不能将它们简单地归为同一概念，而是应该明晰其各自不同的内涵。

根据资料记载，“社会体育”一词最早在1918年我国北洋政府时期开始出现并被广泛应用于体育范畴，当时将其定位为：“社会体育者，指学校、军队以外一般社会之运动而言，期以锻炼身心，养成坚实之国民也。”[①] 在1995年颁布的《中华

① 国家体委体育文史工作委员会，全国体总文史资料编审委员会．中国近代体育议决案选编．北京：人民体育出版社，1991：7.

人民共和国体育法》中，“社会体育”的地位被以法律的形式确定下来，这使得“社会体育”在学界研究中掀起一轮高潮。在2000年出版的《体育大辞典》中，社会体育被正式定义为“是指厂矿、企业、事业、机关的职工，城镇居民与农民，为达到健身、健心、健美、娱乐、医疗等目的而进行的内容丰富、形式多样的身体锻炼活动”。与此相似，该领域的学者们也均对社会体育下过类似定义，如在20世纪80年代初体育社会学被引入我国后所出版的较有代表性的教材《体育社会学》中，卢元镇将社会体育定义为“指职工、农民和街道居民自愿参加的，以增进身心健康为主要目的的，内容丰富、形式灵活的群众体育活动”[①]。熊斗寅在《比较体育》中将社会体育定义为“是指社会各种不同类型的人在学龄前或学龄后，以促进生长发育、增进健康、增强体质、保持旺盛精力、延缓衰老、满足生活需要和提高生活质量为目的的各种体育活动”[②]。综上，我们可以先从以下几个方面来理解社会体育的内涵：首先，社会体育强调的是在学校、军队以外开展的体育活动，参与体育活动的对象多特指城乡居民；其次，社会体育强调体育活动中的健身、娱乐等要素；最后，社会体育强调活动方式的多样性和灵活性。

“群众体育”在我国最早见于1929年，张汇兰在《女子体育普及之我见》一文中提出，“提倡群众体育，反对牺牲群众，专注重选手运动的体育”。当前这一概念已经成为在我国民众的现实生活中，尤其是政府的一些重大法规和文件中经常使用的概念。如《中华人民共和国宪法》第二十一条规定“国家发展体育事业，开展群众性的体育活动，增强人民体质”，国家体育总局所下发的各类文件法规和通知如《2001—2010年体育改革与发展纲要》《体育事业“十一五”规划》《体育事业发展“十二五”规划》《体育发展“十三五”规划》《全民健身条例》《全民健身计划(2021—2025年)》《“健康中国2030”规划纲要》等中均多次提及“群众体育”。在学界，学者们同样对“群众体育”的概念进行了界定。袁旦认为，群众体育有广义和狭义之分，“广义的群众体育在本质上指，社会成员在余暇时间中广泛开展的，以身体运动为主要手段，以提高健康水平、进行娱乐消遣为主要目的，在身心健全发展的阶梯上不断超越自我，促进社会物质、精神文明进步的大规模社会实践活动。狭义的群众体育则是指除在学校和武装力量（军、警部队）中开展的体育之外，在社会一切其他行业或活动领域的人们在余暇时间开展的体育”[③]。1990年出版的《群众体育学》中将群众体育定义为“指人民大众为达到健身、健美、医疗和消遣娱乐等目的而进行的内容广泛、形式多样的体育活动，以及其组织领导系统和措施”[④]。卢元镇在2011年出版的《社会体育导论》中认为，群众体育是指“人民大众在余暇时自愿参加的，以健身、健美、医疗、消遣、娱乐和社交为目的的内容

① 卢元镇．体育社会学．北京：高等教育出版社，2002：204.

② 熊斗寅．比较体育．北京：人民体育出版社，1990：176.

③ 中国群众体育现状调查课题组．中国群众体育现状调查与研究．北京：北京体育大学出版社，1998：125.

④ 全国体育学院教材委员会．群众体育学．北京：人民体育出版社，1990：8.

广泛、形式多样的体育活动”[①]。

综上可以明显看出，在广义上，群众体育包含了社会体育、学校体育和军队体育，它同竞技体育一起构成了我国体育事业的整体，这一层次上的概念使用多见于我国体育管理部门。在狭义上，虽然群众体育同社会体育一样，将活动参与对象局限于城乡居民，强调了体育活动中的健身、娱乐等要素和活动的丰富多样性，但它除这些之外更强调了民众在参与体育活动时的“余暇性”“自愿性”和“社交性”。基于以上梳理，我们将“群众体育”定义为：社会各个阶层、职业和年龄的民众在余暇时间自愿参加的，以健身、健美、医疗、消遣、娱乐和社交为目的的，在公共空间所进行的内容广泛、形式多样且组织灵活的体育活动。

二、群众体育的分类

群众体育因参与人数之广、形式之多、影响之大而始终在体育社会学研究中占有重要地位。为便于研究需要，使研究更加专门化，增强研究的实际应用价值，研究者们通常会根据群众体育参与人员的人口特质和群体构成的原则、方式等对群众体育进行分类。

（一）按照参与人员的人口特质分类

1. 儿童青少年体育

儿童青少年体育是以生理年龄处于儿童期（6～12 岁）和少年期（13～17 岁）的人为主要对象的群众体育研究类别。针对这一群体的相关研究多关注群体体育活动对参与者的生理、心理成长和社会适应融入等方面的影响，或以此为基础对活动项目、管理方式、存在的问题等进行进一步深入研究并提出解决对策。“少年强则国强”，儿童青少年体育不仅仅是提高儿童和青少年的个人身体素质和心理健康水平的重要干预方式，更是推动各年龄阶段的人群参与体育并形成终身体育的基础，还是因在很大程度上影响国家人力资本质量而关乎国家未来经济、政治、文化实力和可持续发展的重要因素。此外，因该群体本身所具有的年龄基础性特质，儿童青少年体育研究也具有联系和协调学校体育、群众体育和竞技体育发展的重要作用。

2. 中老年人体育

从我国 2000 年第五次全国人口普查的结果来看，在 2000 年时，我国 60 岁及以上人口数为 1.3 亿，占人口总数的 10.2%，65 岁及以上人口数为 8 811 万，占人口总数的 6.96%。也就是说，按照国际通行的标准[②]来看，我国自 2000 年起便已

---

① 卢元镇 . 社会体育导论 . 2 版 . 北京：高等教育出版社，2011：2.

② 国际上的通常看法是，当一个国家或地区 60 岁及以上老年人口占人口总数的 10%，或 65 岁及以上老年人口占人口总数的 7%时，即意味着这个国家或地区进入老龄化社会。

经开始逐渐步入“老龄化社会”。进入老龄化社会意味着一个社会的人口结构正在发生重大改变，人口红利正在逐渐消失，这种趋势势必对社会经济产生深远影响。而步入中老年的人群一方面必须承担更大的生活、工作压力，另一方面则面临个人由身体各方面功能衰退、力不从心所导致的心理压力增大的窘境。在这种情况下，研究中老年人体育的组织、开展和管理，将能够更好地促进中老年人的身心健康，对缓解可能出现的社会问题、维护社会秩序稳定具有重要作用。

3. 妇女体育

在原始社会，因女性在人口生产和物质生产中起主导作用而形成了以女性为中心的“母系社会”。但随着以农业文明为基础的私有制社会出现，女性因在体力方面处于弱势和需要承担生育负担而逐渐丧失平等的政治、经济地位，其参与体育运动的权利也随之被剥夺，追求女性温柔典雅的社会风尚使得参与体育运动的妇女被视为异类。直到18世纪末女性解放运动兴起，这种情况才得以改善。此后便有越来越多的学者或相关工作人员基于妇女的生理特点与男性的明显区别，针对妇女体育参与的可能性、必要性、特征、意义、功能和价值，以及所参与项目的设置、影响等展开研究。妇女体育的兴起，不仅仅标志着女性解放运动进入新的阶段，更促进了女性的身体和心理得到解放，推动了社会公平的实现。

4. 残疾人体育

残疾人是社会成员中的一个特殊的群体，也是社会的重要组成部分。这类研究的对象主要是在生理、心理、人体结构等方面，某种组织功能丧失或不正常，并因此全部或部分丧失正常地从事某种活动的能力的人。因其参与群体所具有的特殊性，此类群体的体育活动相较身心健全者的而言更具有针对性、特殊性和指导性，活动举办时需要更具人文关怀，更注重安全保障工作。发展针对残疾人的群体性体育活动，有助于促进残疾人的身心健康，培养和锻炼其意志品质，提高其生活自理能力和社会适应能力。

（二）按照群体构成的原则、方式分类

1. 初级群体和次级群体

这一划分标准主要根据参与成员之间互动的亲密程度。初级群体又称为直接群体、基本群体或首属群体，指的是成员依靠血缘或地缘等组织起来、彼此之间相互熟悉和了解的社会群体。典型的初级群体有家庭、亲属、朋友和邻里。因此，针对这一群体所展开的群众体育研究主要集中于朋友、邻里、街道或者村镇中的共同体育项目爱好者群体，包括广场舞群体、太极拳群体、轮滑群体等等。所谓次级群体，又被称为间接群体或者次属群体，指的是成员之间为了某种特定的目标集合在一起，通过明确的规章制度、结构等结成正规关系的社会群体。在这类群体中，成员间初始的感情交流较少，主要依据既定的角色或特定的体育目的而专门组织起来，如单位余暇时间组织的足球队，或学校在课余时间为丰富学生的生活组织活动

而衍生出的文体代表队，等等。

2. 正式群体和非正式群体

根据体育参与群体构成的原则、正规化程度和群体间的互动方式等，还可以划分出正式群体和非正式群体。正式群体遵循特定的组织程序，正规化程度高，成员之间的权利、义务及角色等都有较为明确的安排，互动也主要采取制度化、规范化的方式，并且一般已得到社会的明确承认。如社区中正式注册的体育活动社会组织或学校、企业中专门用于参与比赛的业余运动队等。非正式群体则是在体育活动中自然而然形成的群体，这种群体没有明确的组织规定，正规化程度低，成员之间的互动较为随意，但在经常性的自由交往中也形成了群体内部不言而喻的组织规范和角色期望。这类组织常以人们的爱好、兴趣和感情等为出发点。大多不受地域、血缘等限制所形成的各种健身娱乐群体属于这一类研究的主要对象。

（三）按照群众体育组织分类

1. 社区体育

1997 年 4 月 2 日，由国家体委、国家教委、民政部、建设部和文化部联合下发的《关于加强城市社区体育工作的意见》中将我国的城市社区体育（简称社区体育）界定为："主要是在街道办事处的辖区内，以自然环境和体育设施为物质基础，以全体社区成员为主要对象，以满足社区成员的体育需求，增进社区成员的身心健康为主要目的，就地就近开展的区域性的群众体育。"社区体育的基本特征包括：（1）活动场所主要以"就近"为主，多集中在社区内部或邻近的公园、空地；（2）活动内容主要以不需要大型器材的简易活动为主，如太极拳、舞蹈等；（3）活动参与群体主要为中老年人；（4）活动时间主要在早晨或者傍晚。目前针对社区体育所展开的研究多关注社区体育的功能、现状、发展的制约因素及对策等。

2. 农村体育

与社区体育相对应，农村体育也在我国的群众体育研究中占有重要地位。农村体育主要是指在县及县以下的广大农村开展的，参与对象主要居住在农村或在农村进行锻炼的，以增强体质，丰富社会文化生活，达到健康、健美、医疗、娱乐和休闲等目的的群众体育活动。农村体育的特点主要表现为：（1）活动内容多为传统民俗体育项目或民间体育项目，带有浓厚的乡土气息和文化传承特点，如踩高跷、扭秧歌等；（2）活动参与群体主要为老年人和小孩；（3）活动时间具有时节性，通常会安排在特殊节日和农闲季节。农村体育的研究重点多为活动的传统文化意义和其在现代构建社会主义新农村中的意义，以及相关活动的开展现状、组织管理的困境及未来发展的建议对策，等等。

3. 民族体育

《体育科学词典》中指出，就世界而言，民族体育是指世界各个民族保留的各自的传统体育项目和活动方式，如中国的武术等；就一个国家而言，民族体育多指本国少数民族的体育项目和活动方式。民族体育常带有浓厚的民族文化色彩和特征，反映并承载着一个民族共同的生产、生活历程和民族认同意识。民族体育活动均具有较强的参与性和观赏性。目前国内关于民族体育的研究多集中于对其在传统文化传承和民族文化保存上的价值的探讨。

三、我国群众体育发展历程

从新中国成立时体育运动的百废待兴到如今的体育强国，在半个多世纪的时间里，我国的各项体育事业都经历了飞跃式的成长过程。我国从竞技体育基础差、底子薄跃升至世界金牌大国的行列，群众体育也呈现出蓬勃发展的势头。本章在这一部分主要对我国群众体育的发展历程进行简要梳理。

（一）普及与提高相结合（1949—1959年）

群众体育既是我国体育事业发展的基础，也是我国社会发展的基本内容之一，它对提高国民素质、稳定社会秩序、增强综合国力等都具有重要作用。因此，在新中国成立之始，群众体育就率先成为我国体育事业发展的重心，以及稳定社会秩序和促进国家发展的重要抓点。

1949年，中华全国体育总会筹备委员会成立，时任中央人民政府副主席和中共中央军事委员会副主席朱德同志在筹备大会上致辞，为新中国的群众体育事业的发展奠定了基调。他说：过去的体育，是和广大人民群众脱离的。现在我们的体育事业，一定要为人民服务，要为国防和国民健康的利益服务。① 冯文彬在会议上所做的报告《新民主主义的国民体育》更是明确提出："新民主主义的体育是大众的。体育应当为人民服务，并逐渐使体育成为是人民自己的；要改变少数人的运动成为国民的普及的运动。"② 1952年6月，毛泽东同志为新中国的体育工作题写了"发展体育运动，增强人民体质"12个大字，号召开展经常性、广泛性的群众体育活动，极大地推动了我国群众体育运动的发展。同年11月，中华人民共和国体育运动委员会成立，我国开始有专门的体育事业领导机构。中央体委第一任秘书长荣高棠在《为国民体育运动的普及和经常化而奋斗》中强调："在现有基础上，从实际出发并与实际相结合，使体育运动普及和经常化。积极地'发展体育运动，增强人民体质'，为加强生产建设与国防建设而服务。"③ 这一方针的提出，进一步确立了当时我国群众体育"普及化与经常化"的发展战略。

20世纪50年代，"多快好省"的发展口号响彻全国，在这样的国内形势下，如何多快好省地发展体育运动也成为体育界着重探讨的话题。1958年1月底到3月

---

① 中华全国体育总会筹备委员会秘书处．新民主主义的国民体育：中华全国体育总会筹备会议文献．北京：中华全国体育总会筹备委员会秘书处，1949：1.

② 同①.

③ 荣高棠．为国民体育运动的普及和经常化而奋斗．新华月报，1952（7）.

初，国家体委召开了全国体育工作会议，将讨论成果汇总，制定了体育运动十年发展纲要。在 1958 年 9 月 8 日公布的《关于体育运动十年规划的报告》开篇即提到，要“大力开展群众性的体育运动，在体育运动广泛开展的基础上，加速提高运动技术水平，争取十年或者更短的时间内，在主要运动项目上，赶上和超过世界水平的奋斗目标。要求十年内四千万人达到劳卫制标准，八百万人达到等级运动员标准，出现五千个运动健将，作为第一本帐”。而当时的统计数据也已显示，在全国总人口只有 6 亿到 7 亿时，经常参加体育活动的人数就已有 1 亿多，达到劳卫制标准的也有 267 万多。可以说，在新中国成立后的 10 年里，我国的群众体育发展得到了较好保障，群众体育呈现出较为繁盛的快速发展局面。

（二）在曲折中缓慢前进 （1959—1978 年）

1959—1961 年，我国经历了“三年严重困难”。在民众温饱问题尚不能妥善解决的形势下，群众体育发展所需的物质资源极为匮乏，多数群众丧失了参与体育运动的基本身体条件和其他支持条件，这使得我国群众体育的发展开始陷入滞缓。虽然经过 1961 年和 1962 年两年的调整，并随着国民经济好转，从 1963 年起我国的群众体育事业的恢复被有计划、有步骤地提上发展日程，但 1966 年开始爆发的“文化大革命”，使我国的群众体育遭受到有史以来最为严重的摧残和破坏。在“打倒一切，全面内战”的错误思想蛊惑下，大批从事文体事业的工作人员被冠以“走资派”等罪名，1968 年的“五一二命令”更是彻底否定了新中国成立以来的体育工作，使得当时的体育组织管理体系名存实亡。政局动荡加之“革命”思想蔓延，从 1966 年下半年到 1969 年，除为纪念毛泽东同志畅游长江而举办的游泳活动和“忠字舞”活动外，我国的其他群众体育活动几近消失。直到 1971 年以“乒乓外交”为契机，伴随体育管理机构的逐步恢复，有组织的群众体育活动才开始再露生机。但在“文革”意识形态的影响下，这一时期我国的群众体育运动仍笼罩着浓厚的政治色彩，呈现出“畸形”且缓慢的发展态势。

（三）改革开放大发展 （1978—2008 年）

1976 年 10 月 6 日，江青反革命集团被粉碎，“文化大革命”结束，为恢复社会秩序，维护国家稳定，党和国家在政治、思想和路线方面都开展了拨乱反正、正本清源的工作。1978 年 1 月 22 日至 30 日，新中国成立以来规模最大、代表性最强的一次全国体育工作会议在北京召开，它通过批判“四人帮”错误的体育路线，再次明确了要坚持普及与提高相结合的体育工作指导方针和发展方向，并提出“在本世纪内，一定要努力做到：城乡群众体育大普及，全国人民体质大增强”“在 3 年内，群众体育要开创一个新局面，要有三分之一项目的成绩接近和达到世界先进水平”“在 8 年内，要普及群众体育，大部分运动项目的成绩接近和达到世界先进水平”① 等一系列促进群众体育发展的战略规划和目标。

党的十一届三中全会和改革开放更为我国体育事业的发展带来了新的机遇。伴随国家的社会经济迅猛发展的势头，我国的国际地位和国际影响力日益提高，1979年国际奥委会合法席位的恢复既肯定了我国体育事业发展的成就，也对我国体育事业提出了更大挑战。面对激烈的国际竞技体育竞争，为巩固、提高国际地位，振奋民族精神，保障竞技体育优先发展的“举国体制”应运而生，在其推动下，我国的竞技体育迅速发展。而人民物质生活水平的不断提高和竞技体育成绩的鼓舞在另一方面也带动着我国群众体育的大发展，群众体育发展需求日益高涨。

1995年对我国的竞技体育和群众体育来说都是一个非常重要的年份，这一年所颁布的《奥运争光计划纲要》《全民健身计划纲要》和《中华人民共和国体育法》，把我国的群众体育和竞技体育发展提升到了国家立法高度，确立了群众体育与竞技体育协同发展的新战略。2001年7月13日，北京获得第29届奥运会主办权，全国人民为之欢欣鼓舞，极大地激发了我国民众参与体育活动的热情。在中央提出全面建设小康社会的奋斗目标之后，国家体育总局于2004年适时提出了“生活奔小康，身体要健康”的口号。随着2008年奥运会的临近，国家体育总局进一步提出了“全民健身与奥运同行”的号召，群众体育热情不断升温，我国各地都掀起了“全民健身、喜迎奥运”的热潮。总而言之，虽然经历了以竞技体育为优先的不平衡发展阶段，但这一时期我国的群众体育仍然呈现出了大发展、大繁荣的局面。

（四）奥运会后的璀璨时期（2008年至今）

2008年北京奥运会的成功举办对我国的体育事业发展来说具有里程碑式的意义，它既是我国竞技体育发展的一个巅峰，也是群众体育发展的一个高峰，更是二者协调发展的典范。北京奥运会的举办既为我国的广大人民群众带来了体育知识的普及和相关技术的推广，也提供了大量硬件设施保障，建立健全了相应的配套服务体系，更进一步强化了人们的健康意识和体育参与意识，极大地推动了我国的群众体育事业的发展。

在这一背景下，为了更好地促进全民健身活动的开展，保障公民在全民健身活动中的合法权益，提高公民的身体素质，我国国务院于2009年颁布了《全民健身条例》，对后奥运时代的群众体育工作做出了明确指导，并根据条例要求，在2011年印发了《全民健身计划（2011—2015年）》。2015年，为客观评估《全民健身计划（2011—2015年）》的实施效果，科学制定《全民健身计划（2016—2020年）》，国家体育总局委托国家体育总局体育科学研究所、国家国民体质监测中心，对我国城乡居民在2014年参加体育健身活动的状况进行了调查。据此次调查而公布的《2014年全民健身活动状况调查公报》显示，“2014年全国共有4.1亿20岁及以上城乡居民参加过体育锻炼，比2007年增加0.7亿人”，“2014年全国经常参加体育

① 国家体委政策研究室．体育运动文件选编：1949—1981．北京：人民体育出版社，1982：126－127.

锻炼的人数百分比为 33.9%（含儿童青少年），比 2007 年增加了 5.7 个百分点”，并且“与 2007 年相比，采用‘健身走’和‘广场舞’进行锻炼的人数百分比增加最多，分别提高了 12.8%和 3.9%”①。在此基础上，2016 年国务院印发了《全民健身计划（2016—2020 年）》，进一步对我国群众体育发展提出了更高要求，将新的发展目标定为：“到 2020 年，群众体育健身意识普遍增强，参加体育锻炼的人数明显增加，每周参加 1 次及以上体育锻炼的人数达到 7 亿，经常参加体育锻炼的人数达到 4.35 亿，群众身体素质稳步增强。”② 而随后出台的《“健康中国 2030”规划纲要》等一系列政策文件和现实发展情况则都标志着我国的群众体育发展已进入最璀璨的时期。

2021 年 8 月，国务院出台《全民健身计划（2021—2025 年）》，提出：到 2025 年，全民健身公共服务体系更加完善，人民群众体育健身更加便利，健身热情进一步提高，各运动项目参与人数持续提升，经常参加体育锻炼人数比例达到 38.5%，县（市、区）、乡镇（街道）、行政村（社区）三级公共健身设施和社区 15 分钟健身圈实现全覆盖，每千人拥有社会体育指导员 2.16 名，带动全国体育产业总规模达到 5 万亿元。

第二节　群众体育的社会功能

体育活动本身蕴含着积极进取、规则至上、和谐包容、团结合作等精神，因而丰富多彩的群众体育活动不仅仅能够培养人们超越自我、勇往直前的人生态度，更能够通过搭建沟通平台消除人们因陌生而产生的偏见和歧视，使其互相尊重，树立起崇尚公平正义的价值理念；人们在参与活动的过程中对秩序、规则的自觉遵守和自发的团结合作，也同样能够有效地增强人与人、人与组织之间的认同感、归属感，促进家庭和美、邻里和睦、社会和谐，这反过来也使得文体活动成为传递友谊、促进和谐共生的桥梁和纽带。换言之，群众体育同竞技体育一样，也具有一定的政治、经济功能，但除此之外，在现有的关于群众体育的热点研究中，其所具有的文化和社会功能则更为显著。

本节将基于现有经验研究，对群众体育所展现出的政治经济功能、社会化功能、文化传承功能和社会融合功能等进行详细介绍，让读者形成更直观的认识。

一、政治经济功能

（一）国外相关研究

在政治方面，随着物质生活水平的不断提高，人们的生活需求早已不限于衣食

① 国家体育总局．2014 年全民健身活动状况调查公报．［2021－10－10］．http：//www.sport.gov.cn/n316/n340/c212777/content.html.

② 国务院．全民健身计划（2016—2020 年）.（2016－06－23）［2021－10－10］．http：//www.gov.cn/zhengce/content/2016-06/23/content_5084564.htm?trs=1.

的满足，而更注重生活品质的提高和精神文化需求的满足。鉴于此，各国政府的治国政策也便不限于为满足国民的基本物质生活需求提供保障，而更注重从国家层面为国民生活品质的提高和精神生活的满足提供保证。斯图伊（Mirjam Stuij）和斯托克维斯（Ruud Stokvis）针对荷兰的研究表明，在荷兰最新的政策文件中，体育活动已经成为政府制定健康社会政策、保障健康社会建立的一个重要部分[①]。斯科尔（Eivind Å. Skille）在研究挪威的社会政策时也提到，体育活动的价值越来越为挪威的官方文件所强调，政府显然认为在社区治理中可以从发挥体育的社会价值中获益[②]。此外，国家政策的合法性和效用不仅仅依赖于公民和社会稳定与发展的需求，更依赖于公众对其的接受、认同和遵循。因此，在对美国、英国和法国等的政策研究中，我们也可以看到，各国学界和政府均因文体活动所具有的重要价值和影响力，而不仅使其成为影响制定治国安邦、建立良性社会运行机制的国家政策的一项重要内容，也同样使其成为向民众传递国家政治理念的一个重要途径。[③]

在经济方面，国外众多学者的研究表明，由于体育活动，特别是群众体育活动的开展需要大量必需的设施和装备等，因而体育活动的发展与繁荣便也带动了相关产业的发展。此外，大型体育赛事和有特色的体育项目等也为各国的旅游产业发展注入了动力，进而为国家的整体经济发展创造了巨大的价值[④]。而除了对个别国家的专门讨论外，在全球化背景下，相关学者也越来越多地将目光投向了体育活动，特别是主流体育赛事和项目等在推进全球政治经济文化相融合和世界和平方面的作用[⑤]。正如成中英（Wolfram Manzenreiter）在其综述性的研究的开篇所提到的一样，“体育已可被看作在旧世界最成功的出口产品之一，在过去的几个世纪里，西方文明通过足球、篮球等体育赛事被远销到了世界的其他地区”。

---

① STUIJ M，STOKVIS R. Sport，health and the genesis of a physical activity policy in the Netherland. International journal of sport policy and politics，2015，7（2）.

② SKILLE E Å. State sport policy and voluntary sport clubs：the case of the Norwegian sport city programas social policy. European sport management quarterly，2009，9（1）.

③ MOVEN A J，BAKER B L. Park，recreation，fitness，and sport sector recommendations for a more physically active America：a white paper for the United States national physical activity plan. Journal of physical activity & health，2009，6. HARRIS S，MORI K，COLLINS M. Great expectations：voluntary sports clubs and their role in delivering national policy for English sport. Voluntas：international journal of voluntary and nonprofit organizations，2009，20（4）. WIPF E，OHL F，GROENEVELD M. Managing natural locations for outdoor recreation. Public management review，2009，11（4）.

④ PARK J K. Sport industry and Korean economy. Japan journal of sport sociology，1999，7. HAUTBOIS C，DURAND C. Sport tourism and local economic development：the importance of an initial diagnosis of supplier's geographical concentration：a case study of France. Journal of sport & tourism，2003，8（4）. SUGDEN J. Running Havana：observations on the political economy of sport tourism in Cuba. Leisure studies，2007，26（2）.

⑤ BEACOM A. Sport for development and peace：a critical sociology. Sport in society，2014，17（2）. MANZENREITER W. Assessing the sociology of sport：on culture and political economy. International review for the sociology of sport，2015，50（4－5）.

（二）国内相关研究

从国内来看，近年来诸如《体育发展“十三五”规划》《全民健身条例》《全民健身计划（2021—2025年）》《“健康中国2030”规划纲要》以及《关于加快发展健身休闲产业的指导意见》等纲领性的文件的印发，都不仅充分说明了党和国家对发展体育休闲事业、推动全民健身与全民健康深度融合的高度重视，也体现了群众体育在国家政策制定中的重要地位。习近平总书记在2013年会见全国体育先进单位和个人代表时已明确指出，体育是社会发展和人类进步的重要标志，是综合国力和社会文明程度的重要体现。体育在提高人民身体素质和健康水平，促进人的全面发展，丰富人民精神文化生活，推动经济社会发展，激励全国各族人民弘扬追求卓越、突破自我的精神方面，有着不可替代的重要作用。而国内相关研究也证明，政治通过自身的作用“场”，运用群体性体育活动这一特殊手段，能够在活动中利用体育活动的内在精神，潜移默化地灌输特定的政治价值观，引导人们的社会道德和行为，改变人们的生活方式，使社会得以有序且充满活力地向前发展①。

在国内体育经济方面，2018年8月2日国家体育总局在京发布的《中国群众体育发展报告（2018）》显示，截至2017年年底，我国体育场地已超过195.7万个，人均体育场地面积达到1.66平方米；全国各市、县、街道（乡镇）、社区（行政村）已经普遍建有体育场地，配有体育健身设施；全民健身点平均已达到每万人3个；经过培训的社会体育指导员超过200万人②。此外，在2018年8月2日就扩大消费有关工作情况举行的新闻发布会中，国家发改委社会司司长欧晓理也称，2018年我国体育产业持续高速发展，已经成为经济发展的新风口。体育产业对于促进消费、拉动并稳定经济增长的作用不容忽视。

（三）小结

综合国内外的已有经验研究和相关数据，我们可以对群众体育活动所具有的政治经济功能做出如下总结：

在政治方面，群众体育相较于竞技体育而言，其政治功能主要表现为但不限于对内的社会政策制定、城市规划建设和民众思想及行为引导等方面，具体包括：第一，影响国家社会政策制定的内容和导向。国家政策的合法性和效用依赖于公众和社会稳定与发展的需要，以及公众对其的认同和遵循，因此，随着人们在物质生活需求满足后越来越重视身心健康程度和生活品质的提高，以及精神文化需求的满足，国家势必需要及时制定相关政策对之进行规划和保障，以确保社会良性、有序

① 潘绍伟．揭开历史迷障 开拓体育前程：体育与政治关系综述．体育学刊，2001（4）．刘桂海．体育的内在政治向度．体育与科学，2013，34（1）．

② 刘国永，戴健，曹可强，等．中国群众体育发展报告（2018）．北京：社会科学文献出版社，2018：84.

运行。第二，影响城市建设规划和公共空间的管理使用。一方面，地方政府需要修建并维护可供民众日常健身、休闲使用的运动场地和设施，以便满足人民日益增长的美好生活需要；另一方面，地方政府也可以通过管理公共场地和运动空间，使一般民众可以自由而安全地进行健身锻炼，尽可能地消除民众间由场地使用、运动噪声等导致的冲突，维护社会秩序稳定。第三，传递国家政治理念，引导民众思想。群众体育活动内在的群体性、规则性、公平公正性特质以及团结合作等体育精神都对规范民众的思想、行为等具有潜移默化的引导作用，国家如能适当利用群众体育的政治功能，则可以在日常生活中加强民众对政治事务的关注，引领并优化民众的思想、行为和生活方式，以使国家政治理念能够渗透进基层民众群体，实现社会的长治久安。

在经济方面，群众体育所具有的经济功能主要表现在两个方面，一是增加地方及中央政府的财政收入，二是拉动居民消费增长。通过发展群众体育，如马拉松等大型活动的举办或便于居民日常健身的公园的建设，不仅仅能够促进地方城市规划建设逐步完善，更能够通过吸引外来参与者或游客来拉动住宿、餐饮、旅游等行业发展。此外，随着体育产业的兴起和繁荣，体育产业日益增加的产值也将增加地方及中央政府相关财政收入。而居民因个人及家庭健康需要所进行的运动装备、器材购买活动和参加健身项目及其学习活动所投入的经费等，都将成为拉动居民消费的重要驱动力。

二、社会化功能

社会化过程贯穿每一个社会个体生命的始终，个体在社会化过程中学习和掌握社会规范，习得社会行为方式，塑造人格特征，进而得以适应社会并作用于社会。整个社会化的过程是人与社会相互作用的结果，因而无论是在个体社会化，还是再社会化，乃至逆社会化过程中，个体与群体的接触及其群体融入等都势必对个体产生极为重要的影响。

《韦氏词典》对体育的定义是："体育是整个教育的一个方面，它采用运动活动和有关经验，从心理上、体力上、道德上、精神上和社会上来使个人充分发展，使其成为国家和世界上的一个有用的公民。"《韦氏词典》对体育的解释直接说明了体育的社会化内涵，换言之，体育的社会化功能即指通过体育参与培养人的个性和与人交往的能力，使其获得对社会角色的认知，习得并内化社会规范。群众体育所具有的群体性本质使得体育的社会化功能更为显著和重要。

（一）青少年社会化研究

从已有研究来看，儿童和青少年时期是个体习得社会语言、行为方式、生活技能，内化社会价值规范，形成独特人格的最重要时期，因此各国对青少年社会化过程始终给予极大的关注。麦克费尔（Ann Macphail）、戈列雷（Trish Gorely）和科克（David Kirk）的研究发现，针对大多数英国人口的调查支持这样一种趋势，即越来越多的孩子在更小的年龄就加入了俱乐部或参与了有组织的文体活动。孩子们选择加入俱乐部或参与以社区为基础、有组织的文体活动的最主要动因是为了好玩和获得快乐，其次是为了锻炼身体，而所获得的这种愉悦感更多地来自与其他人或同伴的竞争与合作，与此同时，整个俱乐部或文体活动也就为孩子和年轻人提供了以完成任务为导向、强调自我完善和掌控的大环境。此外，友谊和伙伴关系也是孩子们参与俱乐部活动乃至更多社会活动的主要原因，孩子们多会因为和他人的伙伴关系而选择参与某项活动，并且这种伙伴关系不仅仅是引发他们参与社会活动的原因，更是维持他们持续参与社会活动的重要因素。① 类似的研究发现在寇特（Cote）等人的相关研究中也有讨论②。

（二）再社会化群体研究

除了探讨有组织的文体活动对孩子和青少年的社会化具有重要影响外，国外相关学者也探讨了其对女性和老年人等的作用。安娜（Cruz-Ferreira Ana）等人通过对比实验研究发现，参与集体性的创意舞蹈等活动在多个方面对促进健康老龄化具有积极影响，它能够使老年妇女获得身体的健康，更能够提高其社会认知能力和技能，从而使其具有较高的生活满意度③。普尔（Poole）通过对 17 名年龄在 50 岁以上的妇女的深度访谈和观察也提出，被访的老年妇女将参与健身项目和体育活动等作为构建亲密关系、获得社区归属感和人际关系满足感的一种重要途径④。此外，格兰特（Grant）等人的研究也表明，参与经常性的和有组织的文体活动不仅能使老年人感到身体更加健康，也能使其通过这种社会性的参与和沟通更好地适应和接受老龄化的过程，而与同龄人的共同活动也在一定程度上减少了其在退休后产生被社会淘汰或跟不上社会发展节奏的失落感，并使其老年生活更加丰富多彩⑤。

综合理论分析和已有经验研究，我们可以对群众体育的社会化功能做一小结。群众体育的社会化功能主要体现在以下几个方面：第一，通过体育锻炼增强个体身体素质，促进个体身体健康。第二，通过群体活动的组织、参与，习得并提升社会认知能力和生活技能。第三，在群体活动中建立伙伴关系，获得社会角色认知，习

---

① MACPHAIL A，GORELY T，KIRK D. Young people's socialization into sport：a case study of an athletics club. Sport，education and society，2010，8（2）.

② COTE J，HAY J. Children's involvement in sport：a developmental perspective. Boston：Psychological Foundations of Sport，2002. GOUDAS M，BIDDLE S，FOX K. Achievement goal orientations and intrinsic motivation in physical fitness testing with children. Pediatric exercise science，1994，6（2）.

③ ANA C-F，et al. Creative dance improves physical fitness and life satisfaction in older women. Research on aging，2015，37（8）.

④ POOLE M. Fit for life：older women's commitment to exercise. Journal of aging and physical activity，2001，9（3）.

⑤ GRANT B C. "You're never too old"：beliefs about physical activity and playing sport in later life. Aging & society，2001，21（6）. CHODZKO-ZAJKO W. Successful ageing in the new millennium：the role of regular physical activity. Quest，2012，52.

得社会行为规范，以更好地融入社会，适应社会生活。

三、文化传承功能

人、文化、体育三者是相互依存、相互作用、相互规定的。就三者的关系而言，人是中心，文化是质的规定，体育则是外在表现方式之一。对于一个社会而言，离开了人，就无所谓存在，更无所谓文化和体育；同样，离开了文化和体育，也就无所谓人与社会的联系和人的发展了。从文体的内在关系来看，体育是文化的重要组成部分。人类在社会发展的历史长河里，创造了内容丰富、博大精深的文化。其中，体育作为与人类文明相伴而生的一种独特文化现象，从一开始就成为人类共有的精神活动和精神产品，成为推动社会发展和人类进步的重要力量。所以，无论是文化还是体育，它们的核心都在于对人的关注，它们都对社会的协调发展和良性运行具有极为重要的意义。

（一）彰显民族文化

一个国家、一个民族、一个社会的文化一旦形成，就总能以其无形的力量渗透于社会的方方面面，并且以不同的形式和渠道发挥其特有的作用和功能。文化所具有的作用和功能体现在对个人的生存方式、社会的运行方式、国家的存在方式的影响上。在当今世界，体育的文化功能在宏观层面主要体现为：对外，它早已超越了运动和竞技的层次，弘扬着民族的精神和国家价值观，体现着国家的软实力，因而其日益受到世界各国的普遍重视，成为评判一个国家和地区的综合实力特别是文化软实力的重要标准①。对内，它不仅仅是民族精神的象征，更是民族精神与国家文化传承的重要载体②。

群众体育的文化传承功能尤为突出和重要。以近年来在国际上最为热门的马拉松运动为例。马拉松原本是一项长跑比赛项目，项目名称和距离的确定都源于公元前 490 年的一场战争，当时波斯人和雅典人在离雅典不远的马拉松海边发生了战争，史称希波战争。公元前 490 年 9 月 12 日，雅典人最终在这场战争中获得反对侵略的胜利，为了让故乡的人早点知道这个好消息，报信者菲迪皮茨不停地快跑，当他跑到雅典时，已上气不接下气，在激动地喊完“欢……乐吧，雅典人，我们……胜利了”后就倒在地上死了。为了纪念这一事件，在 1986 年举行的第一届现代奥林匹克运动会便设立了马拉松赛跑项目，并把当年菲迪皮茨送信所跑的里程——42.193 公里作为赛跑距离。时至今日，虽然绝大多数马拉松运动仍以赛事形象出现并深入人心，但从其参与人数、举办频次和形式以及参与者的日常生活来

① 曾小玲．全球化时代体育文化及其功能在我国的社会化发展．湘南学院学报，2012，33（2）．马少龙，张皓．体育赛事的文化价值与可持续化模式研究．当代体育科技，2015，5（14）．

② 张怀成．民族传统体育文化现代创新传承思考．贵州民族研究，2018，39（2）．龙佩林，范本祁．我国传统体育文化遗产在体育强国建设中的价值及其传承体系构建．四川体育科学，2013，32（6）．

看，这项运动其实早已从一项单纯的竞技赛事变成了一种全民健身的狂欢。而伴随着马拉松热潮的兴起，也有越来越多人开始知晓它由来的那场战役和菲迪皮茨为希望和喜悦坚持不懈奔跑的精神，并将这种承载着希望、坚持不懈努力奔跑的精神文化铭刻于心，实践于行。

（二）传承国内民族文化

我国地域辽阔，民族众多，在长期的历史发展进程中积累了很多承载民族文化和民族精神的群众体育活动。例如为“闹新春”而进行的舞龙、舞狮表演。它起源于三国时期，南北朝时开始流行，至今已有一千多年的历史。在中国的传统文化中，狮子是祥瑞之兽，龙掌管着世间风雨，人们每年在春节通过舞龙舞狮来祈祷吉利和来年的风调雨顺、五谷丰登，并将这种传统文化的象征表达方式和对美好生活的向往代代传递。又如在农历端午节举行的龙舟赛。据传它起源于战国时楚国贤臣屈原含恨投身于汨罗江自杀，楚国人民舍不得他死去，于是有许多人划船追赶拯救，他们争先恐后，追至岳阳洞庭湖时仍不见屈原踪迹；也有一种说法是人们想通过划龙舟驱散江中的鱼，以免它们吃掉屈原的尸体。但无论是哪种传说，都已通过赛龙舟这项群众体育娱乐活动流传了两千多年至今，并将爱国主义精神和集体主义精神蕴含在内，使其通过活动深入人心、代代相传……除这些具有普遍传统文化意义的群众体育活动外，我国还有很多具有少数民族文化色彩的群众性文体活动，如在正月初三至十七[①]，湘西大部分地区的土家族人会通过举行摆手舞活动祈福和禳灾。他们也通过这种动作来源于土家族人的生产劳动、日常生活的舞蹈形式去缅怀祖先、追忆民族迁徙的艰辛、再现田园生活的美好，并将民族的历史和文化以集体舞蹈的形式记载、流传。还有将传统民族文化与现代生产作息相结合的赫哲族“乌日贡”大会。赫哲族世代居住在黑龙江、乌苏里江、松花江三江流域和完达山一带，根据所处环境，他们在漫长的发展中逐渐形成了以狩猎、捕鱼等为辅的生产生活习惯，以及以此为基础的民族体格和文化。但随着时代发展、人口增多和生态文明意识逐渐增强，不加节制的狩猎、捕鱼行为不再被允许，特别是为保持水产品资源的生态平衡，每年黑龙江、乌苏里江、松花江在鱼类繁殖期实行禁止捕捞政策。由此自 1985 年起，赫哲族便在此期间举行承继传统的“温吉尼”[②] 仪式目的的整个民族盛大的文体集会——“乌日贡”大会。这既丰富了人们的余暇生活，也使得本民族传统中的体格能力锻炼和风俗习惯得以保持和传承。

综上，诸如此类承载和传承民族文化精神的群众性文体活动在国内外均数不胜数。

---

① 各地土家族人举行摆手舞活动的时间不尽相同，有的会在二、三月或五、六月进行，称为“三月堂”或“五月堂”，永定土家族人在农历六月初六举行，但此外的大部分地区在正月初三至十七举行，且大多在夜晚举行，短则三天，长则可达七天。

② 在古时候，赫哲族先民为了消灾祈福，祈祷出猎吉祥、狩猎丰收，便会在每年“三月三”和“九月九”举行隆重的萨满鹿神舞，赫哲语称“温吉尼”。

四、社会融合功能

社会融合实质上是社会政策中的一个概念，针对它的研究最早起源于欧洲关于社会排斥的相关研究。但从社会宏观角度来看，社会是如何团结和整合在一起的，这种团结机制是如何形成的、表现为什么样的形式、受到哪些因素的影响和作用，如何趋利避害、巩固团结，则自始至终都是社会学最重要的学科关注所在。

（一）理论研究

从理论研究发展看，经过多年来国内外相关学者的积极探索和努力尝试，对于社会融合（整合）概念的解释和运用已硕果累累，并且逐渐分化出了两种不同的倾向（或者说理论关注方向）：一种倾向主要沿袭了帕森斯的分析视角，将这一概念置于比较宏观的社会理论体系之中，试图从抽象的意义上对其进行解释和运用，这种倾向的代表人物主要有吉登斯和哈贝马斯。另一种倾向相对而言则更加具象化，它基于经验研究视角，用这一概念来分析社会各种群体之间和群体内部的复杂关系及其相互作用和运行模式，这种倾向较多地被应用于多民族国家的和谐、稳定研究。而在对社会群体间和群体内部关系进行分析和研究时，第二种倾向所给出的解释在本质上实际是共通的。即无论是从社会互动论的视角出发，还是基于弗朗西斯·福山（Francis Fukuyama）的社会信任理论，人与人、人与群体、群体与群体之间都只有通过共同的生活以及通过生活中所发生的长期、广泛且持续的互动，才能增强彼此间的了解和信任，进而使其产生共同的价值认同和规范，这种共同的价值认同和规范就是形成自发性社会秩序、达成社会融合的基础。那么，这些理论的实践指导意义就在于启发人们去探索和发现能够创造和维持人与人之间广泛且持续的互动关系的方式。

群众体育活动的种类繁多，以参与的人数和形式划分可以分为个体参与型和群体参与型。相对而言，如果说个体性的参与更有助于个体保持身体健康，释放压力，获得轻松和愉悦之感，那么群体性的参与则更有助于建立个体间的联系，形成群体感，以及个体对群体的归属感。从社会治理的角度而言，有组织的社区内的群众体育活动更有助于帮助社区居民彼此了解和熟知，促进邻里和睦相处，此外还能够借此培养公民意识，培育民间组织，进而形成民众对社会事务的关注和参与热情，集众人之心之力创造和维护整个社会的和谐状态。

（二）国内外相关实证研究

罗伯特·帕特南在其著作《独自打保龄——美国社区的衰落与复兴》中通过实地调查数据探索美国社会变化的趋势和原因，并认为：美国公民对社会事务的参与热情降低、民主投票参与率下降、对公共话题和公益事业等的关注趋于减弱的根本原因在于如今美国人的闲暇生活方式的改变。即，现当代的美国人越来越少地参与群体性的文体活动，更多人宁愿选择独自一人在家或外出活动。在帕特南看来，民众参与群体性的体育活动，丰富其社区生活，实质上也是增加其社会资本的一种方式，而这种人与人之间的社会资本正是保证邻里和睦相处、推动社区前进的主要"润滑剂"。当代美国人闲暇生活方式的改变使得这种社会资本逐渐流逝，进而造成了民主意识和民主社会的消逝。[①] 萨格登（John Sugden）在介绍大量讨论群众体育活动在推进社会和谐进程中的作用的文献后，对南非分裂前后体育等活动所扮演的角色，以及多年来自身所收集的北爱尔兰和以色列基于体育活动的干预措施等进行了研究和分析。他认为，群众体育活动在本质上是中立的，在精心的管理和组织下，它完全是构建社会和谐中的积极力量。因为实践表明，团体性的体育活动具有凝聚人心的作用，而在学校和社区等地推出的群众体育活动具有广泛的参与基础，因而在此过程中通过适当的组织和管理，在运动中渗入社会进步的价值观，有助于解决各种社会和福利问题。此外，在相对中性的设置中，通过所给定的共同目标和共同行为规则等，群众体育活动能够打破种族和国别的障碍，用所有参与者都能够理解的语言建立起他们彼此之间的联系，进而使他们在这种长期的伙伴关系中了解和接受彼此所处的政治和社会环境。[②]

我国目前正处在从传统熟人社会向现代陌生人社会的转型过程之中，现代城市的特点决定了城市内居民在血缘和工作等方面的共性已不复存在。城市因居民在年龄、职业、受教育程度和宗教信仰等方面的不同而人为地形成了一个包含着多样性的共同体。特别是在人口流动性极大的"移民城市"中，人口结构的复杂性和由此形成的差异性与多样性愈加显著；在人口流动性大、相对素质较低且稳定性较差的社区中，人与人之间缺乏基本的信任感，并因此产生疏离感，人们对所生活之处没有认同感和归属感的现象屡见不鲜。但经过对社会发展的实际考察和对已有研究的梳理可以发现，自2008年北京成功举办奥运会以来，伴随着"全民健身"设计和纲要的提出，我国政府和学界越来越多地将解决之道投向群众体育活动，换言之，群众体育活动越来越成为建构力量中的活跃和重要成分[③]。大量研究表明，群众体育活动为人与人的交往提供了平台。在活动中，人们可以通过交流增进对彼此的了解，进而产生相互之间的信任感。此外，基于群众体育活动中畅通的人际交往和社会行为规则内化，群众体育活动也发挥了社会"安全阀"的作用，能够维护社会稳

---

① PATNAM R D. Bowling alone: the collapse and revival of American community. New York: Simon & Schuster, 2000.

② SUGDEN J. Critical left-realism and sport interventions in divided societies. International review for the sociology of sport, 2010, 45 (3).

③ 陈倪垚．浅析群众文化体育对社会管理创新的推动作用：以丽水莲都区"天天乐"文体广场建设为例．丽水学院学报，2013，35（4）．齐书春．和谐社会构建中的城市体育发展研究：以南昌市为例．上海：上海体育学院，2011．赵方珂，李文辉．关于城市体育文化建设的思考．体育文化导刊，2005（7）．

定，促进社会和谐。①

第三节 社会治理转型与群众体育

基于上节对群众体育社会功能的分析，本节将在社会治理转型这一宏观背景下，进一步对群众体育所扮演的重要角色展开论述，明晰群众体育与源头治理的内在关联，并辅以具体案例说明。

一、社会治理与社会治理转型

（一）“社会治理”概念与理论渊源

“社会治理”（social governance）概念起源于20世纪末，全球治理委员会将其界定为：“社会治理是各种公共或私人机构和个人管理其共同事务的诸多方式的总和；社会治理是使相互冲突的或不同的利益得以调和并且采取联合行动的持续的过程。”② 社会治理要素一般包括：治理主体、治理客体、治理手段和治理目标等。治理主体主要有国家和政府，以及各种公共组织如民间组织、非营利组织、行业协会、学术团体等；治理客体主要为各类公共事务和社会现象；治理手段既包括国家机器、法律性强制手段等，也包括各种组织、群体、机构之间的自愿和平等协作；治理目标多为在多元制度框架下综合运用多种方式引导公共事务和活动，最大限度地增进公共福利，使社会良性有序运行。

在西方社会中，早期启蒙思想家倡导的自由、平等、主权等价值观已有“治理”理念的雏形。例如，卢梭（Rousseau）的“社会契约论”强调“天赋人权”和“主权在民”，认为一个理想的社会建立于人与人之间而非人与政府之间的契约关系，一个完美的社会是为人民的“公共意志”所控制的。虽然他没有定义如何达成这个目标，但建议由公民团体组成的代议机构作为立法者，通过讨论来产生公共意志。与卢梭同时期的伏尔泰（Francois-Marie Arouet）、孟德斯鸠（Montesquieu）等人的学说也蕴含对国家与社会的思考，以及对公平、自由和正义的追求，加上后来者对这些学说的完善，它们进而被有选择地吸纳进政治、经济、社会和文化等系统，根据功能的分异，具体化为一系列维持国家运行的制度设计。在我国，治国理政的思想也古已有之。孔子认为：“道之以政，齐之以刑，民免而无耻；道之以德，

① 余卫平．论体育与社区文化的关系．广东培正学院学报，2007（3）．齐书春．和谐社会构建中的城市体育发展研究：以南昌市为例．上海：上海体育学院，2011．冉鹏晖，吴海东，赵渝，等．群众文体活动与社会管理创新：重庆北部新区以群众文体活动为切入点的社会管理路径探索．重庆广播电视大学学报，2014，26（1）．李娇．简论社区体育对建设和谐社会的意义．运动，2015（9）．

② 全球治理委员会．我们的全球伙伴关系．伦敦：牛津大学出版社，1995：23.

齐之以礼，有耻且格。”① 这就是说，用政令和刑罚去统治民众，只能使民众的违法、失德行为受到惩罚，但民众既不会意识到恶行的后果，也不会因此感到耻辱；如果把礼治、德化和政令惩罚相辅而行，引导民众知耻，民众便不会想作恶，人心自然就归服了。

（二）社会治理研究范式

从国内外治理理念和制度架构两个方面来看，社会治理研究的理论范式大致包含以下三种：

1. 自治范式

自治范式强调社会主体的能动性和高度的社会-政治独立性。自治通常依靠历史发展进程中承袭下来的非正式制度，如乡规民约、民情、习俗等，它们在以公共权力为基础的制度空间以外搭起了社会成员进行多方互动的场域，社会成员自行处置公共事务、维持生活世界秩序。涂尔干所提出的“机械团结”社会和滕尼斯（Tönnies）的“社区”等，都属于这一范畴。在很多学者看来，传统中国社会就是一个高度自治的典例，如费孝通所提出的“熟人社会”概念指出，传统中国社会带有鲜明的乡土特性，人情重于法律，主要通过用礼俗、传统对乡民进行教化来对乡民进行治理，并由此形成“差序格局”，使社会达到无为而治②。温铁军也把传统中国基层社会的特质总结为：“皇权不下县，县下唯宗族，宗族靠自治，自治造乡绅。”

2. 科层制范式

科层制的渊源可以追溯到马克斯·韦伯的“科层制”理论。科层制是社会走向理性化的产物，既然科层制能够稳定运作，并且呈现出等级制的权力矩阵关系，那么它必然也是以某种合理性作为其实现前提的。其特征在于：（1）表现为一整套持续一致的程序化的命令-服从关系；（2）组织内部从属关系一般是由严格的职务或任务等级序列先在地安排的；（3）具有鲜明的非人格倾向和技术化倾向；（4）遵循事本主义原则，组织内权责明晰、目标明确，有着各个运作环节的奖惩制度。③ 因此，科层制范式也被称为等级范式，认为倚仗垂直式的权力和权威结构进行组织的内部互动，由机会主义和不信任带来的风险就能够在这种结构内部被及时消解，有利于共同目标的有效达成。但由于其正式性和非人格性特征明显，在运作中也容易出现信息垄断、抗拒变迁和治理过于专断的后果。相比自治范式，科层制范式与现代社会注重效率、程序、公平等基本价值观更为亲和。例如，渠敬东等人将改革开放以来的中国社会分为三部分：改革最初十年形成以双轨制为核心机制的二元社会结构；20 世纪 90 年代开始的全面市场化及分税制改革确立了市场与权力、中央与地方以及社会分配的新格局；2000 年后，行政科层化的治理改革成为推动社会建

---

① 程昌明．论语．呼和浩特：远方出版社，2006：9.

② 费孝通．乡土中国．北京：生活·读书·新知三联书店，2013.

③ 韦伯．经济与社会：下卷．北京：商务印书馆，1997：278－286.

设的根本机制。总之，“中国经验”的实质就是这三个阶段背后体现的从“总体支配”到“技术治理”的转型。[①] 在这一历程背后存在的若干治理机制也为学界所关注，如“项目制”[②]、“目标管理责任制”[③]、“行政包干制”[④] 等。

3. 合作范式

合作范式下的社会治理是一个动态的、相互适应的治理过程。它意味着：“不同社会主体为了某种共同的目标而进行互动，这里的目标常常与自主、认同等要素相关。”[⑤] 治理主体多样性、社会利益多元性、人际交往多层次多目的性和沟通理性等是合作共治的哲学基础。例如，哈贝马斯强调交往行动中的“协商伦理”，关注在启蒙运动破除旧偶像、新秩序尚未获得正当性的情况下，如何重新建立和修复人与人之间、人与共同体之间纽带的正当性，如何把社会重新紧密有效地整合起来[⑥]。相比自治范式和科层制范式，合作范式所涉及的领域最为广泛，成果最为丰硕，各个学科从不同角度对此进行了论述，一方面提炼了诸多有影响的概念，另一方面也形成了多样化的流派，并对现行制度和政策系统产生了深刻的影响。持这一取向的研究多结合理性选择理论、制度理论等视角，对各类组织内、外部的环境、结构和变迁进行分析，涉及教育、医疗、文化等多方面的研究议题。

（三）中国社会治理转型

费孝通将传统中国的社会治理定义为皇权专制与差序格局并存情况下的一种“双轨政治”，也即温铁军所谓的“皇权不下县，县下唯宗族，宗族靠自治，自治造乡绅”。在皇权统治下，国家权力始终是传统中国社会治理的主导力量，国家意志通过各种制度安排，如官僚行政体制和科举制等控制着地方社会，并由此形成了对全社会具有普遍约束力的管理体系。但随着清王朝的衰败和西方列强对中国的入侵，原本相对稳定的传统社会结构日趋解体，传统乡绅阶层也随之逐步走向没落。尽管民国政府努力试图继续推行国家治理，恢复国家主导权力，但因缺乏稳定且强大的国家统治政权和广大民众支持的合法性而失败。

1949 年新中国成立后，面对在西方封锁、资源匮乏的情况下重建国家安全与发展、满足人民生活需要的困境，我国采取了以层级行政控制和行政性整合为基础的高度集权的政治体系，以及以资源配置高度集中为基础的计划经济体系，并通过单位制和人民公社制度实现了全面社会控制，形成了高度组织化的社会结构。从本质上看，这一时期我国的社会治理实践仍然体现为一种国家强制权力下的社会管理。虽然在国家和社会的互动中，社会能够在承认国家合法性的前提下对国家政策

---

① 渠敬东，周飞舟，应星．从总体支配到技术治理：基于中国 30 年改革经验的社会学分析．中国社会科学，2009（6）．

② 渠敬东．项目制：一种新的国家治理体制．中国社会科学，2012（5）．

③ 王汉生，王一鸽．目标管理责任制：农村基层政权的实践逻辑．社会学研究，2009，24（2）．

④ 张静．行政包干的组织基础．社会，2014，34（6）．

⑤ BANG H P. Governing as governance. Public administration，2007，85（1）．

⑥ 哈贝马斯．在事实与规范之间．北京：生活・读书・新知三联书店，2003.

有所影响，但所具有的自主空间仍极为狭小，在很大程度上抑制了个体的创造活力，并且不利于国家和整个社会的可持续发展。

在20世纪70年代末“文化大革命”结束后，对“文化大革命”的反思开始表现出对高度集中的政治经济体系进行改革的强烈要求。以此为契机，在1978年12月党的十一届三中全会后，中国开始实行对内改革、对外开放的政策。自改革开放以来，我国社会结构发生了巨大变化，从计划经济体制到社会主义市场经济体制的转型使得社会需求结构、社会心态、社会问题等都出现了新的变化和特点：国家强制权力下的社会管理所依托的组织制度框架开始弱化乃至解体；随着市场化改革逐步深入，为满足人们日益增长的物质文化需要，各种有组织的社会力量也渐渐崛起；而90年代以来政府为在单位制松动后维护社会稳定，解决社会控制和整合问题所推动的社区建设运动，更成为一种自上而下重建国家治理单元的尝试。党的十八届三中全会在肯定改革开放伟大成果、立足当下展望未来的基础上，为深化改革、促进共同富裕，进一步提出了要加快形成科学有效的社会治理体制，确保社会既充满活力又和谐有序的社会治理新目标。由此，“社会治理”概念彻底取代了传统中国社会和计划经济时代的“社会管理”概念。作为建设社会主义和谐社会的一项重要内容，这种转变不是仅仅书面上的一字之差，而是在主体、过程、内容和结果上都体现出极大的不同。

面对中国现阶段发展情况，国家所提出的社会治理和社会治理创新更强调发挥社会多元主体的作用，通过多元主体之间的协商和合作达成对公共事务的有效治理，特别是要形成公民对社会公共事务主动、动态的自我管理，及其与政府的合作共治，进而达到整个社会良性运行与协调发展的目的。2013年11月12日中国共产党第十八届中央委员会第三次全体会议通过了《中共中央关于全面深化改革若干重大问题的决定》（下称《决定》），对改进中国社会治理方式进行了全面论述。《决定》指出：“改进社会治理方式。坚持系统治理，加强党委领导，发挥政府主导作用，鼓励和支持社会各方面参与，实现政府治理和社会自我调节、居民自治良性互动。坚持依法治理，加强法治保障，运用法治思维和法治方式化解社会矛盾。坚持综合治理，强化道德约束，规范社会行为，调节利益关系，协调社会关系，解决社会问题。坚持源头治理，标本兼治、重在治本，以网格化管理、社会化服务为方向，健全基层综合服务管理平台，及时反映和协调人民群众各方面各层次利益诉求。”由此可见，《决定》所提出的“四个治理”已分别对我国现阶段的治理主体、实施手段及方式等进行了基本界定，在宗旨要求和目标指向上具有一致性，为我们创新社会治理方式指明了方向和路径。但在社会治理和社会治理创新的具体实践中，我们仍需对这四个概念的内涵及落实途径进行进一步探索和发展。

二、群众体育与源头治理

与“系统治理”“依法治理”和“综合治理”不同，“源头治理”与其说是一种社会治理手段，倒不如说是一种社会治理思路。“源头治理”，顾名思义，是指要从根源上进行社会治理。景天魁在研究中将社会治理划分为三个层次：第一层次是处理大量的、一般性的社会矛盾，这一层次的社会矛盾“尚未酿成或初露端倪”，可以自行化解；第二层次的社会矛盾已经产生，但还没有形成明显冲突，能够采取“非暴力”方式解决；而第三层次的社会矛盾则已较为严重，对社会安全和稳定都已构成威胁，必须通过“强制的、暴力的”方式解决①。所谓源头治理则是要更向前一步，即在第一层次前通过人与人之间的充分沟通和互相理解，将潜在或可能的社会矛盾化为无形。

从群众体育与源头治理的联系来看，首先，体育锻炼是丰富群众生活、提供幸福感的源泉之一，具有最基础意义上的“社会安全阀”功能。幸福感是个体在一个从消极到积极的连续体上对其生活质量的整体评价和情感体验。良好的身体状况是人们感受幸福的基础，积极的心理状态是人们感受幸福的关键。合理的体育锻炼不仅能够增强人的体质，促进身体健康，还能够有效释放压力，促进心理健康。在体育运动不断超越他人和自我的过程中，个体也能够达到自我价值的实现，这也是主观幸福感最强烈的体现。此外，体育锻炼的基础社会安全阀功能还表现在，它可以通过丰富多彩的活动吸引人们的注意力，通过对时间和精力的占用，在余暇时间释放人类固有的攻击欲望，满足人的争斗本能，成为人们发泄不满和积怨的目标或者替代目标，在一定程度上起到分散社会成员注意力、转移社会成员不满情绪、化解社会成员矛盾的作用。由此可见，体育锻炼对人们的精神面貌、意志、品质、身体健康和心理状态的影响积极而又深刻。

其次，群众体育能够打破局限，成为个体之间联结的纽带，是一种重要的人际交往和人际联结方式，能够为更大范围的人际沟通和通过沟通达成彼此理解提供可能。随着社会流动日益加剧，社会个体原子化、陌生化趋势显著。传统社会中互帮互助、相亲相爱的人际关系逐渐消解，取而代之的是冷冰冰的门禁和区隔。在这种情况下，群众体育活动正是一个能够拉近彼此、实现和谐的平台。多种群众体育运动以趣缘为基础，跨越了国家、民族、地区、性别的局限，将具有相同爱好的社会成员联结起来，形成一个兴趣共同体。在参与活动、进行锻炼的同时，人们不但能找到与自己志同道合的组织或群体，还可以在轻松愉快的氛围内促进彼此之间的了解。兴趣共同体可逐渐由此内化为具有共同归属感和认同感的“我群体”，人际关系在此得到巩固和升华。换言之，群众体育作为一条纽带，能够使具有不同社会特征的成员聚集在一起并形成凝聚力，从而唤起集体归属感，重新构建起多种和谐融洽的社会关系。

最后，丰富多彩的群众体育活动，不仅能够锻炼人们的体格，培养人们超越自我、勇往直前的人生态度；还能够搭建沟通平台，增加人们之间的联系；更能够以此为基础，在日益熟悉的过程中消除人们因陌生而产生的偏见和歧视，在潜移默化

---

① 景天魁．源头治理：社会治理有效性的基础和前提．北京工业大学学报（社会科学版），2014，14（3）．

中传递公平、公正、和谐、团结的理念，并逐步树立起规则意识，使人们能够互相尊重，融合共建和谐社会新秩序。弗朗西斯·福山的社会信任理论提出，人与人、人与群体、群体与群体之间都只有通过共同的生活以及通过生活中所发生的长期、广泛且持续的互动，才能增强彼此间的了解和信任，进而使其产生共同的价值认同和规范，这种共同的价值认同和规范就是形成自发性社会秩序、达成社会融合的基础。体育活动本身包含着积极进取、规则至上、和谐包容、团结与合作等内容。在参与群体性活动时对于秩序、规则的自觉遵守和自发的团结合作，不仅仅能够在潜移默化中培养起人们的规则意识，形成有效的自我约束和管理，更能够在长期、广泛且持续的过程中形成共同的价值认同，以及所有人约定共同遵守的行为规范。值得说明的是，在这一基础上所达成的社会融合并不是单向的强制性要求，而是一种协同共治的实践，符合中共中央在 2011 年确定的"党委领导、政府负责、社会协同、公众参与"的社会治理创新方针。

而通过比照则可以发现，群众体育与源头治理的以上联系，恰恰也是其内在社会功能的具体体现。综上，群众体育所具有的贴近民众生活、参与面广、群众积极性高、与群众生活方式及生活质量关系紧密、能够满足人民群众健康娱乐社交需求、具有规则性和秩序性等等特点，都使其与源头治理理念具有天然一致性，能够成为实施源头治理、实现社会有序且充满活力的治理目标的一种有效途径。

三、群众体育社会治理创新实践

为更好、更直观地说明群众体育作为源头治理途径之一的可行性和有效性，我们可结合具体案例展开进一步分析。

案例分析

新疆发挥"体育五大功能"开展社会治理

为实现新疆的社会稳定和长治久安，中央和新疆采取了多种措施，习近平总书记更在第二次中央新疆工作座谈会上指出，坚持长期建疆，多管齐下，久久为功，扎实做好打基础利长远的工作。为此，新疆做出了一系列努力和尝试，确立了以发挥"体育五大功能"为基本理念的社会治理创新总体思路。

在贯彻落实方面，"十二五"期间，新疆新建、扩建了 42 个县级"全民健身活动中心"，建设了 159 个乡镇"农民体育健身工程"、5 098 个行政村"农牧民体育健身工程"，资助了 17 个社区体育俱乐部和 12 个体育公园建设，建成了 29 条健身步道，安装了 3 000 多条健身路径。从现有数据来看，全疆共有室内体育场地 1 860 个，室外体育场地 24 347 个，场地面积 37 067 764.98 平方米，人均占有体育用地达 1.6 平方米以上。而自新疆被确定为体育社会组织试点省区以来，当地负责部门也及时成立了试点工作领导小组，制定了"自治区体育局开展体育社会组织试点工作方案"，为群众体育开展提供了坚实的硬件基础和良好的组织基础。此外，新疆连续 11 年开展了自治区“体育三下乡”活动；连续 5 年组织开展了自治区“体育进社区活动”；举办了 8 届自治区民运会；连续 4 年举办了自治区青少年足球联赛暨校园足球运动；每年各单位利用“全民健身日”、重大节庆日等时间节点，累计举办全民健身赛事活动 6 500 多场次；每年组织“天山之冬百万青少年上冰雪”活动；通过青年体育俱乐部、体育传统项目学校、青少年户外体育活动营地开展了 30 余项青少年体育活动；各地开展民族体育项目 629 项，基本上形成了“一乡一品牌，一地一特色”的全民健身格局；还举办了“环塔克拉玛干”汽车摩托车越野拉力赛、中国新疆国际沙漠休闲运动会、中国国际露营大会新疆站比赛、“环赛里木湖”公路自行车赛、“环艾丁湖”摩托车拉力赛等品牌赛事，吸引了大批体育运动爱好者。

从以上措施的实施效果来看，近年来新疆社会大众对体育活动的参与度有较大幅度提升。以阿拉格尔乡为例，2012 年的体育活动参与人数、观众人数分别为 2 143 人和 26 210 人，而到 2013 年则分别显著增长到 5 586 人和 56 136 人，2014 年为 5 464 人和 49 293 人，基本保持了 2013 年的水平。而该乡 2012 年的行政处罚案件和治安调解案件分别为 43 起和 35 起，到 2013 年则分别锐减至 14 起和 17 起，2014 年则继续分别下降到 12 起和 15 起。通过对案件数量变化趋势与体育活动参与人数、观众人数变化趋势做对比分析可以发现，二者存在一定的正相关关系。虽然在缺乏对其他因素进行控制的情况下，我们尚不能把这种同步变化的正相关性完全归结于群众体育活动的作用，但也不能忽视群众体育内在的基础“社会安全阀”功能。

此外，在对民众思想转变和健康生活方式的引导方面，群众体育的社会功能发挥亦更加凸显。例如，研究者们通过实地调研和访谈了解到：在伊犁州霍城县兰干乡，有一名自嫁人后便是家庭主妇的 32 岁女性因为观看兰干乡组织的各类体育活动而喜欢上了体育运动。从最初尝试报名参加，到取得好成绩，她不再赋闲在家，精神面貌也随之有了变化。而受她的影响，她的家人们也逐渐参与到了体育活动中，更加融入社会群体。可见，正因为群众体育的话语系统是具有包容性和吸纳性的，它向所有人敞开大门，欢迎所有人参与，且嵌入每个人的日常生活之中，所以它才能够让人们在“习以为常”中形成共同规范，潜移默化地形塑着自己的思想和行为，以更适应社会生活，融入社会发展。

结合上述材料，谈谈你对群众体育作为源头治理途径之一的可行性和有效性的理解。

分析提示：

（1）群众体育具有政治经济功能、社会化功能、文化传承功能和社会融合功能等社会功能。

（2）群众体育在社会治理创新实践中的功能发挥需要结合特定区域背景、社会经济发展水平以及人口结构特点等。

（3）群众体育的话语系统具有包容性和吸纳性，且嵌入每个人的日常生活之中。

第四节　新时代我国群众体育发展

党的十九大对我国社会主义建设阶段及主要矛盾做出了全新判断，报告明确指出，中国特色社会主义进入了新时代。新时代有新的变化和新的要求，如何在新时代促进群众体育发展，更好地发挥其应有之用，是我们当下及以后需要思考的主要命题。

一、美好生活需要与群众体育发展

改革开放四十多年以来，我国社会经济发展高歌猛进，生产力水平显著提升，人民物质生活得到有效改善，基本达到了小康社会建设目标。而当外部基本物质条件得到极大改善、人们的生存和生理需要得到满足之后，超越物质层面的精神需要便成为人们新的、更高层次的美好生活追求。2017 年 10 月 18 日，党的十九大胜利召开，对我国社会主义建设阶段及主要矛盾做出了全新判断，报告明确指出，中国特色社会主义进入了新时代，我国社会的主要矛盾已经从“人民日益增长的物质文化需要同落后的社会生产之间的矛盾”转化为“人民日益增长的美好生活需要和不平衡不充分的发展之间的矛盾”。

在全民健身上升为国家战略后，我国民众的体育锻炼意识已有较为显著的增强，群众体育的参与积极性相对较高。通过体育锻炼增强体质，通过参与群众体育活动缓解生活压力、获得身体释放和愉悦体验、扩展社会交往范围等已经成为广大民众对追求美好生活的定义和主要实现路径之一。

但是，距彻底解决我国民众体育锻炼中所存在的不平衡、不充分的问题，目前尚有一定距离。不平衡意味着体育场地规划、设施建设和政策支持等存在区域间的差异，各地区、省、市、县所处的发展阶段和所具备的发展能力不一致。不充分则意味着推动我国群众体育产业发展的政策和支持不足，以及体育强国和全民健身等理念的推广力度不够、效果不明显，没有满足人民日益增长的美好生活需要。

人民群众对美好生活的向往，不仅仅包含了物质层面的需要，更包含了精神层面的需要。满足人民群众的美好生活需要既应有制度保障、组织建设、资金投入，也应有典型示范和社会氛围。从这个角度看，我国未来群众体育事业必须在理论和实践层面实现多向发展。

二、社区治理与群众体育发展

习近平总书记指出，社会治理的重心必须落到城乡社区。社区治理创新势在必行。基层社区是现代国家治理体系的基本载体，是社会治理的基础平台和前沿阵地，社区治理体系和治理能力现代化对基层的稳定和发展具有至关重要的意义。加强基层社会治理和服务体系建设，增强社区服务功能，充分发挥群众参与社会治理的基础作用，是在新的时代背景条件下建立现代国家治理体系亟待解答的重大理论和现实命题。

通过前文对群众体育的社会功能、社会参与性及其与源头治理的内在联系的考察不难发现，我国群众体育事业的科学化和理论化已变得尤为重要和迫切。群众体育指导理论体系的建设应以充分考虑我国群众体育事业的发展历程和新时代背景为基础，以引导人民树立正确的健康理念为导向，以推动人民科学健身、合理运动为根本目标。它将不仅仅对提高我国民众进行体育锻炼的科学化水平具有重要指导意义，更将成为满足新时代民众日益增长的安全、社会交往和精神文化等需要的重要平台和主要途径，甚至将成为代表我国道路自信、理论自信、制度自信和文化自信的重要部分。

而在推动群众体育事业不断向前迈进的过程中，党和政府必须担负起引领指挥重任。通过完善制度体系、加强基础设施建设、培育市场主体，优化消费环境、大力倡导全民健身新时尚、引导社会各方力量和各类群体协同发展群众体育事业。

除此之外，如何联通理论和实践两个层次，引导广大人民群众转变思想，使更多人树立大健康理念，积极参与群众体育活动，并由此积极参与社会生活、构建新型社会关系，充分发挥群众体育的社会功能，则是社会各界尤其是学界应当深入探讨的话题。

复习思考题

1. 请简述群众体育的概念及分类。

2. 群众体育的社会功能有哪些?

3. 如何看待群众体育与社会治理之间的联系?

4. 群众体育与源头治理的内在联系是什么? 如何通过开展群众体育活动实现源头治理?

5. 我国群众体育未来应走向何方?

推荐阅读书目

1. 帕特南．独自打保龄：美国社区的衰落与复兴．北京：北京大学出版社，2011.

2. 景天魁．源头治理：社会治理有效性的基础和前提．北京工业大学学报（社会科学版），2014，14（3）．

3. 卢元镇．体育社会学. 4 版．北京：高等教育出版社，2018.

4. 全国体育学院教材委员会．群众体育学．北京：人民体育出版社，1990.

5. 荣高棠．荣高棠体育文论选．上海：华东师范大学出版社，1992.

6. SUGDEN J. Critical left-realism and sport interventions in divided societies. International review for the sociology of sport，2010.

7. MANZENREITER W. Assessing the sociology of sport：on culture and political economy. International review for the sociology of sport，2015，50（4－5）.

第十一章

体育全球化与我国体育现代化

本章要点

- 体育全球化与体育现代化的有机组合，是未来体育发展的必然趋势。随着时代的推进，体育逐渐成为国家进步的重要标志。摆脱单一思维，打破体育的跨地域、跨民族、跨时代等种种壁垒成为中国体育现代化发展的必由之路。这一变化也将打开国内体育交流、融合、吸纳的新局面。

关键概念

全球化、现代化、互动关系

第一节　体育与全球化的互动关系

一、对全球化与体育的认识

曲毅等在《体育运动的全球化》中指出：“体育运动的全球化，可以从两方面来认识。从空间上讲，是指体育运动的普遍性问题；从时间上讲，是指体育运动的持久性问题。显然，时间和空间是紧密联系、不可分割的。”① 刘旭在《体育国际化与体育全球化的联系和区别》中指出：“虽然体育国际化和体育全球化是两个不同的概念，但体育全球化就是体育国际化发展到的一个新阶段的描述，两者都是在经济和科技的推动下产生的体育发展过程。”② 目前，伴随着世界经济的高速发展和多媒体技术的飞速进步，以及各项传媒技术的全球化程度日益加深，体育全球化进程得到进一步推进。当今体育全球化的具体表现为：世界各国的体育联系日趋紧密、相互依赖性日益提高、高度交融。

① 曲毅，孙世明．体育运动的全球化．体育学刊，2002（6）．

② 刘旭．体育国际化与体育全球化的联系和区别．体育科技文献通报，2008（9）．

斯马特（Barry Smart）在《全球化与体育》中指出：“体育是一个全球的符号，它可以跨越国界，消除政治上的分歧、文化和宗教上的障碍，同时还可以使每一个参与其中的人达成某种共识。”① 在20世纪，体育作为一种象征着竞争与向上的特殊文化符号在全球化进程中得到了全世界的认可。体育作为一种兴盛与竞争的象征，依托媒体和赞助商，借助商标、产品、服务、赛事、明星等手段，在全球建立起庞大的体系，把自身扩展延伸至世界的每一个角落。只有认识到全球化对体育的影响，才能充分发挥体育在全球化进程中的重要作用。

二、全球化时代体育的特征

舒盛芳在《体育全球化进程及其特征》中提出：“体育全球化是不可阻挡的历史浪潮，是一种跨地域变革的社会文化现象。体育全球化在进程中的不同阶段表现出不同的特点，对这些特点的认识和把握对于我们揭示体育全球化中的某些独特社会文化现象，进一步认识体育全球化的本质是非常有益的。”② 体育全球化是一个极为复杂的过程，涉及体育全球化的动力、体育全球化的利弊、体育全球化的治理等问题，而这些问题都需要进一步的研究，这也是我们日后工作的主要方向。

（一）体育联系的范围和广度扩大，体育资源高度流通

体育全球化覆盖世界上所有的国家和地区，各地的体育相互渗透并呈现出全方位的扩展状态，世界上的各个国家和地区都可以感受到奥运会、世界杯、世锦赛的巨大影响力。

（二）职业体育运动在全球扩展，体育的商业化气息加强

职业运动员在西方体育中早已存在，在国际奥委会向职业运动员敞开大门之后，体育职业化在全世界飞速发展，大大提高了体育的竞技水平和观赏性。无论是综合性的运动会，还是单项体育比赛，均在全球化浪潮中产生了巨大的经济效益。

（三）体育与媒体紧密结合

文化、比赛和体育人员的跨国界流动使得体育与媒体之间的联系越来越紧密，众多媒体都在用大量的篇幅进行与体育相关的报道，尤其是针对体育竞赛、体育明星。体育借助媒体的宣传得到了广泛传播和进一步发展，同时媒体借助对体育的宣传丰富了报道内容。

---

① 斯玛特，邱雪．全球化与体育．体育文化导刊，2010（3）．

② 舒盛芳．体育全球化进程及其特征．体育学刊，2007（1）．

三、全球化对于体育的影响

（一）全球化促进了体育在世界范围内的传播

体育全球化是一个漫长的过程，并不是一蹴而就的。在现代体育的形成与发展过程中，全球化为体育全球化积累了必要的基础性条件。伴随着当代体育的蓬勃发展，体育全球化正以迅猛之势在世界范围内发展，其发展速度快、范围广、影响大、阻力小，被人们广泛关注。

体育全球化与经济全球化同步进行着，随着经济的蓬勃发展，体育也参与到全球化的进程中。1894 年举办的“恢复奥林匹克运动会代表大会”决定：从 1896 年起，每隔 4 年按古希腊奥林匹克运动会的基本传统来举办大型运动会，从而促进体育的发展，并加强各民族在体育领域的互动。虽然在那时顾拜旦尚未使用“全球化”一词来描述奥林匹克，但他已经形成了全球化的思想。在 21 世纪的今天，奥林匹克运动会已不再仅仅是由白人管辖的欧洲中心文化思想领导下的区域性体育运动会，而成为全人类共有的文化资产。在各个国家、地区，不论是政府官员，还是文化名流，乃至反对派人士，都不会抗议本国参与奥林匹克运动会，而是大力提倡本国、本地区、本民族积极参与到奥林匹克运动会中去。

（二）全球化促进了体育的国际化发展

20 世纪是人类文明发展史上最值得称赞的一段时期，社会产品的极大丰富是这个时期最显著的特征。这一时期既奠定了现代文明得以迅速发展的物质基础，又促进了人类创造力的积极发挥。固然，这一时期也给人类文化带来了很多痛苦的回忆：两次世界大战极大地阻碍了人类文明的发展，战争几近将人类文明积累下来的丰硕成果全部摧毁；文化矛盾阻挡着东西方文明的交融；经济发展所导致的环境破坏也需付出很大的代价去改善。但无论如何，历史总归是要向前发展的，人类文明进步的脚步也永远不会停歇。

黄亚玲等在《体育全球化的文化反思》中提出：“体育全球化必须以文化的差异为基点，充分认识世界体育发展主体的多元性、多极性和文化价值相互联系的整体性。对‘欧美中心主义’的无条件依附，将会使体育走上极端化的道路。新世纪到来后，人们在反思体育发展历史的同时，也期盼着多元文化交融的全球化体育时代的到来。”① 体育全球化是不可抗拒的历史潮流。体育全球化也是一把双刃剑，我们应当认识到体育全球化的利与弊，既要接受外来优秀的体育文化，发展体育全球化，又要警惕外来体育文化对本民族文化的侵蚀。

当代体育的全球化便是在这样的社会历史背景下蓬勃发展起来的，全球化的进

---

① 黄亚玲，马国英．体育全球化的文化反思．山东体育学院学报，2001（2）．

程非但没有停下来，反而在加速前进。与此同时，相对较为强势的文化非但没有吞食弱势文化，反而激起了各弱势文化的崛起和再兴。

（三）全球化促进了民族体育的崛起

在体育全球化的过程中，民族体育的发扬面临双重压力——在维护全球体育发展基础的同时，必须维护民族体育的存在与发展。

一方面，民族体育是整个人类文明中不可或缺的一部分；另一方面，继承与弘扬本民族文化遗产是我们不可推卸的历史责任。中华民族这个伟大的大家庭由56个民族构成，而民族体育更为博大精深，是构建民族文化的重要基石，我们有义务为发展民族体育、发扬民族文化、建立民族自信心和提升民族自豪感而努力奋斗。

在体育的全球化过程中，必须对民族体育进行整合创新，要理清传统体育与现代体育、西方体育与民族体育之间的关系。体育也是一种文化，各民族和各国家的价值判断与追求应呈现出多样性，民族体育的发展不应盲目追求与西方体育完全一致，更不应直接照搬西方体育发展模式。

刘杏芝在《体育全球化：世界体育文化与民族体育文化的和谐共生》中提出："以奥林匹克为代表的西方体育文化对民族传统体育文化的影响是巨大的，给中国体育文化带来压力的同时也带来了机遇。我们应以安然平静的心态、通达的认识、宽广的心胸，从文明的高度和全球性的视角，对体育全球化及传统体育文化进行客观分析和考虑。"① 体育全球化的进程要求我们必须接纳外来的体育文化，尤其是在我国实施改革开放伟大战略后，西方体育文化大量涌入。我们应鼎力弘扬本民族的优秀传统文化，实现中华民族杰出体育文化的复兴，以新的形态融入全球体育文化生态系统。

文明的产出是地方性和民族化的，民族体育也寄生于本地区特定的区位传统和文化体系。文化差异不能通过重新分配来消除，而只能通过不同文化系统或层面的相互交流、相互促进来使不同文化相互融合，国家、民族的体育亦如此。

（四）全球化遏制了西方体育的恶性扩张

经过一百多年的发展，以西方体育为焦点的当代体育已经形成了拥有极大影响力的文明体制。西方体育一度在世界范围内扩张，靠的是科学主义和人文主义这两面旗帜。虽然西方体育在一定程度上激励了各个民族文化之间的交融，但其在客观上也导致了民族体育的弱化。从20世纪90年代中期开始，每逢NBA赛季，就有180多个国家和地区用40余种语言同步播报比赛实况，这一方面是在展现NBA球员精湛的篮球技术和推广篮球文化，另一方面也是在侵占全球的体育市场，在这些

---

① 刘杏芝．体育全球化：世界体育文化与民族体育文化的和谐共生．山东师范大学学报（人文社会科学版），2006（4）．

国家和地区进行经济掠夺。

国家是民族体育成长的摇篮，所以，必须有一个合理的保障体系来促进民族体育的发展，以提高民族体育在国家体育发展中的地位。这在很大程度上能阻碍西方体育的恶性扩张，因为对民族优秀体育文化的创新和弘扬，便是对西方体育霸权最有效的遏制。

体育全球化与经济全球化、文化全球化一样，都是现代社会发展的必然选择。但我们否认体育全球化的西方化，并不是反对西方体育，更不是排斥体育全球化，而是希望每个国家都可以从体育全球化中认识到本国民族体育的精华。我们要运用全球化的有利条件，提高民族体育的地位，促进民族体育持续发展，在坚持和发扬其民族性的同时，影响整个世界，让杰出的民族体育融入世界体育的发展。

四、篮球运动在全球的扩展

在2013—2014赛季，NBA国际系列赛有共计12支NBA球队，在全球8个国家和地区的10座城市上演了10场比赛（8场季前赛和2场常规赛），这是NBA史上最国际化的赛季之一。印第安纳步行者队和休斯敦火箭队于2013年10月10日在菲律宾马尼拉的亚洲购物中心体育馆对垒，这是自1979年首支出访菲律宾的NBA球队之后，第一次有NBA球队到菲律宾打比赛，也是联盟历史上第一次在菲律宾举办正式的NBA比赛。芝加哥公牛队和华盛顿奇才队于2013年10月12日在巴西里约热内卢的汇丰银行体育馆进行比赛，这是NBA史上第一场在巴西举行的比赛。全部8场季前赛由NBA TV进行了全美直播，在大中华地区，球迷们可以通过各大电视网和网站观看比赛直播。全球有超过4亿人通过社交网络媒体关注NBA，美国篮球的国际化到达了一个巅峰。

体育是民族主义的载体，尽管篮球运动起源于加拿大，但很少有比它更美国化的体育运动了。

（一）全球化发展中篮球运动的特征

1. 国际化和全球化

民族间的隔阂被打破，世界贸易大流通是主要推手，消费国际化进程大大加速，体育也跨越国界，形成各种形式的篮球交流。20世纪的国际篮球组织，以NBA的产生为契机，成为现代篮球国际化的重要标志，全世界范围内篮球活动的全方位开展也是现代篮球国际化的重要体现。国际篮球联合会从20世纪30年代成立至今已有90年的历史，截至目前，世界各国从事篮球运动的人数大约有3亿，国际篮联成为世界上最大的单项运动组织之一。以此为契机，很多昔日篮球不发达的国家和地区获得了大量资本和技术支持，促使其篮球运动迅速发展，成为体育全球化的直接受益者。

2. 商业化和职业化

20 世纪 80 年代以来，当代篮球的一个首要特征就是充分利用贸易措施运作大型篮球比赛，NBA 便是很好的例子。为篮球的商业运作提供各种机会的正是篮球比赛，其自身拥有巨大的吸引力，吸引着广大篮球爱好者直接或者间接地参与篮球比赛。

篮球的普及和商业化如火如荼地进行着，同时竞技篮球的商业化也面临新的挑战。第一，世界各地区篮球运动的发展差距较大，发展中国家篮球商业化的经验不足，这将直接影响到篮球运动在该国家和地区的发展；第二，篮球运动中伦理道德遭到扭曲（当在竞赛中对商业化不加限制时就会出现此现象），人们对真、善、美和朴素的篮球运动体验的追求逐渐模糊，篮球竞赛成为一种追求财富的手段，由此滋生了相当多的腐败现象和违背篮球伦理道德的情况，篮球运动的全球化逐渐失去其原本的意义。

3. 大众化和普及化

自 20 世纪下半叶以来，现代科学技术飞速发展，机械化和自动化程度不断提高，原有的社会生产和生活方式发生巨大改变。现代化的生活方式导致人们的体力劳动强度降低，间接影响人类身体结构，造成人类身体机能的退化。随着社会经济、文化的快速发展，人们对自身锻炼和娱乐的要求越来越高，篮球也逐渐成为百姓强身健体、娱乐身心的体育运动。目前各国正积极采取相应措施，通过体育运动提高国民生活质量和健康水平。随着时间的推移，参加篮球运动的人数将不断增加，篮球运动正朝着大众化的方向发展。

（二）全球化进程中篮球运动的扩展方式

1. 建设具备潜在经济价值的篮球文化

篮球文化的经济现象是指篮球文化中具备潜在经济价值的内容作为一种商品被生产和消费，在探寻篮球文化生产力和生产关系、篮球文化的供需关系等方面的规律的基础上，使得具有潜在经济价值的篮球文化内容被作为产品进行生产，并以商品的形式参与市场交易活动。这样，通过篮球文化创造新的资本来源，能拓展经济发展领域，还能通过篮球文化产业的蔓延和辐射，经过生产、互换、分配、消费等一系列步骤，带动相关物质生产领域和其他产业的发展，为社会物质生产部门注入新的发展活力和动力。

2. 以经济价值为追求目标

篮球运动在社会经济基础的带动下得到不断发展和提高，其反过来又对社会经济的发展起到促进作用。当下的竞技篮球不再只是单纯以寻求丰盈文化生活为目的的体育运动，而更多的是在满足人们观赏篮球表演的需求的同时，经过竞技篮球的商业运作，来获得更多的经济效益，寻求其经济和商业的双重利益。竞技篮球在为社会创造经济价值的同时，也为竞技篮球参与者创造经济收入。成功的商业职业篮球的运作，不仅能够为运动员和教练员带来丰厚的经济收入，还能够促进和带动其他经济产业的发展。

3. 充分发挥市场经济的巨大作用

篮球市场经济是在市场经济条件下商品经济与篮球运动彼此联系起来的结果。伴随着市场经济作用的充分发挥，篮球运动及其关联产业才会真切地以商品进行交易，而且交易是能够体现于社会活动的各个领域的。

4. 依靠基数庞大的篮球爱好者

篮球运动潜在市场扩大的一个重要原因便是其拥有众多的观众和球迷。从篮球全球化的大众化和社会化特征可知，篮球运动的参与者众多，构成了基数庞大的篮球市场，促进了群众篮球活动的推广和业余篮球比赛的广泛开展，这是篮球市场发展的首要保障。

5. 依靠科学技术的迅猛发展

科学技术的革新引发了人类生产方式、工作方式和生活方式的深入变革，这在篮球的全球化过程当中显得尤其突出。随着电视机的普及、卫星通信的拓展、计算机网络技术的运用，职业篮球的影响加速扩展，全世界的篮球电视观众和爱好者充分享受到了科学技术发展的福利。篮球消费者的增加，也为篮球市场的形成创造了极大的购买潜力。这一切都离不开科学技术发展的助推。

第二节　体育在全球化过程中的作用

体育全球化的代表便是现代奥林匹克运动会，参加奥运会的国家和地区数量从第 1 届的 13 个上升到第 32 届的 206 个[①]之多。

民族体育进入奥运会大家庭显示了体育全球化的根本特性。全球化体育事实上便是 20 世纪开始的人类社会全球化的范例，其发展依靠丰厚的民族文化。现代奥运会从第 1 届设立的 9 个大项、43 个小项到第 32 届设立的 33 个大项、339 个小项，就是不断吸收各国、各民族优秀体育文化的结果。以北京奥运会为例，近代中国因受制于政府的腐朽，传统体育逐步让位于欧美外来体育，但中国的传统体育并没有因此而消亡，反而表现出了顽强的生命力。随着 2001 年北京奥运会的成功申办，以武术为代表的中国传统体育散发出新的朝气。但想要让中华民族传统体育在全球体育中具有一定的话语权和分量，仅仅依靠国人的支撑是远远不够的。我国的体育发展必须走全球化的道路，这是近代欧美体育发展的经验总结。国际体育运动的全球化激励着各民族体育的成长、提升和传播，同时民族体育在全球的传播中又不断壮

---

① 包括俄罗斯奥运队和奥林匹克难民代表团。

大着国际体育运动，二者相得益彰，相互促进。

一、奥运会的全球化意义

（一）提出了独特的体育思想体系

首先，体育运动使个体和谐发展，这是奥运会对现代体育最重要的作用。奥运会的作用在于其由微观到宏观、由个体到社会，提出了一个完整的体育思想体系，进而延伸到改善社会、促进社会发展，体现了体育运动极强的教育价值、文化价值和道德价值，使人类道德思想的境界得到了提升，启发了人们对体育作用的理解和运用。

其次，奥林匹克运动的介入，加深了人们对现代体育教育内涵的认识，人们对体育运动有了更加广泛而深刻的了解。体育运动不仅可以培养人的奋斗精神，还可以引导人们追寻真善美，增进个体之间的团结交流协作，这是奥林匹克运动对个人思想的重塑。

最后，奥林匹克运动在世界主要矛盾中扮演着极其重要的角色，在对抗种族隔离和歧视中发挥了极其重要的作用。其大力提倡黑人体育、妇女体育和第三世界体育，弱化了地区之间因意识形态而产生的分歧，消除了人种之间的歧视与隔阂，使得参与奥林匹克运动的每一个人都形成了奥林匹克思想，在解决人们关于现代体育的政治、经济、文化等问题时，提供了独特的体育思想体系方案。

（二）构建了全球性的体育组织机构

在1894年国际奥委会刚刚成立时，其组织结构其实尚不完善，并且下设的单项除体操、滑冰和赛艇外，其他运动项目均无国际组织。国际单项体育组织建立的初衷是保证奥运会中的各项目比赛顺利进行。而随着时间的推移，国际单项体育组织开始举行各单项独立的世界锦标赛、世界杯等比赛，推动该运动项目在全世界的发展。随着商业开发效益的不断提高，国际奥委会除了继续管理单项体育联合会外，对其他非奥运项目也给予了很大帮助，如非奥运项目的世界运动会、大学生运动会、世界青年运动会、欧洲警察运动会等。

正是因为奥林匹克运动的推动，分散在全球各个角落的国家和地区的奥委会及其他相关组织也如雨后春笋般纷纷成立。奥林匹克运动还强化了体育组织与非体育组织之间的联系，通过与联合国及其下辖的联合国教科文组织、联合国难民事务高级专员办事处、联合国开发计划署、联合国环境规划署、联合国粮食计划署、国际劳工组织、联合国儿童基金会、世界卫生组织等国际组织建立良好的伙伴关系，体育组织的功能得到了延伸。

（三）促进了体育运动在全世界的普及

奥林匹克运动通过将体育规范化、标准化，使体育冲破民族的和区域的阻碍，从而实现了体育的全球化。奥运会以四年为一个周期，阶段性地将现代化的体育推广至全世界的每个角落。奥运会的出现是一个划时代的标志。在此之前，体育是分散的、地区的、民族的，根本不具备全球化的特征；在此之后，奥运会使多种民族体育项目踏上了全球舞台，极大地激励了民族体育走向全球。

在奥运会的带领下，综合性的运动会通过学习和使用奥运会的规则流程，逐步发展壮大，并且成为全球地区性的主要体育竞赛形式。

（四）开发出公益体育事业的运作模式

奥林匹克运动有着强大的经济效果，通过实质性的运作将经济效果和公益体育两种价值进行融合，形成了公益体育事业营销的典范，同样这类运作形式也为其他公益体育事业的推广提供了借鉴。

随着体育赛事的增多，公益体育组织也日益增多，其运作模式也趋于科学化，使得公益走向一个有机的自运转状态。

（五）对国际争端起到了缓解的作用

体育运动能够促使人们为了共同的利益团结奋斗，同时也能够促进不同民族或者团体间的相互了解，加深不同国家或地区间的相互联系。我们都清楚，古代奥林匹克运动的目的就是既防止侵略战争，同时又使人们通过增强体魄并进行竞技、角力，充分实现追寻喝彩和荣誉的愿望。奥林匹克运动的发展，反映了古希腊人对公平竞技的追求和对和平的渴望，以及对力量、健美的赞誉。自伊利斯与斯巴达签署《神圣休战条约》之后，各方势力在奥运会期间休战成为约定俗成、神圣不可侵犯的共识，违背这一条约者将受到严惩。《神圣休战条约》的第一个签署者斯巴达，因为在公元前 420 年奥运会期间攻打敌国城镇，违反条约而被重罚，而其没有缴纳罚金，因此被毫不客气地驱逐出了奥林匹克大家庭。可以说，奥运会是增进各地区团结、反对战争的活动，这也使得奥运会的和平反战色彩更为浓厚。

所以，体育对国与国、民族与民族、个体与个体之间的矛盾起到了积极的缓解作用，体育让更多的人、民族、国家重新从公平的角度看待社会的发展。

二、奥运会对于全球政治的影响

（一）促进了国与国之间的相互了解， 维护了世界和平

顾拜旦希望体育运动能够改善国家间的关系，这是他发起现代奥运会的初衷。他在 1894 年 1 月给各国际体育组织的信中指出：“但愿在四年一度的奥运会中，来自世界各地的代表经过和平的竞赛增进国际联结。”顾拜旦的愿望很好地实现了，奥林匹克运动也正式成为保障全球和平的手段。

非政治性是奥林匹克运动的基本性质。奥林匹克运动肯定的是各个民族之间的相互协同、合作共赢、求同存异，所以奥林匹克运动追求的是人类社会的整体利益。

体育比赛是全球性的、各个国家主动迎合的，这样就形成了一种无形的共同契

约。为了更多地相互了解，各个国家愿意遵守事先约定的规则进行比赛，通过比赛达到和平共处，继而为世界和平做出贡献。

（二）使爱国主义与国际主义相统一

随着全球现代社会的发展，人口的大规模迁移导致人口组成多样化，很多国家的民族组成朝着多元化发展。

奥运会颁奖典礼展现了将爱国主义与国际主义相互交融的意图，在颁奖典礼上为优胜者奏国歌、升国旗，唤醒了人们的爱国主义情感；在闭幕式中，所有不同国家的运动员联袂携手而行，共同欢聚在奥运会所营造的美好氛围中，世界是一个家庭的感觉温暖人心，更显示出奥林匹克运动的独特价值。

三、奥运会对于全球经济的影响

（一）促进了全球经济的共同发展

奥运会的商机不仅属于主办国、主办城市，还属于全球。奥运会为全球经济带来了竞争机会。仅从赞助奥运会的企业广告来看，赞助奥运会的广告收益是普通广告收益的 3 倍，这使得许多大型国际企业通过赞助奥运会来提升自己的品牌影响力和竞争力。

虽然奥运会对促进经济发展的作用毋庸置疑，但用经济发展来带动人们生活质量的提高才是奥运会人文价值的真正核心所在。

（二）促进了体育产业的全球化发展

自 20 世纪 80 年代以来，奥运会的市场运作为全球体育产业的发展提供了有利的条件，奥运会依靠全球化的运营理念，成为世界上最具影响力的赛事，带动了相关体育产业的腾飞。

以北京奥运会为例，其蕴含的庞大商机被视作中国体育产业化进程的助推剂。北京奥运会的成功举办，激励了我国体育赛事运作的国际化，使我国体育产业成为具有投资价值的产业，这对于正处于初级阶段的中国体育产业来说，无疑是走上国际化道路的天梯。

四、奥运会对于全球文化的影响

（一）推动了全球文化的交流

个体全面发展是奥林匹克运动的中心思想。但是自从中世纪开始，人的身心和谐一致的关系长期被分离的状态取代，在人类社会的物质生产和精神生产的各项行为中，灵与肉逐渐变得互相对立起来。奥林匹克运动就是要使这两者重新和谐地结合起来，从而扭转上述不正常的状态。

将人们被割裂的身心重新结合起来，继而增进人的全面协调成长，这是奥林匹克运动所重视的体育运动与文化融会贯通的观点。

国际奥委会第 4 任主席埃德斯特隆认为：奥林匹克运动能使人们的思想更加高尚，这是它存在的根本原因。它不光锻炼了人们的身体，并且增强了人们之间的交流与感情。

（二）加强了文化的精神价值

社会的重要价值观是对物质的渴望，物质财富的丰盈带给人们客观上的满足，但与高度发展的物质文化不协调的是，精神文化呈现出相对贫乏的状态。

体育文化发展进步的三个阶段是接受批判指正—自我反思改进—完成自我超越，奥林匹克文化的发展证实了这一点，否则体育文化将始终停留在本来的水平上，难以顺应世界形势的发展变化，更不能在新的起点上得到传承。这给我们的启示是，今后我们应以我国在世界中的大国身份为平台，把握历史发展的大势，以宽广的胸怀来看待传统体育文化的发展和传承，以时代要求和现代体育文化的发展来重新审视民族传统体育文化，在维护其民族特色、主体性的基础上，取其精华，去其糟粕，实现自身的跨越式发展。

（三）奥林匹克运动成为富有文化性的社会活动

奥林匹克运动不仅仅是一种体育运动。它以体育运动为基本活动内容，将多种文化形式糅合在一起，显现出明显的综合性。奥林匹克运动具有优秀的文化内涵，表现为人类对美好事物和理想境界的追寻，指引着人类走向美好的未来。

奥林匹克运动的这些特点，不仅直接对人们的精神世界产生作用，还鞭策人们继续自我革新，为实现美好的理想而努力奋斗。由于奥林匹克运动蕴含各种文化形式的内容，它的人文价值得到了充分体现。这些文化艺术以不同的方式互相补充，从不同的角度构成了奥林匹克运动丰富的文化体系，大大彰显了奥运会的人文特征，时刻引导人们不断追寻真善美，让人们在潜移默化中提升自己的境界，改变自己的行为。

因此，萨马兰奇一再指出，奥林匹克主义牢牢地将体育运动与文化结合在了一起。

第三节　体育与我国现代化的互动关系

一、对体育与我国现代化的关系的认识

体育与我国现代化是相互促进的。体育可以促进人文与自然的双重进步，而人

文与自然的进步又可以增强我国现代化对政治、文化、经济的积极影响。

体育现代化犹如政治、经济、文化、教育等范畴的现代化一样，是社会事业中体育领域发展的前进道路与未来追求。体育现代化是指体育制度、体育物质和体育人在某一特定阶段的发展水平与状况，包含体育价值观念、体育管理方式、体育运转过程、体育科学理论和体育场馆设施的现代化，是一种为达成目标而出现的高度理性、自觉奋斗的进程，也是一种主动加速体育发展的实际历史过程。

二、体育在我国现代化过程中所起到的作用

随着我国全面建成小康社会，人民的生活水平大幅度提升，恩格尔系数明显下降，社会发展对体育的需求以及对个体健康的要求大大增加。体育适应了宏观社会的发展，在与政治、经济、文化同步发展的过程中，既促进了宏观社会的发展，同时又实现了自身的发展。在我国现代化的进程中，体育发挥了必不可少的重要作用。

（一）体育促进了社会经济的发展

1. 体育产业成为国民经济的新的增长点

体育属于第三产业，在我国有广阔的发展前景。随着人民经济水平的提高，其在文化、教育、体育方面也必将有新的需求，体育也会进一步发展，所以在我国体育运动发展中逐步增强商品化行为是十分必要的。

第一，在市场经济条件下，商品交换原则必然渗入社会生活中的各个角落，体育也不能避免。运动员通过体育训练和竞赛实现自身的价值，源于商品交换的规定要求认可运动员的训练和竞赛是一种劳动形式。

第二，因为财政体制改革，地方各级政府实行财政收支包干，经济不发达地区的政府无法满足大型化、高档化体育设施建设增加的需要。另外，基地投资由拨改贷，体育设施投资只有盈利，才能归还银行贷款。

第三，国际体育交往日趋频繁，外国运动队来我国参加活动要求获得商业化接待，我国运动队出国比赛也遇到商业化问题，这就是我们建立与之相适应的体育机制的前提。

第四，在体育运动中增加商业化竞争，能促进运动员技术水平的提高。

第五，企业要运用体育运动的影响力，提升企业的品牌价值，扩大企业本身的影响。

第六，体育服务将由福利型转向有偿服务型，提供体育服务、培育体育消费增长点将推进社会体育事业的市场化。

2. 体育消费成为国家经济的新常态

一个国家的体育事业发展规模是与其经济发展水平协调一致的。随着生活水平的不断提高，在社会不断满足人们的物质需要的基础上，人们对精神生活提出了更

高的要求。人们开始关注健康、关注生活方式、关注生活质量，体育消费已逐渐成为消费的主要内容。目前我国 GDP 总量处于世界第二位，城市人均可支配收入达到 20 000 元。所以，近年来体育的结构、手段和方法都在不断地丰富，体育运动水平也在不断提高。

体育市场作为运动产品和体育服务以及其他相关产品和服务进行交换和销售的特定市场形式，存在于世界市场的范围内。体育市场的最大作用是利用运动项目带动百姓的日常娱乐和精神需要。与传统的物质供给模式相比，体育市场作为一个新兴的、充满文化娱乐气息的消费市场，更能带动民众的消费需求，体育市场的萌发恰恰借助了这一特点。在体育市场这一创新的商业平台上引发经济增长点，在满足人们的物质需要的基础上，更能够满足人们的精神需要，因此，体育现代化引领下的体育消费可以拉动我国经济的发展。

（二）体育推进了国家精神文明建设

体育与精神文明建设具有十分密切的关系。从个人参与体育运动的角度来看，体育运动有助于养成超越自我、英勇坚毅的意志品质。从体育的本质来看，我们所提倡的“友谊第一、比赛第二”，奥运会所提倡的“更高、更快、更强”都蕴含着体育的精神价值。从我国体育事业发展的历程来看，体育对国家精神文明建设起到强大的促进作用。例如，20 世纪 80 年代中国女子排球“五连冠”，成为当时激励我国人民的爱国主义情怀的重要载体，更体现了无私奉献、团结协作、艰苦奋斗的核心价值观，缔造了“女排精神”。女排精神直到今天还影响着一代又一代中国人。

伴随着中国体育的蓬勃发展，中国体育事业也缔造了“为国争光、无私奉献、科学求实、遵纪守法、团结协作、顽强拼搏”的中华体育精神。在大力发展全民健身的背景下，“每天锻炼一小时，健康工作五十年，幸福生活一辈子”的新风尚成为体育现代化精神的主旋律。

（三）体育增强了国家外交领域的魄力

参与国际体育活动是国家政治领域的一种外交手段。体育领域汇聚世界各国、各地区、各民族，是一个具有独特魅力的外交领域，深受各国人民喜爱。例如，1971 年，美国乒乓球队应我国政府邀请访华，以乒乓球交流访问推动中美外交开辟新局面，以“小球转动大球”的“乒乓外交”，为中美两国恢复外交关系奠定了坚实的基础。2008 年北京奥运会的成功举办，更是中国外交史上的一项经典之作，以举办奥运会为平台展示了我国的综合实力和改革开放的巨大成就。2008 年 8 月 8 日，美国总统小布什、俄罗斯总统普京等近 100 位外国首脑相聚北京，观看奥运会开幕式。

近年来，随着职业体育与现代服务业的融合发展，在现代跨界传媒技术的引领下，国外体育明星、国外体育俱乐部、国家队赛事、交流活动等成为新常态发展视角下的体育外交新模式。

在新的时代背景下，体育事业承载着更为重要的历史使命。在我国国际形象和国际地位不断提升的背景下，体育在外交事业中仍然是一种不可替代的手段。中共中央总书记、国家主席、中央军委主席习近平高度重视体育事业。应俄罗斯总统普京邀请，习近平出席了2014年2月6日在俄罗斯索契举行的冬奥会开幕式，这也是我国国家领导人首次赴境外参加国际体育赛事的开幕式。在俄罗斯期间，习近平接受俄罗斯电视台专访，并表示："邻家有喜事，我肯定要来喝彩。"2014年3月29日，习近平访问德国时，看望了在德国训练的中国志丹县少年足球队队员，并对他们寄予厚望。

（四）体育是推动社会进步的载体

体育运动不受种族、语言的阻碍，且不受国家和地理区域的局限，拥有广泛的全民性、社会性和国民性。现阶段体育已成为一个国家和民族精神风貌的符号，并延伸至一个国家的政治、经济、科学文化和人民群众的生活当中。尤其是进入近代社会以来，体育运动能够唤起人们的爱国情怀、振奋民族精神，对个人的精神领域有着无可替代的导向作用。

在新中国成立之初，新生的中华人民共和国遭到帝国主义势力的包夹，同时受到国内客观条件的限制。率先冲破这些包围和制约的是体育活动，中美关系的屏障是通过"乒乓外交"打破的，由"小球"转动"大球"，从而推动了我国步入国际社会。再如，女排夺得世界大赛"五连冠"正值我国改革开放处于艰难探索的开始阶段，女排精神的价值早已由世界体坛的辉煌提升到与改革开放相连的精神需要，这一精神有效地激励着每一个中国人奋进、开拓、自强，坚定地推动着改革开放的步伐，从而促进了国家的繁荣与发展，促进了社会进步。

（五）体育强化了民族意识，振奋了民族精神

体育文化在现代人类生活中的作用和影响越来越大。它在国际化程度日益加强的同时，又是国家、民族甚至地区胜负荣辱感受的释放源。如苏联侵略捷克斯洛伐克后，当捷克斯洛伐克冰球队在冬奥会上战胜苏联队夺冠时，布拉格的市民涌上街头彻夜庆祝，以此来表达对侵略者的反抗和强烈的民族主义爱国热情。中国乒乓球队、中国女子排球队在国际比赛中取得的辉煌战绩，极大地鼓舞了广大人民，引起了人民对体育比赛的关注和热情，显示了本民族、本国家的强大，激发了民族自信心和爱国热情。

2001年7月13日，国际奥委会前主席萨马兰奇宣布北京为第29届夏季奥运会的举办地，这无疑向世界宣布中国已进入世界经济大国行列。2008年8月，北京奥运会成功举办，以无与伦比的惊艳向世界展示了中国繁荣富强、人民团结友爱的国家形象，极大地提高了中国的国际威望，更极大地激起了我国各族人民和海内外中华儿女的自尊心、自信心、民族自豪感，形成了坚固的民族凝聚力。它激发着全国人民的爱国精神。这种精神，就是祖国至上精神，就是爱国主义，就是一种思想觉

悟和敬业精神，它是衡量一个国家和社会进步的重要标志。

三、我国体育现代化过程中存在的突出问题

（一）体育人口分布态势不合理，国民体质状况不容乐观

据国家体育总局群体司1996年按照世界人口统计方法进行的统计，我国体育活动的人口占总人口的比例为35.48%，每周参加1次以上体育活动的人口占总人口的比例为25.98%，每周参加3次以上体育活动的人口占总人口的比例为18.73%，这些数据反映了20世纪90年代我国体育人口的状况。2000年的中国群众体育的现状调查与研究资料显示，我国体育人口的年龄结构呈现出年轻化的基本特征：25岁以下的体育人口占体育人口总数的31.74%，以16～25岁占比最高，61～65岁次之，但到25岁之后急剧下降，下降幅度达10个百分点，41～45岁降至最低，51岁后开始反弹。为适应新时代社会发展与国民体质的特点，国家国民体质监测中心在科学试验和论证的基础上制定了《第五次国民体质监测工作方案》，本次监测人群年龄覆盖范围由69岁上延至79岁，强化了心肺耐力、体脂率、力量等重要指标；全面升级了测试仪器的自动化水平，实现了数据实时上传和实时质量控制；首次以行业为抽样单元，对金融、煤炭、公安和建筑行业的部分典型工种开展专项体质监测。

我国体育发展欠缺的情况已持续了较长时间，20世纪后半段的多次人口体质调查都证实了这一情况。青壮年人对体育运动的排斥，既不利于我国劳动力主体的健康状况的提升，也不利于中华民族国民体质的长远改善。

（二）人民群众体育锻炼意识淡薄

由于我国受传统儒家文化“重文轻武”思想的长期影响，人们普遍重智轻体，民族传统价值观2 000多年来一直引导着人们的观念和行为，随着社会竞争压力加大，人们的体质健康水平出现了不同程度的降低。

人民群众的体育锻炼意识不足从根本上导致了国民整体体质能力的下降，这是触目惊心的问题，提升人民群众的体育锻炼意识已迫在眉睫。

（三）国家重视竞技体育，忽视群众体育

竞技体育具有国际性特点和外交功能，长期以来我国形成了唯金牌至上的评价标准，加上国家政策对竞技体育的倾斜，使得一些体育管理工作者重视竞技体育、忽视群众体育，体育管理部门的综合评价标准更多地与竞赛成绩挂钩，政策和资金对竞技体育的投入远远高于群众体育，忽视了全体人民的身体健康发展。尽管早在20世纪80年代国家体委（现为国家体育总局）就提出“以青少年为重点，以全民健身为基本内容的群众体育与以奥运会为最高层次、以训练竞赛为主要手段的竞技体育协调发展”的战略思想，但长期以来各级体育管理部门迫于竞技成绩的压力而

在实际工作中并没有协调好两者的关系，形成“一手软、一手硬”的工作局面，导致群众体育处于长期滞后的状态。

我国是一个人口大国，经济发展起点低，再加上20世纪70年代国际形势的需要，我国国家体育政策实行的是“竞技体育优先发展模式”，集中主要力量优先发展竞技体育，实现竞技体育成绩的腾飞，从而以竞技体育带动群众（社会）体育的发展进步。但实际情况并不乐观，除去群众体育自身的问题外，国家政策、人民自身的体育意识都制约着群众体育的发展，再加上国民体育意识的缺乏，群众体育的发展一直举步维艰。

（四）学校体育与终身体育相脱节

学校体育是社会个体体育运动的基础，处在学习阶段的学生在学校接受的体育教育对他们养成终身体育的意识和能力起着举足轻重的作用。一些地区和学校尽管已经革除了以往单调乏味的教学形式，但还在一定程度上存在着各种各样的限制问题。比如，一些学校片面追求升学率，缩减体育课时，甚至不能保证每周正常的体育课安排；在体育项目安排上以竞技项目为主，有些学校甚至直接仅仅开展田径和球类项目，体育项目的缺失和枯燥严重削减了学生对体育课堂的兴趣；学校追求短期效益而忽视终身体育的意识、兴趣、习惯和能力的培养；统一的教材、统一的大纲和统一的标准既不能满足不同民族、不同区域学生的需要，也难以培养出满足素质教育需要的创新型、复合型人才。

（五）竞技体育重体轻育

竞技体育因其娱乐性、国际性及社会整合力量而得到各国政府更多的支持和推广，随着我国经济实力的日渐增强，国家加大对竞技体育的投入，多类运动项目在国际比赛中连续夺冠。

据统计，中国从第23届到第32届夏季奥运会共获得260余枚金牌，许多项目（如跳水、羽毛球、举重、乒乓球）达到世界一流水平，乒乓球项目更是长期牢牢占据霸主地位。尽管我国竞技体育成绩的提升有目共睹，但是目前我国的竞技体育仍然存在一些问题：

一是运动队偏重运动技术水平提高，忽视了运动员的文化素质和心理素质教育。

二是运动员过早从事专业化训练，并且受制于自身项目的限制，难以在体育生涯进行其他项目的训练。这不仅严重制约运动员的发展，也严重危害中国体育后备人才的培养。

三是教练员文化水平偏低，导致中国高水平的体育运动队伍的整体素质较差。

（六）体育场地设施人均面积较少

近年以来，我国的体育场地设施状况尽管有了很大的改善，但还远远满足不了人民群众的锻炼需求。2021 年以来，国家体育总局根据国家统计局批准的《全国体育场地统计调查制度》（国统字〔2020〕41 号），以 2020 年 12 月 31 日为标准时点，组织开展体育场地统计调查工作。主要情况如下：全国体育场地 371.34 万个，体育场地面积 30.99 亿平方米（事业单位 13.88 亿平方米，村委会 5.85 亿平方米，企业 5.59 亿平方米，居委会 3.04 亿平方米，机关 1.19 亿平方米，民办非企业单位 0.55 亿平方米，其他组织机构 0.89 亿平方米），人均体育场地面积 2.20 平方米；全国球类运动场地 233.54 万个，其中篮球场地 100.58 万个，乒乓球场地 83.50 万个，羽毛球场地 20.24 万个，足球场地 11.73 万个，排球场地 9.13 万个，其他球类运动场地 8.36 万个；全国全民健身路径 87.12 万个，健身步道 8.94 万个，健身房 11.48 万个。[①] 与欧美国家或世界体育发达国家相比，我国的差距仍然很大。

（七）对社区体育重视不足

由于国家政策的影响，在过去计划经济条件下形成的体育管理体制的“条块分割”直到现在还影响着一大批人对社区体育的认识。某些街道办事处等行政机构认为发展体育是体育部门的事，因此不愿插手管理社区体育，而某些大企业、机关又认为所在的街道办事处对社区体育支持不够，这便使社区体育处于一个“两不管”的境地。此外，社区体育管理体制也不够完善。尽管许多城市的街道办事处成立了街道社区体育协会，但其并没有严格按照管理体制来开展社区体育工作，而是更多地运用民主的管理方式，更多地将社区体育归为文化活动，没有重视体育的发展，加之没有充足的法规依据来指导社区体育的发展，社区体育的发展受到诸多因素的制约。

作为社区体育的直接引导者，社会体育指导员的处境也略显尴尬。社会体育指导员制度在我国起步较晚，自施行以来，在较短的时间内取得了较好的成绩，并且为我国的社会体育活动注入了新的活力。但与发达国家相比，社会体育指导员的发展仍存在较大的差距。除此之外，我国的社会体育指导员队伍结构还普遍存在着许多其他的制约因素，这也制约着我国社区体育的发展。

彭国强等在《中国体育发展走向的研究》中提出：“体育是强国建设的重要组成部分，新中国成立至今，我国体育事业围绕着竞技体育与群众体育而发展，始终服务于国家的发展战略，与我国特定时期社会、经济、政治、文化的发展相适应，满足了不同时期国家利益的需求。然而，我国的体育发展缺乏系统而长远的规划，表现出体育发展的政治诉求强烈，人本需求关照不足，体育发展战略措施的制定具有应对性和局限性，导致我国体育事业发展的不平衡。”[②] 我们必须客观认识到体育发展的经验与不足，要从国家发展战略、政治诉求、社会人本需求和国内外政治经济环境等多方面因素的角度出发，通过政府与社会大众的通力合作，制定适应当前我国社会发展的体育战略，共同谋划中国体育在新时代发展的战略走向，最大限度

---

① 国家体育总局．2020 年全国体育场地统计调查数据．（2021-06-01）［2022-03-15］．https：//www.sport.gov.cn/n315/n329/c20908193/content.html.

② 彭国强，舒盛芳．中国体育发展走向的研究．体育学刊，2016，23（2）．

地施展体育在实现中华民族伟大复兴进程中的战略价值。

四、我国现代化建设如何推动体育的发展

（一）制定有利于体育社会化的政策

王瑞芳在《试述中国体育与现代化》中提出：“每一个国家，当它与现代化发生关系时都有自己的独特际遇和方式。中国和日本的体育现代化道路不一样，韩国的道路与中国、日本的不同。在中国这样一个产业发展、产业结构及地区发展不平衡的国家搞体育现代化，不能不从中国实际出发。”① 体育现代化是由国家发展情况和政治体制决定的，我国的体育现代化必须基于我国现阶段的具体情况来开展。

中共中央政治局召开会议，审议通过了《“健康中国2030”规划纲要》。会议认为，健康是促进人的全面发展的必然要求，是经济社会发展的基础条件，是民族昌盛和国家富强的重要标志，也是广大人民群众的共同追求。

从新中国成立至今，国务院、国家体育总局通过制定一系列的法律法规和指导性文件（如《全民健身计划纲要》《中华人民共和国体育法》《奥运争光计划》等），促进了体育社会化的进程。1995年6月，国务院《全民健身计划纲要》指出：“全民健身计划到2010年的奋斗目标是：努力实现体育与国民经济和社会事业的协调发展，全面提高中华民族的体质与健康水平，基本建成具有中国特色的全民健身体系。”1995年8月29日，全国人民代表大会审议通过了《中华人民共和国体育法》，它规定：“国家发展体育事业，开展群众性的体育活动，提高全民族身体素质。”1996年，第八届全国人民代表大会通过的《国民经济和社会发展“九五”计划和2010年远景目标纲要（草案）》规定：“实施全民健身计划，普及群众体育运动，普遍增强人民体质。加强学校体育，明显改善青少年身体素质。落实奥运争光计划，提高运动技术水平。促进体育科研、教育、宣传和对外交流的发展。建立社会化的群众体育组织网络，建立并完善国民体质测定系统。”此类法律法规的先后颁布和实施，说明国家在宏观政策方面已经为体育的发展奠定了基础。立法是法制建设的首要环节，国家加快体育立法步伐，优化体育立法结构，建立自上而下、环环相扣、层层递进、协调配套、层次分明的体育法规体系，使得体育发展的落实有了法律的强制性保障，最终目的是使我国的体育制度更加完善和进步。

（二）创新体育体制改革

全面深化改革是当下我国政治体制运行的基本理念，当然也包括体育体制改革，只有深化体育体制改革才能促进体育体制创新。体育体制创新沿两条主线推进：一是调整利益关系；二是创新体育产权制度。

---

① 王瑞芳．试述中国体育与现代化．宿州学院学报，2008，23（6）．

1. 调整利益关系

中国改革开放的进程便是利益分化与重组的过程，利益的分化、多元化和差异性是社会进步的原动力。例如中央与地方体育利益关系的冲突集中体现在全运会上。政府投入巨资举办全运会，将全运会作为奥运会的练兵场，但各省市体育局出于自身政绩的考虑，以全运会金牌作为其政绩指标，通过全运会的平台暗自恶性竞争，使国家体育资源蒙受巨大损失。国家的“奥运战略”与各省市的“全运战略”发生激烈冲突，致使全运会弊端丛生。

2. 创新体育产权制度

创新体育产权制度是指约束体育产业所有权的形式和关系的一套活动条例的更有效能的转变，其最终目的是建立起现代体育产业产权制度。从理论上讲，要创建与社会主义市场经济相适应的体育体系，体育产权制度是体育体制和运行机制的根基。我们要创新体育产权制度，保障体育产权的合法性和崇高性。体育产权制度的创新是对现存利益分配格局的一次重新整合，是对各种利益的一次大调整。

要建立具有中国特色的社会主义市场产权制度，就必须创新体育产权制度。改革的根本思路是参照当代企业指导的有关规则和国际惯例，建立符合社会主义市场经济要求的新型体育产权制度。

（三）转变政府职能，增强政府部门的服务功能

李斌在《中国体育现代化发展范式的转换与变迁历程》中提出：“当前恰逢中国现代化进程进入了一个崭新的发展阶段，中国体育正处于关键的全面发展时期。新世纪的中国体育应在全球性的现代化浪潮中把握时代命脉，建立起一个有中国特色的符合世界体育发展潮流的体育现代化格局。”①

政府要加强对体育事业的扶持力度，要营造一种有利于消除地区间体育发展不平衡的氛围，加强区域之间的交流与协作，形成良好的区域体育产业文化，还要加快体育赛事产业集聚社会化服务体系的建设。通过不断健全与完善扶持系统，优化体育赛事产业的生存环境，积极培育和壮大我国的核心体育事业。

周建东在《中国体育现代化的历史进程与文化抉择》中提出：“我们要在吸收先进文化的同时，发展有中国特色的体育文化，坚持以人为本，逐渐将体育文化抉择权交给人民，实现中国体育事业的蓬勃发展。”② 我国体育现代化的发展离不开人民群众，人民群众不仅是社会体育的直接参与者，也是体育文化的传承者，体育工作的出发点和落脚点一定要基于人民群众对体育的诉求。一定要大力发展体育文化，提高体育的文化性。

应加大政府对体育的财政投入力度。随着社会经济的发展和人民生活水平的提高，政府作为资源重新分配机构的职责更加凸显。

---

① 李斌．中国体育现代化发展范式的转换与变迁历程．沈阳体育学院学报，2012，31（1）．

② 周建东．中国体育现代化的历史进程与文化抉择．济南：山东师范大学，2014.

政府还应调整地方政府的体育考核标准。长久以来，各级地方政府对体育工作的评价主要还是依据竞技比赛的具体成绩，表现出以竞技体育为主的特点。

（四）以时代特征为前提，找准定位、满足需求

随着体育现代化进程的推进，体育要在下一个时期立足于时代和自身发展，找准自己的定位，以适应社会经济发展和国民体质健康的需求。一方面，建议体育主管部门大力提高群众体育锻炼达标率，针对体育人口系统中影响较大和综合指数较低的两个因素依现实情况进行。另一方面，建议加强对体育产业的支持和引导，大力发展壮大我国体育产业的规模。要创造机会，让更多的人参与体育运动，享受体育运动。还要保持我国体育文化的持续发展，应把老年人的身体健康教育纳入体育教育投资范围。

（五）建立多样化的体育用品供给模式

随着我国改革开放进程的逐步推进，应加强教育、体育、卫生、科技等各部门的相互协调和配合，建立多部门、多系统一体化发展模式，形成科学的供给模式。教育部门要大力推进体育场地资源的对外开放力度，并且要激励体育教师主动承担社会体育指导工作。体育部门要做好社会体育的宣传工作，加大对社会体育指导员的培训力度，组织丰富多样的社会体育活动，推进各部门、各系统的协调配合。各部门要积极开展社会体育科学研究，为群众提供科学的健身方案，并进行有预见性的社会体育发展对策研究。

（六）打破城乡社会体育工作发展的不平衡

2009 年中央一号文件指出，“实现经济平稳较快发展，基础支撑在农业；保障和改善民生，重点难点在农民”。体育运动在全社会的发展，在很大程度上取决于广大农民的消费倾向。要加强政府对农村体育的扶持力度，有针对性地开发、满足不同农村地区的需求。城乡发展的不均衡造成了城乡体育发展的差异性，要切实保障城乡体育的公平。公平的前提是满足最广大人民的根本利益，而不仅仅是最优势群体的最大利益，这正反映了当前我国发展的突出矛盾。目前，广大农村人口体育发展水平亟待提高，农村群众的体育参与和体育意识急需调整。我国应加大对农村体育工作的投入力度，积极推进城乡体育一体化战略的实施，以城市体育带动农村体育发展，从而使农村体育蓬勃奋进，使社会体育工作整体得到推进，最终实现社会体育的现代化。

（七）提倡竞技体育和学校体育的社会化

我国的现代体育不是仅仅满足锻炼、休闲等需求的狭义体育，而是肩负着政治、经济和文化等多种社会需求的现代化体育。而体育在我国主要以竞技体育、学校体育和群众体育为主，三者互相交叉、彼此促进。杨晓生等在《中国体育现代化

探析》中指出：中国体育的发展，必须转变为以大多数人的发展为中心，并使竞技体育、群众体育和学校体育协调发展，使体育事业与社会现代化进程保持协调一致，这是中国体育现代化的根本目的所在①。我们发展体育的社会化就是要积极协调发展竞技体育、学校体育和群众体育，实现三者之间的优势互补，提高资源使用效率，这是当代中国体育改革的一个重要方向。

竞技体育的社会化，主要是指通过运动队来开展训练和竞赛（由国家体育总局统一安排至所属运动项目中心来领导和管理），为社会体育的发展注入全新的动力，促进社会体育更好地发展。

学校体育的社会化，主要是指学校体育场地对社会开放和体育教师承担更多的社会体育指导责任，学校利用社会上的体育设施来帮助学生开展业余训练和课外体育活动，等等。体育教师通过学校和政府政策的指导，在满足学校体育教学的基础上，进行社会体育指导，承担社会体育指导员的责任，在提高业务水平的基础上，更好地发展社会体育。

（八）强化法制意识

1. 规范体育事业

体育事业作为经济社会发展的重要组成部分，离不开法律、法规的规范。只有在相应规章制度的约束下，体育事业运行才能步入正轨，体育各领域的发展才会展现出秩序井然的态势。

2. 约束体育从业人员的行为

体育从业人员的类型很多，根据体育行业的分类不同亦有所区别。体育从业人员的行为决定着我国体育事业发展的整体状况。社会信仰、道德和习俗等软约束有助于体育从业人员形成正确的世界观和价值观，形成正确的体育精神和追求。法律、纪律等硬约束能够让体育从业人员产生一定的敬畏感，从外部实现对体育从业人员的约束。随着我国法治建设的逐步深入，对体育从业人员行为的约束将会越来越规范化，从而保证我国体育事业的科学、健康发展。

3. 打击体育违规、违法和犯罪行为

随着我国市场化程度的不断加深，体育发展过程中越来越充满各种利益的博弈与冲突。虽然这是正常的体育运行状态，但是一些人却不遵守体育发展的规律，肆意破坏体育规则，甚至触碰法律的红线，最终导致犯罪行为的发生。一些体育管理者被利益冲昏了头脑，忘记了手中权力的公众性，肆意妄为获取个人利益，做出一些违法违纪的行为，严重干扰了体育事业发展的环境。他们的行为应当受到法律的严厉制裁。我们在体育现代化的进程中，要切实构建起法律的长城，维护体育事业发展的长期和谐稳定。

---

① 杨晓生，陈长礼．中国体育现代化探析．体育学刊，2005（6）．

复习思考题

1. 如何理解体育与全球化的互动关系？
2. 全球化对于体育的影响具体表现在哪些方面？
3. 不同体育项目如何实现在全球的扩展？
4. 奥运会对于全球政治的影响表现在哪些方面？
5. 奥运会对于全球经济的影响表现在哪些方面？
6. 奥运会对于全球文化的影响表现在哪些方面？

推荐阅读书目

1. 张建辉，黄海燕，诺瑞德．国际体育产业发展报告．北京：社会科学文献出版社，2017.

2. 柯林斯．体育简史．北京：清华大学出版社，2017.

3. 江小涓，等．体育产业的经济学分析：国际经验及中国案例．北京：中信出版社，2018.

4. 黄福华．全球化时代的中国篮球：治理、市场与文化（英文版）．北京：中国社会科学出版社，2017.

5. 辛格．如何看待全球化：写给每一个关心世界的人．北京：北京联合出版公司，2017.

6. 阿帕杜莱．全球化．南京：江苏人民出版社，2016.

图书在版编目（CIP）数据

体育社会学/于显洋主编．-- 北京：中国人民大学出版社，2022.6

新编21世纪社会学系列教材

ISBN 978-7-300-30653-7

Ⅰ.①体… Ⅱ.①于… Ⅲ.①体育运动社会学-高等学校-教材 Ⅳ.①G80-051

中国版本图书馆 CIP 数据核字（2022）第 085317 号

新编 21 世纪社会学系列教材

体育社会学

于显洋　主编

Tiyu Shehuixue

出版发行	中国人民大学出版社		
社　　址	北京中关村大街 31 号	邮政编码	100080
电　　话	010－62511242（总编室）		010－62511770（质管部）
	010－82501766（邮购部）		010－62514148（门市部）
	010－62515195（发行公司）		010－62515275（盗版举报）
网　　址	http://www.crup.com.cn		
经　　销	新华书店		
印　　刷	固安县铭成印刷有限公司		
开　　本	787 mm×1092 mm　1/16	版　　次	2022 年 6 月第 1 版
印　　张	17 插页 1	印　　次	2024 年 11 月第 3 次印刷
字　　数	353 000	定　　价	48.00 元

关联课程教材推荐

书号	书名	作者	定价
978-7-300-28794-2	发展社会学	吴忠民　江立华	49.8 元
978-7-300-28683-9	环境社会学	洪大用	49.8 元
978-7-300-28456-9	组织社会学（第四版）	于显洋	59.0 元
978-7-300-28381-4	应用社会学（第三版）	李　强　郑　路	59.9 元
978-7-300-28091-2	人口社会学（第二版）	杨菊华　靳永爱	59.9 元

配套教学资源支持

尊敬的老师：

衷心感谢您选择人大版教材！相关的配套教学资源，请到中国人民大学出版社官网（www.crup.com.cn）下载。部分教学资源需要验证您的教师身份后，才可以下载，请您登录出版社官网后，点右上角“注册”，填写“会员中心”的“我的教师认证”项目，等待后台审核。我们将尽快为您开通下载权限。

如您急需教学资源或教材样书，也可以直接与我们的编辑联系：

龚洪训　　电话：010-62515637　　电子邮箱：6130616@qq.com

专业教师 QQ 群：

195761402（全国社会学教师 QQ 群）

欢迎您登录浏览人大社网站，了解图书信息，共享教学资源

期待您加入专业教师 QQ 群，开展学术讨论，交流教学心得